BESTSELLER

Guillermo Fesser es periodista y lleva más de veinticinco años relatando historias. La mayoría de ellas mediante el programa radiofónico *Gomaespuma*. También a través del mundo del cine, en el que se estrenó con el guión de *El milagro de P. Tinto* para después dirigir el largometraje *Cándida*. Ha escrito artículos y reportajes, especialmente en *El País* y *The Huffington Post*. Junto a su compañero de profesión Juan Luis Cano ha publicado numerosos libros y dirige la Fundación *Gomaespuma,* dedicada a promover distintos proyectos de cooperación para el desarrollo y también a difundir el flamenco en el mundo a través del festival *Flamenco pa tós*.

Biblioteca

GUILLERMO FESSER

A cien millas de Manhattan

DEBOLS!LLO

Primera edición en Debolsillo: julio, 2015

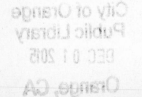

Penguin
Random House
Grupo Editorial

Índice

A los Hill-Howe,
mi familia americana.

Prólogo

En julio de 2002 dije adiós a veinte años de radio y me trasladé con mi familia al pueblo de mi mujer buscando la apacible vida de un lugar pequeño. Durante las horas de emisión había ido aprendiendo que en los programas, supuestamente construidos a base de palabras, los silencios ocupaban un espacio igualmente importante. Un titular causaba más impacto si uno aguantaba el aliento durante tres segundos antes de lanzarlo al mundo. En las entrevistas, los pequeños momentos de difusión en blanco sustituían a los suspiros, a las sonrisas y a los guiños que dotan de vitalidad a nuestra existencia. En un mundo bipolar donde conviven el blanco y el negro, el yin y el yang, el vacío y el infinito, me había ido forjando la teoría de andar por casa de que el pensamiento humano evoluciona cuando se consigue el balance entre sus dos mitades complementarias: la de hablar y la de escuchar. Había pasado veinte años relatando mis propias crónicas y algo en mi interior me avisaba de que había llegado el momento de prestar atención a las historias de otros.

Con esa intención, la de escuchar, caí una tarde de verano en un pequeño pueblo neoyorquino a la orilla del río Hudson. Iba con la idea de que mis hijos y yo mismo

conociéramos con mayor profundidad las raíces de donde provenía su madre. Mi mujer. Para rellenar mi tiempo
me llevé la tarea de escribir un guión cinematográfico.
Prácticamente no pude atenderla. Antes de que lograse
darme cuenta, me vi envuelto en una maraña de historias
fascinantes. Insospechadas. En una América que yo ni siquiera presagiaba que pudiese existir.

1

Agosto

John Raucci vio la luz en Brooklyn, año del Señor de 1950, en el seno de una familia católica, apostólica y francamente italiana. De su infancia y juventud conserva gratos recuerdos; algunos de ellos, por no decir los mejores, relacionados con su época de corredor de fondo en el instituto. Se le daban bien los deportes y enseguida entendió, como el resto de los adolescentes que crecen en Norteamérica, que no encontraría mejor trampolín para subir posiciones en la escala social que el de intentar practicarlos con gracia.[1] Eran los tiempos de gloria del béisbol y lo más parecido a Dios que se había visto en la ciudad de los rascacielos se llamaba Joe DiMaggio; luego vendría el encuentro de este ídolo con su particular María Magdalena, encarnada en Marilyn Monroe, y se armaría la marimorena. El resto es historia y se puede buscar en Wikipedia. En aquel tiempo, mientras Paul Simon le preparaba ya en su guitarra las líneas de homenaje que plasmaría en una canción memorable, *Mrs. Robinson*, los muchachos como Raucci se planteaban como único objetivo en la vida el emular sus hazañas.

Raucci sabía que el deporte rey se jugaba con una gorra calada, una pastilla de chicle en la boca y un palo en las manos. Los estadios se abarrotaban hasta la bandera y no por la simple satisfacción de disfrutar con la victoria del equipo. El éxito clamoroso del béisbol, un juego demasiado largo y tedioso para observarlo desde la banda, se debía a que las complicadas reglas que marcaban su práctica abrían infinitas posibilidades de apostar dinero. Dos dólares a que falla la bola. Cinco a que consigue batearla. Diez dólares a que llega a la segunda base. Veinte a que le pillan. Y a la clase trabajadora de América, deprimida tras el descalabro económico que trajo el final de la segunda gran guerra y atemorizada por la constante amenaza de una inminente invasión soviética que nunca llegó a producirse, se le brindaba la oportunidad de regresar a casa con un fajo de billetes para afrontar su triste panorama.

Raucci sabía dónde se hallaba la gloria. De sobra. Y, a pesar de la evidencia, se decidió por la proeza más discreta de intentar arañarle unos segundos al cronómetro tras recorrer 1.500 metros sobre una pista ovalada.

Durante los largos entrenamientos al aire libre a John lo inundaba la sensación de estar encontrando su sitio en la naturaleza; de formar parte de la cadena de armonía del cosmos. Corrió contra los elementos y contra sí mismo. Consiguió buenas marcas y jamás tuvo una lesión de importancia que lo obligase a apartarse de aquella satisfacción que le producía el correr; de aquella ritmicidad que se ajustaba perfectamente a su tranquilidad de ánimo, a la espiritualidad que lo acompañó desde el principio de su existencia y que lo llevó a ingresar en el seminario al cumplir los 15 años.

Era apenas un chiquillo y quería parecerse a sus maestros católicos y apostólicos del instituto. Lo atrajo la serenidad de sus profesores y se propuso emularla. Con la mayoría de edad, y en medio de un tumulto intelectual que cuestionaba el orden establecido y volvía la religión patas arriba, tomó los hábitos de hermano franciscano. La sonrisa le duró un año. Doce meses no suenan a mucho para la felicidad, pero representan mucho más de lo que disfrutó de veras el rey Boabdil en todos los años que habitó la Alhambra durante su reinado en Granada. John se conformó con ellos y, pasados doce meses desde su feliz ingreso en la orden de los frailes menores, se sintió profundamente confuso. Desorientado. Había tratado de mantener un pulso difícil entre lo que le dictaba su conocimiento de la psicología y el camino que le abría la espiritualidad y, llegado el último asalto, la necesidad de seguir sus propios instintos pudo más que la figura represora de sentimientos en que se había transformado para él la religión. Como tantos otros compañeros, triste, desprevenido, se vio obligado a colgar la querida capucha de color castaño.

Sin salir de Brooklyn ingresó en la facultad de Psicología del Saint Francis College, «la pequeña universidad de los grandes sueños a cinco minutos de Manhattan», y con el título bajo el brazo se marchó a recorrer Europa. Seguía la tradición anglosajona de tomarse un año sabático para viajar después de graduarse. Y, como David Carradine en la serie televisiva *Kung Fú*, se financió la aventura con los empleos temporales que le salían al paso. Su objetivo era practicar en la calle el idioma que tanto le había fascinado en las aulas y pudo hacerlo a plena satisfacción en Francia, donde, como exclamara asombrado un portugués, «desde su más tierna infancia saben los niños hablar francés». Pasó también por Suiza y, para cuando le hubo entrado el veneno que conlleva manejarse con soltura en una lengua que no es la propia, se le agotó el dinero y no le quedó más remedio que decir *adieu, au revoir,* y tocar retirada.

De vuelta en Nueva York, mientras andaba embarcado en el despiste temporal que le supone a uno el tener que elucubrarse de golpe un futuro, se le acercó un seguidor de la Iglesia de la Unificación a hablarle del reverendo Moon. Para entonces Raucci ya no sabía cómo creer en Dios y así se lo explicó a su interlocutor de la forma más sincera que pudo. Pero este amigo lo trataba con especial delicadeza y, sobre todo, hablaba un francés envidiablemente fluido. Aceptó su compañía como una forma de mejorar el subjuntivo, *que je lise, que nous lisions,* y de memorizar algún que otro trabalenguas, *un soupir souvient souvent d'un souvenir,*[2] y de este modo, se fue enterando de que la nueva fe nacida en Corea se basaba en la creencia de que Jesucristo se apareció a un chiquillo de 15 años llamado Mun Yong-Myong y le encomendó que terminase la misión que él dejó interrumpida por culpa de la Cruz. El reverendo contaba 15 años el día del milagro y la demanda divina lo sumió en un largo periodo de dudas que consiguió superar a fuerza de oración, para enseguida proclamar al mundo que aceptaba el reto y optaba por proclamarse como el nuevo Mesías.

El objetivo de esta Iglesia consistía en volver a aunar bajo un mismo liderazgo a las diversas tendencias del cristianismo que la historia se había encargado de ir apartando. La fórmula secreta propuesta consistía en dotar a la religión de Cristo de la espiritualidad inherente a las religiones asiáticas y por ello, al parecer, Jesús optó por irse a Seúl a buscar su candidato. A John Raucci lo de intentar la unidad del mundo le pareció una propuesta seductora y, ya fuera por el aliciente de poder expresarse con alguien en el idioma de Alex de Tocqueville, ya fuera porque salió a relucir el franciscano que llevaba dentro, abrazó el movimiento y se marchó a vivir con ellos a la casa madre que fundara el reverendo a escasos kilómetros de Rhinebeck, junto al embarcadero del Hudson que hay en la villa de Barrytown. Allí el antiguo internado católico de San José se había convertido en sede del Seminario de Unificación Teológica. La institución impartía títulos en Religiones del Mundo y cursos de posgrado en Homilías, Divinidad o Educación Religiosa.

Desde que puso el pie en la institución se supo diferente al resto. En las discusiones teológicas tenía acceso privilegiado a la información acumulada durante sus años de convivencia con las ideas de humildad y pobreza legadas por san Francisco de Asís y este conocimiento práctico lo colocaba en ventaja frente a los argumentos puramente teóricos de sus compañeros. Gente, por otra parte, proveniente en su mayoría de familias acomodadas, con una educación sólida y unos resultados académicos brillantes, lo cual facilitaba el respeto a la diferencia, aunque no fuera posible alcanzar siempre el consenso.

En el Seminario de Unificación Teológica empezó a atender algunos talleres en los que se instaba a los alumnos a plantear abiertamente sus ideas. Se fomentaba la discusión en respuesta a la cerrazón tradicional de la Iglesia que, según aquellos preceptores, había limitado al mínimo las oportunidades de que los creyentes meditasen en profundidad sobre problemas serios y, sobre todo, había puesto mucho empeño en impedirles descubrir en qué medida tan elevada las enseñanzas que difundían como propias coincidían con las impartidas por el resto de las grandes religiones. El verdadero camino hacia la unidad se alcanzaba al separar con sabiduría el acto de fe de las dudas razonables que aportaban los retos intelectuales. La dirección contraria, la de la negación sistemática, conducía a la peligrosa gruta del fundamentalismo religioso.

Teorías que a John Raucci le sentaban bien, como una brisa apacible en medio del desierto vital que atravesaba; que lo entonaban, como una taza de caldo caliente tras el descenso de una ladera nevada; y en las que ponía un especial empeño de atención. Vana tarea, pues, indefectiblemente, sus esfuerzos de concentración se veían traicionados y aquellos juicios chocaban uno detrás del otro contra el muro de su ateísmo. En aquellos talleres de Barrytown, a menudo el de Brooklyn se sorprendía abandonando las palabras del instructor y perdiéndose en el eco de sus propios pensamientos. Hubiera tirado la toalla de no haber retumbado en su interior, saltándose los principios básicos de la lógica, la voz grave de su abuelo Dominick Granato: Hijo, quédate aquí, que éste es tu sitio. El timbre ronco del más veterano de la rama materna, fallecido apenas un año antes, no dejaba lugar a las dudas: Quédate aquí, hijo, que tu lugar es éste. Ocurrió una mañana luminosa en el seminario. Sintió un estremecimiento inusitado y luego escuchó la voz clara del anciano que le susurraba el mensaje al oído: Quédate. Nada remotamente parecido le había sucedido con anterioridad y nada semejante volvería a ocurrirle en el futuro. Fue un impulso sobrecogedor que lo conminó a tratar de entender lo que acontecía entre aquellos muros.

Lo que más le atrajo de la filosofía Moon era el matiz novedoso que incorporaba al viejo concepto de Mesías. Para la cristiandad, el enviado del cielo vino a salvar al mundo. Para los seguidores de Sun Myung Moon, el suyo simplemente intentaba comportarse como un buen padre. Esto obedecía a un sencillo silogismo que el fundador de la Unificación expresaba en tres proposiciones. A: si Adán y Eva no hubieran sucumbido a la tentación del diablo, hubieran resultado ser unos buenos padres. B: si Adán y Eva hubieran sido buenos padres, el resto de nosotros habríamos heredado su bondad de forma natural y el mal no existiría en nuestro mundo. Y C: al comportarse Moon como el Padre Verdadero, conseguiría transmitir de modo natural la bondad a sus seguidores, e interrumpiría para siempre la cadena del mal heredada desde los tiempos de Adán y Eva. De esta forma, al transformarse la sociedad en un mundo formado por buenos padres, ya no sería necesaria la venida de un salvador del cielo porque, entre otras cosas, ya no haría falta salvar a este mundo de ningún maleficio.

El coreano preconizaba una sociedad ideal en la que sobrarían los doctores, los ejércitos o el sistema financiero.[3] Un universo en el que todos seríamos hermanos y hermanas de la misma sangre, herederos del Padre Moon, y donde esa consanguinidad imposibilitaría los enfrentamientos. El ser humano, pregonaba, tiene una inclinación natural a querer cuidar de su familia. A defender a los suyos. Establezcamos una gran familia humana y terminaremos cuidándonos los unos a los otros. Amén.

Envuelto en estas elucubraciones místicas, transcurrieron para John Raucci tres años placenteros a la sombra de los robles, los arces y las acacias que asoman a las aguas caudalosas del río que separa el valle del Hudson del fin de la cadena montañosa más antigua del planeta: las Catskills, prolongación natural de los montes Apalaches. Prestaba atención al estudio y dedicaba el tiempo libre a realizar pequeños trabajos que generaban algún ingreso para ayudar a mantener el seminario. Una vida íntima rodeada de chicos y de chicas, algunas de ellas, déjame confesarte, pura dinamita, con las que tuvo que aprender a convivir como si de miembros de su familia se tratase. Hasta que llegó 1982: el año del gran escándalo. El verano de la boda multitudinaria en el Madison Square Garden.

John sabía que el momento tendría que producirse, pues la bendición de nuevos matrimonios resultaba crucial en la estrategia de Moon. Si basas el principio de tu religión en la creación de padres verdaderos; si decides distribuir la fe de dos en dos, como las magdalenas en los bares, tarde o temprano no tendrás más remedio que emparejar a los miembros de tu Iglesia. Para cuando esta ocasión se presentase, el corredor de fondo se había ido forjando sus propias ilusiones: quería una mujer japonesa, que fuera bella, delicada y servicial. De alguna manera albergaba la convicción de que el porcentaje de liderazgo que se había ganado a pulso en Barrytown bastaría para que el Padre Verdadero se aviniese a sus deseos: De acuerdo, Raucci, aquí tienes a tu japonesa.

Madison Square Garden, el pabellón que toma el nombre del desaparecido jardín de la antigua plaza de la Avenida Madison. Para los neoyorquinos, The Garden, a secas, 1 de julio de 1982. Mil parejas listas para recibir la bendición de Sun Myung Moon y su esposa, Hak-ja Han, quienes, con una sonrisa complaciente, presiden la ceremonia envueltos en túnicas de satén blanco y una corona ornamental ceñida a sus cabezas.

El traje azul marino de los hombres contrasta con el blanco impoluto de sus camisas, guantes y zapatos. Las mujeres van de novias convencionales, con unos modelos sencillos y recatados que incluyen unos cuellos altos y unos velos vaporosos. Ellas sujetan unos ramos de flores en las manos. Ellos lucen orgullosos unas corbatas burdeos con una inscripción en el reverso que reza: «La Paz del Mundo a través de la Familia Ideal». Una frase que resume la filosofía del que se proclama sucesor de Jesús de Nazaret y que simboliza el sueño de unificar la Tierra a base de multiplicar los matrimonios interraciales.[4]

Los futuros esposos custodian en sus bolsillos los anillos nupciales que han sido grabados con el símbolo unitario de las doce puertas. Muchos de ellos van a intercambiarlos con mujeres a las que han conocido tan sólo hace una semana en un emblemático hotel donde el Padre Verdadero ha ido emparejando a capricho a cientos de jóvenes. Raucci estuvo en los salones del New Yorker. Concienciado para cuando llegase su gran momento. Seguro de sí mismo. Convencido de que iba a ser el único dueño y señor de la elección de su destino. Reverendo Moon, acuérdese, por favor, de que yo quiero una japonesa. El mesías paseaba su presencia entre las dos filas que había ordenado formar en el salón de baile para la revista. Los hombres a la derecha, las mujeres a la izquierda y él, en medio, atrayendo las miradas de cientos de rostros ansiosos que aguardaban un gesto del profeta para abandonar la formación, como partículas de hierro pendientes de un imán para orientarse, como un partido de tenis a cámara lenta. Hacia un lado, media vuelta, hacia el otro. A veces se detenía ante alguno pero, antes de avanzarle una señal, dejaba caer un suspiro y retomaba el paso. Trataba de concentrarse. Necesitaba encontrar la inspiración para acertar en las decisiones. Por fin sacaba a un chico al centro. Lo observaba despacio, de abajo arriba, como si hubiese colocado su mirada en modo configurar y estuviese realizando un escáner a su tarjeta de memoria cuyos resultados pasaba a contrastar inmediatamente con las candidatas de la fila opuesta. Terminado el proceso, escogía a una muchacha y la colocaba a su lado. Analizaba sus reacciones. No, definitivamente no le convencía la química de aquella pareja. Solicitaba al muchacho que se reincorporase a su puesto y llamaba a otro candidato. Ahora, sí. Esta vez había acertado. Perfecto. Mostraba su satisfacción a los afortunados y los enviaba al cuarto asignado para el rápido protocolo de la aceptación. Se trataba de una habitación sencilla en la que las parejas disponían de unos minutos a solas para decidir si consideraban atinada la elección de su media naranja. Aunque el emparejamiento se consideraba un acto de fe y al fundador de la Iglesia de la Unificación no le hacía demasiada gracia enfrentarse a un desacuerdo, se sabía que si alguien se atrevía a planteárselo, Moon aceptaría reagrupar a los candidatos.

El reverendo se acercó y se detuvo frente a John, que esbozó una sonrisa amplia esperando una recíproca respuesta. Sin embargo, los labios de Moon dibujaron una extraña mueca y su mirada se le antojó lejana. Perdida. Yo, yo, reverendo Padre, quiero una japonesa. El Padre Verdadero al fin devolvió una sonrisa cómplice. Menos mal. John, aliviado, relajó los músculos de su rostro. Ya estaba tranquilo. Pasó el peligro. El coreano giró hacia la fila de las chicas. La recorrió con parsimonia. Interrumpió su marcha ante una elegante mujer de rasgos asiáticos que bajó la cabeza tímida al percibir su presencia. Observó a Raucci de reojo y reanudó el paso. Siguió andando. Cuando nuevamente se detuvo, como por impulso, señaló a una mujer de pelo oscuro y lacio, bajita y con aspecto de aldeana. La llamó al medio y le hizo un gesto a él para que se acercase. ¿A mí? ¿Me está pidiendo a mí que me acerque? Pero si yo quiero una japonesa. Ven, le instó mientras alargaba la mano para invitarlo a conocer a su designada.

En ese preciso instante, John Raucci Granato quiso morirse. Le pidió al dios en que había creído durante tantos años que abriese el suelo de Manhattan y lo tragase para siempre. Mas, como sus plegarias no fueron atendidas con la premura necesaria, concentró todas sus energías en un plan B de pensamiento único: Tengo que escaparme de aquí como sea. Llegaron los dos al cuarto. John cerró la puerta tras de sí y se dispuso a escupir la verdad: Lo siento, pero eres la última persona con la que quiero compartir mis sueños. El rostro que sonreía delante de él no era nuevo. Se trataba de Madeline. La conocía de verla pasear por el seminario y sabía que era excesivamente metódica, de respuestas lentas y que no alcanzaba su nivel de educación. Iba a contárselo, mira, yo quiero una japonesa, pero antes de que pudiera abrir la boca, ella sacudió la cabeza en señal de asombro y exclamó feliz: ¡No me lo puedo creer! ¿Qué era lo que no se podía creer? Asustado, Raucci empezó a intuir que iba a resultar mucho más complicado de lo previsto salir de aquel embrollo.

Hace cuatro meses tuve un sueño. Era Madeline la que hablaba. Soñé contigo en Barrytown. Tú me decías que eras mi marido y yo, contenta, te respondía que era tu esposa. ¿Cómo diceeeees? Final del sueño para uno e inicio de la pesadilla para el otro. ¡Dios! A la mañana siguiente de haber tenido el sueño, continuó Madeline, recuerdo que nos encontramos y yo te saludé. De una manera exageradamente cordial, recordó él de pronto. John salía de clase y se cruzaron. Sin venir a cuento, ella lo abordó súbitamente con un saludo apasionado, ¡Holaaaa!, como el que se reencuentra con un amigo de la infancia después de lustros sin verlo. Se quedó perplejo y pensó para sus adentros: ¿Se habrá vuelto loca ésta? Salió al paso con un escueto: ¿Qué tal? Como tu reacción resultó tan fría, retomó ella la conversación, pensé que aquel sueño tan bonito jamás llegaría a cumplirse. Hasta que, como ves, hoy estamos aquí juntos y todo vuelve a cobrar sentido. ¡Me haces la mujer más feliz del mundo! John sintió que las neuronas de su cerebro se desconectaban y el mundo se agrietaba a sus pies. Quizás Dios había decidido venir en su ayuda. El horizonte se desvanecía en pedazos borrosos de papel pintado y el leve crujido de los tablones centenarios de pino melis que alineaban el suelo de la habitación del hotel se transformó en chasquidos agudos que resonaban como los latigazos que daba el hielo en la expedición al Polo que llevó a la muerte a Robert Scott en 1911.

¿Estás bien, John? Sí, perdona Madeline, no es nada. ¿Seguro? Sí, vamos. ¿Cómo atreverse a romper en mil pedazos el corazón de una mujer en el cuartucho aséptico de un hotel? Regresaron ante el maestro. Aceptamos de buena gana tu decisión, *Aboji*.[5] Por fuera, los rostros de ambos sonrientes. Por dentro, el corazón de él destrozado; con un peso tan tremendo que, cuando se inclinó ante el líder para recibir la bendición, sintió que se le iba a escapar rodando por la boca.

La dimensión de la tragedia que acababa de representarse obedecía, sobre todo, a que John la había juzgado desde el prisma de los sentimientos. Desde el punto de vista práctico de la realidad, aquel compromiso matrimonial no iba a alterar en demasía el ritmo de los meses venideros. Como al resto de las parejas que, el 1 de julio de 1982, aguardaban a las once en punto de la mañana a que se abrieran las puertas del Madison Square Garden, se les iba a requerir que continuasen viviendo por separado y sin mantener relaciones sexuales, por un periodo de tres años. El tiempo necesario para forjar el conocimiento mutuo y hacer brotar el amor. Un tiempo, antes de consumar el rito, en el que cada uno de ellos debería concentrarse en reclutar un mínimo de tres nuevos miembros para la Iglesia de la Unificación.

Las once y veintisiete minutos de la mañana en el huso horario de la zona este. El calor del mes de julio está empezando a hacer mella cuando el pabellón más célebre del mundo se decide a abrir sus puertas. Las parejas, que forman colas en la calle frente a las diferentes entradas, se van fusionando en el interior del recinto hasta formar una impresionante columna de a ocho. Al acceder a la cancha irrumpe la música. Una banda interpreta con solemnidad la marcha nupcial que el romántico Mendelssohn compuso para la *suite* de *El sueño de una noche de verano*. Sobre un escenario, como resplandecientes colosos embutidos en sus túnicas imperiales, el señor Moon y su esposa, la señora Hak-ja Han, aguardan a que la procesión vaya aproximándose. Sujetan en sus manos un cuenco con agua perfumada y una varita terminada en pequeños hilos de cuerda. Cuando los primeros afortunados desfilan bajo sus palios, agitan los hisopos y centenares de milimétricas gotas imbuidas de gracia divina vuelan, como mágico confeti, sobre las cabezas de la alegre comitiva. Los novios comienzan el descenso hacia la pista que tantas veladas de gloria le diera al boxeo hasta que el promotor Don King se lo llevara a Las Vegas. La tarima ha sido tapizada para la ocasión por una inmensa alfombra de color crema. Los pretendientes comienzan a distribuirse entre la arena y las gradas.

La función ha comenzado. Moon pronuncia una plegaria en su idioma natal: 하늘은 온세상보다 크다.[6] Han de transcurrir unos minutos para que se decida a cambiar al inglés y es entonces cuando sus palabras empiezan a cobrar sentido para los presentes. El discurso gira en torno al compromiso cósmico que están a punto de contraer y la descripción detallada del terrible castigo eterno que conllevaría el romperlo. Cada alocución termina con una estudiada pausa, con un silencio medido que precede a la formulación al auditorio de un interrogante cuya respuesta coincide siempre con el mismo monosílabo: *Yes!* Sí, claro que sí, Padre. Un sí coreado, como un sobrecogedor rugido, por las dos mil gargantas que abarrotan el Madison Square Garden y cuyo eco retumba orgulloso en el pecho del hombre que guía sus designios. ¡Sí!

La ceremonia dura una hora. Podéis ir en paz. Es la señal esperada: al unísono, los recién casados inclinan el tronco hacia delante hasta tocar las rodillas con las palmas de sus manos y, como impulsados por un muelle, se incorporan enérgicamente provocando un tsunami de brazos que se mece en El Jardín neoyorquino al grito de *Mansei!* Es la fórmula pactada, *mansei*, la victoria será eterna, para dar rienda suelta a la natural explosión de alegría que produce el casamiento en las parejas. Un ansia inmensa de proclamar el entusiasmo mutuo que no conoce fuerza, física o psicológica, capaz de detenerla. Como Moon lo sabe y no ha querido permitir besos apasionados, busca ayuda en la gimnasia para que los contrayentes puedan descargar su adrenalina. *Mansei!*, y, con la ola que pondría de moda el Mundial de Fútbol de México, se acabó la fiesta.

Esa misma tarde, en la que John tenía una esposa a la que no deseaba, los acontecimientos empezaron a precipitarse a velocidad de vértigo; como una gran bola de nieve que insistía en colocarlo continuamente contra las cuerdas. Primero le tocó el turno a la prensa. Un periodista se coló de incógnito en una de sus charlas y el *Daily*

News publicó una caricatura de Raucci luciendo cuernos de diablo, junto a un texto demoledor contra «la secta de los moonies». En Brooklyn se dispararon las alarmas. Sus padres se asustaron: tenían un hijo abducido. Sus amigos juntaron ahorros para contratar a un reprogramador, un especialista en cultos esotéricos que lo sacase urgentemente de lo que ellos consideraban un clan peligroso. Hubo de defenderse ante propios y extraños, familiares y seres queridos, como un gato panza arriba. Y ganó la batalla. Sus padres visitaron Barrytown y vieron que las enseñanzas que allí se impartían no variaban en mucho de las tesis que ellos compartían todos los domingos durante la celebración de la Eucaristía. Fue una lucha encarnizada contra las acusaciones que le llovían desde todos los ángulos y que lo dejó extenuado. Una pelea que lo llevó a enamorarse profundamente de la idea original de Sun Myung Moon y a creer sinceramente que la unificación del mundo estaba al alcance de la mano. Todo para que, al final, precisamente por apoyar los principios fundacionales de su Iglesia, lo excomulgaran del movimiento en 1991.

A John y a algunos otros se les ocurrió plantear que, tal vez, la cúpula de la congregación no vivía de acuerdo con la conducta que ella misma predicaba a sus seguidores. Como la mayoría de las iglesias, el Movimiento de Unificación empezó con un celo extremado y un poder basado en la espiritualidad. A medida que se fue aceptando socialmente, se transformó en una organización secularizada. Intentaron luchar contra ello y dijeron hacerlo en nombre de la filosofía de Heung Jin Moon, el hijo más querido del reverendo, que falleció en un accidente de tráfico cuando intentaba salvar las vidas de algunos heridos. Enviaron un mensaje al profeta, hecho con cariño, pero fundamentado en la crítica: la energía que mana de Dios resulta sólo útil cuando se utiliza para devolverla a nuestros prójimos en forma de amor. Se los vio como una amenaza y se les expulsó bajo la grave acusación de haber creado una secta fuera de la Iglesia o de haber recibido un lavado de cerebro. Exactamente las mismas imputaciones que el movimiento oficial estaba harto de recibir desde la prensa y desde múltiples sectores de la sociedad civil.

John Raucci se encontró de sopetón, como la guitarra de Paco de Lucía, entre dos aguas torrenciales. A un lado su pasado, su entorno de siempre, que no terminaba de entender por qué un tipo despierto, con buenos resultados en los estudios y grandes posibilidades en la vida deportiva, abandonaba el mundanal ruido y abrazaba aquella fe tan extraña; al otro su presente, su seminario en la orilla del Hudson, su querida fe, que le negaba el pan y la sal, la entrada al recinto como a un hijo pródigo, como a un traidor de guerra, como a una figura non grata.

Se quedó sin nada y decidió buscar refugio en el futuro, en sus hijos: Joseph Christopher, David y Gideon. Los vio crecer, echar a andar, salir de casa y relacionarse y, al escuchar cómo la gente empezaba a contar excelencias de todos ellos, recobró el orgullo perdido. Supo que esa bondad que los demás admiraban en su prole no podía proceder solamente de él y volvió los ojos hacia Madeline, su compañera, y se propuso cambiar la perspectiva de su mirada. Con sorpresa, aprendió de pronto lo que significaba enamorarse. Le entró entonces la convicción profunda de que en el mundo espiritual alguien había plantado la semilla de aquel sueño que una joven de pelo lacio le contó en un cuarto del hotel New Yorker para que él aceptase un casamiento que, con el tiempo, habría de tornarse en afortunado. Y dio gracias.

Joe, Dave y Gideon se aficionaron al deporte. El pequeño, al baloncesto; los otros dos, como el padre, a las carreras de fondo. Para intentar ser coherente con el tipo de oficios que en un mundo ideal tuvieran cabida, John dividió su tiempo entre acompañar a gente al aeropuerto, arreglar instrumentos musicales de viento y encargarse del entrenamiento de los chicos. Y fue así como volvió a reencontrarse con el muchacho de Brooklyn que recorría las dos millas y media que lo separaban de la meta sintiendo en cada zancada que se adentraba en los misterios insondables del cosmos.

Dave y Joe se entregaron a los consejos de su padre con entusiasmo hasta que empezaron a presentar problemas de salud. Les diagnosticaron brotes de asma y, además, tras recorrer largas distancias, sentían un agudo dolor localizado en las espinillas que les impedía entrenar de forma continuada un deporte cuyo progreso solamente se alcanza con la constancia. Lesiones serias que cogieron desprevenido a un entrenador que no recordaba haberlas sufrido cuando competía representando a su instituto. ¿Cómo era posible que corriendo sin más ayuda que la de unas zapatillas Keds, de suela plana, él hubiese afrontado airoso los mismos retos ante los que ahora sucumbían sus hijos y, encima, cuando éstos contaban con la ayuda de un calzado ergonómico de diseño casi extraterrestre?

No tenía ningún sentido. ¿Habrían nacido sus pobres chicos con unas condiciones físicas limitadas? Mordido por la curiosidad, indagó a su alrededor para terminar descubriendo, con gran asombro, que sus vástagos no eran, ni mucho menos, los únicos afectados por las bajas. El testimonio de corredores y entrenadores con los que aún seguía en contacto y, más tarde, las estadísticas, le demostraron que los atletas norteamericanos del siglo XXI sufrían bastantes más lesiones que sus colegas de anteriores generaciones. Hasta la década de 1970 Estados Unidos había producido medallistas en larga distancia pero, una vez entrados en la década de 1980, los atletas de las barras y las estrellas comenzaron a quedarse rezagados y las mieles del podio quedaron reservadas casi en exclusiva a los africanos.

John pasó mucho tiempo meditando sobre un dato que se le antojó cuanto menos curioso. Quizás no estuviera llamado a misiones más vistosas, pero la práctica del deporte la entendía con una facilidad envidiable y la meditación le había absorbido durante décadas todos sus esfuerzos intelectuales. Le dio muchas vueltas a la cabeza. Perdió el sueño. Buscó ayuda en los libros y una mañana de primavera de 2000 se incorporó en la cama y pensó que acababa de intuir la resolución del enigma. Llamó a sus hijos y se ofreció a volver a entrenarlos. A cambio, les imponía dos reglas innegociables: debían correr descalzos y tomar aire solamente por la nariz. Algo perplejos, los chiquillos aceptaron.

Tras siete temporadas consecutivas sin sufrir lesiones, Dave Raucci, de 21 años, ganaba en el International World Sports de Seúl la medalla de oro en 1.500 metros con un tiempo de 3 minutos y 57 segundos. En el podio recibía el abrazo y los elogios de las dos bestias sagradas del atletismo mundial: el etíope Haile Gebrselassie, el corredor de larga distancia más grande de todos los tiempos, y el entrenador que consiguiera lanzarle a la gloria, Abebe Gessesse. John y Abebe tuvieron oportunidad de discutir aspectos de la carrera y Gessesse le espetó: Mándame al chico y te lo devolveré convertido en un campeón del mundo. Un cálculo que el viejo zorro de las pistas no aventuraba a la ligera. Sabía que podía ir rebajando su marca en una media de cinco segundos anuales. Si continuaba sin lesionarse, al alcanzar los 27, la edad de esplendor para muchos fondistas, lo pondría al nivel del plusmarquista mundial Hicham El Guerrouj, el marroquí que dejó en Roma 98 el reloj congelado en 3,26.

Dave, sin embargo, decidió seguir en la Universidad Marista de Poughkeepsie, Nueva York, donde estudia gracias a una beca de atletismo. Allí, los progresos continuos de su pupilo han centrado el esfuerzo de su entrenador en que Dave consiga pasar la selección para representar a su país en los Juegos Olímpicos de Londres 2012.

Un momento. Antes de nada. ¿He contado ya cómo empecé a indagar en todo este lío? Pues va siendo hora. Por centrarnos. Digamos que conocí a los tres hijos de John cuando trotaban descalzos junto a un puñado de chavales por la hierba del parque que rodea el instituto público de una localidad vecina a Rhinebeck. Fue a primeras horas de una mañana del mes de junio de 2003 y el rocío que humedecía la pradera les teñía de verde la planta de los pies.

Había llegado hasta Red Hook atraído por las ideas que su padre me había dejado caer en una conversación que mantuvimos, algunas semanas antes, camino del aeropuerto J. F. Kennedy. Volaba yo a España por unos días y John se ofreció a acompañarme y conducir después el coche de vuelta a mi casa en Rhinebeck para que lo pudiera utilizar mi familia durante mi ausencia. Dos horas y media de charla pueden dar para mucho si uno permanece atento a las palabras de su interlocutor; sobre todo si la conversación salta de la filosofía de Hipócrates a la de los indios de las grandes praderas; de las multinacionales del calzado a la curación de un cáncer a base de sopa de calabacín.

Me contó que en el último año de instituto el mayor de sus hijos decidió afrontar las carreras de un modo profesional pero que, en cuanto pasó de entrenar cuarenta y cinco millas a la semana a recorrer una media de setenta, le comenzaron las molestias. Dolores que los expertos consideraban el precio habitual que hay que pagar por el choque excesivo del pie contra el terreno y que a él, sin embargo, no le cuadraban con las conclusiones de su propia experiencia.

Mientras echaba un vistazo a los datos históricos del atletismo, cayó en la cuenta de que los corredores de África apenas sufrían lesiones, mientras que a los norteamericanos les ocurrían con excesiva frecuencia. Se preguntó qué haría tan diferentes a los atletas de ambos continentes y en la cuadrícula se le cruzaron dos claves interesantes: los africanos entrenaban descalzos y el comienzo del declive deportivo para los fondistas de Estados Unidos coincidía sospechosamente con la aparición

33

en el mercado de zapatillas de diseño futurista. Hasta la década de 1980 todo el mundo usaba unas Keds; a partir de esa década la suela se agrandaba y se acolchaba, los tobillos se sujetaban con mayor firmeza y ¡se multiplicaban las lesiones!

Excitado por el hallazgo, John saltó de la bibliografía de los pueblos de África a la de los indígenas de América. Observó que los miembros de las distintas tribus solían recorrer grandes distancias a la carrera. Una media semanal de trescientas millas, casi quinientos kilómetros, y, sin embargo, no aparecían evidencias de lesiones en las extremidades inferiores en las transcripciones de sus tratados de sanación. Panorama muy distinto al de hoy en día, en que la especialización médica que más crece en Estados Unidos es la medicina deportiva y donde, a partir de los ochenta kilómetros semanales comienzan las lesiones de importancia. Coincidentemente los nativos americanos corrían descalzos como los africanos o con la ayuda de finos mocasines que permitían la flexión adecuada de sus músculos. Entendían que los pies, al igual que las manos, podían cubrirse en ocasiones especiales para evitarles cortes en un terreno agreste o protegerlos de los excesos de temperatura, pero nunca como un hecho cotidiano, puesto que no habían sido concebidos para soportar la rigidez del calzado.

Cuando al pie se le coloca un zapato se muestra incapaz de percibir la formación del terreno que pisa, su dureza o su rugosidad y, por tanto, incapaz de enviar al cerebro la información que éste precisa para determinar la fuerza con la que debe impactar. Esto deriva sistemáticamente en una tendencia instintiva a golpear el firme con más energía de la necesaria (posiblemente en un intento desesperado por sentir el contacto que le impide la suela) y nuestro esqueleto termina por absorber un topetazo más grande del que le correspondería.

De forma natural, cuando el pie humano detecta una determinada superficie, arena, roca, hierba, reacciona y ajusta la presión con la que debe ejercer el aterrizaje. En condiciones normales debería posarse siempre de un modo suave sobre la punta de los dedos y le correspondería al cerebro, tras descifrar los datos suministrados por estos sensores, encargar al resto del cuerpo que adoptase posturas concretas para compensar correctamente el desequilibrio del terreno: balanceando los brazos, inclinando el tronco, o bien flexionando las piernas. Si presionamos con excesiva fuerza, nos hacemos daño y el cuerpo activa un mecanismo de alarma, el dolor, para que suavicemos el siguiente impacto. John Raucci mantiene que los gimnastas que aterrizan sobre mullidas colchonetas están sometidos a un mayor riesgo de padecer lesiones que los bailarines de ballet clásico que se posan sobre la dura tarima. Estos últimos, dice, desarrollan mucho más la musculatura del pie. Con calzado, nuestro organismo entra en barrena. El encajonamiento de los zapatos nos fuerza a utilizar el talón como tren de aterrizaje y provoca que la colisión repercuta en músculos a los que no les corresponde esa labor y que, por contra, la musculatura preparada para absorber el choque no reciba vibración alguna. Es decir: se produce un desajuste muscular que atrofia a unos y tensa en exceso a los otros.

Para intentar corregir las molestias derivadas de esta situación, las casas comerciales diseñaron zapatillas con un talón cada vez más almohadillado. Decisión que, según iba deduciendo Raucci en sus elucubraciones, llegaba a aliviar algunos de los síntomas pero no atajaba en absoluto el problema. Una suela inflada por un colchón de aire no consigue asimilar una fricción anómala que termina repercutiendo de forma lineal a lo largo de todo el cuerpo y anula, más aún, la capacidad de obtener información del terreno; iba a decir de primera mano, pero me temo que sería más correcto escribir de primer empeine.[7]

En el parque de Red Hook, aquella mañana fresca de principios del verano de 2003, me senté en un banco a observar cómo el grupo de jóvenes ascendía la colina, rodeaba algunos árboles y descendía de nuevo ladera abajo esquivando a las avispas. Una y otra vez. Interminables veces. No se cuánto tiempo se tiraron completando el encargo de sumar un total de quince millas, pero el suficiente para que el rocío de la mañana pasase de la madera del banco a mis pantalones y sintiese el frío de la humedad en mis posaderas. Un momento estelar que aproveché para cuestionar mi vocación de periodista con una sencilla pregunta: ¿qué hago yo aquí a las siete menos cuarto de la mañana? Cuando por fin rompieron filas y se acercaron a donde yo los aguardaba, nos saludamos y les pedí que posasen para sacar algunas fotos. Lo primero que noté es que les había cambiado la fisonomía. La diferencia con los dedos de los pies de la mayoría de los humanos, que cualquiera ha podido observar en un día de aburrimiento en la piscina, saltaba a la vista. Nuestros apéndices, atrofiados por la falta de uso, se apelmazan unos contra otros obligados a estrecharse por la horma puntiaguda del zapato. De hecho, con bastante frecuencia terminan por aplanarse en los laterales y, en lugar del volumen cilíndrico que les correspondería, adoptan el de un tetraedro que los asemeja más a unas patatas del McDonald's con uñas.

Tras dos temporadas de libertad, los pies de estos jóvenes presentaban unas plantas con forma de tronco de pirámide invertida. Empezaba en el talón y se iba ensanchando por el arco para terminar abierta, como las hojas de una palmera, en un ramillete de dedos. Cinco prolongaciones claramente redondeadas, separadas entre sí y con vida propia. Apéndices que se movían de forma independiente, a voluntad de sus dueños, y saludaban con gracia a la cámara. Como aquellos del anuncio de la tele que hacían la ola al caerles una gota de cerveza, pero en tiempo real; sin necesidad de utilizar efectos especiales en la sala de posproducción.

Al entrenar descalzos, los pies de aquellos muchachos habían vuelto a posarse planos sobre el suelo, en un movimiento ligero y constante desde la punta hasta el talón, con el que reforzaban los gemelos y utilizaban su energía para incrementar la distancia de cada zancada, en lugar de gastarla en golpear machaconamente el terreno. Con la tracción delantera ganaron en reprís y se hicieron más rápidos. Obtuvieron mayor facilidad para la arrancada y el salto y conservaron más energía para afrontar el *sprint* final. Parecía cumplirse la profecía del neozelandés Arthur Lydiard, preparador de muchos campeones olímpicos, padre del entrenamiento moderno e inventor del *jogging*, que mantuvo que si de algún modo la zapatilla pudiese permitir el desarrollo normal de los músculos del pie, en una competición de diez kilómetros podría llegar a rebajarse la marca en un minuto.

Hubo una época, en vísperas del anunciado desastre electrónico que supuestamente originaría la llegada del año 2K,[8] en el que se rumoreaba que la Universidad de Stanford, en Palo Alto, California, iba a imponer la práctica de entrenar descalzo para las competiciones de campo a través. Una medida que hubiera revolucionado el atletismo desde su propio corazón, pues, no en vano, a su departamento Deportivo se le conoce como el Hogar de Campeones. Por poner un ejemplo, si en Barcelona 92 Stanford hubiese concurrido a la competición como una nación independiente, habría ocupado la novena plaza en el ranking mundial por número de oros conseguidos. El rumor anduvo cerca de convertirse en realidad pero, al final, fruto de la estrecha colaboración de los atletas de Stanford con la firma deportiva Nike se adoptó otra alternativa. Se diseñó una revolucionaria zapatilla cuya finísima suela imitaba la libertad de movimiento de un pie sin sujeciones. Se inventó un zapato para andar descalzo. Había nacido la Nike Free.

En su promoción,[9] la marca deportiva reconocía que lo más saludable era correr sin calzado. Que se activaban de golpe 1.700 sensores. Pero no lo recomendaba. Mejor gastarse cien euros en una zapatilla tan buena que simulaba no llevar nada puesto.

Aquella mañana fresquita en la que yo aún ignoraba que para poder escribir este libro pasaría horas analizando el funcionamiento de los músculos del pie, me harté de sacar fotos a los pinreles de los hijos de Raucci. Una instantánea saludando con los cinco dedos abiertos en abanico. Otra con el gordo apuntando para arriba y el resto hacia abajo. Una más con el gordo hacia abajo y los demás mirando al frente. Aquellos dedos prensiles parecían los de un bebé recién salido de la placenta. Las pruebas que iba recogiendo fascinado en mi cámara aquel verano coincidían plenamente con la disertación entusiasta con la que John me había deleitado camino del aeropuerto. Habíamos bajado por el Taconic Parkway, la 84 oeste, la 648 norte y cruzado por el puente Whitestone. Como resultaba previsible, encontramos atasco en Queens, así que utilizamos el viejo truco de salirnos de la autopista y avanzar en paralelo por el Bulevar Linden hasta la Avenida 91. Allí retornamos al Van Wyck Expressway y, en pocos minutos, estábamos en el aeropuerto internacional de la ciudad de Nueva York. Para un corredor ponerse zapatos, me explicaba, es lo mismo que para un bateador de béisbol llevar un abrigo. Los pies no están diseñados para levantar peso sino para soportarlo y pasar por alto ese pequeño detalle puede ser el inicio de muchas lesiones. Algunos profesionales llegaron a esa misma conclusión. Las famosas zapatillas doradas con las que corrió Michael Johnson en Atlanta 96 eran poco más que unas láminas de ante envueltas alrededor de sus pies.

Para funcionar correctamente, nuestros pies necesitan entrar en contacto físico con el suelo. En la planta se sitúan infinidad de terminaciones nerviosas colocadas estratégicamente para que se masajeen durante el roce con el terreno y vayan produciendo efectos que resultan determinantes en el mantenimiento de algunos órganos de nuestro cuerpo. Sin embargo, al interponer un material inerte de por medio, prescindimos de nuestra toma de tierra y renunciamos a la acupuntura natural que traemos incorporada de serie. Justo lo contrario que las civilizaciones orientales, que aprovechan cualquier oportunidad para reanimar el cuerpo a través de sus puntos neurálgicos.

Conviene recordar que cada músculo humano tiene su complementario. Si la máquina se fuerza solamente de un lado, creamos un desequilibrio en la musculatura y eso es precisamente lo que produce el calzado al cambiar el apoyo frontal por el posterior. Por un lado, destensa los ligamentos de la parte delantera del pie, cuya misión primordial es el apoyo y, al no realizarla, vamos perdiendo la habilidad de extender los dedos; por el otro, tensa en exceso los músculos frontales de las espinillas, y atrofia progresivamente los gemelos. Al correr sobre los talones la sacudida pasa rebotada de los tobillos a las piernas, lo que deriva en presiones inadecuadas sobre los metatarsos que al diagnosticarse reciben nombres tan comúnmente escuchados como tendinitis o fractura de ligamentos.

Si no pasas el mayor tiempo que puedas descalzo, insistía mi compañero de viaje, tarde o temprano la cadena de desatinos se va a ir expandiendo hacia arriba peligrosamente hasta descompensar por completo la musculatura de la espalda. Una atrofia que, en el caso de mujeres que utilizan habitualmente zapatos de vestir con tacones altos, puede llegar a alterarles la posición de la cavidad torácica y, en consecuencia, la colocación interna de los órganos.

La dolencia más extendida en el siglo XXI son los dolores de espalda. Quizás su origen radique, como afirma el traumatólogo Jose Ricardo Ebri, director del Instituto

Valenciano de Ortopedia Infantil, en que nunca debimos descender del árbol y erguirnos en dos patas. Pero, aparte del hecho evolutivo, y de lo que pueda afectar el calzado, hay un factor a tener en cuenta: el abandono total de la postura de cuclillas. La invención de la silla y del retrete han trastocado las tensiones y relajaciones naturales de la musculatura de piernas y tronco. En Pekín el célebre doctor Lan, creador del método Yi Fang de medicina tradicional, tiene una prescripción muy sencilla para los problemas de lumbalgia: cinco minutos en cuclillas durante dos veces al día. Agacharse sobre las piernas, con las rodillas juntas y el trasero sobre los talones resulta idóneo para reequilibrar y fortalecer los músculos que hemos machacado en la actividad diaria. Es también la mejor posición para hacer de vientre, pues las heces caen por su propio peso, y para afrontar un parto, ya que las mujeres controlan los abdominales para empujar en las contracciones.

Lo suyo en un viaje de trámite en carretera hubiera sido hablar del tiempo atmosférico y, si acaso, del tiempo que se tarda en recorrer los 5.779 kilómetros de paralelo 40 que separan a la ciudad de los rascacielos de la capital de España. Pero el destino lo quiso de diferente manera y Raucci, consciente del impacto que sus descubrimientos estaban causando en mi humilde persona, bajó el tono de voz. Intentaba, al menos eso sospechaba yo en aquel instante, dotar de cierta solemnidad al momento para resaltar la importancia de la conclusión que estaba por venir. Muchos de los dolores que se presentan en el tronco, dijo, y que intentamos paliar inútilmente al aplicar tratamientos en el lugar específico en que se manifiestan, podrían combatirse si se nos ocurriese mirar un poco más abajo, que es donde se originan: al final de nuestras extremidades. Escúchame: cuanto más sofisticado sea el zapato, cuanto más acolchada la suela y cuánto más sujete el tobillo: muchísimo peor.

En aquel momento le agradecí al creador del universo que la suela de mis Camper mallorquines fuera tan plana como la meseta de Castilla *(the rain in Spain stays mainly in the plain)*,[10] y me recosté en el asiento aliviado. Nada me hacía intuir que aquella revelación habría de significar tan sólo el vaticinio de otras más sorprendentes que estaban aún por llegar ni que, en los próximos meses de mi estancia americana, y precisamente por culpa de aquella conversación, pasaría largas horas leyendo un libro sobre respiración escrito en Río Grande, Brasil, en 1860 y publicado en Londres diez años más tarde.

NOTAS

[1] Destacar en la práctica de un deporte supone en USA un *free ride*, admisión garantizada en las universidades más prestigiosas, y la financiación de la carrera a través de una beca de estudios. En la universidad, verdadera cuna del deporte profesional, se encuentran las mejores instalaciones y trabajan los mejores preparadores. El sistema facilita el acceso a la educación superior a chavales que de otra forma jamás podrían haberse costeado los cuarenta mil dólares anuales que cuestan algunas de estas instituciones.

[2] «Un suspiro proviene a menudo de un recuerdo».

[3] Un planteamiento optimista basado en que al convertirnos todos en buenos padres se cumpliría una profecía bíblica repetida machaconamente

a los seguidores: el Apocalipsis o Revelación de San Juan, El Teólogo, 21, 3 y 21, 4, que reza: «Y oí una gran voz del cielo que decía: "He aquí el tabernáculo de Dios con los hombres, y morará con ellos; y ellos serán su pueblo, y Dios mismo será con ellos y será su Dios. Y limpiará Dios toda lágrima de los ojos de ellos; y la muerte no será más; y no habrá más llanto, ni clamor, ni dolor, porque las primeras cosas son pasadas"».

[4] En 1982 el reverendo y su esposa protagonizaron en el MSG la boda más numerosa de la historia hasta ese momento. No era la primera Ceremonia de Bendición, pero sí la que puso al movimiento en el punto de mira. El *New York Times*, el *New York Post* y el *Daily News* le dedicaron sus portadas. Los periodistas, con una aproximación bastante escéptica, jugaron con el apellido Moon (que en inglés significa luna), para calificar a sus seguidores de *moonies* (lunáticos) o para referirse a la ceremonia como algo que, por fortuna, solamente ocurría *once in a blue moon*, de pascuas a ramos.

La primera boda masiva se celebró en 1961 en la capital de Corea del Sur. El reverendo Sun Myung Moon y su mujer casaron entonces en Seúl a 72 personas. La más numerosa, según datos de la propia Iglesia de la Unificación, se produjo en 1992 en un estadio de fútbol coreano con veinte mil parejas en la hierba y otras diez mil conectadas vía satélite desde cuatro países diferentes.

[5] Padre, en coreano.

[6] «El cielo abarca más que el resto del mundo en su conjunto».

[7] Los podólogos y ortopedistas suelen recomendar plantillas para readaptar la postura del cuerpo que los zapatos han transformado, pero, al no eliminar el calzado, Raucci afirma que su experiencia le demuestra que terminan por originar otros problemas.

[8] La letra K, abreviatura de kilo, la utilizan ocasionalmente en Estados Unidos en lugar del número mil o para reemplazar los tres últimos ceros de una cifra. Todo el mundo se refería al año 2000 como *The Year Two Key*.

[9] «Cálzate unas Nike Free y tus pies sentirán esa libertad instantáneamente. Un total de 1.700 sensores se han despertado. Tus pies pueden sentir el suelo y activar los músculos que estabilizan y absorben el impacto. En libertad tus pies pueden fortalecerse y hacerse más flexibles. Y eso significa mejores resultados en competición y menos lesiones. Devuelve el poder a tus pies».

[10] «La lluvia en España cae sobre todo en la Meseta». Este ejercicio fonético, que se utiliza para practicar la pronunciación de la sílaba «ai», se lo saben de memoria los nacidos en países de habla inglesa gracias al musical *My Fair Lady*. Fue la frase que pronunció Paul McCartney al inaugurar el estudio de radio de Cadena Cuarenta que lleva su nombre, cuando Joaquín Luqui le preguntó si conocía bien nuestro país.

2

Septiembre

Estoy en Nueva York; pero no en la ciudad, sino en el estado, que también existe. Resulta que cuando Sinatra cantaba el estribillo de *New York, New York,* no es que repitiese letra para rellenar la ausencia de imaginación del compositor, qué va, es que el tipo estaba dándonos la dirección postal. New York, New York. Como Murcia, Murcia. Como Oviedo, Asturias. Así que yo me encuentro en la segunda parte de la canción. La gran urbe de los rascacielos representa tan sólo el vértice geográfico de un triángulo isósceles de ciento cuarenta mil kilómetros cuadrados, lo que equivaldría a combinar los territorios de Andalucía, Cataluña y la Comunidad Valenciana, que se abre a la izquierda hasta la región de los grandes lagos y hacia arriba hasta chocar con el Canadá.

Estoy en el paraíso de las ardillas. Intentando adoptar el estilo de vida campestre que llevan más de la mitad de los diecinueve millones de neoyorquinos que figuran en el censo de Albany, la capital del estado. Porque ésa es otra. En España te aprendes los nombres de las grandes ciudades y ya te sabes las capitales; en Estados Unidos, salvando cuatro excepciones, no te coincide ni una. Ni Miami es la capital de Florida, ni Los Ángeles la de

California. Eso ocurre porque en Europa la gente tradicionalmente emigró a las capitales y en Norteamérica lo hicieron a donde les vino en gana. Por eso en Tejas creció Houston, aunque la capital fuera Austin, y en Pensilvania las calles más interesantes son las de Filadelfia a pesar de que la administración se encuentre en Harrisburg.

Estoy en Rhinebeck, Nueva York. A cien millas de Manhattan. En una casa construida con madera y pintada de gris pálido. En un pueblecito que se parece a los de la maqueta del tren eléctrico que nos traían en Navidad los Reyes Magos. En la América de naturaleza sobrecogedora que Nino Bravo identificara con el edén. Estoy en un valle de suaves colinas tupidas de verde. Praderas con vallas blancas para el ganado que fueron robadas a base de hacha a un bosque de acacias, castaños, arces y robles centenarios que se extienden hacia el infinito y más allá. Y, en medio, un río caudaloso por el que navegan tranquilamente los petroleros rumbo al Norte. Aguas que, corriente abajo, bañan en su desembocadura la orilla oeste de la conocida isla de Manhattan. Vivo, señoras y señores, en un bosque tan repleto de vida que podría doctorarme en Biología sólo con observar a los animales que yacen atropellados en las cunetas de las carreteras.

De golpe he cambiado la ciudad, Madrid, Madrid, Madrid (no es dirección postal, sino estribillo de chotis) por una comunidad rural de siete mil almas. Como Cocodrilo Dundee pero a la inversa. Como un Argamboy al que le hubiese tocado hacer de figurita en el belén. Por ponernos en un plano más romántico, digamos que he aprovechado la ruta que abriera Henry Hudson en nombre de la Compañía Holandesa de las Indias Orientales.

El inglés buscaba en 1609 un pasaje que conectara el Atlántico con el Pacífico y se topó de bruces con uno de los escenarios más frondosos de la tierra. Yo cruzaba el majestuoso puente de Kingston en dirección al pueblo de Sarah, mi mujer, y, al observar los múltiples tonos de un verde que se me antojó infinito, se reavivó en mí la excitación por los meses que el futuro nos traía por delante.

Me sorprendí tocando intermitentemente el claxon, tú, tututútu, tutú, como cuando te enteras por la radio de que tu equipo ha quedado campeón de liga. Un enorme camión azul de dieciocho ruedas, que se aproximaba en dirección contraria, me devolvió el saludo con su sirena de barco. Tooooooooo... Cuando pasó a mi lado me sentí tan minúsculo que temí que la fuerza centrípeta nos lanzase y planeásemos sobre el cauce del río. Encogí los hombros. Pasó el peligro. Al alcanzar la otra orilla, mis labios, que habían procesado la amenaza, comenzaron a silbar la melodía de *Chitty Chitty Bang Bang*.

Desde el aeropuerto de Newark, en Nueva Jersey, con tres niños dando patadas a los respaldos de nuestros asientos, tardamos dos horas y media en aparcar el coche frente a la puerta de un garaje con una canasta de baloncesto atornillada a la fachada. Hogar dulce hogar. La única señal de habitabilidad que quedaba de los anteriores inquilinos era el cable de la antena de televisión que asomaba por debajo de la moqueta. Olía a madera, a pintura fresca y a final de verano cuando deshicimos las maletas.

Ahora estoy sentado en el porche, frente a la calle Parsonage y ya se dónde está el Norte. Me ha costado, no te creas, porque soy bastante disléxico para el tema de las direcciones. Cuando me saqué el carné de conducir el policía municipal que me acompañaba se volvía loco. Me pedía que girase a la izquierda y yo viraba a la derecha. ¡Cuidado, que es prohibida! Pero, agente, ¿no me había dicho usted que me metiera por ésta? A ver, manos arriba. Digo, ¿me va usted a detener? No, te voy a enseñar dónde te queda la izquierda. El permiso me llegó a los pocos días por correo. Ya podía hacer vida de ciudadano normal. Aquí, al no estilarse el carné de identidad, ese documento es el que se usa para todo. Para contratar la luz o el servicio de televisión por cable, para abrir una cuenta corriente o para que te vendan cerveza en la gasolinera. Es tan necesario que, de hecho, te lo puedes sacar aunque no conduzcas. Parecerá absurdo pero en Estados Unidos existe el carné de conducir para no conductores; te lo entregan en Tráfico[1] y lo único que varía es que en lugar de poner Driving Licence dice Identification Card. El resto es igual: por delante viene la foto, el nombre, la dirección, el sexo, el color de los ojos y la altura en pies; la fecha de expedición, la de caducidad, la firma del interesado y, en caso de ser donante, las palabras Organ Donor resaltadas en rojo. Por detrás lleva un código de barras que resume todos tus datos y, en caso de ser conductor, si te para un motorista, se entera en un momento con su bacaladera de cómo vas de puntos.

Se han producido varios intentos de crear un DNI pero los norteamericanos, empezando por presidentes tan dispares como Jimmy Carter o Ronald Reagan, siempre se han opuesto frontalmente a la idea de estar fichados. Lo más parecido que tienen es el número de registro de la Seguridad Social que les otorgan al nacer. No está relacionado con el sistema de salud universal, que no existe

en Estados Unidos, sino con el de las pensiones de jubilación y el subsidio de desempleo. Fue establecido en 1935
por el presidente Roosevelt, seguía el patrón ideado por
el canciller Bismarck en Alemania, y el primer estadounidense que lo disfrutó recibió cinco céntimos[2]. Reformas
posteriores incluyeron un seguro médico, Medicare, limitado a mayores de 65 años y personas discapacitadas.

Volviendo a lo del Norte. En Rhinebeck, si no te
manejas con la brújula estás perdido. Cuando te dan indicaciones para acudir a una cita no se estila eso de toda la
calle para abajo y al fondo a la derecha. En las indicaciones
de navegación no hay ni derecha, ni izquierda, ni todo liso,
ni sube hasta el final de la cuesta, ni pasa un edificio amarillo. Aquí te dicen: desde tu casa vas doscientos metros en
dirección sur, giras al oeste otros doscientos y en el cruce
coges dirección norte. Es el quinto callejón que te queda
al este. Pues nada, para allá voy. Da igual que sea el campo
que la ciudad, porque en Manhattan tampoco quedas en
la salida del metro que está al lado del quiosco de periódicos. No, te citan en la esquina suroeste de Broadway con
la Novena. Hombre, la verdad es que resulta práctico y
no da lugar a las equivocaciones. Como cuando quedas en
Madrid con un sevillano en la «Puerta der zo'». Y él se va
a la del Sol y tú lo esperas en la del zoológico.
   Me encuentro en el porche viendo pasar coches
antiguos. Una delicia. La segunda semana de septiembre
las calles de Rhinebeck se llenan de vehículos de época.
Cientos de trastos en perfecto estado de conservación
que, al circular junto a las casitas de estilo victoriano,

te transportan al mundo de los documentales. Pasan por delante en fila, encaminándose hacia las explanadas del recinto ferial que está a tres manzanas... al... Norte. Al final me voy apañando. He seleccionado dos edificios emblemáticos a las afueras del pueblo. Uno que apunta para arriba y otro que apunta para abajo. La meca del bricolaje, Williams Lumber, al Norte. La casa del presidente Franklin Delano Roosevelt, en Hyde Park, al Sur. Y el Este y el Oeste los saco por deducción. Un flecha.

Algunos de los conductores se han disfrazado para la ocasión y lucen chaleco, guantes sin dedos y gafas antiventisca. En el cruce se juntan los que van y vienen de las distintas direcciones, pero no se forman atascos. El sistema de las cuatro señales de stop, que viene a ser la rotonda pero sin fuente en el medio, funciona de maravilla. Todos tienen obligación de parar y la preferencia le corresponde a quien llega primero. Hay vehículos pequeños de la década de 1940, negros, rojos, con sus motores al aire; hay larguísimos Cadillacs de color vainilla y azul turquesa, Pontiacs amarillo limón y Oldsmobiles verde esmeralda. También pasan viejas camionetas de reparto que parecen de juguete y camiones de Coca-Cola, de los de antes, que servirían perfectamente para decorar un jardín con sus cajitas de madera roja transformadas en macetas.

Durante el fin de semana se van a reunir en la concentración de Nationals, joyas de la automoción nacidas antes de 1972, que se celebra anualmente en el condado de Dutchess. Progresivamente las sesenta y ocho hectáreas de hierba de la feria van quedando moteadas por la colorista presencia de más de mil quinientos autos, que comparten espacio escénico con mercadillos de piezas y carpas en las que se realizan exhibiciones. Tanto los que están en venta como los que permanecen sólo en exposición atraen a gente de todos los rincones de la costa este. La mayoría de estos visitantes entusiastas se quedará a dormir en sus caravanas al precio de treinta dólares la noche con derecho a enchufe de luz y agua.

Julia, nuestra hija pequeña de 4 años, está vendiendo limonada en la acera con Mckenzie, la nieta de los vecinos. Han sacado una mesa y una heladera de plástico y por cincuenta céntimos ofrecen un vaso a los conductores sedientos. Sarah estuvo preparando varios litros por la mañana y yo les he dibujado un letrero en una cartulina. Las dos llevan horas coreando la misma cantinela: *Lemonade, ice cold lemonade, only fifty cents!*[3] Cada vez que se aproxima un cliente y consiguen hacer caja, ambas se vuelven hacia mí con una sonrisa de oreja a oreja. Seguro que ya están soñando con dilapidar su fortuna en Stickles, una tiendecita del pueblo que conserva el espíritu de antaño, cuando los grandes almacenes tenían solo una planta y un par de dependientes.

Nico y Max, sus hermanos mayores, que han aterrizado en América con 7 y 9 años, respectivamente, están atareados pintando de blanco las paredes del garaje. Se empeñaron ellos: Papá, esto no podemos dejarlo así. Lo encontramos forrado con placas de escayola clavadas en las riostras de madera y cubiertas con vendas de papel marrón; nada especial; exactamente el aspecto que esperas que presente cualquier garaje. Al fin y al cabo se trataba de un cuarto que íbamos a utilizar, en principio, para colgar las herramientas, para guardar los cubos de basura y para que durmiera el Subaru de segunda mano que, como todo el mundo, compramos en Ruge's. Pero mis hijos se dieron cuenta enseguida de que aquel habitáculo iba a formar parte de nuestra vida en un grado superior a lo sospechado y que, de alguna manera, había que integrarlo en la vivienda. Sucede que en los pueblos de Norteamérica se encuentra todo muy desperdigado. No existe buen transporte público y la gente vive a dos kilómetros, a tres, o a siete del supermercado, de la oficina de correos o de las iglesias, que aquí, por cierto, las hay para elegir sin prisas: episcopal, luterana, baptista, católica y reformada. En el centro, lo que se llama el *village*, residen los menos. El terreno es más escaso y mucho menos asequible. Lo normal es inclinarse por un trozo de tierra más amplio y construir el sueño americano en el bosque, al borde de un lago, en la cima de una colina o mirando a la inmensidad del río. Sitios formidables en los que sin coche no eres nadie. Como resultado, un estudio reciente refleja que la quinta parte de los residentes tardan una media de cuarenta y cinco minutos en llegar a su lugar de trabajo. Por eso, entre otras consideraciones, se acelera el acceso a la conducción y a partir de los 15 ya ves a chavales al volante. A ver cómo, si no, iban los adolescentes a poder presentarse en clase, sacarse unos dólares echando una mano en algún trabajillo, llevar a la abuela de compras o acudir al cine con su pareja. Aquí el coche resulta tan necesario como las propias piernas. Imprescindible. De la casa se va y se viene normalmente en cuatro ruedas. A la casa se entra y se sale, la mayoría de las veces, por el garaje.

El habitáculo de los trastos funciona de salita de entrada y, por ello, Max y Nico convirtieron el nuestro en el único, posiblemente, con dos manos de pintura de todo el valle. Ignorábamos aún que en esta parte del planeta a todo el mundo le importaba un pito atravesar por el desorden de la leña, las bicicletas y la pala de la nieve. Enseguida aprenderíamos que a nuestros nuevos amigos les interesaba más el continente que el contenido; más el hecho de pasarlo bien con nosotros que el de quedar impresionados con el lugar.

Lo del pragmatismo norteamericano lo llevaba yo experimentando bastantes años con Sarah. Lo aprendí de golpe cuando nos mudamos juntos a un ático de la madrileña calle Jorge Juan. Nos encontrábamos con alguien que nos caía en gracia y yo estaba a punto de soltar la socorrida frase de a ver si terminamos de amueblar la casa y os invitamos un día, cuando ella me sorprendía diciéndoles: ¿por qué no os venís a cenar mañana? ¿Llevamos algo? Sí, tazas de café, que sólo tenemos dos. Y una silla. Al principio me resultaba raro, pero terminé por pillarle el punto y hacerme también adicto.

Ahora, en este valle del Hudson, he tardado poco en darme cuenta de que la visión práctica de la vida no es solamente una característica aislada de esa personalidad de mi mujer que tanto me fascina. El movimiento filosófico iniciado por Peirce y James a finales del siglo XIX, que buscaba las consecuencias prácticas del pensamiento y situaba el criterio de verdad en su eficacia para contribuir a la felicidad cotidiana, se encuentra ampliamente extendido en muchas manifestaciones de sus habitantes. Desde que llegamos llevábamos un ritmo casi diario de fiestas y cenas. Amigos de Sarah. Amigos de su hermano. Amigas de amigos de una amiga de Sarah. Amigos de un amigo que conocimos en casa de un amigo de una amiga de su hermano. Todos queriéndonos dar la bienvenida. Todos intentando suavizarnos el alunizaje. Ofrecían sus casas y su buena voluntad y, si el sueldo o el tiempo no les permitían el lujo de cocinar para doce, te pedían que aportases el postre, o que llevases tus salchichas o tus alitas de pollo para echarlas junto a las de los demás en la barbacoa, o que te presentases un poco antes para encargarte de aliñar las ensaladas. Y a disfrutar.

Nico me dice que si podemos comprar un futbolín. ¿Y eso? Los de la casa de enfrente acaban de sacar uno al jardín con un letrero de se vende. No son los únicos. Varios vecinos de la calle Parsonage han aprovechado el aluvión de gente que se dirige a ver los coches en la feria para montar sus rastrillos. Son las ventas de garaje. Yo creo que si se fletaran varios cargueros con destino al Caribe para llevar todo lo que la gente de Rhinebeck nunca utiliza y acumula en sus trasteros, Cuba se pondría al día de la noche a la mañana. La venta callejera se debe básicamente a dos fenómenos. Por un lado, me temo, de vez en cuando al personal le dan arrebatos de limpieza y deciden deshacerse de los mochos. A todo le ponen precio, aunque, por el viejo procedimiento del regateo, te lo regalan prácticamente con tal de que te lo lleves. De hecho, en algunas ocasiones les colocan directamente el cartelito de FREE, gratuito, para que desaparezca rápidamente. Lo cual no quiere decir que de vez en cuando algún listo no intente aprovecharse del sistema. Dos calles más arriba, subiendo desde mi casa; o sea, a la izquierda según entras, o a la derecha si te pones en la puerta y miras hacia el

centro del pueblo; quiero decir no al centro, centro, donde está el cruce, que queda más a la izquierda, sino apuntando hacia donde está el cine, más o menos; bueno, pues
exactamente allí, lleva un televisor con el FREE puesto
por lo menos dos semanas. Se conoce que los viandantes
son amables, pero no gilipollas y que, dado el lamenta-
ble aspecto que presenta el aparato, nadie está dispuesto
a ahorrarle al dueño por el morro el gasto del trapero.
La segunda motivación tiene que ver con la gran movilidad que vertebra la vida social de los norteamericanos.
La flexibilidad laboral hace que muchos cambien con
frecuencia de trabajo y, por tanto, de ciudad o de estado.
Cargan consigo lo imprescindible y al resto procuran
darle salida. Lo venden y, con ese dinero, se lo vuelven
a comprar en otro *garage sale*, probablemente a miles de
kilómetros de distancia, en su próximo destino. Las
madres limpian los cuartos cuando sus hijos se van a la
universidad. Los universitarios venden sus pertenencias
cuando abandonan el campus. Y las iglesias aceptan la
donación de todo tipo de bienes para incorporarlos a los
rastrillos que organizan para recaudar fondos. El mercado de segunda mano corre por Norteamérica como los
litros de alcohol por las venas de Ramoncín. Me lo dejan
en veinte dólares. ¿Tan barato? Me han pedido cincuenta
pero les he dicho que sólo tengo veinte y me han dicho
que vale. Pero, Nico... Ya tenemos futbolín.

Entro en casa. Sarah ha preparado una salsa mexicana
y ha frito tortillas de maíz cortadas en piquitos. El aperitivo sienta de maravilla en compañía de una Heineken.

Nos instalamos fuera. El jardín huele a hierba recién segada y me devuelve el recuerdo de cuando jugaba al rugby en los campos de la Universidad Complutense. Junto al patio de piedra azul, una roca natural de esta zona que parece pizarra pero es infinitamente más gruesa, hay una buddleia en flor. La llaman el arbusto de las mariposas debido a que sus flores de intenso color malva atraen con facilidad a los lepidópteros. Dos ejemplares tremendos (en América parece que todo está condenado a ser grande) revolotean con sus alas amarillas y anaranjadas. También hay un abejorro tan descomunal que parece más bien una larva de pingüino. Eso no es un abejorro. ¿Cómo que no? Como que no, fíjate bien. Es un abejorro de libro. Es un *hummingbird*.[4] ¿Un pájaro? Sí. ¡Me cago en la mar, pero si es un colibrí!

Nuestro jardín está en la parte de atrás. Normalmente las casas se construyen cerca de la acera, con poco terreno por delante y una zona asfaltada en el lateral que sirve para aparcar los coches o hace de camino para acceder al garaje. Es el lugar donde todos instalan la canasta de baloncesto. A la calle suele dar un porche cubierto, con unas mecedoras en las que sentarse cuando apetece ser sociable con los viandantes. Ahí es donde muchos cuelgan la bandera. Cuando pasa por delante alguien conocido se le saluda con un hola, hola qué tal. Al revés que en la *Calle Mayor* de Bardem que, cada vez que se cruzaban los vecinos, aprovechaban para despedirse. Hasta luego. Vaya usted con Dios. Cosas que pasan. En España solemos entrar en silencio en un ascensor y abrir la boca al salir. Adiós. En los Estados Unidos dices algo al entrar, *hi*, y te bajas en silencio. Curiosidades sutiles sin mayor importancia, salvo que por culpa de ellas te sorprendas besando a tu suegro en los labios. Ocurrió la primera vez que nos conocimos. Para entenderlo en su contexto debo extenderme un poco en la teoría del espacio. No el cósmico de las estrellas, sino el espacio personal que aquí denominan *room*.

En Norteamérica te encuentras gente de todo tipo de raíces, comportamientos y culturas (si bien es cierto que algunas hay que buscarlas más que otras), pero la gran mayoría sigue un patrón exportado del norte de Europa y, en general, de las Islas Británicas. Esto hace que su forma de exteriorizar los sentimientos en público nos parezca a los mediterráneos bastante más estirada que la nuestra. En una conversación normal al estadounidense no le gusta que lo toques ni que le des golpecitos según hablas. La distancia que media entre interlocutores es también más amplia. Digamos que entre dos españoles que mantienen un diálogo de pie se crea un espacio en el que podría meterse otra persona y entre dos norteamericanos entran fácilmente un par de ellas. Necesitan *room*, su espacio vital, y se sienten incómodos si se lo invades. No es que sean antipáticos, no. Todo lo contrario. Son extremadamente amables y tienen un buen sentido del humor. Baste recordar que vienen de los ingleses y éstos son los únicos seres humanos que conozco que cuando se tropiezan con una mesa le piden perdón. *Oh, sorry*. Lo que ocurre es que no están muy acostumbrados a pegar abrazos y menos a que su yerno les dé dos besos. Ahora ya puedo.

Cuando conocí a mi suegro, Bud Howe, un hombretón corpulento que había jugado al fútbol americano en su juventud, él me tendió la mano sonriente. Yo, por aquellas fechas, el único inglés que dominaba eran algunas letras de James Taylor, *and it don't look like I'll ever stop my wandering*, y el estribillo de la canción de Gloria Gaynor, *I will survive*. Así que decidí aventurarme por la recomendación de la última, sobreviviré, y plantarle dos besos cariñosos para romper el hielo. ¿Cómo iba yo a suponer que los estadounidenses besaban de derecha a izquierda? ¿Por qué nadie había dejado escrito en los manuales de viaje que en este rincón del universo se dan los besos al revés? Yo me lancé a besar, como toda la vida se ha hecho, primero la mejilla izquierda y luego la opuesta. Él se dispuso a recibir los besos al contrario y nos encontramos en el punto medio. Menudo corte. Pasados los apuros me preguntó que si me gustaba el fútbol. Yo, como aún no sabía que a lo que jugaba el Real Madrid era al *soccer*, asentí convencido. Puso la televisión y me tragué los tres primeros cuartos de un partido entre los Dallas Cowboys y los New York Giants. Yo no sabía cuándo me tenía que emocionar ni cuándo ponerme nervioso. Él me iba explicando las reglas del juego y yo le decía que sí a todo.

El jardín, para buscar algo más de privacidad, suele abrirse en la parte de atrás, al amparo de las miradas de quienes transitan por la acera. Ahí es donde se coloca la barbacoa. No hay vallas y, entre las ramas de unos arces que se plantaron hace muchos años en las lindes y ya alcanzan los treinta metros, se transparentan los jardines y las siluetas de otras casas. No existen tapias que separen las parcelas porque cuando llegaron los pioneros se vivía con la amenaza permanente de los indios, de los coyotes, de los osos... No había policía ni ejército y tenían que ayudarse los unos a los otros. Se talaba una zona del bosque y se construían las casas sobre la explanada abierta. Así, mientras uno permanecía en su propiedad podía, de paso, echar un vistazo a la de los demás. En lugar de levantar tapias para protegerse de los enemigos peligrosos, se dejaban al descubierto para que éstos no pudieran acercarse a escondidas y, en caso de que se atreviesen a merodear, poder dar enseguida la voz de alarma.

Apuro la cerveza. Estamos entrando en el otoño. En el horizonte se recortan ya las bandadas de gansos que vuelan hacia el Sur. Sobre la tierra las polillas y los saltamontes comienzan a poner sus huevos. Las serpientes regresan a sus guaridas. Las ardillas acaparan las bellotas en las copas de los robles. El *dogwood*, primer árbol en cambiar de color, empieza a teñir sus hojas de rojo. Pronto se va a abrir la temporada de caza para los pavos salvajes que habitan en grupos reducidos en las zonas arboladas. Antes de que nos demos cuenta habrá que cambiar las mosquiteras de las ventanas. Son marcos de madera que se ajustan a los dinteles con palomillas: quitas los que llevan una malla metálica y colocas los que tienen un cristal. El aire llega más fresco. El sol no calienta con la misma intensidad. Las pandillas de niños que juegan en la calle entierran el bate de béisbol hasta la próxima temporada y rescatan el balón apepinado de fútbol. El tamaño imponente de los árboles y el hecho de que ningún ladrillo ponga límites a mi visión me sobrecoge y, por un momento, me da la impresión de que estamos viviendo en pleno parque del Retiro.

NOTAS

[1] DMV, Department of Motor Vehicles.

[2] Ernest Ackerman se jubiló en Cleveland, Ohio, un día después de que entrase en vigor el sistema y su jubilación se calculó de acuerdo a ese día contributivo.

[3] «Limonada, limonada helada por sólo cincuenta céntimos».

[4] *Bird* significa pájaro. El verbo *to hum* se refiere a hacer un sonido con la letra *m*, como cuando se canturrea con los labios cerrados, como cuando zumban las alas de las abejas.

3

Octubre

Steve Mosto es el consultor para temas relacionados con el vapor de la ciudad de Nueva York y, sin embargo, él siempre se ha definido como un músico profesional que, por circunstancias de la vida, se ha visto obligado a atender diariamente otro trabajo. Desde hace muchos años considera al pentagrama su hábitat natural y lucha con persistencia por poder establecerse en él algún día.

Creció en Ringwood, Nueva Jersey, mientras escuchaba en el tocadiscos a Beethoven, Bach, Mozart y Chopin; la única música que pinchaban en su casa. Al cumplir los 4, el mismo año en que lo enviaron a la guardería, empezó a tomar clases de piano. Como un ritual, los domingos por la mañana su padre desenfundaba el violín y acompañaba con el arco las grandes composiciones de los maestros; después el pequeño Steve aporreaba las teclas intentando practicar versiones más sencillas.

A los 10 se cansó de tanta clásica y se apuntó a trompeta en el colegio. Entró a formar parte con sus compañeros de clase de la banda de primaria y debutó en el Concierto Anual de Jazz. A los 12 formó su primer grupo de rock y se pasó zumbando, y sin dudarlo, a los teclados eléctricos y a experimentar por vez primera con la voz.

Tocaban las versiones más cañeras de temas de Deep Purple, The Who, Kiss, Led Zeppelin, Rush, Styx o Pink Floyd. Lo había enganchado profundamente el veneno y, a partir de ahí, los dólares que ganaba repartiendo periódicos en la bici antes de acudir al cole, o cortando el césped de algún vecino a su regreso, los invertía sin demora en amplificadores, micrófonos y altavoces.

El primer bolo llegó en una fiesta de verano al borde de una piscina. La banda se sabía cinco canciones y Steve tocó el bajo y los teclados con la ayuda de dos dedos. Fue lo más grande que jamás le hubiera ocurrido. Las chicas le entraban entusiasmadas y él ni siquiera tenía necesidad de responderles algo coherente. El verdadero debut, con cientos de personas que escuchaban en silencio el piano, se produjo el otoño siguiente en el púlpito de la iglesia católica de Santa Catalina. Cada domingo salía con sus amigos ante una audiencia de cuatrocientos feligreses en las misas cantadas de Ringwood. Salteaban los himnos religiosos con melodías de Billy Joel y Elton John que la concurrencia recibía agradecida. Un año bastó para superar el miedo escénico y empezaron las actuaciones: en bares, en telemaratones, en clubes...; en cualquier rincón en el que les dejasen enchufar los instrumentos. Para cuando cumplió los 17 había amenizado ya más de doscientas bodas y prometió que nunca más volvería a hacerlo, salvo que se lo pidiese desesperadamente algún amigo. Corría el año de 1978. Era la época en que solía sentarse con su colega Mike a admirar a un marciano de nombre Eddie Van Halen, que rasgaba la guitarra como nunca antes habían escuchado hacerlo.

Luego llegó la ceremonia de graduación. La fiesta en donde los padres norteamericanos se gastan la pasta que los de aquí se dejan en las comuniones. Sacó buenas notas y lo admitieron en la Universidad pública de Rutgers para cursar Ingeniería Química. Como su padre en Santiago de Chile. Como su abuelo en Italia. En casa le habían dejado claro que no lo ayudarían con los estudios salvo que escogiese una carrera decente. Aprovechó el tiempo, sin embargo, para sacarse de paso una titulación en música (jazz, composición y piano) y, al terminar, se puso a trabajar de ingeniero por dos años. Pero la cabra tira al monte y los músicos hacia los contratos discográficos; le pusieron delante la posibilidad de grabar un disco y la vida le dio un giro. El contrato traía remite de Nashville, la capital de Tennessee y de toda la música norteamericana, y lo firmaba el sello editorial de la actriz Mary Tyler Moore. Por cuatro temporadas colgó el mundo de chaqueta y corbata y se dedicó a recorrer el Sur de gira con los Oakridge Boys, The Judds, Pam Tillis, Poco y tantos otros. Momentos maravillosos que tocaron a su fin cuando la discográfica decidió cerrar. Sin apoyo editorial, las oficinas de contratación artística le dieron la espalda porque, en el Sur y con apellido italiano, Steve Mosto, un músico al que ningún mánager se le ocurrió sugerir un cambio de nombre, tenía nulas posibilidades de atraer el interés de los chicos del Klan.

Vuelta a empezar de nuevo. Regresó a Manhattan y consiguió un empleo en una compañía que vendía material para las conducciones subterráneas del vapor. ¿Cañerías de vapor? Sí. Miré extrañado al tipo que sacaba balones de fútbol de un saco. Recordaba haberlo visto alguna vez por el colegio. Tenía también hijos pequeños y seguramente formaba parte de los voluntarios que habían hecho posible esta actividad extraescolar. Perdona, ¿el vapor de Nueva York no sale de las rejillas de ventilación del metro? No. Miré a mi alrededor; a los campos del asilo de ancianos baptista en los que correteaban mis hijos, pues temía que resultase demasiado obvio mi estado de confusión y, con alivio, comprobé que perseguían la pelota ajenos a nuestra conversación. A ver, un momento... Steve. Guillermo, encantado. Entonces proviene del vaho que se forma con las bajas temperaturas, ¿no? Nup. Tampoco. ¿Y de qué cañerías dices que sale? Es una historia un poco larga. Pegó una voz a un grupo de niños para que se acercasen a recoger los balones. Era obvio que tenía que ponerse a practicar con ellos. ¿Tienes tiempo para que comamos juntos? Mañana sí. Quedamos al día siguiente, a la una, en Bread Alone.

Bread Alone, solamente pan, es el resultado de tener tan cerca el Instituto Culinario de América, el lugar en el que se forman los mejores cocineros de Estados Unidos y que provoca que en la zona florezcan iniciativas en las que comer se convierte en un placer elevado a la máxima potencia. Hornean todo tipo de pan casero, siguiendo distintas recetas de la vieja Europa y utilizando exclusivamente cereales orgánicos. La mayoría de la gente se lleva las hogazas ya cortadas en rebanadas para luego irlas tostando en casa cada vez que se quieran hacer un sándwich. Otros salen con baguetes, chapatas, focachas con aceitunas negras o con cebolla, pan de nueces, qué se yo, en sus bolsas de papel. En América al pan se le da salida básicamente en dos momentos del día: durante el desayuno con mantequilla y mermelada, o a la hora del almuerzo en plan bocadillo. En esta segunda modalidad, las proporciones áureas son inversas a las nuestras, es decir, que suele haber más embutido que tapa. En las charcuterías cortan finito el salchichón o la mortadela pero, como luego te colocan seis pisos de lonchas, el efecto es el mismo que si estuvieses masticando una rodaja del grosor de un dedo. Súmale a esto que al personal le encanta añadir una hojita de lechuga, una raja de tomate, mostaza, mayonesa y condimentos varios y, al final, a la mitad de arriba y a la de abajo del bocadillo las separa una inmensidad de cinco centímetros. El consumo de pan como lo entendemos nosotros, acompañando a las comidas, ocurre, por norma general, en las celebraciones. Tener un buen pan en la mesa es lo mismo que contar con un buen vino y no se produce todos los días. Eso sí, cuando hay se toma caliente. Aquí el pan, o se pasa por el tostador, o se mete unos minutos antes en el horno a 220 grados para consumirlo humeante.

En Bread Alone tienen algunas mesas. Por la mañana acude el personal a acompañar el café con algún bollo recién salido del horno de ladrillo (cruasanes de esos que se deshilachan si estiras de los cuernos, brioche con pasas, magdalenas rellenas de arándanos) y a mediodía ofrecen ensaladas, una amplia variedad de bocadillos y las sopas del día. Haces cola en el mostrador. Pides, pagas y o te marchas con la comida a cuestas, o te sientas. A Steve y a mí nos atendió Mohammed, un egipcio que nació junto a las pirámides y que tiene la sonrisa más blanca que puede ofrecer la madre naturaleza. Se licenció en Filosofía por la Universidad de El Cairo pero la casualidad lo llevó a trabajar de doble cinematográfico para Ahmed Zaki, un actor de celebrada fama en el mundo árabe por sus interpretaciones de Nasser o Annuar El Sadat. La primera película la rodó en 1994. Se llamaba *Mister Karate* y a Mohammed tuvieron que acoplarle un bigote enorme y espesarle las cejas considerablemente para acercarlo a la fisonomía del protagonista. Aprendió a arrojarse de coches a toda velocidad, a saltar de trenes en marcha... Todo tiene su truco, nos dijo, excepto tirarse rodando escaleras abajo. Lo hagas como lo hagas, no queda más remedio que hacerse siempre daño. Joder... ¿Qué va a ser? Yo la crema de zanahoria con jengibre y ralladuras de queso parmesano. Steve prefirió pedirse una ensalada con pollo al pesto. ¿Y sabiéndolo, cómo te animabas a lanzarte por los escalones? Con la ayuda de Dios. Siempre me he encomendado a él y hasta ahora he tenido buena suerte.

Mohammed soñaba con emigrar a América y, después de varios años salvándole el tipo a Zaki en las escenas de alto riesgo, éste se enrolló: le tramitó el visado, le apuntó en un papel el nombre de un amigo jordano que vivía en El Bronx y le sufragó el pasaje. El mismo día que llegó ya le ofrecieron trabajo. Era una familia numerosa. ¿Muy numerosa, Mohammed? Unos dos mil miembros. Joder... Viven en el área de Nueva York y son dueños de gasolineras. A él lo mandaron a Rhinebeck, a la estación de servicio de Ghetty. Luego estuvo picoteando de un trabajo a otro y entonces contempló la posibilidad de irse a estudiar cine a Los Ángeles con su novia Jean. ¿La hermana de Pat? Sí. Es lo que tienen los pueblos: que de una casilla saltas a la otra, como en el Monopoly, pero sin necesidad de pasar por la de salida. Jean era la hermana de mi vecina; la de la casa de la esquina donde paraba todas las mañanas el autobús escolar con Annie al volante. La novia de Mohammed vivía con su madre y con una chimpancé que utilizaba en técnicas de terapia con enfermos psiquiátricos. Lo único que no se puede hacer con un mono es discutir, me había espetado el día en que yo la conocí. ¿Discutir con un chimpancé? Bueno, llevarle la contraria; eso no lo entienden. Si se empeña en comer espaguetis en el suelo, pues hay que dejarla que se los coma tirada por el suelo. Mohammed nos trajo el pedido: la sopa, la ensalada y las bebidas. Le dije que yo había estudiado en Los Ángeles y podía dejarle algún contacto. Me preguntó si conocía a Eric Roberts. Le dije que no. Me apuntó que se trataba del hermano de Julia y, después de hacer un gesto con la mano como para enlazar conceptos, me soltó: de Roberts, Julia Roberts. Le dije que ah, que sí, pero que no. Me contó que Eric vivía en la zona, por Rhinecliff, y que antes solían hablar mucho cuando él despachaba en otra tienda. Lo llamaba y le pedía que lo atendiese a deshoras y él, por charlar de cine, le abría el comercio encantado. Pues no tengo el gusto, no. Le di las gracias, pagué en la caja y cogimos asiento. Saqué una libreta pequeña, como la que llevaba Tintín en sus misiones complejas y miré a mi sonriente interlocutor que estaba a punto de arrancarse a hablar. Pensé, aquí hay tema, e intuí que, por eso mismo, se me iba a quedar la sopa fría. Y en efecto.

Resulta que mucho antes de la caldera fue el vapor. En 1784 James Watt, el escocés que dejara su apellido ligado a la unidad de potencia aceptada por el sistema internacional de medidas, ese vatio que hoy todos utilizamos para pedir la bombilla en la ferretería, perfeccionó considerablemente el motor de pistón y dejó allanado el camino para la Revolución Industrial que enseguida vendría a cambiar la faz del universo.

Yo había visto ilustraciones de uno de esos motores, los famosos Boulton & Watt, en una mansión del valle del Hudson. En el feudo de la familia Livingston; la segunda propiedad privada más extensa de todo el estado de Nueva York durante la época colonial. Un bosque que abarcaba a finales del siglo XVIII sesenta mil hectáreas a este lado del río, en el condado de Columbia, y otras doscientas mil más al otro lado del agua. Una hacienda que aún goza de las impresionantes vistas de las montañas Catskills que le valiera su afrancesado nombre de Clermont.[1] Desde Rhinebeck, yo llegué en coche en apenas un cuarto de hora. Tuve que seguir el cauce del río por la comarcal 9G y luego serpentear por una estrecha carretera bordeada por árboles gigantescos; parientes, algunos de ellos, de los que sirvieron de alimento al primer barco de vapor fabricado con éxito en América.

Fui con la idea de dar un recomendado paseo por un famoso jardín de lilas blancas y me encontré con Chancellor Livingston; dos palabras que hasta la fecha para mí obedecían al nombre del colegio público al que acudían mis hijos. Con sorpresa, descubrí que se trataba de un señor que había realizado llamativas hazañas tanto o más que las del doctor de similar apellido, Dr. Livingstone, supongo, a quien Stanley encontró a orillas del lago Tanganika.

Robert Livingston resultó ser uno de los cinco redactores de la Declaración de Independencia de 1776. Haber servido como secretario de Estado, o sea, ministro de Asuntos Exteriores, en el primer gabinete de Estados Unidos y, en su cargo de *chancellor*, o máximo representante de la Justicia en el estado de Nueva York, haber tenido el honor de tomar juramento a George Washington como primer presidente de la nueva nación. Encima, otro presidente, Jefferson, lo envió a París en 1800 con la misión imposible de intentar la compra de Nueva Orleans y el tipo regresó con toda la Luisiana bajo el brazo.

Hablamos de una época en que las colonias servían de moneda de cambio en las disputas territoriales europeas de las grandes potencias. Por ello, en 1763 cuando tocó firmar la paz tras siete años de campaña en Prusia, la Inglaterra vencedora impuso sus reglas. Le arrebató Luisiana a Francia y se la cedió a España.[2] Los americanos que se independizaron poco tiempo después, llegaron a un acuerdo con el gobernador español para utilizar el puerto. Gracias al «derecho de depósito de mercancías en Nueva Orleans», se les garantizaba un intercambio vital con los nuevos territorios que crecían hacia el oeste. Sus barcos iban y venían por el Misisipí cargados de harina, tabaco, beicon, plumas, sidra, queso y mantequilla.

Pero la historia es caprichosa y, más aún, si es a Napoleón Bonaparte a quien corresponde el privilegio de fijar sus designios. En 1800 el emperador firmó un tratado secreto con Carlos IV de España, en el que se comprometía a crear en algún lugar de Italia un reino para el yerno del monarca a cambio de la devolución de la Luisiana a Francia.[3] Napoleón pretendía reorganizar un nuevo imperio y abastecer desde él a sus colonias de las Antillas. El tiro le saldría por la culata. La revuelta de esclavos y la fiebre amarilla terminaron con su escuadra en el Caribe y se quedó de golpe sin Haití y sin soldados suficientes para defender la recuperada franja norteamericana.

Ajeno a este escenario, llegó Livingston a París enviado por Jefferson. El tercer presidente estadounidense temía un ataque militar de Napoleón e intentaba evitarlo asegurándose el control de la salida al mar. Ignoraba que, para entonces, los acontecimientos habían obligado a Bonaparte a olvidarse de América y a concentrarse en una guerra inminente contra la Pérfida Albión[4].

Robert Livingston, que presentó un cheque de diez millones de dólares para hacerse con el puerto, se topó sobre la mesa con la oferta de llevárselo todo por apenas cinco más. En 1803 Francia hizo público el acuerdo con España, tomó oficialmente posesión por tres semanas y el 30 de noviembre se lo encasquetó a Estados Unidos que, a siete centavos y medio de dólar la hectárea, dobló literalmente la extensión de su país.

Zanjado el asunto, la estancia de este hombre de estado en la ciudad del Sena sirvió para algo más. Aparte de hacerse con una enciclopedia de Diderot para su biblioteca del Hudson, se interesó por los motores de Boulton & Watt y su posible aplicación a la navegación fluvial. A su regreso, y con la ayuda de su amigo Fulton, fue el primero en diseñar con éxito un barco de vapor. Lo construyeron en el invierno de 1806 y lo botaron en el embarcadero de Clermont. Medía cuarenta y seis metros de eslora y cuatro de manga, estaba recubierto con bronce y le costó ciento veinte mil dólares. El primer viaje por el río tuvo lugar el 17 de agosto de 1807. Tardaron treinta y dos horas en remontar la corriente desde el puerto de Nueva York hasta Albany y otras treinta en los doscientos cuarenta kilómetros de regreso. La tremenda novedad residía en que los ríos, que tradicionalmente se navegaban con carga corriente abajo, ahora se podían recorrer en ambas direcciones. Entre 1814 y 1834 el número de vapores que recalaban en el puerto de Nueva Orleans aumentó de veinte a mil doscientos. Se facilitaron las conexiones con Europa y se multiplicaron espectacularmente las migraciones al Nuevo Mundo. Con la apertura del canal del lago Erie, Nueva York superó en volumen de negocio a Boston y se convirtió en la nueva capital mundial del dinero. Y como colofón a esta historia de champán y rosas, en 1857 los barcos *Agamenón* y *Niágara* se encontraron en el centro del Atlántico para unir la primera línea intercontinental de telégrafo. Gloria bendita, de no haber surgido un pequeño inconveniente: las calderas de las románticas embarcaciones popularizadas en las novelas de Mark Twain, saltaban por los aires con una facilidad pasmosa. A mediados del siglo XIX los viajeros que embarcaban en Nueva Orleans tenían sólo un 50 por ciento de posibilidades de llegar con vida al puerto de San Luis en Misuri.

Tomé una cucharada de sopa. Steve trinchó un pedazo de pollo. Mucho antes de la caldera fue el vapor, me repitió, pues intuía que me había alejado algunas millas del objeto técnico de nuestra discusión. ¿Sabes cuánto calor necesita el agua para transformarse en vapor? Cómo no iba a saberlo: cien grados. Recordé la cuenta de la vieja para traducir del idioma centígrado al de los Fahrenheit (multiplicas por dos, doscientos; le corres la coma un cero, veinte; restas el segundo del primero, doscientos menos veinte igual a ciento ochenta; y le añades treinta y dos). Le comuniqué el resultado: doscientos doce. Ésa es la temperatura a la que hierve el agua, me dijo; no el calor necesario para que el líquido pase al estado gaseoso. Vaya. Si tú pones a calentar un puchero en casa y metes un termómetro te darás cuenta de que empieza a hervir cuando el mercurio marca doscientos doce. Sin embargo, todavía no comienza la evaporación. Tarda un rato porque, para cambiar de estado, necesita absorber mucha más energía. Cuando por fin la obtiene, y el agua es la sustancia que necesita mayor cantidad de calor para evaporarse porque le cuesta mucho romper los puentes de hidrógeno que enlazan sus moléculas, abandona el cazo en formato gaseoso sin que el mercurio se haya movido un ápice del sitio. ¿Qué ha pasado aquí? Y yo qué sé, Steve. Aproveché el desconcierto para pegarle otro sorbito a la sopa. Pues que ha hecho acto de presencia el calor latente. Un calor escondido, tan real como el sensorial, que no se refleja en el termómetro. El agua es así de caprichosa; según le dé, a doscientos doce grados Fahrenheit puede ser líquido o puede ser vapor. Necesita cinco veces más calor para recorrer el camino desde el punto de ebullición a su transfiguración en vapor que para pasar del hielo a hervir en el cazo. ¿Ah, sí? Sí y, sin embargo, la temperatura no varía nunca. El cambio se mide con la unidad termal británica, btu,[5] y el agua precisa de un calor latente de novecientos setenta para pasar al estado gaseoso.

Por fin le encontraba sentido a eso de los btus que escuchaba de vez en cuando en boca de los que se decidían a montar una cocina industrial en su vivienda familiar.

Fíjate qué horno, llega hasta los mil doscientos btus. Y yo, estupendo, estupendo, mientras pensaba: para dos veces al año que vais a recalentar una lasaña precocinada ¿os hace falta tanto trasto?

El calor latente es el que calienta los edificios de Manhattan. Viaja hacia arriba en el vapor y es el que emana de los radiadores y calienta las habitaciones. Ah, luego las casas de la ciudad de Nueva York se calientan con calefacción a vapor. Sí. Ahí estuve rápido. Y el vapor viene de las calderas de los sótanos. No. Ahí volví a meter la pata.

El mismo problema de inseguridad que padecían los barcos afectaba a los sistemas de calefacción. Desde que James Watt inventara el radiador en 1784, a nadie se le había ocurrido regular la presión para evitar los accidentes. Según relata Dan Holohan en su manual *The Lost Art of Steam Heating* (El arte perdido de la calefacción a vapor), en la década de 1880 cada cuarenta y ocho horas explotaba una caldera en Estados Unidos. El resultado: tres mil muertos y cuatro mil heridos graves. Los edificios volaban por esa manía que tiene el agua de aumentar en mil setecientas veces su volumen al transformarse en gas. Las calderas alcanzaban los ciento setenta grados centígrados. El vapor subía pitando por las tuberías, cumplía su labor de pasar el calor latente a los apartamentos, se enfriaba y volvía a condensarse en agua dentro del radiador. Me había quedado mirándolo fijo, con asombro y Steve Mosto lo notó. ¿Qué pasa? Se me escapó una risita tonta. Nada, le dije. Mandaba narices que hubiera tenido que cambiar de continente y de idioma para entender cómo funcionaba un botijo. El principio oculto en la vasija de barro que mi padre cuidaba con tanto esmero durante nuestros veraneos en Los Molinos, al pie de la sierra de Madrid, había constituido para mí siempre un enigma. Crecí conformándome con la vana explicación de que la arcilla mantenía fresquita el agua y punto. Bastaba con mantener el rito de rellenarlo todas las tardes, con sus dos gotitas de anís, mientras vigilábamos que las vacas del señor Martín no entrasen en la parcela a comerse la hiedra. Pero ahora resultaba que no era el barro, sino el calor latente que chupaba el agua filtrada a través de los poros del recipiente al evaporarse, el artífice del enfriamiento del líquido que quedaba en el interior del búcaro.

El vapor condensado regresaba a la caldera por un circuito de retorno. Entraba al depósito un chorreón de agua que se dedicaba a enfriar la chapa. Seguía entrando más y, cuando el quemador recuperaba fuerzas, aquello hervía de golpe, o sea, aumentaba en casi dos mil veces su volumen, y pegaba un petardazo de aquí te espero. Dolohan estima que los pistones abandonaban las calderas a una velocidad de crucero de cuatrocientos setenta kilómetros por hora y que, de no haber encontrado obstáculo a su paso, hubieran alcanzado una altura de mil metros. Poco habría faltado para que las piezas hubiesen entrado en órbita adelantándose a la era de los satélites. ¿Y cómo lo resolvieron? Alguien estableció una medida para calcular la presión. Se redujo de sesenta libras por segundo a dos y llegó la calma. ¿Fin de la historia? Comienzo. La idea de crear factorías de vapor y evitarles a los vecinos la inquietud de tener un trasto infernal en el portal de sus casas ayudó sobremanera a la causa.

En 1823 se fundó en Nueva York la Compañía de Luz de Gas, con el objeto de mantener, dar servicio y modernizar el obsoleto sistema de alumbrado de farolas alimentadas por aceite de ballena. En 1844 la empresa decidió aunar fuerzas con la competencia y nació Consolidated Gas. Eran los años en que Thomas Alva Edison se esforzaba en desarrollar plantas de producción eléctrica y lo convencieron para que se sumase al proyecto y controlar así conjuntamente el mercado de la energía. El emporio se convirtió entonces en Consolidated Edison, o Con Edison, que es como todo el mundo lo conoce en la isla.

A la par, en 1881, aprovechando la patente de un contador para medir el consumo de vapor, un tal Andrews se propuso producirlo a gran escala y distribuirlo por toda la ciudad con tuberías. La primera central incluía cuarenta y ocho calderas conectadas a una chimenea de sesenta y ocho metros que competía en altura con la impresionante aguja de la Iglesia de la Trinidad. La planta llegó en un momento excelente en el que el perfil de la ciudad comenzaba a dibujarse a base de rascacielos debido a la subida del precio del suelo.

Los constructores habían albergado la esperanza de poder estirar sus edificios hacia arriba y en 1870 se dieron tres circunstancias que hicieron posible el sueño: las condiciones inmejorables del terreno, la invención del ascensor y la incorporación de las estructuras de hierro. Se levantó el Equitable Building, un edificio de oficinas de siete plantas al que acudían asombrados los neoyorquinos para subir en el montacargas como si de una atracción se tratase. Cinco años más tarde la sede del *Tribune* lo dobló en altura, y tras él fueron surgiendo los cuatro mil quinientos gigantes que hoy se alzan hasta arañar el cielo. ¿El secreto?: la tierra firme.

El estado de Nueva York representa para un geólogo lo mismo que debió de significar el Paraíso para Adán y Eva. Contiene una enorme variedad de formaciones rocosas y goza de excelentes lugares desde donde contemplarlas como, por ejemplo, los acantilados de basalto del río Hudson. La isla de Manhattan no es una excepción y los puntos concretos en que se ubicaron los rascacielos no son fruto de la coincidencia. El subsuelo de la ciudad está compuesto por una roca de lustrosa apariencia, con alta concentración de mica, que resulta ideal para el anclaje de los edificios. Esta cama de piedra, que ha heredado del griego el nombre de *schist* por su facilidad para desmembrarse en lajas, se encuentra a ras de tierra en la zona de Wall Street, luego se hunde hasta los ochenta metros de profundidad y vuelve a aflorar a la superficie a la altura de la Calle 34. Cualquiera puede apreciar en la famosa panorámica de Manhattan tomada desde el East River, esa que sale en tantas postales o en infinidad de películas, la inquietante ausencia de edificaciones altas entre la punta de la isla y el Empire State Building. En *New York City, money talks* y, obviamente, la conservación de las entrañables casitas del *village* o el aspecto de ciudad más convencional de Union Square no obedecen a motivos románticos. El dinero tiene la palabra y, si entonces no se levantaron allí torres más altas, fue porque a principios de 1900 no se habían desarrollado técnicas capaces de traspasar con pilares de hormigón las decenas de metros de arena y grava que las separaban de la firme roca.

Terminé la sopa pero me había quedado con un poco de hambre. Puedes cogerme patatas. No lo dudé. *Cape Cod*, mis preferidas. El sistema de calefacción distribuido por tubería de vapor desde una central simplificó los problemas de seguridad y mantenimiento de esos enormes complejos inmobiliarios. ¿Qué quieres decir? Lo que he dicho. El hecho de que la caldera se encontrase alejada del edificio, después de la cantidad de accidentes que estos trastos habían ocasionado, les evitaba a dueños e inquilinos acostarse pendientes de un sobresalto. Aparte, esos rascacielos eran verdaderas ciudades pequeñas y no quiero ni imaginarme el tamaño de los cuartos de calderas que habrían necesitado para poder suministrar calefacción a sus miles de individuos. El recibo de la Compañía de Vapor les evitaba el lío de la maquinaria y encima les abría la posibilidad de alquilar un espacio demasiado caro para destinarlo a válvulas y cañerías. Y el Ayuntamiento encantado: borraba de sus problemas de tráfico la circulación de camiones cargados de carbón o leña. ¿Café? No, gracias.

En la ciudad de Nueva York el vapor es un servicio público como el gas o la electricidad. Se mide en miles de libras por hora y cuesta a veinticinco dólares el millar. Desde 1954, tras una nueva fusión de compañías energéticas, lo controla y distribuye Con Edison. Mana de siete grandes centrales, cinco de ellas en Manhattan, una en Queens, y otra en Brooklyn. Ciento setenta kilómetros de tuberías se encargan de transportarlo a cerca de dos mil edificios, desde Battery Park hasta la Calle 96. Configuran el mayor anillo de vapor de todo el planeta. Más grande que la combinación de las cuatro ciudades siguientes juntas. Un sistema de conducción que ha cumplido más de 100 años y tiene un montón de puntos de pérdida. Así que eso era: el vapor que convierte a Manhattan en un decorado de *Blade Runner* provenía de los escapes del sistema subterráneo de calefacción. ¿Y tú a qué te dedicas? A eso. ¿A buscar escapes? Exactamente: soy cazador de vapores. ¿Te metes por los subterráneos de la ciudad? De vez en cuando. Se me iluminaron los ojos. ¿Crees que podría acompañarte de caza en alguna ocasión? Bueno, a lo mejor si hablo con la gente del Rockefeller Center y les digo que vienes conmigo podría tramitarte un permiso. Ya me veía por túneles sinuosos enmarañado en cañerías con vida propia; como el fontanero que representaba Robert De Niro en la película *Brazil*. Gracias, Steve, nos vemos. Corrí a por Julia. La pobre debía de llevar ya un rato esperándome en el jardín de la guardería. Jugando entre las tumbas del antiguo cementerio de la Iglesia Holandesa Reformada que, según reza el cartel que cuelga a la entrada, lleva sirviendo a Cristo y a la Comunidad desde 1731.

NOTAS

[1] *Clermont* es la transcripción fonética al inglés de *Clair Mont*, monte claro.

[2] También devolvieron a España el control sobre Cuba y Filipinas, pero a cambio de quedarse, debido al apoyo de Carlos III al perdedor francés, con las colonias españolas al este y sudeste del Misisipí, la península de Florida y la isla de Menorca.

[3] El Tratado de San Ildefonso comprometía también a España a tener a disposición de Napoleón la Armada Real Española para un eventual conflicto contra Inglaterra y a declararle la guerra a Portugal.

[4] Albión, que viene de alba, hace referencia a los blancos acantilados de Inglaterra.

[5] British Thermal Unit mide el calor necesario para elevar la temperatura un grado. En la mayoría de los países ha sido sustituida por el julio.

4

Noviembre

Jay Dorin creció en la parte más septentrional de la ciudad de los rascacielos. A medio camino entre El Bronx y la inmensidad del río Hudson. Al norte de Harlem. Junto a la montaña más alta de la isla de Manhattan; una roca conocida como el Gibraltar de América que apenas sobrepasa en su cota máxima una altitud de ochenta metros sobre el nivel del Atlántico. Está en el parque Bennet y fue elegida por George Washington para construir el fuerte donde, en 1776, sufrió una terrible derrota contra los ingleses. En noviembre la batalla se conmemora con personajes vestidos de la época.

Dorin salió adelante en un distrito, el 12, que no suele salir en los mapas turísticos; empeñados insistentemente en descabezar Nueva York a la altura de la Calle 96 o, con mucha suerte, de la 125 y, por tanto, de negarles a los visitantes un paseo por el parque de Inwood Hill; territorio que los holandeses compraron a los indios a cambio de un puñado de baratijas valoradas en veinticuatro dólares.[1]

Allí creció y lo hizo algo inquieto. Se preguntaba a qué extraño lugar habrían ido a ocultarse los hombres de su barrio. Qué enigmática puerta habrían cruzado los padres de sus compañeros antes de perderse para siempre en la niebla. Cuál sería la razón por la que, cada vez que intentaba arañar alguna pista, las madres encogían incondicionalmente los hombros o desviaban la mirada hacia el suelo fingiendo no haberle escuchado.

La incógnita se amparaba, como se cobijan la mayoría de los misterios, en la ilegalidad de la misión. Desobedeciendo abiertamente la política de no intervención impuesta por el presidente Roosevelt, los hombres se habían ido a luchar a la guerra de España. Sin dejar rastro. Pertrechados en el secretismo para evitar daños colaterales a los seres queridos que dejaban en el nuevo continente.

Aquella marcha, que hoy lleva una etiqueta de misión romántica en el envoltorio, dejó entonces un hueco irreemplazable. Sin el referente imprescindible de los padres, algo se perdió definitivamente en el alma de los hogares del Uptown neoyorquino. Los chavales, que pasaban más tiempo en la calle que en los pisos, terminaron por volverse descreídos. El inocente saludo de un transeúnte, buenos días, era recibido como una afrenta: ¿buenos días?, pero ¿de qué me está usted hablando? Una actitud desconfiada que reinaba en las pandillas de un barrio en el que confluían muchos otros. El mundo judío, el puertorriqueño, el de Francia que estaba presidido por una pastelería que reflejaba en forma de escaparate deseos inaccesibles para la mayoría de sus moradores, el universo negro, el italiano...

La vida de Jay pertenecía por aquel entonces a un apacible sector hebreo en donde cada tarde al caer el sol las mujeres de raza negra abandonaban los pisos en los que servían y bajaban las calles entonando melodías tradicionales en yiddish. Cantos que, memorizados en su lugar de trabajo, pasaban por el tamiz del *blues* y constituían un emocionante espectáculo de fusión musical. Familias enteras se apuntaban a disfrutar de aquel prodigio y abarrotaban con entusiasmo los balcones de las fachadas. Saludaban los niños a sus amas de cría agitando incansablemente los brazos; aprobaban los varones la solemne espiritualidad de la actuación con un aplauso encendido y, las señoras, conmovidas por el arte de sus doncellas, arrojaban monedas que previamente envolvían en pañuelos de algodón para amortiguar el impacto de la caída.

Los abuelos Dorin, poco después de llegar de Rusia, habían abierto una zapatería. Un negocio familiar, sencillo, como el que regentaban tantos otros emigrantes y sobre el que giraba la vida cotidiana del clan. Ahorrando penique a penique. Vadeando con esfuerzo la miseria. Cultivando canas entre cueros, cordeles y clavos, con el objetivo de poder un día proporcionar estudios a su descendencia y, de ese modo, enfocar a los hijos hacia metas más ambiciosas que las anheladas para ellos mismos. Mes a mes. Año tras año. Hasta que el calendario del taller señaló la fecha de echar cuentas y resultó que la suma de los ahorros alcanzaba sólo para mandar a la universidad a uno de los hijos. No les quedó más remedio que meter ocho papeletas en un recipiente y extraer una. La vieja técnica del *hand in cap*, mano en sombrero, que dio origen a la palabra hándicap. Se introducían varias bolas blancas y una negra y al que le tocaba la oscura perdía o, lo que viene a ser lo mismo, asumía una circunstancia desfavorable con respecto a su adversario.

La tía Helen fue el primer nombre que tacharon de la lista. El memorable episodio de las cuatro patas transformó en flagrante evidencia lo que hasta entonces había permanecido camuflado en el ámbito de la sospecha: la enorme escasez de luces de la muchacha. La abuela Dorin mandó a su hija al mercado en busca de un pollo y, a punto ya de introducir el ave en el horno, la chica abortó la operación culinaria reprimiendo con la mano un grito de espanto. ¿Qué se ha creído ese energúmeno, madre? ¿Acaso piensa que puede abusar de mí por el mero hecho de ser jovencita? Aquel pollero estafador, sinvergüenza y sin escrúpulos había osado venderle a la pobre Helen, según sus propias y llorosas declaraciones, un ejemplar mutilado. Al triste pollo que extendía su desnudez sin plumas sobre el mármol de la cocina, en lugar de cuatro... ¡Le colgaban solamente dos patas!

Tras el fulminante descarte de la tía Helen, motivado por su profundo desconocimiento de los principios básicos de la biología, fueron cayendo el resto de los hermanos y, llegado el momento de la decisión, los abuelos movieron ficha en favor del tío Henry. La suerte estaba echada. El destino giraba ya sin posibilidades de darle un vuelco y Nathaniel Dorin, el padre de Jay, supo que la fortuna no volvería a regalarle una segunda oportunidad por el lado iluminado de lo académico y se aproximó a buscarla en el entorno oscuro de los *speakeasy*. Término construido sobre el doble significado del verbo *speak* y el adverbio *easy*, que servía para recordarle al personal la necesidad de hablar en voz baja, los *speakeasy* eran locales de juego clandestino, que habían nacido en sótanos donde se podía sofocar sin miedo la sed de alcohol que tanto había acrecentado la ley seca. Un ambiente en el que Jay sospechó que su padre había terminado abrazando los favores de la mafia. Duda de difícil asimilación para un adolescente, de amargo paladeo para un joven y de necesaria confrontación para un adulto que terminó por llevarse el viento, como en la poesía de Dylan, porque la mirada dura y desafiante de su progenitor previno a Jay de atreverse jamás a introducirla en un diálogo.

Hubo, pues, entre los Dorin, debido a la decisión amarga de los abuelos, diversos tipos de hermanos. Dorin con una carrera para poder apostar con fuerza en la vida y Dorin sin las fuerzas necesarias para dejar de apostar continuamente en las carreras. Un contraste que no resultaba en absoluto chocante en el barrio de Washington Heights, donde compartían acera, con total naturalidad, personajes tan dispares como Alan Greenspan, el muchacho que terminaría convirtiéndose en gobernador de la Reserva Federal estadounidense bajo el mandato de cuatro presidentes consecutivos, y Joe Rodríguez, el «arrancao» puertorriqueño de escasas ideas, aunque todas ellas fijas, que no conseguiría traspasar con éxito el umbral de aprendiz de gángster.

Rodríguez vivía especialmente obsesionado con el concepto de la muerte. Nos vamos a morir, Jay. Tenemos que ser valientes. Pero déjalo ya, Joe, que aquí no se va a morir nadie. No seas petardo. Y él, que sí, Jay, que sí. Insistía en la necesidad de estar prevenido, alerta, ojo avizor para afrontar con suprema dignidad el instante en que la dama de la guadaña se presentase ante uno. En definitiva: dando la plasta continuamente con el tema. Joe, de verdad, muérete tú si quieres pero a mí déjame en paz. Hasta que una madrugada de invierno, cuando Rodríguez parecía inaugurar planes de permanencia en la Tierra, las balas salidas del revólver de su propio guardaespaldas lo hicieron saltar por el aire. Como un pelele. Ninguno de sus amigos pudo testificar si los tiros lo pillaron prevenido, alerta, ojo avizor antes de iniciar su viaje hacia el abismo.

Bajo la inmensidad del puente de George Washington había cabida para todo el mundo. También para Rafael Vélez. Se trataba de un latino raquítico y más flaco que la anorexia que se ganó por méritos propios el respeto de todos los chiquillos. Ocurrió una tarde en que se bajó la bragueta y extrajo del pantalón un miembro de descomunales dimensiones. Una porra que fácilmente podía alcanzar el medio metro. Vélez quedó proclamado rey del barrio. Larga vida a Rafael, The King.

Jay tiene ahora sesenta y pocos años. Dice que fue invitado antes que yo a la fiesta de la vida y que, por tanto, lleva más tiempo disfrutando de ella. Eso es todo. Bueno, casi. También cree que la felicidad llega por entregas y cada cuarenta años. A sus padres les tocó la locura de la década de 1920. A él la década de 1960 y, si echamos cuentas, espera que la revolución que le corresponda a su hijo esté a punto de presentarse en el horizonte.

Es mi vecino. Vive a cuatro calles de mi casa. Él cayó aquí después de regresar de un viaje iniciático que lo llevaría de Nueva York al oeste siguiendo la senda de *En la carretera*. Escrito en tres semanas por Jack Kerouac en abril de 1951, con la ayuda de abundantes tazas de café y chutes de anfetaminas, se convirtió en un modelo a seguir por toda una generación que se movía al ritmo de la música jazz y las influencias de la espiritualidad budista. El movimiento *hippie* trajo a los jóvenes la idea de un mundo en el que no encajaban las prisas y Jay lo aceptó de buena gana. Se mudó a Woodstock, cuando el primer festival. El auténtico. El de 1969. Richie Havens abrió las actuaciones de un escenario por el que desfilaron Joan Baez, Santana, Janis Joplin, Grateful Dead, Creedence Clearwater Revival, The Who, Jefferson Airplane, Joe Cocker, The Band, Blood, Sweat and Tears, Johnny Winter, Crosby, Stills, Nash and Young y Jimi Hendrix. Se ajustó a la muñeca un reloj cuyos dígitos no representaban las horas del día, sino los doce meses del año. Y si alguien le preguntaba, eh, Jay, ¿tienes hora?, él miraba las manillas y respondía: mediados de febrero en punto, o tan sólo faltan diez días para el verano, y se quedaba tan ancho.

En la década de 1980 bajó a Florida en busca de energía positiva y encontró a Lisa en unos cursos de meditación trascendental. Se matriculó en la Universidad de Miami para especializarse como consejero en centros de rehabilitación de alcohol y drogas. Y trabajó de eso y de fotógrafo. Lo uno por dinero y compasión, lo otro con pasión y sin dinero. Cuando nació su hijo, en 1992, su mujer y él supieron que había llegado el tiempo de emigrar y probar fortuna en un nuevo estado. Todo el mundo hablaba de Oregón. Era el paraíso terrenal del momento. Crecía su población a un ritmo vertiginoso del 20 por ciento y el futuro prometía amanecer en sus paisajes llenos de contrastes. Recogieron sus cosas y cayeron en un pueblo encantador. Pero no acertaron. Todo era demasiado perfecto. Demasiado aburrido. Demasiado plano. Todas las familias habían adoptado un perro con algún defecto físico. La diversión consistía en pararse a mirar corderos e intentar descubrir a qué ejemplar le colgaban los huevos más grandes. Así que empaquetaron de nuevo. Jay recordó el póster de la paloma posada sobre el mástil de la guitarra y decidieron echarle un vistazo a la orilla oeste del Hudson. Se llevaron un desencanto: los mismos tipos, con la misma barba, la misma coleta y la misma disposición ante las cosas seguían en el mismo sitio veinticinco años de canas más tarde. Dieron media vuelta, cruzaron el puente de Kingston y se pasaron a este lado del río donde los conocimos hace unos meses.

Este resumen biográfico me viene de golpe a la memoria porque estoy a punto de encontrarme con él mientras empujo una carretilla llena de hojas secas. Estoy despejando la parte delantera del jardín para instalar el espantapájaros. Dentro de poco es noviembre y todas las casas empiezan a ser tomadas al asalto por las calabazas de Halloween. Jay se aproxima paseando calle abajo y a mí, cuando voy a toparme con alguien que conozco desde hace poco, la mente me regala una presentación en Power Point con los conocimientos que de él dispongo. Lo mismo que hacía el nomenclátor que acompañaba a los nobles romanos y les iba chivando nombres a la oreja: éste es Publius Quinctilius Varus, el general que lucha en Germania. Ah. ¿Qué tal Publius, cómo va esa revuelta de las tribus ilirias? Pues lo mismo, pero en versión Black-Berry, es decir, sin secretario. Nos saludamos. ¿Qué tal, Jay, viene o no viene esa revolución que tenemos prevista cada cuarenta años? Celebramos la belleza del otoño y, de alguna manera, este hombre menudo que cree en una existencia paralela, en un lugar en el que todos combatimos contra nuestro lado oscuro, consigue derivar la conversación hacia el intrigante asunto de los viajes astrales. Me anima a pasar por su casa y a que intente renacer con técnicas de respiración. Eso sí, me previene de que la primera vez se me pueden agarrotar las articulaciones y retorcer los nudillos. Ya. Creo que me lo voy a pensar, pero me traiciona la traducción simultánea y me salen estas dos palabras: venga, vale. Me falla el pulso, la carretilla se me vuelca de un lado y se desparraman todas las hojas.

¿Qué haces? Recogiendo las hojas. Así vas a tardar medio año, ven. Sarah me enseña que se eliminan más rápido extendiendo una sábana vieja en el suelo. Las rastrillas todas al centro de la tela. Cuando tengas acumulado un buen montón, agarras los cuatro picos y te las llevas en un hatillo. En cuatro o cinco viajes dejo el jardín impoluto. Lo de pasarle la aspiradora al bosque es un asunto de estética ideado por el hombre blanco. La caída de la hoja no ocurre por capricho de la naturaleza. En invierno sirven para proteger a las gramíneas de la nieve y de los hielos y en otoño, disueltas con las lluvias, se convierten en una fuente primordial de abono. Las apilo en un montón al borde de la cuneta. Observo sus múltiples colores. Las hay rojo chillón, marrones, rosas, moradas, amarillas. En conjunto en el montón todas producen un brillo anaranjado. Como una gigantesca calabaza. Como una premonición de la celebración que se nos viene encima.

El enigma de la fiesta de Halloween se descifra fácilmente al desmembrar la palabra en sílabas. *All Hallow's Even*, víspera de Todos los Santos, que proviene de la antigua costumbre celta de honrar a los muertos en la noche de transición del verano al invierno. Se creía entonces que las almas bajaban del cielo, unidas en Santa Compaña, y vagaban por los caminos cubiertas por sudarios de color blanco. La gente colocaba lámparas de aceite en los cruces de caminos para iluminar el paso de la Suma de las Ánimas y conseguir así que no se entretuviesen en el sitio y se alejaran cuanto antes. El pobre infeliz que se topara con la macabra procesión sabía que estaba condenado a sumarse a ella. Una vez producido el primer desafortunado encuentro, se le aparecerían continuamente los muertos noche tras noche hasta minarle la salud de un modo irreversible. Claro que, siempre quedaba la posibilidad de salvarse gracias al viejo truco de ganarse al deceso por el estómago. Con tal motivo se celebraban fiestas en los cementerios en las que se ofrecían dulces a los difuntos y se les asaban castañas. Al final de las celebraciones, en las que también solía abundar el vino, los asistentes se tiznaban la cara con los carbones de la hoguera y se dedicaban a asustarse los unos a los otros. Antes de que el papa

Gregorio IV, allá por el 840, cristianizara la ceremonia, las linternas, los dulces y los disfraces formaban parte del imaginario popular en Irlanda y en gran parte de la península Ibérica.

Borrada por la Iglesia toda posibilidad de asociar la fiesta a su verdadera razón de ser, el pueblo hubo de inventar un personaje que lo conectase de nuevo a sus raíces. Surgió en Irlanda el mito de Jack el del Farol, Jack of The Lantern, que, tras burlarse con éxito del Demonio, fue castigado por éste a vagar en la oscuridad con un tizón ardiente metido en un tubérculo tallado a modo de linterna. El descubrimiento de América en el siglo xv traería a Europa las calabazas y facilitaría sobremanera la expansión de la leyenda. Se dejaron de encender luces en calaveras de animal llenas de grasa y se pusieron de moda los cirios en faroles recortados en la cáscara dura del nuevo vegetal. De los caminos y los cruces, los candiles saltaron a las ventanas de las cocinas. Nacieron los Jack O'Lantern, caras terroríficas recortadas en la calabaza para asustar al espíritu errante del tacaño Jack.

A Nueva York los emigrantes trajeron la tradición por barco y un vecino ilustre, el escritor Washington Irving, se encargó de asociarla a los maizales. A partir de ahí, en Rhinebeck, una localidad cercana al pueblo de Sleepy Hollow donde situó la leyenda del caballero sin cabeza, lo que toca todos los años cuando se aproxima el mes de noviembre es llegarse a un huerto en busca de cucurbitáceas rastreras. La granja de Lobotsky se encuentra en las afueras de la villa, en White Schoolhouse Road.

Por un camino de tierra marcado por las huellas de neumáticos hundidos en el barro, se accede a una explanada que ofrece una magnífica panorámica de las montañas. Un campo enorme donde infinidad de tallos trepadores forman un entramado parecido al de una gigantesca tela de araña. Las hojas grandotas yacen muertas con sus nervaduras marrones y crispadas. Los esquejes pilosos se arrastran deshidratados y sin esperanzas. Toda la energía que el sol proporcionó a estas herbáceas la gastaron en producir los frutos que destacan con su color chillón sobre el pálido suelo. Como lunares naranjas en un traje de flamenca. Calabazas redondas y enormes hasta donde se pierde la vista. Tres grandes por veinte dólares.

Elíjala usted mismo. Las familias corretean por el huerto en busca de un ejemplar que cumpla el canon de la esfera. Arrastran el carrito rojo metálico de asa larga, copia a escala del carro de transporte romano que Santa Claus les trae a todos los niños que se han portado bien durante el año. En él transportan sus piezas y pasan a facturar por caja. Al final del día, los empleados de la granja descargarán de los camiones las calabazas recolectadas de otros campos más alejados y las irán colocando en los huecos para que el escaparate natural no pierda el encanto.

Las hay también pequeñitas; de muchas formas y tonos, para decorar los fruteros en el interior de las casas. Los niños cogen un puñado. En el puesto se exhiben panochas de maíz indio, con los granos de colores. Unas mazorcas granate y blancas; otras púrpura y amarillas. Por lo visto también son indispensables. Dos para cada lado de la puerta. Pues, ale. Ahora toca cargar con los tallos largos de maíz seco. Imprescindibles para montar el espantapájaros y para crear un poco de ambiente de terror al lado de las tumbas de corcho blanco que vamos a recortar esa misma tarde. Y un par de balas de heno. Y, vale ya, vámonos de aquí antes de que nos llevemos todo el paisaje.

La siguiente parada es en la tienda de Matt Stickle. Tim y él han decorado el escaparate con todo tipo de artilugios para la ocasión. Los almacenes Stickles, que parecen sacados de una portada de Norman Rockwell para el *Saturday Evening Post*, constituyen el mejor calendario posible para anticiparse a las festividades norteamericanas. Ahora toca Halloween. Brujas de tamaño natural y arañas gigantescas listas para ser hinchadas y colocadas en los porches. Bombillas naranjas para los árboles y las cornisas de las ventanas. Tumbas de pega con inscripciones graciosas para montar tu propio cementerio en el jardín. En una lápida puede leerse: «¿Lo ves?, te dije que me encontraba muy mal». Y en otra el epitafio reza: «En memoria de Anita Buenaesperanza». «Aquí yace el cuerpo de Ana, enviada a la muerte por una banana. No fue la fruta, lo que la mató, sino la cáscara, de un resbalón». En Stickles se pueden comprar esqueletos que simulan salir de la tierra, momias, fantasmas para colgar de los árboles, vampiros y muñecos mecánicos. Adornos para ventanas y chimeneas, manteles y servilletas naranjas con dibujos de miedo y los típicos cubos de plástico con forma de calabaza para que los niños metan los caramelos.

Anteayer el escaparate estaba dedicado al día de Cristóbal Colón, 12 de octubre, que aquí es lo mismo que decir Italia. Dentro de un par de días nos advertirá que se acerca la fecha de Acción de Gracias y cualquier objeto fabricado con forma de pavo se convertirá en el rey de la escena. Luego vendrán las Navidades, el Día de los Enamorados, San Patricio que teñirá de verde las estanterías..., y así hasta llegar a las banderas patrióticas del Cuatro de Julio. Mis hijos saludan a Tim y a Matt como si se tratase de Papá Noel y el Conejo de Pascua. Encuentran un brazo humano para pillarlo asomado al portamaletas del coche y pinturas para convertirse en monstruos. Resulta difícil imaginar un plan de mayor felicidad para un niño de este pueblo que el de pasarse un rato por Stickles y luego ir a comer a Foster's. Nosotros, para regocijo de nuestros tres retoños, lo vamos a cumplir hoy a rajatabla.

Foster's Coach House Tavern, abierto de once a once de martes a domingo. Viernes y sábados hasta la medianoche. Antigua cochera de carruajes de caballos, el edificio fue reconstruido tras la Segunda Guerra Mundial y devuelto a su apariencia de finales de 1800. Nada más entrar te recibe el dueño, Bob Kirwood, enfundado en un impecable delantal de color blanco. Lo lleva haciendo desde 1965. Después de intercambiar saludos, puedes tirar a la derecha, hacia el bar que preside una pantalla grande de plasma por la que el personal sigue en banquetas los acontecimientos deportivos con una cerveza Beck's en la mano, o hacia la izquierda, a los establos, donde se distribuyen las mesas de comida. Sentado en un *box*, entre dos paneles de madera que terminan en una reja negra a la altura de la cabeza de un equino, se puede disfrutar del ambiente acogedor de esta taberna. De sus paredes cuelgan fotografías de tardes gloriosas en hipódromos míticos. Entre ellos el de Saratoga que, en coche, está apenas a dos horas de aquí por la Autopista 87. Si necesitas pasar al baño antes de revisar el menú, te vas a encontrar escaleras abajo, convertida en cabina telefónica, la berlina del vicepresidente Levi P. Morton, el hombre que concibió con los franceses la construcción de la Estatua de la Libertad durante su etapa de embajador en París.

La comida es estupenda y los precios más que razonables. La especialidad de la casa: el *London Broil.* Hasta donde yo sé, consiste en un lomo de vaca asado al carbón. Desconozco la fórmula secreta de Foster's, pero normalmente se limpia de grasa la pieza y se deja marinar en vino, después de haberse practicado algunos agujeros en la carne con un tenedor. Pasadas un mínimo de cuatro horas en la nevera, con la fuente de cristal cubierta por un paño de cocina, se tira el líquido y se sazona con pimienta negra. Si se prepara en casa se envuelve en papel de aluminio y se mete al horno a una temperatura de doscientos veinte grados de quince a veinte minutos. En Foster's los hacen en la parrilla. Es el plato preferido de Bud, mi suegro, que en esta ocasión también lo pide.

La camarera coloca vasos de agua con hielo para todos y reparte los menús. ¿Listos para ordenar? Listos. Todo el mundo sabe lo que va a pedir. Comienza la ronda por Peggy, la madre de Sarah, y termina en Julia, que se sienta a mi lado. La totalidad se inclina por la carne, a excepción de mi hija, que, como siempre, quiere un plato de almejas al vapor y un cuenco con mantequilla derretida para sumergirlas antes de hincarles el diente. Mi turno. Un escalofrío me recorre la espalda. Desde el coxis hasta el hueso frontal. Quiero una hamburguesa. Eso es todo. Pero resulta imposible pedirla de un modo sencillo, por favor, quiero una hamburguesa, sin que la camarera te someta a un examen oral, tipo MIR, en el que te bombardea con un chorro de cuestiones con respuestas multiopcionales que tienes que ir solventando a tiempo real. Si te retrasas se impacienta la camarera. Si dudas se inquietan el resto de los comensales.

Lo suelto: Quiero una hamburguesa. Muy bien, ¿y cómo la quieres? *Rare, medium, done or well done?* Te lo dije. Yo sé que la quiero poco hecha, pero tampoco ensangrentada como las perlas de Alaska y Dinarama. Le digo: *Medium*, pero un poco *rare*. O sea... *Medium-rare?* Correcto. Primera prueba superada. Espérate que no ha empezado lo bueno. El pan. *White, rye, whole wheat or French bread?* Blanco, de centeno, de trigo o francés. De trigo, por decir algo. *In a roll or in a bun?* Por favor... Pido el *bun* que es el bollito de hamburguesa de toda la vida. Estupendo, ¿algún ingrediente extra? ¿Queso, cebolla, lechuga, tomate, pepinillo? Cebolla, lechuga y tomate, gracias. La hamburguesa viene con un plato de patatas a elegir. Vale. Ya, pero ¿las quiere al alioli o fritas? Fritas. ¿Ensalada? Sí, un plato de ensalada. ¿De pasta o de hortalizas? Dios, verde; una ensaladita verde. ¿Con qué tipo de aliño? ¿Italiana, vinagreta, salsa rosa, estilo mil islas o salsa ranchera? Ah... Aceite de oliva y vinagre de Módena, la italiana. Gracias. De nada. Y... una botella de Freixenet Cordón Negro. El Brut, que está en la carta por dieciséis dólares la botella, y nos va a ayudar a festejar que estamos todos en familia.

El almuerzo transcurre de un modo apacible. Pido la cuenta. A la cifra que aparece al final de la lista de platos consumidos hay que añadirle la propina. A veces viene incluida bajo el epígrafe de *gratuity*, pero lo normal es que tengas que calcularla en tiempo real. No existe una norma establecida pero lo suyo es moverse entre los márgenes de un 10 y un 20 por ciento. Los más ratas dejan el 10, los más generosos el 20 y la inmensa mayoría un 15 por ciento. A los extranjeros nos cuesta acostumbrarnos a este sistema y suele ser frecuente encontrarse con algún turista que se alarma ante la magnitud de la gratificación. Ocurre que en la inmensa mayoría de los restaurantes de Estados Unidos los camareros obtienen un salario ridículo y basan sus ingresos en la generosidad de la clientela. De acuerdo con el vigente Decreto Federal de Normas Laborales, los restauradores no tienen obligación de pagar a los empleados que reciban propinas directas más de un euro y cuarenta céntimos la hora. Solamente en caso de que el trabajador, *gratuity* incluida, no alcance el salario mínimo interprofesional de cuatro euros con veinticinco céntimos la hora, la ley obliga al empleador a abonarle la diferencia. Pobres camareros norteamericanos: así se afanan ellos en traerte más mantequilla, en recargarte el vaso de Coca-Cola o en preguntarte reiteradamente si va todo bien en la mesa. Dejo un 20 por ciento. Mientras pueda permitírmelo, no seré yo el que impida a esta madre de familia el acceso a una póliza de seguro médico que cada año cuesta más y ofrece menos servicios.

De vuelta a casa toca tallar las calabazas. Gracias a Dios las de este pueblo tienen la dureza de una sandía y se atraviesan divinamente con un cuchillo de cocina. Sarah se encarga de prepararlas con los niños y a mí me toca el espantapájaros y las tumbas. Primero recorta la tapa formando picos de estrella para que resulte fácil después volver a encajarla en su sitio. La vacía completamente con la ayuda de una cuchara. Luego recorta los ojos, las cejas, la nariz y la silueta de una boca con grandes dientes. Una velita dentro y lista. Se pueden hacer figuras mucho más sofisticadas. Por cinco dólares te venden un kit con plantillas que copias sobre la piel con un punzón y sierras de pelo pequeñas para recortar por la línea de puntos. Alguna gente hace verdaderas virguerías. La casa de la esquina de la calle South con Beech parece el museo de cera. Han instalado una reproducción completa de los personajes de *Psicosis*, la película de Hitchcock.

Vuelvo de Williams Lumber con las planchas de corcho blanco que se utilizan de aislante. Tenemos todo lo necesario. Un lápiz de carpintero, un cuchillo de sierra, cola blanca, unas cuantas hembrillas abiertas, pintura al agua de color blanco, un bote de tinta negra, una brocha y un pequeño soldador. Montamos el centro de operaciones en el garaje. Cada uno se fabrica la suya y yo echo un cable al que me lo vaya solicitando. Lo primero es dibujar la silueta. Con el lápiz y un cordel improvisamos un compás para pintar la parte superior que es redondeada. Yo me hago una con forma de cruz. Las recortamos y les ponemos las hembrillas enganchadas por abajo. Una vez colgadas todas en la cuerda de la ropa, procedemos a pintarlas. Es fundamental que la pintura sea al agua porque de otra forma se comería la espuma. Se le añaden unas gotas de tinta negra al bote de látex hasta conseguir el tono grisáceo. Se deja secar. Al día siguiente toca darle una segunda mano porque en el corcho siempre quedan algunos trocitos donde no agarra el tinte y se nota el truco. Otro día más y mojando las puntas del pincel en la tinta negra lanzamos gotitas sobre el gris para que coja el moteado de la piedra. El que vaya sobrado de tiempo puede ponerle también puntitos de purpurina plateada que simulen los brillos de la mica en el granito.

Ahora la caligrafía. Se escribe el texto con lápiz sobre la tumba y luego se repasan las letras con el soldador para que queden en bajo relieve. La superficie horadada se pinta usando un tono más oscuro que el del fondo para que haya contraste. A secar otro día más y listas para colocar en el jardín. Algunos ponen túmulos de arena delante de las lápidas para simular enterramientos recientes. Otros pegan en el borde de una de ellas un cuervo de plástico. Los hay que esconden detrás de las planchas máquinas de producir humo y no faltan los que las rocían con pintura fluorescente y colocan luz negra delante para que produzcan un efecto misterioso por la noche.

Nuestros vecinos también han colocado una tumba. Es pequeñita. Nos acercamos a verla y caemos en la cuenta de que es real y permanente. Se les ha muerto el gato. Un animal grandote que de vez en cuando se paseaba por nuestro jardín. Es una lápida de pizarra con el nombre del felino, la fecha y la inscripción In Loving Memory. Al otro lado del río, en la inmensa tienda de mascotas, las hay a centenares. Para todos los gustos. Con todo tipo de mensajes. Nos vemos en la otra vida. Amigo y compañero.

No te olvidamos. Mi dulce ángel, te echamos de menos. Julia y Nico pasan a darle el pésame por la pérdida del gato a sus amigos Matt y Mckenzie.

La noche de Halloween no hay más remedio que dividirse para hacer turnos. Unos salen a acompañar a los niños en busca de chuches, otros se quedan en casa para atender a los que vienen a pedir caramelos. A la nuestra llegan a centenares. Estamos en el núcleo duro del pueblo, la zona que se recorre fácilmente a pata y no paran de venir clientes. *Trick or treat.* Susto o golosina. Que vengan, ya nos habían prevenido y tenemos chocolatinas, tofes, caramelos y galletas para aburrir. Manadas de pequeñajos disfrazados van tocando el timbre. Reconozco a Ian Katomski, que aparece disfrazado de mofeta y con un botecito de colonia a granel me rocía la cara. Hay máscaras para todos los gustos, pero la mayoría no dan miedo. Aprendimos la lección demasiado tarde. Hubo un concurso infantil de disfraces en el aparcamiento de la Legión Americana, el hogar habilitado para los veteranos de guerra, y los niños quisieron presentarse. Max y Nico iban de monstruos, y Julia, de bruja. Nico asustaba y estaba convencido de que iba a ganar el primer premio. Al llegar frente al jurado supimos que no teníamos ninguna probabilidad. Allí no había ni mayordomos deformes ni espectros de ningún tipo. Un niño iba disfrazado de la típica boca de incendio roja en la que enganchan sus mangueras los bomberos. Otro, de caballero de la Edad Media. Ganó el premio un chiquitajo al que su padre, arquitecto francés, le había colgado del cuello una cartulina grande con forma y colores de manzana. En el cartón había practicado un agujero a la altura del codo izquierdo y por él asomaba el brazo forrado por un calcetín que simulaba el gusano. ¿Por qué nadie nos había advertido que los disfraces de Halloween tienen más que ver con los carnavales de Cádiz que con la casa del terror del parque de atracciones? Si quieres pasar miedo te tienes que acercar de noche a Stanfordville donde un elenco de actores te espera oculto en un maizal o apuntarte a un paseo por uno de los muchos laberintos formados a base de balas de heno que montan las granjas locales. Papá, es que eres tonto. Conque íbamos vestidos fenomenal, ¿eh? Por tu culpa estamos aquí haciendo el ridículo.

Lo de pedir caramelos, vigilados a media distancia por sus padres, queda para los niños de la escuela elemental. A partir de la enseñanza media, de 11 años para arriba, los chavales tienen otros planes. Las pandillas quedan en el cementerio y salen armados con espuma de afeitar, huevos y petardos a hacer la ronda. De vez en cuando se enzarzan en alguna trifulca y los policías se afanan en patrullar las calles para evitarlas. Los bomberos han montado un tren del miedo en sus cocheras para los pequeños y en la planta de arriba ofrecen un vaso de chocolate caliente a quien lo solicite. Se agradece. En la calle hace un frío que pela y la luz de las farolas deja entrever la caída de algunos copos microscópicos de nieve.

El día siguiente amanece aciago: malas noticias. Unos gamberros nos han robado la camisa y la careta del espantapájaros y han espachurrado con un bate de béisbol la calabaza de Julia. No te preocupes, que hacemos otra. Sospechamos de dos adolescentes que se pasean sin rumbo fijo calle arriba y calle abajo apurando con ansias un paquete de cigarrillos. Posiblemente su primer encuentro con el tabaco y sospecho que a estas alturas les persiguen todavía los efectos de la terrible resaca. Julia no puede contener las lágrimas. Son ésos. No lo sabemos. Déjalos, no te preocupes, que tallamos otra. El desagradable episodio me proporciona la clave del nombre de un grupo de rock alternativo de Chicago para el que yo nunca había encontrado traducción al castellano: The Smashing Pumpkins. Había presentado sus canciones en mi programa de radio, *Bullet with Butterfly Wings*, *Rhinoceros*, refiriéndome a ellos como los Calabazas Aplastadas. Daba por hecho que el nombre provenía del absurdo como el de los Blind Melon y tantos otros. Pero no. Los Aplastadores de Calabazas se referían directamente a los macarras que, con nocturnidad y alevosía, aprovechaban la noche de Todos los Difuntos para destrozar la ilusión de quienes ellos consideraban niñatos de mierda.

A los miembros de Melón Ciego tuve el gusto de saludarles a escasos kilómetros de este pueblo. El mismo día que saludé a Santana y a Bob Dylan, aunque ellos no puedan recordarlo. Es lo que tiene alcanzar la fama: un montón de gente te conoce a ti pero tú no tienes nunca posibilidad material de conocerlos a todos ellos. Fue durante la celebración del segundo gran festival de Woodstock. Verano de 1994. El vigésimo quinto aniversario del mítico evento musical de 1969 no se celebró exactamente en el pueblo de los *hippies* sino a dieciséis kilómetros y medio, en una granja de Saugerties. Michael Lang, el promotor, había acudido a la inmobiliaria H. H. Hill de Rhinebeck solicitando ayuda para encontrar unos terrenos y Huck, el hermano de Sarah, le proporcionó el contacto con Winston Farm. O sea, que tenía entradas. Una tarde nos invitó a cruzar el río con él y acceder al concierto por la zona vip que utilizaban los artistas. Sarah denegó la invitación porque estaba embarazada de Nico y las fotos que ofrecían los periódicos del barrizal dejaban entrever el riesgo de un resbalón fatídico entre las multitudes. Nos visitaban Laura Lee y David. Los habíamos conocido en Madrid, durante los años en que se dedicaron a dar clases de inglés en el Instituto Norteamericano y a viajar por España. Entonces ambos estudiaban un máster en Administración de Empresas en la Universidad de Thunderbird, en Arizona, y pasaban unos días de verano con nosotros. Después se tirarían alguna temporada dedicados en alma y cuerpo a Wall Street. De ahí pasarían a Londres y hoy viven en India. Los tres aceptamos encantados y marchamos con Huck camino del embarcadero que Lang había alquilado a los moonies.

Cuando llegamos a la orilla del Hudson en Rose Hill Lane, un pequeño grupo de personas aguardaba la llegada del barco que los transportaría al borde del escenario. A la espalda, el campus de la Iglesia de la Unificación fundada por el reverendo Moon; al frente, la inmensidad de las aguas y el perfil de una meseta que se origina en Alabama y cuyos últimos montes resplandecían cargados de verde. La tierra ácida, húmeda y bien drenada de sus laderas abonaba el crecimiento de altos árboles de madera resistente como el metal. El haya americana, *Fagus grandifolia*, el arce azucarero, *Acer saccharum*, y el abedul amarillo, *Betula alleghaniensis*. Moteados por la presencia, en menor medida, de los majestuosos arces de color rojo, los prunos, los robles, los tilos y el pino blanco. La mayoría de los ejemplares que contemplábamos procedían de una segunda o tercera reforestación, ya que los montes fueron esquilmados por los aserraderos durante los siglos XVIII y XIX. Los ejemplares grandes destinados a madera; los arbolillos, para fabricar los aros de los toneles. El que fuera entonces rey del ecosistema, el abeto *Tsuga canadensis*, que llegaba a alcanzar cincuenta metros de altura, había desaparecido del paisaje prácticamente por completo. Sufrió en 1800 la persecución de los curtidores de pieles que le arrebataban a su corteza los taninos necesarios para flexibilizar el cuero. Afeitaban sus troncos por completo y los dejaban agonizar desnudos a la intemperie. Ya se sabía entonces lo de *homo homini lupus*, que el hombre era un lobo para el hombre; pero aún resultaba demasiado pronto para comprender que, ese mismo hombre, para el pobre lobo y para el resto de la naturaleza, era un auténtico hijo de perra. La declaración de reserva natural, en gran parte debida a la decisión tomada por la ciudad de Nueva York de abastecerse con el agua de esta región, no consiguió impedir, sin embargo, la cadena de extinción del abeto hamelok iniciada por el ser humano. Una plaga de insectos diminutos de color púrpura, los adelges, les chupan en la actualidad la savia y están terminando con los pocos supervivientes que quedan en pie.

Esperábamos los cuatro la llegada del ferri en amena charla cuando llegó un individuo a la carrera gritando algo ininteligible. ¿Qué pasa? Nada, explicó el extraño balbuceante, que va a despegar un helicóptero con Jimmy Cliff y queda una plaza libre. ¿Se quiere venir alguien?

Antes de que pudiésemos reaccionar Huck había desaparecido. Se le debió de venir a la cabeza el estribillo de *You Can Get It If You Really Want* y se olvidó de que era nuestra tarjeta de visita para entrar al festival sin pasar por taquilla. Nos dio la risa y, algo confusos, embarcamos con el grupo que había estado aguardando al barco junto a nosotros. En cubierta nos sirvieron una copa de champán. Muy civilizado. ¿Qué hacemos? Disfrutar de esta vida loca mientras dure. Saludamos a nuestros compañeros de viaje. Resultaron ser los Blind Melon, que actuaban esa noche. Venían de saborear el éxito de su tema *No Rain* y de abrir como teloneros los conciertos de Neil Young, Lenny Kravitz y los Rolling Stones. Muy majos. El vocalista tenía nombre de persona inmoral: Hoon. Su mismo apellido, especialmente en Australia, cuando viene derivado de la palabra inglesa *hooligan* describe a un personaje de reputación dudosa o a un conductor temerario. Este Hoon, al menos aquella tarde mientras atravesábamos el cauce del Hudson, nos pareció una persona tranquila y reservada. Intercambiamos apenas dos frases y media. Y llegamos a la orilla oeste. Hasta luego. Mucha suerte. Gracias. Descendimos. La zona estaba acordonada.

Un vigilante del tamaño de un armario vestidor estilo Luis XV nos cortaba el paso. *Who are you?*, interrogó serio al vocalista de Indiana. *We are Blind Melon*, repuso Hoon. El guardia se ajustó el pinganillo de la oreja y activó el micro del walkie para dictar una orden: por favor, una limusina para el grupo Blind Melon. De la nada surgió un cochazo de color negro tan largo como un vagón de tren sobre cuatro ruedas. Levantó el brazo y los dejó pasar. Un chófer les abrió la puerta del automóvil y en pocos segundos desaparecieron. Año y medio más tarde me enteré de que Shannon Hoon había dejado este mundo víctima de una sobredosis. Lo sentí, como se siente la desaparición de cualquier persona que se haya cruzado alguna vez en tu camino. Su formación lo homenajeó en un disco que dedicaban a su reciente hijita, nacida apenas unos meses después del segundo de nuestros hijos. El álbum llevaba por título *Nico*. La mera coincidencia del nombre no pudo impedir que me recorriese un escalofrío. *Who are you?* ¿Eh? Aquella masa humana conectada por radio y en tiempo real con la mitad del cuerpo de Policía del estado de Nueva York que aquel 14 de agosto patrullaba una zona tomada por quinientos mil adictos a la música rock; aquel agente al que le hubiese bastado un guiño para ponernos a los tres de cara en la hierba y con grilletes en los pies, me preguntaba impaciente y mirándome fijamente a los ojos: ¿Y tú quién eres? Un helicóptero se elevó por encima de las acacias y nos pasó por encima. Habría dejado a Jimmy y a Huck tomando una Coronita fresca en la oficina central de la organización y seguramente volvería en busca de los Red Hot Chili Peppers. La repetición de la pregunta me devolvió de golpe a la realidad: *Who are you?* Me salió un hilillo de voz: Nosotros somos amigos de Huck. *Friends of who?* Estaba claro que a aquel amigo de la ley y el orden el nombre de mi cuñado no le sonaba de nada. Somos amigos de Huck, le volví a soltar e intenté mantener el tono de mi voz algo más firme en esta segunda ocasión. Activó el walkie. *Security, copy?* Gggggggg... *Security, copy?*... Gggggggg... Una voz metálica surgió al otro lado de la línea: *Yes, security. I copy you...* Ggggg... Por favor, una limusina para el grupo Amigos de Huck. Levantó el brazo. Un conductor amable nos invitó a entrar en el vehículo.

No dábamos crédito. Partidos de risa, los tres miembros del grupo de rock duro Friends of Huck viajábamos en un coche extralargo que debían de haber montado pegando consecutivamente cuatro cabinas de Lincoln Continental. Los guardias nos iban abriendo barreras. Dejamos a un lado la carretera 32, atascada hasta la médula por los millares de coches que intentaban acercarse al recinto, y entramos en el cuartel general de operaciones. La limo se paró en lo que parecía el grupo de bungalós de un hotel de la costa maya. El chófer nos volvió a abrir amablemente la puerta. Un tipo nos dio la bienvenida y nos condujo hasta una de las casitas de madera. Espero que encontréis todo a vuestro gusto. Si tenéis algún problema, avisadme. Sólo le faltó decir que teníamos toallas limpias en el armario. Por supuesto, muchas gracias. Nos quedamos en la puerta sin saber muy bien qué hacer. En el porchecito de la caseta de al lado un tipo con bigote y bandana de pirata en la cabeza punteaba en la guitarra un viejo tema de Santana. Tantán tan tántan tatatáa-aaaan, tantán tan tántan tatatán... Lo clavaba y se parecía inmensamente al compositor mexicano. Es más: ¡Era el propio autor de *Samba Pa' Ti*! Hola. ¿Qué hay, qué tal? Aquí calentando un poquito los dedos. Te sale muy bien, ¿eh? Vamos a ver si la luz nos ilumina. Sí, sí, claro. ¿Y vosotros? No, todo bien. Un poco..., bueno, ya sabes, pero todo muy bien. Nos giramos con disimulo, como si tuviésemos algo que hacer con urgencia ¿y con qué rostro nos topamos a la altura de la cabaña de madera del otro lado? La respuesta estaba en el viento.

Bigote, perilla y el pelo revuelto como una escarola: Bob Dylan. ¡Buenas! No contestó, estaba a sus cosas, pero a nosotros nos dio igual. Era Bob Dylan, ¿comprendes? Nos podría haber mandado a hacer puñetas, a perdernos ladera abajo *like a rolling stone* y le hubiésemos devuelto la misma sonrisa. ¿Cuántas veces seguidas me había podido escuchar yo en el tocadiscos *Hurricane*? *Hi*. Nada, ni caso. Estaba de un humor de perros. El tipo que nos acomodó en el bungaló nos aclararía después que se había enfadado sobremanera porque la organización dejó pasar a su ex mujer a la zona vip. *Sara, Sara, sweet virgin angel, sweet love of my life. Sara, Sara, radiant jewel, mystical wife.* Llevamos treinta años separados, se quejó por lo visto el genio, ¿no les parece a ustedes suficiente?

Nos decidimos a dar un paseo antes de que se deshiciese el entuerto o de que nos pidiesen que saliéramos al escenario de teloneros de los Neville Brothers. Bordeamos el enorme barrizal, en medio del cual, como barcos encallados en la playa, un par de gordos barbudos en camiseta y tatuajes dormían la mona en dos sillas de lona plegables incrustadas en el lodo. Dos o tres escenarios funcionaban al mismo tiempo. En el grande, los Red Hot Chili Peppers daban brincos disfrazados de bombillas. Luego vimos a Jimmy Cliff. *You can get it if you really want, but you must try*. Todos: *Try and try, you'll succeed at last.*

Ahora aquello pertenece a la historia, la única Smashed Pumpkin que queda es la de mi hija apachurrada contra los escalones de la entrada y el único Melón soy yo, que me he olvidado de que tengo que recoger a Nico en casa de su amigo Andrew. Esta noche tenemos una cena. Hemos quedado con Tim y Nola. Tim Econopouly fue el primer novio que tuvo Sarah, cuando estaba en primer grado. Nola Curthoys, el primer rostro amigo que me presentó mi mujer la primera noche que salimos en Rhinebeck. Como en los finales de los cuentos, el amor cayó de su lado, se casaron en un bosque y viven felices a orillas del Lago de Cristal. Un sitio espléndido, en pleno centro del pueblo, desde cuyas ventanas, prácticamente, te puedes tirar al agua y salir nadando. O darte una vuelta en piragua o lanzar al vuelo la caña de pescar. Antes de encontrarnos con ellos me toca recoger a mi hijo en casa del dueño de la funeraria. Huuuu... ¿Tú crees que seguirá con vida? Anda, no seas tonto y corre, que llegamos tarde. Voy a por él. Con algo de prisa, pero sin agobios porque en este pueblo está todo muy cerca. De hecho, los Chestney viven en la misma calle que los Econopouly. Llego y oigo el eco de las voces que rebotan del otro lado del jardín. Bordeo la casa y encuentro una mesa repleta de gente en torno a unas botellas de vino. Carol y Chris, los Chestney, se levantan a saludarme y con extraordinaria hospitalidad, porque habremos coincidido un par de veces como mucho recogiendo niños en el cole, me invitan a sentarme con sus amigos y a compartir con ellos una copa. Algunas caras me suenan e intercambiamos saludos. Me encantaría, pero no me da tiempo. Estoy a punto de decirles que voy con prisa, que nos esperan a cenar Nola y Tim, pero me callo. En un pueblo pequeñito uno aprende rápido a ser discreto. Se conocen todos y nunca sabes si alguien se puede sentir molesto por no haber sido incluido en algún plan. No se trata de ocultar información; se trata de no ofrecerla voluntariamente si no te la ha reclamado nadie. Hace una noche magnífica y revolotean los murciélagos. Movido por el ambiente desenfadado que reina en la reunión, inconscientemente me sale: no, gracias; con Halloween a la vuelta de la esquina y siendo tú el enterrador, no me quedo yo aquí con tanto vampiro en el cielo ni harto de vino. ¿Me habré pasado de gracioso? Estoy a punto de pedirle a la tierra que me trague, pero Chris me devuelve una carcajada sincera. Menos mal. Carol me pregunta si Nico se puede quedar a dormir, vale, por supuesto, ¿cuántas noches?, ¿está incluido el desayuno?, y yo me alejo contento por vivir rodeado de gente tan amable, camino de la cena.

La funeraria de Chestney, como el resto de los negocios de pompas fúnebres de Estados Unidos, nació a la sombra de un pequeño taller de ebanistería. El favor de preparar los ataúdes recaía entonces en quienes podían desempeñarlo, ebanistas y carpinteros, y en Rhinebeck la vieja factoría de Carroll Furnishing se transformó en Carroll Furnishing and Undertaking. Mobiliario y Compromisos; del inglés *furnish*, que significa amueblar, y del verbo *undertake*, que implica comprometerse. *Undertaker* quedó como el eufemismo apropiado para referirse al empresario mortuorio porque era él quien se comprometía a hacerse cargo de los difuntos. Lo del prefijo *under* es pura casualidad y no tiene relación con que los cuerpos se coloquen debajo de la tierra. Cuando, andando los tiempos, los enterramientos pasaron de ser una labor social a convertirse en un negocio lucrativo, los sepultureros se independizaron definitivamente de la venta de repisas, sillas y camas de madera.

En Rhinebeck existen hoy dos funerarias. Una al este y otra al oeste de la calle Market. Si imaginásemos que la carretera 9 que atraviesa el pueblo por el centro fuese el madero de una cruz, cada una de ellas se situaría en un extremo del travesaño. Dos empresas de servicios exequiales para una población censada de siete mil habitantes. Pudiera parecer algo excesivo, pero son justo la mitad de las que había hace tan sólo unos años, cuando el duelo se realizaba mayoritariamente en las casas. Ahora, Dapson-Chestney Funeral Home sólo celebra un velatorio al año en hogares particulares, frente a los otros ochenta que anualmente tienen lugar en sus instalaciones. La cremación también ha ido en aumento hasta situarse en un 30 por ciento de las exequias. No todos los pueblos del condado tienen su propia funeraria. En localidades pequeñas como Milan, Tivoli o Staatsburg, los vecinos tienen que decidirse por el cementerio de Rhinebeck, el de Red Hook o el de Hyde Park. Las disposiciones suelen coincidir, curiosamente, con la localidad a cuya escuela mandaron a estudiar a los hijos. Tiene sentido: allí hicieron amigos a través de los niños y es donde, por tanto, se desarrolló su vida social.

En una gran ciudad como Nueva York hay casas funerarias italianas, judías, irlandesas... que han nacido en sus propios barrios y que siguen fórmulas distintas.

Aquí Chris se tiene que amoldar a las diferentes creencias. Costumbres que, a la hora de afrontar la ceremonia de la muerte, varían entre los cristianos protestantes y los católicos y, en este último grupo, entre los norteamericanos y las familias que han ido emigrando de México en los últimos años. La gran diferencia estriba en que la Iglesia de Roma cree que las plegarias de los vivos pueden ayudar a las almas de los muertos a desplazarse desde el purgatorio hasta el cielo; mientras que la de Lutero y Calvino niega la existencia del purgatorio por no aparecer en la Biblia y considera una pérdida de tiempo rezar a los difuntos una vez que ya es demasiado tarde para poder prestarles ninguna ayuda. Aunque el modelo es parecido, los católicos tienden a celebrar una misa en la iglesia y los protestantes a observar un servicio religioso en la misma funeraria. Los ministros luteranos, episcopales o metodistas no tienen problema en desplazarse a consolar a las familias, mientras que los sacerdotes católicos esperan que sean éstas las que vengan a rendir pleitesía a su Dios al templo. Esta rigidez del rito romano, con un lenguaje alejado de los sentimientos cotidianos de los feligreses, se encontraba entre los motivos que terminaron por convencer al padre Gerald Gallagher para cambiarse de equipo.

Ordenado en la basílica de San Pedro en Roma, pronto recibiría su primera reprimenda por atreverse a cuestionar ante sus feligreses el acierto de la encíclica de Pablo VI sobre el control de la natalidad. La autoridad del Papa no se cuestiona, le dijeron desde el obispado, y lo sacaron de su diócesis de Brooklyn, para meterlo en una barriada de mayoría negra pegada al aeropuerto John

F. Kennedy. Lo que se suponía que iba a ser un castigo resultó para Gallagher el mejor de los regalos. Aprendió el significado de tenerse que ganar a pulso cada asiento ocupado por un feligrés en la iglesia. Y, en una cultura de raíces africanas en la que el concepto del celibato no encontraba cabida, los acontecimientos fueron cayendo por su propio peso. Conoció a Joy, una novicia que había abandonado el convento, y se casaron en la capilla ecuménica del aeropuerto. Ahora está en Rhinebeck al mando de un precioso edificio de piedra con vidrieras coloristas en la esquina de Chestnut y Montgomery: la Iglesia del Mesías. Los domingos a las diez de la mañana tiene el Templo Protestante Episcopal a rebosar. Algunos no son creyentes pero acuden porque les gusta escuchar sus sermones. Se sienten identificados con Gallagher cuando predica que nadie es perfecto, que Dios le dio al hombre el poder de tomar sus propias decisiones y que la Iglesia no tiene autoridad ninguna para decirle a la gente lo que debe hacer. Estoy aquí para echaros una mano en lo que pueda, les cuenta, pero no me necesitáis para comunicaros con el Padre. Hablad directamente con Él. Es sólo Dios quien puede ayudaros a alcanzar la gloria y no el cura de vuestro pueblo. A Gerald, Jerry, le gusta que los vecinos vengan y vean. Que participen de una misa en la que el vino y el pan no se transforman en sangre y cuerpo de Cristo, pero sirven para recordar las enseñanzas de Jesús. Le da lo mismo si lo hacen movidos por la fe, por la belleza de las viejas gárgolas o por la música de los nuevos carrillones. Pero que vengan.

Cuando el padre Jerry tomó en 1988 la decisión calmada de cambiarse al protestantismo, sin escándalos ni excomunión de por medio, en realidad estaba experimentando las mismas inquietudes que motivaron la Reforma en el siglo XVI. Y abrazó la idea de que para acceder a Dios no se necesitan intermediarios; de que no solamente existe un modo de hacer bien las cosas, dictado por el Papa y al que hay que someterse, sino que en la bondad del Creador se halla la capacidad de adaptar su amor a los diferentes modos de vida de sus hijos. Y cambió la filosofía deductiva de Descartes por el método inductivo de Francis Bacon. Con el fin de abandonar un cosmos habitado por santos, ángeles y demonios y reducir los sacramentos a los dos fundamentales: la eucaristía y el matrimonio. Un modo de acercarse a la fe que explotó en los Estados Unidos al término de la guerra revolucionaria que les procuró la independencia. Liberados de la tiranía de Jorge III, los patriotas no tenían ninguna intención de inclinar la cabeza ante otro rey distante: fuese éste humano o de naturaleza divina. Se desterró al Dios padre y se le dio la bienvenida al Jesús de carne y hueso, vecino y compañero de fatigas.

No existe un gran salto entre la imagen del presidente Thomas Jefferson sentado en el despacho de la Casa Blanca delante de dos ejemplares de la Biblia, febrero de 1804, que corta versos y los va intercalando en un Nuevo Testamento que convertía a Jesús en un racionalista ético, y el Cristo interpretado por Ian Gillan, el que sería después líder del grupo Deep Purple, en la primera grabación de la ópera rock *Jesucristo Superstar* en 1970. En un país en el que nueve de cada diez habitantes confiesan abiertamente creer en Dios; en el que la Declaración de Derechos de Virginia de 1776 definió la religión como un deber que todo hombre tiene hacia su Creador; y en el que la moneda de curso legal lleva la inscripción IN GOD WE TRUST, confiamos en Dios, cada grupo ha adaptado al Redentor a sus propias necesidades. En el libro *American Jesus: How the Son of God Became a National Icon*, del director del departamento de Religión de la Universidad de Boston, Stephen Prothero, se explica cómo a través de los siglos de historia del continente los protestantes han resucitado a un Cristo a veces socialista y otras conservador, pacifista y guerrero, activista de los derechos humanos o miembro del Ku Klux Klan. Un romántico adorado por las mujeres y los niños durante la próspera época victoriana y un tipo serio con un palo en la mano durante el mandato de Teddy Roosevelt. Sin olvidar que, prácticamente todos los rabinos adscritos al movimiento del judaísmo reformado, rama mayoritaria en Estados Unidos, han escrito un libro o un artículo que reclama a Jesús como un judío ejemplar que murió con los sagrados versos del Shemá en sus labios: Oye, Israel: Jehová, nuestro Señor es un único Dios.

Esta infinidad de matices en el ámbito religioso es lo que obliga a Chris Chestney a estar abierto a las peticiones de la familia del difunto. Al fin y al cabo, su misión es la de intentar que el trago les resulte lo menos amargo posible. Sean los clientes católicos o protestantes; luteranos, anglicanos (metodistas, congregacionalistas, cuáqueros o miembros del Ejército de Salvación) o calvinistas (presbiterianos o baptistas); el funeral en Estados Unidos es una celebración de la vida del difunto. Realmente, el director de la funeraria desempeña la labor de un psicólogo de apoyo. Resulta tan útil para la familia como el apartado de las veinticinco preguntas más frecuentes que aparecen en los dominios de Internet. Antiguamente los velatorios duraban tres días y estaban abiertos a las visitas de los vecinos las veinticuatro horas. Hoy su duración se ha reducido a ciento veinte minutos y se organizan después de comer o dos horas antes de la cena.

En la ceremonia se recuerda a los presentes quién fue el fallecido y cuáles sus logros personales o profesionales. Se ensalzan las frases que pronunció con acierto y se comentan sus anécdotas más divertidas o emotivas. Se brinda, en definitiva, por los buenos tiempos pasados en su compañía. Esto entra en conflicto con el ideario de la Iglesia católica, que insiste en que el rito debe ser una celebración de la muerte, no de la vida; un encuentro del difunto con Dios y no una despedida con los humanos; un recordatorio de que Cristo murió crucificado y no de que el difunto gozó en su paso por la tierra. Por ello, tradicionalmente, no ha visto con muy buenos ojos las ceremonias en las funerarias. Si el muerto es católico, suele pedir que la familia se traslade con resignación y, cuanto antes, al templo.

Asociar la despedida de un familiar a un acto de celebración de la vida consigue, a este lado del Atlántico, que las ceremonias resulten muy emocionantes para todos los presentes. La familia aporta la música que ambienta los oficios. Esto consiste en algo tan sencillo como pinchar el cedé preferido del homenajeado o puede convertirse en una puesta en escena más compleja. Un amigo que toca el violín. Una sobrina que canta. O, como en el acto celebrado en la catedral de San Juan el Divino de Nueva York en recuerdo de Jim Henson, el creador de *Barrio Sésamo*, una marioneta televisiva. El muñeco de peluche rojo al que le encantan las cosquillas, Elmo, interpretó junto al altar mayor *Lidia la mujer tatuada*, tema que Groucho convirtiera en mítico en la película *Una tarde en el circo*. En estos actos viene siendo habitual también que las personas más cercanas cuenten al resto de los asistentes alguna experiencia pasada con el difunto o que se sirva, después de la ceremonia, el tipo de comida que éste preparaba en su cocina o el plato que siempre solía pedir en los restaurantes. Sin olvidarnos, por supuesto, me recuerda Chris, de que estamos en América, *the Beautiful*, el reino del *show business*. Últimamente los gurús del marketing están encontrando nichos de mercado, nunca mejor dicho, en este mundo de las pompas fúnebres. Se ofrecen ya ataúdes serigrafiados con los colores del equipo deportivo o con las fotos de actrices, cantantes o jugadores. La empresa Batesville borda paneles conmemorativos en el interior de la tapa con el escudo de familia, el emblema de cualquier organización, símbolos espirituales, paisajes u objetos relacionados con pasatiempos y rostros de seres queridos. También puede alojar pequeñas hornacinas en los bordes de las cajas para colocar figuritas de adorno que hagan referencia al espíritu, la personalidad o los intereses del ausente y que luego se puedan llevar a casa de recuerdo los más íntimos. Desde una escultura del águila calva envuelta en la bandera, hasta motivos florales, deportivos o espirituales. Y por cada ataúd, urna o cremación que se contrate, los de Batesville se comprometen a plantar un árbol dentro de un programa mundial de reforestación de bosques.

Se editan vídeos y montajes fotográficos que reconstruyen la biografía del desaparecido; bien para proyectar en el tanatorio, bien para regalar a los asistentes o colgar en Internet. Se imprimen pósteres con la foto del recordado para decorar el cuarto donde se celebra el homenaje, se estampan camisetas, se personalizan biblias, velas, almohadones... Y, para quienes prefieran o no tengan más remedio que elegir la cremación, se venden colgantes de oro y plata que hacen las veces de relicarios y sirven para llevar un poco de las cenizas del ser amado a todas partes. En ataúdes, el catálogo que Chestney tiene en su oficina alberga más de quinientas posibilidades. Desde los doscientos dólares de una caja de pino hasta los veinticinco mil del féretro estilo presidencial. Es de caoba y viene tallado a mano y sin motivos religiosos. Aún existe una versión más cara, que sube hasta los cien mil dólares, porque tiene el interior recubierto con placas de oro. Chestney procura no influir en la elección. Algunos sitios tienen fama de aprovecharse de la fragilidad emocional del momento para colocarle a la familia el más caro, algo que la funeraria de un pueblo pequeño no puede permitirse. La reputación lo es todo en un lugar como éste. Si abuso, dice Chris, el próximo cadáver en Rhinebeck será mi negocio. Esto lo pueden hacer en una zona metropolitana donde no los conozcan personalmente y saben que la clientela va a seguir acudiendo de todas maneras. Sin embargo, aclara, lo de pagar un ataúd muy caro, a veces no es culpa del enterrador. Hay personas que se sienten mal por lo que dejaron de hacer en vida por el difunto y creen que pueden arreglar el desajuste gastándose un pastón a última hora en la caja. Nada comparado con excentricidades como la del tipo que en otro pueblo más cercano a Manhattan fue enterrado al volante de su coche de Fórmula 1. Aquí la gente mete en las cajas objetos que les hacen sentir bien: botellas de cerveza, una cajetilla de cigarrillos, un billete de lotería... La broma de un entierro convencional viene a salir por una media de cinco mil euros.

Rhinebeck de momento no tiene problemas con las tallas. Hasta el momento todos los fallecidos han entrado en el ataúd normal de sesenta centímetros de ancho o en el grande de ochenta. Todavía no ha hecho falta encargar ningún Goliat triple extra largo, de un metro diez, con bisagras y asas reforzadas, concebido en Indiana para aguantar los trescientos kilos de los fallecidos más gruesos. La industria funeraria norteamericana empieza a reajustar sus especificaciones técnicas debido al considerable aumento de peso y, por tanto, de tamaño, de un amplio sector de la población. Igual que lo hicieran en mayo de 2003 las compañías aéreas, advertidas por la administración de que los pasajeros cada vez abultaban más y deberían adaptar a la realidad sus estimaciones de carga. El 20 por ciento de la población adulta estadounidense es obesa y, por ello, el cementerio de Woodlawn, en El Bronx, ha incrementado recientemente el tamaño de sus nichos de noventa centímetros a la anchura de un metro veinte.

La profesión de Chris está bien vista socialmente y, excepto algunos chistes inevitables, a su Funeral Home lo asocian con un negocio que contribuye al bienestar de todos. El equipo de baloncesto de Max, por ejemplo, está patrocinado por su negocio. Esto no quita para que durante largos años algunos amigos no entendieran por qué se dedicaba a un trabajo tan poco apetecible. Ahora, me cuenta, muchos han llegado por desgracia a una edad en la que empiezan a perder a sus padres y por fin lo entienden. Valoran su importancia y agradecen la labor que desempeña. Chestney atiende unos ochenta enterramientos al año. La época de más trabajo llega durante los meses de mayo y junio. El motivo, como en tantos otros lugares: la carretera. En primavera se celebran las fiestas de graduación escolar y los bailes de fin de curso. Alcohol y volante se mezclan. Además, en esas fechas coincide uno de los puentes más largos del calendario: Memorial Day, día de la conmemoración de los caídos por la patria, que es cuando amanecen los cementerios plagados de banderitas patrias.

El negocio depende del departamento de Salud del estado de Nueva York. Para conseguir la licencia tienes que ir dos años a la universidad o sumar doce meses en una escuela especializada y un año de residencia en una funeraria. Se renueva todos los años con la asistencia a un curso de tres horas que imparte la agencia federal que se ocupa de las condiciones de higiene de los lugares públicos. Anualmente hay un congreso en Saratoga con las novedades. Este año se lleva la moda vaquera.

El 80 por ciento de los cadáveres se embalsaman. Canadá y Estados Unidos son los únicos países en el mundo que realizan este proceso de manera rutinaria. Solamente es obligatorio por ley en el estado de Minesota, pero las funerarias rehúsan exponer los cuerpos si no se han embalsamado previamente. No tiene mucho truco, es una bomba que extrae los líquidos humanos y los cambia por productos químicos. Antiguamente se colocaban dos monedas en los párpados y se sujetaba la mandíbula con un lazo hasta que se produjera el rigor mortis. Hoy el Superglue ha simplificado las cosas.

El rito judío trae las prisas. El cuerpo ha de ser enterrado antes de que se ponga el sol, en las veinticuatro horas posteriores a la muerte. Como en Estados Unidos la familia tiende a estar dispersa y para asistir al sepelio ha de desplazarse desde muy lejos, existe una prórroga no escrita que alarga el periodo a las cuarenta y ocho horas. De la sinagoga de Kingston o de Poughkeepsie mandan a alguien a la funeraria de Chestney en Rhinebeck para supervisar la preparación del cadáver. De acuerdo con la ley judía de la halacha, al difunto se le cubre con un lienzo blanco y el enterrador, *chevra kadisha*, inicia la tahara o rito de purificación. El lavatorio se realiza sin mirar nunca al muerto a la cara ni descubrirle. Cada vez que se enjuaga una parte del cuerpo se pronuncia una oración: en los ojos, para limpiarle de las malas cosas que ha observado; en la boca, de las malas palabras que haya proferido; en la nariz, de los olores infames que haya inhalado; en el pecho, de las malas corazonadas que haya tenido... Y así, hasta llegar a los pies, que quedan lavados para borrar los malos pasos andados. Una vez purificado el cuerpo se viste al difunto con una especie de pijama, el *tachrichim*, que consiste en un pantalón y una chaqueta de color blanco confeccionados con diez piezas de algodón en el caso de los hombres y con doce retales en el caso de las mujeres.

En Israel se les entierra sin caja. En Estados Unidos y Europa a veces se agujerea la parte inferior para facilitar el contacto con la tierra. La cultura norteamericana tiende a proteger a la familia de la parte morbosa de la ceremonia. No asisten a las cremaciones y en los entierros se marchan antes de que el ataúd se baje a la tumba. En esto los judíos son una excepción, ya que ellos mismos arrojan paladas de arena sobre la caja.

Camino del cementerio, los coches del cortejo fúnebre conducen con las luces de posición encendidas para mantenerse unidos y evitar que alguien se pierda. Los demás conductores se echan a la cuneta y les dejan pasar en señal de respeto. Algunas veces la inhumación se lleva a cabo en terrenos particulares. No es lo más usual, desde luego, pero ocurre con gente próspera de la ciudad que compra grandes fincas de fin de semana y quieren ser enterradas en ella. Chris les desaconseja: ¿qué pasará si sus hijos las venden? Luego no van a tener acceso a las tumbas de sus padres.

En Rhinebeck hay varios cementerios. Todos ellos sobre praderas de hierba segada en la que sobresalen discretas las hileras de lápidas verticales. Algunos son públicos, otros pertenecen a las iglesias, como la de San José en Rhinecliff. El más grande es privado y admite todo tipo de cultos. Si la familia no tiene dinero el condado corre con los gastos de un entierro modesto. A los veteranos de guerra les sale gratis. Los altos mandos militares y los héroes van directamente al Cementerio Nacional de Arlington, en el estado de Virginia, donde recibió sepultura el presidente Kennedy después de un funeral que siguió al pie de la letra el de su antecesor en el cargo, Abraham

Lincoln. La llama de propano que mana de una sencilla piedra circular en la ladera de Arlington, frente a una panorámica insuperable de la ciudad de Washington, recibe al año cuatro millones de visitantes.

Estos días de otoño mi vida parece transcurrir entre tumbas. Cuando recojo a Julia de la guardería, que se encuentra en la Iglesia Holandesa Reformada, los niños juegan en un parquecito instalado en el antiguo cementerio. La vida y la muerte parecen conciliar su existencia sin grandes tremendismos en la sociedad protestante. Las inscripciones de las lápidas, erosionadas por el paso del tiempo, resultan prácticamente ilegibles. Aunque, si pretendes hacer un estudio sociológico, tampoco te puedes fiar mucho de los epitafios de las tumbas del cementerio grande que está al otro lado de la carretera. Muchas veces los matrimonios adquieren en el campo santo un terreno para ambos y, cuando muere el primero, en la lápida se inscriben ya los dos. Eso significa que hay personas pululando por el pueblo cuyos nombres ya constan en la tumba y lápidas con nombres de fallecidos que nunca ingresaron en aquel agujero porque se volvieron a casar y terminaron en la fosa de la segunda familia.

Cuando llego a casa Max y Nico están recolocando las lápidas de corcho blanco que pintamos el otro día. Un viejo Chevrolet Impala de color azul se detiene frente a la casa. Una anciana menuda nos observa con atención desde el volante. Sentados en una bala de heno la saludamos levantando las manos y su rostro se ilumina con una sonrisa. Arranca y desaparece. Cinco minutos más tarde estaciona de nuevo en el mismo sitio. Me acerco a ver si necesita algo pero, antes de que pueda llegar al coche, despega y desaparece a una velocidad constante de doce millas por hora. A la misma velocidad una hora después vuelve a pasar sonriente por delante de nuestra puerta. Con la misma constancia que volvería a hacerlo día tras día siguiendo una misteriosa rutina.

NOTAS

[1] Fue el 5 de noviembre de 1626. Para conmemorar el acuerdo los indios lenape plantaron un magnolio que llegó a vivir más de trescientos años. En el lugar existe hoy una placa y se pueden ver cuevas que fueron habitadas por indígenas hasta 1930.

5

Diciembre

Diciembre en Rhinebeck es sinónimo de celebración. Las ramas peladas de los árboles del pueblo se cubren de lucecitas blancas y empezamos a recibir invitaciones de todo el mundo para asistir a numerosas fiestas. Una agenda de actividades soberbia una vez que consigues superar la ansiedad provocada por la imposibilidad matemática de asistir a todas. Las invitaciones son muy precisas porque te marcan la hora de inicio de la juerga y la hora en que se supone que tienes que plegar velas. Una vez más la practicidad estadounidense. Si uno quiere invitar a sus amigos pero solamente dispone de tres horas el jueves, ¿por qué no organizar algo divertido que rellene esos ciento ochenta minutos? ¿En dónde está escrito que para pasárselo bien hay que salir siempre arrastrándose a las tres de la mañana? Os invitamos a una fiesta de sombreros en casa el día 18 entre las seis y las diez y, de este modo, el invitado ya sabe que a partir de las diez los anfitriones tienen otras cosas que hacer y esperan que se despida. No olvidéis presentaros con algo en la cabeza.

El pistoletazo de salida se produce el cuarto jueves del mes de noviembre con la comida del día de Acción de Gracias. Es la festividad más parecida, en términos de repercusión social en un país, a la Navidad europea. En ella convergen todos los estadounidenses. Luego ya, los católicos tiran por su Nochebuena, los judíos por su Hannuka y los afroamericanos, cada vez más, por su Kwanza.

El fenómeno es relativamente reciente. Hasta el primer cuarto del siglo xx el día más importante del año lo marcaba en el calendario el nacimiento de Jesús. Entonces la gente soñaba con Navidades blancas, *I'm dreaming of a white Christmas...*, y los soldados en el frente europeo se animaban los unos a los otros canturreando esperanzados el *I'll be home for Christmas*. Era un momento del año que se asociaba a la oportunidad de que las familias se volvieran a reunir al completo en torno a la chimenea y todos se quedaban en casa esperando con sus hijos la venida de Santa Claus. En aquella época la gente nacía y crecía en el mismo lugar y nadie tenía que regresar de ninguna parte. El final de la Segunda Guerra Mundial lo cambió todo. El retorno de los soldados supuso la grave amenaza de un crecimiento inasumible en las listas del paro y el gobierno firmó un decreto que dio accesos a la universidad a millones de personas. La movilidad americana que conocemos hoy estaba servida. Los estadounidenses ya no eran de donde habían nacido, sino de los sitios en que fueron a cursar sus estudios y en los que decidieron establecerse para desarrollar su vida. Si le preguntas a una persona de Kansas que lleve tres años viviendo en Nueva York de dónde es, te responderá con toda naturalidad: de Nueva York. El nacimiento de una segunda generación de emigrantes, tan norteamericanos como sus vecinos, que ya no necesitaban diluirse para pasar inadvertidos entre la mayoría, sino que, muy al contrario, buscaban con ahínco la reivindicación de sus raíces culturales, hizo el resto. Había que registrar un día común en el calendario para realizar el esfuerzo de regresar a casa desde muy lejos y, de modo espontáneo, la sociedad se puso de acuerdo en la fecha de Acción de Gracias, cuyos valores todos compartían.

A esto se añadía otra ventaja notable. La celebración del día de Acción de Gracias (*Thanksgiving*) es sencilla y gira en torno a una mesa. Consiste en cocinar, charlar y compartir un festín con los tuyos. No hay que comprar regalos. No se tienen que decorar las casas. Y, encima, puedes seguir los partidos de fútbol americano en la televisión, que ese día es lo suyo, sin que nadie piense que eres un muermo.

El rey de la cena es el pavo. Se remonta a los días del *Mayflower*, en 1620, cuando los colonos y los indígenas compartieron sus alimentos y dieron gracias a Dios en señal de amistad entre ambos pueblos. No a todos les gustaba matar indios. Completan el menú batatas, pan de maíz, confitura de arándanos, vegetales y numerosos pasteles. Especialmente la tarta de calabaza, que nació en aquellos años porque los ingleses usaban las cucurbitáceas como recipientes para cocer la leche con miel. Al principio se cazaban los pavos salvajes. Hoy en el supermercado Stop and Shop se pueden comprar ejemplares que se asemejan en tamaño a los canguros. Las granjas avícolas han modificado genéticamente a los animales y conseguido que desarrollen unas pechugas desproporcionadas. Tanto, que les impiden reproducirse de modo natural y tienen que ser inseminados artificialmente. Mi acción de gracias va encaminada a la granja orgánica que los cría a quince kilómetros de Rhinebeck y a la que hemos podido encargarle un ave como Dios manda. John Katomski, el marido de Susanne Callahan, la compañera del alma de colegio de mi mujer, nos lo cocinó en una ocasión y todavía me despierto y salivo algunas noches con su recuerdo. Hizo el relleno con champiñones, brotes de bambú, castañas, cebollinos y almendras. Acompañó la salsa con puerros caramelizados. Tendría que ser escritor de ficción para poder definir de un modo preciso la sensación de felicidad que experimentó mi paladar aquella tarde.

La radio escupe puntualmente sus predicciones meteorológicas. La bipolaridad a la que yo estaba acostumbrado, nieva/no nieva, aquí se convierte en un amplio abanico de posibilidades según el grado de humedad, la temperatura y el viento. De golpe tengo que aprender una ristra de palabras nuevas en inglés relacionadas con la nieve para enterarme de la ropa que me tengo que poner cada mañana: *chance of flurries*, *snow showers*, *sleet*, *freezing rain*. Sin olvidarnos de la maldita sensación térmica que me trae de cabeza.

Resulta que, aunque el termómetro marque lo mismo en dos días diferentes, podemos sentir más frío en uno que en otro. Esto se debe a que el calor, contrariamente a lo que pensaban nuestros ancestros, no es algo que pertenezca al cuerpo, sino una energía en tránsito. No se puede tener calor, sino experimentarlo. Y esa sensación no está únicamente relacionada con la temperatura del aire que nos rodea. La radiación que intercambiamos con las paredes de nuestra casa, por ejemplo, provoca una pérdida de energía en el organismo que varía en función del material con que haya sido construida la vivienda. Mi vecino y yo tenemos ambos el termostato fijado en veintiún grados y, sin embargo, él va a experimentar una sensación mayor de frío en sus muros de piedra que yo entre paneles de madera. Por motivos similares en verano el calor húmedo, que reduce el mecanismo de defensa de transpiración del cuerpo, se hace más insoportable que el seco.

Lo peor de todo es el *wind chill factor*. El viento, que es el principal causante de que sintamos en el exterior mucho más frío del que nos correspondería. La sensación térmica depende de la velocidad con la que la piel, que se encuentra en condiciones normales a treinta y dos grados centígrados, pierda su energía calorífica. El cuerpo humano se halla recubierto de una cáscara invisible de aire de pocos milímetros de espesor que los científicos denominan capa límite. Si sopla aire, se lleva a su paso la capa protectora y nos deja expuestos a una mayor pérdida de calor. Aumenta, en definitiva, el grado de incomodidad que un ser humano siente.

Por culpa de este fenómeno, al bajar con los niños en trineo la cuesta de la colina Burger, tengo la impresión de que estamos a veinte bajo cero. Y no. Estamos a cero clavados. Los guantes los doy por perdidos. Se me han quedado los dedos rígidos como carámbanos y al intentar sacarlos se han quebrado como una galleta. Sarah se ha tirado con Julia en uno verde de plástico al que le ha costado arrancar. Pero al final ha cogido una velocidad de vértigo y han terminado las dos rodando colina abajo. Nos vamos a probar la pista de la mansión de Mill, en Staatsburg. Los donuts que se inflan como flotadores gigantescos bajan endiablados. Terminamos el recorrido, que dura varios minutos, en la orilla del Hudson.

Pasa muy cerca un carguero descomunal. Se adivina en el cielo plomizo la luna llena.

A pesar de que haga tanto frío, aquí predominan los días con cielos azules. Nueva York es uno de los estados con más días de sol del país. Jeff Irish, el ingeniero canadiense que desempeñó el cargo de director general de la división de rayos X de General Electric, se dio cuenta de ello. Abandonó su puesto y en 2002 empezó a diseñar paneles de energías renovables. Su compañía, Energía Limpia del Valle del Hudson, es hoy el mayor instalador de paneles solares del estado. Las temperaturas bajas juegan a su favor, ya que el frío mantiene en mejores condiciones a las células fotoeléctricas. Me lo cuenta en la fiesta de Navidad de Richard Von Husen, mientras tomamos un *brunch*, que viene a ser una merienda cena pero cambiada de hora, o sea, un desayuno comida, junto a la hoguera que han encendido en el lago helado. La inversión en renovables, si tienes en cuenta lo que te ahorras del recibo de la luz, me explica, te garantiza un 7 por ciento anual. Bastante más alta de lo que te ofrecen por tu dinero los bancos. Los paneles producen un 40 por ciento de la energía total de la vivienda y se amortizan en siete años.

Obviamente, Nueva York no goza de tantos días de sol como California. Le corresponden, aproximadamente, un 50 por ciento menos. Sin embargo, el clima frío es un aliado a la hora de producir electricidad solar. Los circuitos eléctricos rinden más en condiciones frías que cuando soportan altas temperaturas. Como resultado, la producción de los paneles de Rhinebeck se encuentra solamente un 20 o un 30 por ciento por debajo de la obtenida por los instalados en la costa oeste. En California producen doce mil quinientos kilovatios por año, y en Nueva York, diez mil. A contrarrestar la diferencia con California en días de sol contribuye también la nieve. Ese manto blanco que lo ha ido cubriendo todo y que, como la luz de contra en el cine, ilumina la trasera de los árboles y de las casas y le da al pueblo un relieve de ensueño. Durante los meses en los que el suelo permanece nevado, normalmente desde primeros de diciembre hasta mediados de abril, la reflexión de la luz añade un 25 por ciento extra a la producción directa de los rayos solares.

Richard es el dueño de una tienda de utensilios de cocina en la que siempre compramos el aparato para cortar manzanas en gajos que regalamos a los que nos vienen a visitar de España. Es un cilindro con cuchillas. Lo colocas encima de la manzana y le pegas un manotazo. Pum. El corazón sale por un lado y por el otro los trozos de manzana que se comen los niños camino del colegio. Desde el lago se ve la casa de Hans y Kathy, sus cuñados, y se intuyen las lucecitas del gran pino de Navidad que Santa Claus ha instalado dentro.

Hans Boehm fue el último muchacho de su generación en perder la confianza en el viejo Noel. Hacía años que sus compañeros del colegio habían abrazado una nueva teoría, basada primero en el chivatazo y luego en la deducción, sobre el verdadero origen de los regalos navideños. Pero él seguía en sus trece. En sus 13 años y en su firme convicción de que en la noche del 24 de diciembre Father Christmas visitaba su hogar. ¿Cómo había de ser posible de otra manera? La prueba irrefutable era el árbol navideño de más de tres metros que aparecía por arte de magia, repleto de luces y adornos, en el salón de su casa la mañana del día 25. Santa Claus, a los Boehm, además de los paquetes envueltos en papeles de colores vistosos, les regalaba todos los años un frondoso abeto gigantesco que parecía sacado de un cuento. No existía la mínima posibilidad de que a su padre le diese tiempo de salir de noche al bosque, cortar un pino inmenso, moverlo hasta la casa, decorarlo y amanecer pronto en busca de los regalos como si allí no hubiese pasado nada. ¿Vosotros sabéis lo que se tarda en todo eso?, les había repetido a unos amigos que optaron por no hacerle ni caso. ¿Cuánto se tarda, listo?, le espetaron de vuelta. Hans hizo sus cálculos. Y le salieron ajustados. Por eso ahora se da prisa todos los 24 de diciembre. Sabe que si se despista un poco no va a llegar a tiempo a despertarse como si nada para buscar los regalos con sus hijos.

Al volver a casa para el almuerzo me encuentro al cartero, que está dejando el correo en la cesta del porche de casa. Es muy amable. Y muy listo. Lleva en el macuto una bolsita con galletas en forma de hueso que va entregando a cada perro antes de repartir la correspondencia, para que le faciliten el acceso a los buzones. Hay carta de Madrid. Es del señor Letrado. Un amigo al que llamamos así aunque no ejerce la abogacía. Entre la gente que trato hay varios que tienen el apodo cambiado. Ángel, un compañero de facultad, al que conocemos todos como el señor Ministro, trabaja como periodista. Apuntaba para un cargo en el Gobierno en los años de Adolfo Suárez, pero se quedó en editor de *Antena 3 Noticias*. Al señor Letrado le pasa al contrario, pensábamos que terminaría con un puesto de responsabilidad en el Grupo Prisa y, mira tú por dónde, se ha quedado en ministro del gobierno de Aznar. Viene a Manhattan en viaje oficial y vamos a intentar comer juntos. Es una buena oportunidad para tomarle el pulso a la actualidad de mi país, que vive en estos momentos sumido en las multitudinarias manifestaciones contra la guerra de Irak. La discusión está asegurada. Sarah y yo hemos marchado en Nueva York con los niños en un par de convocatorias en favor de la paz y colaborado activamente en alguna de las propuestas de moveon.org, la organización que a través de Internet intenta movilizar una campaña de oposición a la política de Bush. Ted Fox, por ejemplo, cuando cumplió 50 nos pidió de regalo a los amigos que hiciésemos un donativo a esta causa. Y recaudó dos mil euros que, para sufragar algún anuncio antibelicista en los periódicos locales, da de sobra.

Nos vamos unos días a Nueva York. A través de una empresa de intercambio de vivienda, International Home Exchange Network, Sarah localizó por Internet a una familia que quería venirse a Madrid por un año. Hablamos con ellos y nos intercambiamos las casas. Ella, Ada Ferrer, dirige el departamento de Historia de América Latina en la Universidad de Nueva York, y los sabáticos los dedica en España a consultar documentos en la Biblioteca Nacional y en el Archivo de Indias. Nosotros, con tanta actividad en Rhinebeck, apenas le hemos podido sacar todavía partido al intercambio. Así que vamos a aprovechar para hacerlo durante las vacaciones escolares.

Silba el viento entre los edificios. El poco que dejan pasar los rascacielos se venga en las calles adyacentes. Bufa con fuerza e incrementa la sensación de desasosiego.

¡Ya está aquí el soplagaitas del *wind chill factor*! Llegamos a la plaza de Washington equipados como para hacer noche en la Antártida. Pues, nada, Merry Christmas! De la unión del prefijo *criste* y el sufijo *maesse*; o sea, feliz fiesta del Cristo. Del Hijo de Dios, que nació en Belén, al oeste de los territorios ocupados de Palestina, bajo un sol abrasador y cuyo cumpleaños, sin embargo, parece que no es lo mismo si no se festeja en un ambiente nevado. Se lo debemos a la comunidad cristiana del año 336 que trasladó la fecha al 25 de diciembre en un intento de eclipsar la Saturnalia pagana. Desde entonces, en Navidad la nieve es bella y unas condiciones atmosféricas de perros resultan óptimas para entonar villancicos.

Después de un arriesgado recorrido desde la boca del metro, esquivando placas de hielo, la visión de la luz del portal nos hace más ilusión que a Hansel y Gretel el descubrimiento de la casita de chocolate. El apartamento está en la frontera del Village con el SOHO. Un sitio formidable. Al lado del Blue Note, uno de los locales de música en vivo míticos de la ciudad. Esta noche actúan Manhattan Transfer. Mira que nos gustan pero, con tres hijos pequeños, me temo que va a ser que no. Aliviados, atravesamos el umbral en busca de un apacible refugio. Pero el viejo Nueva York no admite medias tintas. O te hielas o te asas y, nada más saludar al conserje, empezamos a sentir en nuestro cuerpo el efecto invernadero. En cuestión de segundos pasamos de la primera glaciación al punto de ebullición del agua. En el ascensor ya sobran gorros y guantes y la escarcha de los abrigos sufre el efecto de los primeros deshielos. Cuando abrimos la puerta del apartamento, la ola de calor proveniente de los radiadores a punto está de terminar con nuestras vidas. Sin tiempo para llegar al perchero, jerséis y bufandas caen al suelo mientras corremos a abrir las ventanas del salón de par en par. Al fondo se divisa la calle Houston cubierta por un manto de nieve y un viento helado mece con suavidad las cortinas. La situación raya el absurdo. Veinte grados bajo cero en el exterior y nos vemos obligados a bajar los cristales para no sucumbir en un espacio que, en estos precisos instantes, resulta altamente apropiado para montar un cocedero de mariscos. Asomados a la ventana, con la cara congelada y el trasero al rojo vivo, situación térmica inversamente proporcional a la experimentada las noches en que aso la carne en la barbacoa del jardín, nos damos cuenta de que no somos los únicos afectados por la catástrofe. En la torre de ladrillo rojo que sirve de residencia a los profesores universitarios y en el resto de las edificaciones colindantes, las viviendas se encuentran todas con sus ventanas de guillotina a media asta.

¿Será posible que los radiadores no tengan un termostato para regular la temperatura? Parece ridículo, pero no. En la ciudad que el alcalde Bloomberg quiere convertir en Manzana Verde, gracias a un ambicioso plan de sostenibilidad que pasa por plantar doscientos diez mil árboles al año y cobrarles ocho dólares a los conductores que circulen por debajo de la Calle 86; en la ciudad que es miembro del C40, el grupo de trabajo contra el cambio climático que auspicia la fundación Bill Clinton, no existe forma humana de conseguir que la temperatura de los radiadores baje de los ciento cuatro grados centígrados. ¡Ciento cuatro! Me alegro de que todos mis hijos hayan pasado ya la edad del gateo y no tengamos que andar pendientes por si se achicharran las manos.

Resulta que los radiadores llegaron a esta ciudad antes de que a Edison se le encendiera la bombilla en el cerebro e iluminara los apartamentos con hilo incandescente. Por aquel entonces la gente utilizaba lámparas de queroseno y la expectativa de vida era muy baja. Algún enterado hilvanó los dos conceptos y llegó a la conclusión de que el personal se moría a causa de la nube tóxica. Eran los tiempos en que los científicos pensaban que el globo terráqueo estaba hueco. No se había oído hablar todavía ni de bacterias ni de penicilina y muchos hombres influyentes se apuntaron a la teoría. El gas de los faroles pasó a denominarse veneno nacional y los neoyorquinos empezaron a dormir con las ventanas abiertas para ventilarse de los humos malignos. Antes vivir helado que morir a gusto. Así que, cuando llegaron los instaladores de calefacción, los ingenieros tuvieron que ajustar los cálculos de la realidad física, a la realidad social. A los números que les decían las tablas les añadían un 30 por ciento y listo. Los radiadores de Nueva York se calcularon para calentar las casas con las ventanas abiertas. Y a nadie se le ha ocurrido cambiarlos. Antes muerto que sencillo.

Buenas noches. Nos acostamos como los actores de las películas de cine mudo: con un gorrito calado hasta las cejas para que el aire helado de la calle Houston no nos interrumpa el sueño. Mañana, si amanece despejado, iremos a patinar sobre hielo a Central Park antes de acudir al show de Navidad del Madison Square Garden.

El apartamento de Washington Square está lleno de libros. La mayoría sobre Cuba. Mientras desayunamos les echo un vistazo a algunos, curioso, porque parte de mis antepasados hicieron fortuna en la isla. La fortuna se evaporó tras la guerra de España con Estados Unidos, pero me interesaba saber si se conservaba algo de su memoria. En efecto, allí aparecían los Fesser. En las páginas de *Cuando reinaba Su Majestad el Azúcar* de Roland T. Ely y en *La conspiración de la escalera* de Robert L. Paquete. Los dueños de los almacenes de caña. Constructores del ferrocarril de Matanzas a La Habana. Primera familia que liberó a sus esclavos... Me siento abrumado, como debía de sentirse el hijo de Edison que, después de todo lo que había acometido su antecesor, a ver a qué se dedicaba el pobre. Decido coger los libros prestados y hacerles unas fotocopias para enseñárselas a la generación de mis padres. Al abrir la puerta para bajar a hacerlas se cuela dentro un gato enorme. Miauuu. Es de la vecina. Buenos días. Buenos días. Me pregunta por Ada y por las niñas. Les digo que están en nuestra casa en Madrid y que, hasta donde yo sé, les va muy bien. Casi todas las puertas de los apartamentos que dan al largo pasillo enmoquetado se encuentran abiertas o entornadas. Qué hay, buenos días. Ya lo cojo, me dice la dueña, y se mete en nuestro piso en busca del felino. Un tigre, porque a los gatos de Nueva York les han debido de suministrar las mismas hormonas que a los pavos. Son de tamaño familiar. Otro vecino asoma con la basura. Abre la trampilla de la pared y deja caer la bolsa por el chute. Catorce pisos de caída libre hasta encontrarse con el cubo. Esto sí que es tirar la basura. Se para a saludar a alguien que está en el interior de otro apartamento con la puerta abierta. Dos niños se persiguen por el corredor. Entran en una casa. Salen. Entran en la siguiente. Vuelven a salir. En el siglo XXI de nuestra era en la ciudad de los rascacielos se hace vida de corrala.

Patinamos, vemos el espectáculo navideño con las *starlettes*, y nos vamos a pasear por el barrio chino. Nos convencen para que entremos en un pequeño local a darnos un masaje. Su familia de cinco es un glupo, así que hacemos descuento glupo. Pasen, pasen. Pasamos. Nos tumban a todos en fila, una camilla tras otra, con las cabezas empotradas en los agujeros redondos que enfocan hacia el suelo. Mientras nos van cascando los huesos nos entra la risa floja. Cuando nos vamos a marchar, caemos en la cuenta de que Julia se ha quedado profundamente dormida. Muy mona hija. Vuelvan cuando quielan que hacemos descuento glupo. Cenamos en un restaurante de esos que tú señalas en la pecera el ejemplar que quieres que te sirvan en el plato. Resulta bastante chocante. No estamos acostumbrados a asociar de un modo tan brusco la vida animal con la comida. Y mucho menos en Estados Unidos, donde se cuentan casi con los dedos las personas que le han visto alguna vez la cabeza a una gamba. En las cocinas de los restaurantes de Rhinebeck se produce habitualmente una discusión entre quién guisa y quién sirve las mesas. Cuando alguien ordena pescado el chef exige que lo saquen entero a la mesa. Los camareros, sin embargo, lo suelen traer de vuelta porque el personal no está acostumbrado y le da grima que un par de ojitos lo miren fijamente desde el lecho de patatas.

Me llama el señor Letrado y me propone que nos veamos en el Oyster Bar que hay debajo de la estación de tren de Grand Central. Le sugiero déjese de ostras, señor ministro, y aprovechemos que se encuentra usted en Nueva York para probar algo más inusual. Aquí hay restaurantes de todos los lugares del mundo. Algo como

¿qué?, me pregunta. Algo como..., ¿comida etíope? Se produce un silencio. Ya verás, está buenísima.

Restaurante Meskerem, en el 124 de la calle Macdougal. Hay que bajar unas escaleritas. Tienen pocas mesas y normalmente están ocupadas. Se espera en la barra con una cerveza Kidus Giorgis y enseguida se queda libre alguna. Si te gusta el picante, bienvenido al paraíso. Si no, cuidado con la salsa bereber. Al principio entra divina. Oye, pica, pero tampoco es para tanto. Y al final, como te descuides, se te descomponen los labios. En lugar de plato te ponen una especie de crepe de centeno, más gordo y esponjoso, de medio metro de diámetro que te va a servir de cubiertos. Al centro llega una bandeja con platitos de guisos para compartir. Las lentejas con ajo y jengibre son fabulosas. Hay cordero al vino con romero, pollo con huevo duro y... espaguetis con tomate. Como lo oyes. Es uno de los platos nacionales. La herencia que dejaron los italianos en su colonia de Abisinia. No esperes comer cerdo porque la mayoría de los etíopes son musulmanes o cristianos ortodoxos y lo tienen borrado del menú. Lo que más abundan son las verduras, por ello a tu alrededor la mayoría de los comensales posiblemente sean vegetarianos en busca de nuevas sensaciones.

Con la mano derecha se arrancan trocitos del crepe, *injera*, y usándolo como si fuese una pinza se pegan pellizcos a la comida de los platos. Un pellizco aquí, otro allá, y vas comiendo como de pinchos. La cerveza es el mejor acompañante. De repente me fijo en el dedo meñique del señor Letrado y, de inmediato, me llama la atención. Los etíopes no usan la mano izquierda. La dejan suelta sobre la pierna mientras se llevan con la otra la comida a la boca. Pero mi amigo la tiene encima de la mesa, con el puño cerrado, a excepción del dedo pequeño que sujeta con fuerza un piquito recortado al pan. Se da cuenta de hacia dónde miro y me cuenta la historia. Creció en Madrid en una familia numerosa en la época en que no sobraban los alimentos y hubo de aprender a defender el trozo de pan que le correspondía de los acosos del resto de los hermanos.

España década de 1950. El mayor de ocho. Con los padres y el tío cura, hermano de la madre, once sentados todos los días a la mesa. Para el sacerdote, siempre enfermizo, tan delicado del estómago, un plato de gambas cocidas. Jamón York con huevo hilado. Peritas al vino. Para el resto una olla de patatas guisadas como con carne y una pistola de pan trinchada en finas rodajas. Y él siempre con el meñique presionado sobre la rebanada. Que no me la levanten. Que no se la coman. La misma escena de lunes a viernes. Cada comensal una trinchera desde la que defender la escasa ración de comida. Un punto de observación desde el que contemplar al pobre clérigo, tan quebradizo, pelar de dos en dos los camarones. Hasta que una noche la mediana dijo basta y murmuró un improperio contra la alimentación del representante de la Iglesia preconciliar. Se produjo un silencio y el cura sacó fuerzas para lanzarle con desaprobación una servilleta. Voló el paño con velocidad inusitada e impactó en el objetivo a la altura de la comisura de los labios. La hermana pegó un grito a medio camino entre el dolor y el asombro. Sorpresa que quedó al descubierto al desenrrollarse la tela y salir rodando de su interior una naranja, *Citrus sinensis*, de proporciones generosas. Se armó la de San Quintín, pero el ministro quieto, amarrado al trozo de pan, no fueran a birlárselo en el despiste.

Un acto reflejo que ahora ya es incapaz de borrar del disco duro. No puedo evitarlo. Le sale sin querer. Ha estado en Washington. Cena de gala con su homólogo norteamericano. Negociando asuntos de muchos millones de dólares delante de un mantel de algodón y servido por camareros de guante blanco. Y él de nuevo ahí, otra vez, apretando el pan, como si fuera a levantárselo el secretario de Gobierno. Nos reímos.

Lo de la guerra viene a los postres. Que es inevitable. Que hay que mantener el orden internacional. Que me tengo que marchar. Es lo que tiene ser ministro: siempre hay más gente esperándote de la que tú podrías atender en dos vidas y media.

Como me queda tiempo hasta encontrarme con Sarah y los niños, aprovecho para cortarme el pelo. Con el sopor de la comida, el lavado y el masajito posterior en el cuero cabelludo, me quedo medio dormido. Me atiende una chica japonesa. Entre sueños oigo que me pregunta si me corta las cejas. Le digo que no. No, gracias. Me lo vuelve a repetir al rato y lo niego de nuevo. La tercera vez que canta el gallo me coge desprevenido y le pregunto ¿es que me las ves muy largas? Sorprendentemente me responde que sí. Me quedo un poco perplejo y, aprovechando mi desconcierto, me las peina hacia arriba y me repasa con la tijera lo que asoma por encima. Es la primera vez que me pasa esto en mi vida. De acuerdo que me ha rebajado un pelo larguísimo que siempre se descabala, pero me ha dejado en un sin vivir. Como el niño que juega con la máquina de afeitar de su padre, agobiado por si la poda va a hacer que se dispare el crecimiento y voy a terminar con las cejas de Martin Scorsese.

A grandes rasgos, los hombres de Rhinebeck se dividen en dos: los que piden hora en Trendsetters y los que se cortan el pelo en Cioffi. Los distingues por la calle a simple vista. Cómo te diría yo. Uno es corte moderno y el otro el de toda la vida. Veintidós dólares frente a diez pavos. Yo he estado en los dos sitios, pero me gusta sentarme en la vieja peluquería de Rhinebeck porque me da la impresión de estar entrando en una película de Frank Capra. Aun a riesgo de mi pelo, porque si a Cioffi no le coges de buen humor, te pega tres trasquilones y se queda tan ancho.

Hoy le pillo alegre. Me pregunta si he estado alguna vez en Europa. Coñe, Cioffi, siempre me preguntas lo mismo. Si soy de allí. Ah, me dice. ¿Italiano? No, español. Ya no me escucha. Para él Europa es Italia. Tiene la peluquería forrada con los banderines de todos los equipos del calcio. Me habla de la fruta de Europa, de los higos chumbos que aquí puedes comprar a dólar la pieza pero que no tienen nada que ver con los de Italia. Ni las naranjas. La gente me dice, Cioffi, he comprado en el supermercado naranjas europeas, he probado higos chumbos de Europa y son exquisitos. Yo les digo: Tú no has probado una mierda. No te das cuenta de que aquí los traen verdes, sin madurar y no tienen el mismo sabor... Qué me van a contar a mí estos tíos.

Entra un cliente. Cioffi lo saluda. Es de Oregón. Preparador de caballos de carreras. Está contento porque ha ganado una allí aunque reconoce que satisface mucho más cuando se gana en Nueva York. Por lo visto viaja de acá para allá y entrena caballos. Los que nos salen buenos van a los carniceros y la carne se manda a Europa. ¿Para perros?, pregunta Cioffi. Qué coño, por lo visto en Europa se la comen en algunas partes. ¿Se paga bien? A siete céntimos la libra. Ah, pues no es mucho. Por eso, dice, no compensa. Yo le acabo de regalar uno que cojea al hijo de un indio que trabaja conmigo y está el chico tan feliz. ¿Hay que esperar mucho? Tiene dos parroquianos por delante. El de Oregón dice que se va a tomar un café y que ahora vuelve. En cuanto sale, Cioffi me confiesa que él no viviría en Oregón ni harto de vino. Está allá arriba, en el borde de Canadá. Si te crees que aquí hace frío no has visto nada, amigo. Además a orillas del mar, ¿me comprendes? Húmedo hasta los huesos. No, yo no. Tendría que estar loco para ir a Oregón. Ale, listo.

Empiezan a caer copos de nieve. Esta noche es Nochebuena y mañana es Navidad. Más vale que te portes bien, *Santa Claus is coming to town*. Amanecemos con los regalos debajo del pino y nos vamos a celebrar la comida con los Kane, los primos de Sarah. Camino de su casa nos cae una tormenta de nieve sin precedentes. De tales proporciones que tardamos un cuarto de hora en recorrer los doscientos metros de distancia que nos separaban de ellos. Eso significa que mañana toca darle a la pala. Al final me he comprado una decente. Habían dejado una vieja en el garaje pero, cada vez que intentaba descargar una palada, se me quedaba toda la nieve pegada al metal. Como cuando acercas la punta de la lengua a un polo muy frío y ya no puedes separarla. Yo pensaba que todas las palas eran iguales, pero qué va. Como las escobas, también hay palas de Harry Potter. Con poderes especiales. La nueva funciona como una cuchilla de afeitar industrial. Deja la entrada al garaje y el camino hasta la puerta con un apurado magnífico. La primera vez que tuve que abrir camino me hizo una ilusión enorme. También lo de subirme al tejado. Cae tanta nieve que aconsejan tirarla abajo para que no se acumule demasiado peso sobre la estructura y para que, cuando comience a deshelarse, no se cuele en forma de goteras por las juntas de la chimenea. Pero cuando la broma se repite con intensidad, un día y otro día, llega un momento en que piensas que ya está bien. Menos mal que nuestra casa dista pocos metros de la calle. Por la parte de delante tenemos que limpiar el garaje, la entrada y el tramo de acera pública que nos corresponde. Por detrás, simplemente abrir un pasillo para poder llegar hasta la barbacoa. Al hacerlo se forma una montaña blanca junto al porche. Sarah tiene la idea de pinchar ahí las botellas de champagne durante la fiesta navideña que tenemos en casa. No hay más que deslizar la puerta corredera, alargar la mano y hacerse con una.

Es Nochevieja. Vamos a cenar a casa de los Kufner, un matrimonio alemán que nos tocó en una rifa. Bueno, casi. Chantal DeFile, la profesora del colegio de quinto curso organiza todos los años un viaje con los niños a ver ballenas en las costas de Massachusetts. Es una disculpa para aprender un poco de biología marina y hacer una ruta por los primeros asentamientos del hombre blanco en la costa este. Se visita en Plymouth un parque temático que consiste en la reproducción de una villa de colonos y un poblado de los indios Wanpanoag. La Plimoth Plantation tiene la gracia de que todos los personajes son actores y actrices profesionales, caracterizados de época, que interpretan la vida de los antiguos moradores. Puedes entrar en sus casas y hablar con ellos. Con los antiguos, digo, porque los actores en ningún momento salen a relucir. Se dirigen a ti como personajes de 1620. Con las ideas de 1620. Con la manera de expresarse de 1620. No sé cómo lo hacen sin volverse esquizofrénicos. Les puedes preguntar lo que quieras, que no los vas a pillar nunca en un renuncio. Yo entré en una casa en la que había un tipo leyendo un libro. Lo saludé y me invitó a sentarme. ¿De dónde eres? De España, le repuse. Ah, me dijo. ¿Y qué papel crees que va a desempeñar tu rey, Felipe IV, en las guerras de Europa? Me quedé mirándolo sin dar crédito. ¿Las guerras de Europa? Yo me sabía lo de la rendición de Breda por el cuadro de Velázquez y punto. Sorprendido, salí al paso como pude: Bueno, hombre, habrá que esperar acontecimientos. Menos mal que entró una señora a dejarle unos huevos que, según la escuché decir, habían puesto esa mañana sus gallinas y cambió de tema. Le preguntó por su familia y la otra le contó que llevaba tiempo sin noticias de Inglaterra. Cuando salió me quedé mirándolo y le solté: Oiga, ¿qué pensaría usted si le dijese que el hombre ha llegado a la luna? Me parece improbable, pero no imposible. Teniendo en cuenta que los planetas están separados por agua, si alguien consiguiese un cañón potente para lanzar a un hombre hasta el mar estelar, podría llegar a nado hasta la luna. ¿Y dónde dice que lo han intentado?

Para recaudar fondos para el viaje de las ballenas, se celebra un festival en el colegio. Padres, alumnos y profesores preparan números para el escenario. Un voluntario presenta. Al mismo tiempo se realiza una subasta muda. La gente de la comunidad ofrece cosas. A veces materiales. El que es caricaturista, un dibujo. La que es músico, unos cedés. Y a veces insospechadas: un paseo por el río Hudson en nuestro velero. Firmado: los Kufner. Lo ofertado estaba repartido por mesas y cada uno tenía al lado un papel en blanco. En él iba apuntando la gente sus ofertas. Nos llamó la atención lo del barco. Alguien había puesto treinta dólares y nosotros lo subimos a cuarenta. Volvieron a remontar a cincuenta y nosotros que a sesenta. No me acuerdo en cuánto terminó, todo sea por la educación de los niños, y nos tocaron los Kufner. Tuvimos una gran suerte. Los dos alemanes. Stephanie daba clases en la Universidad de Bard. Gerald ejercía de neurólogo al otro lado del puente. Salimos a navegar y nos hicimos amigos.

En dirección a su casa, para celebrar la Nochevieja, viajamos en el coche con Manooch. Es curdo, de una aldea iraní en la frontera con Irak llamada Ilam. Está casado con Mary, la hermana de Sarah, y viven en Teherán. También se han venido a pasar un año a Rhinebeck. Él es matemático y está metido en un proyecto de microeconomía que puede resolver a distancia. Manooch piensa que las matemáticas no existen. Residen únicamente en la imaginación de las personas. La economía, me dijo, funciona igual que unas tijeras: necesitan dos cuchillas para cortar. Una es el valor de los productos y la otra lo que los consumidores están dispuestos a pagar por ellos. Solamente cortan las tijeras cuando las cuchillas se juntan. La fiesta de hoy no le cuadra porque en Irán manejan un calendario distinto. En realidad deberían andar ahora por el dos mil quinientos y pico, pero lo pusieron al día con el calendario musulmán. A la muerte de Mahoma. O sea, que si quieres saber el año en Teherán le restas seiscientos veintiuno al nuestro y te sale. El calendario iraní no tiene nada que ver con el árabe, que se rige por los ciclos de la luna. Los árabes cada treinta y seis años pierden uno con respecto a nosotros y calcular en qué están ahora ya es un poco más lioso.

A Manoocher el Año Nuevo le coincide con el solsticio de verano. Los mulás querían prohibir la celebración porque no tiene relación alguna con el islam, pero les ha resultado imposible. Es el acontecimiento festivo más grande del país y la gente no está dispuesta a renunciar a la fecha. La tradición pasa porque esa noche los mayores regalen algo de dinero a los niños.

Llegamos a la casa. El zaguán lo ocupan varias repisas repletas de zapatos, zapatillas y botas de esquí. El que quiera puede descalzarse. El que no, que siga. El árbol de Navidad lo han adornado con velitas de verdad, típico de Alemania. Las velas vienen desde allí porque tienen que tener el tamaño justo para entrar en los pequeños soportes que se enganchan al pino. En casa de Stephanie jugaban a adivinar cuál iba a ser la vela que se apagara la última. Extinguidas todas, se procedía a colocar una nueva ronda. No le da miedo que se produzca un incendio pero, por si acaso, ha preparado un cubo de agua bien cerca. No va a hacer falta, en este clima el pino está más verde que yo en conocimientos de física cuántica.

Los alemanes celebran la Nochevieja saltando con las campanadas de un sitio a otro. El nuevo año te tiene que pillar en el aire, cambiando de vida. Da igual si es un salto desde la mesa al suelo o de una baldosa a otra. Antes de pegar los brincos tomamos las uvas que hemos traído. Para evitar atragantamientos golpeo una cacerola doce veces a intervalos de dos segundos. Medianoche. Salto al sofá. Luego seguimos la tradición estadounidense: hay que besarse. Localizo a Manooch, le recuerdo que es Nochevieja y le pido algo de dinero. Me manda a hacer puñetas.

Hay muchos problemas matemáticos que no se han podido solucionar. Los genios son materia escasa y no aparecen cuando se les necesita, sino cuando a ellos les viene en gana. Para Manoocher el último grande fue Cantor. ¿Cantor? ¿Lo conoces? Claro, dice Stephanie, era alemán. Este tipo era tan listo que resolvió un enigma cuando dijo que el enigma no tenía solución posible. Solución: que no la tiene. Con este mismo método se me ocurren a mí un par de cosas que arreglar de cuajo. Le preguntamos qué grandes temas le quedan pendientes a las matemáticas. Ahora se trabaja para descubrir si hay algún número entre el infinito menor y el mayor, dice, porque no todos los infinitos son iguales. Es lo que demostró Cantor.

Matemáticamente está probado que un segmento de dos centímetros y la línea del horizonte contienen el mismo número de puntos. Sin embargo, la cosa cambia cuando entramos en el mundo de los decimales. Los números naturales son precisos y van desde el 1 hasta el infinito. Entre el 1 y el 2 no hay nada. En números reales entre el 1 y el 2 hay una sucesión infinita de números: 1,1, 1,2, 1,3... 1,01, 1,02, ..., 1,001, 1,002... Cantor prueba de un modo elegante que el infinito de los números reales es más grande que el de los números naturales. En un convite los naturales representan el número de invitados de 1 a infinito, y los reales, los platos que hay que repartirle a cada invitado. Empiezas por el primer invitado y le vas dando los platos 1,1, 1,2... no llegarás nunca al segundo invitado.

Los Kufner han preparado un juego. En un barreño con agua navega un barquito de cáscara de nuez con una velita en el centro. En los bordes se colocan, doblados para que se sujeten sin caerse, papelitos enrollados. Cada uno de ellos, como las galletas chinas, contiene un augurio para el nuevo año. Se supone que son de coña. Todos los invitados han traído algunos papelitos. Nosotros no lo sabíamos, se les ha olvidado decírnoslo. Al que le toca el turno agita el agua con el dedo para que se mueva el barquito. Éste termina acercándose al borde y prendiendo con la llama uno de los papeles que asoman. En cuanto ocurre, se rescata y se apaga en el agua. El afortunado lee su buenaventura en voz alta. Vas a votar por Bush. Se te va a caer el pelo, pero no sabemos de qué parte. Este año un órgano de tu cuerpo va a duplicar su tamaño.

El primer día del año es una fecha perfecta para ir al cine. Nos vamos todos a ver *Supersize Me*. El documental de un tipo que decide ponerse a dieta y comer solamente hamburguesas de McDonald's y casi la palma. La echaban en Upstate Films, el cine de arte y ensayo del pueblo. La misma sala en la que habíamos visto con anterioridad *Bend It Like Beckham*, o *Bowling for Columbine*. Ahora anunciaban el estreno próximo de *La mala educación* de Almodóvar. El milagro de tener un cine así al que poder ir caminando desde casa se debe a una pareja que llegó al pueblo en 1972, con los pelos largos, a bordo de un autobús escolar destartalado que utilizaban como vivienda. Amantes de las películas que no encontraban con facilidad un hueco en la distribución de las salas convencionales, Dede y Steve Leiber decidieron montar una organización sin ánimo de lucro para conseguirlo. Las subvenciones, la taquilla y las donaciones de particulares hacen posible que en Rhinebeck subsista hoy una de las escasas cien pantallas de cine alternativo que hay en todo el país.

A los Leiber les encanta proyectar cine internacional. Por su sala han pasado muchas películas españolas. Víctor Erice, Bigas Luna, Fernando León, Javier Fesser, Alejandro Amenábar son algunos de los directores que han tenido su nombre colgado en el cartel de la fachada. Pero cada vez su exhibición presenta más dificultades. Robert Redford tiene indirectamente parte de la culpa. En Estados Unidos existían tradicionalmente dos mercados. El inmenso de las producciones de Hollywood y uno pequeño, un 6 por ciento de cuota, para exhibir lo que se hacía en el resto del mundo. La desproporción se debía al proteccionismo de los grandes estudios y a la reticencia del público a leer subtítulos. Inventado el festival de Sundance, comenzaron a producirse películas de bajo presupuesto y magníficos resultados. Cine alternativo y en inglés. Verde y con asas. ¿Para qué voy a ver una película de arte y ensayo en japonés cuando la puedo ver en mi lengua? La proyección de estas producciones se ha ido comiendo la ya de por sí escasa cuota de mercado de las películas realizadas fuera.

Papá yo no vuelvo a probar una hamburguesa en mi vida, ¿eh? A la salida nos para una chica menudita. Hola, soy Natalie. ¿Sois españoles? Le digo que mitad y mitad. Nos cuenta que su novio es malagueño y que viven por la zona. Ah, qué bien, pues nos encantaría conocerlo. Nos intercambiamos teléfonos. Al día siguiente conocemos a Daniel. Viene a casa en bicicleta desde Rhinecliff con dos chorizos de Cantimpalo. Que resulta que él es vegetariano y se los han mandado de España. Que si los queremos. ¿Qué?, trae para acá eso corriendo. Saca el pan. ¿Dónde está el cuchillo?

Vuelve a nevar. Es una tormenta de hielo. La nieve cae muy húmeda, se pega en las ramas de los árboles y se congela al instante dejándolos con un aspecto que parece que los han caramelizado. Existe el peligro de que se partan por el peso. Teniendo en cuenta que aquí hay árboles centenarios cuyas ramas de varias toneladas cruzan por encima de las casas de madera, el motivo es para preocuparse. He quedado con Jeff y con Tim para ascender una montaña con raquetas de nieve. Hay hielo en la carretera y tengo que conducir despacio y frenar con golpecitos secos y continuados al pedal. Aun así se resbala un poco el coche. No he visto más nieve en mi vida. En el jardín de casa los niños han excavado túneles por los que se meten a jugar. Increíble. Llegamos al aparcamiento. De aquí parte el sendero que nos conducirá a la cumbre de la montaña más alta de los Catskills, Slide Mountain. Son mil doscientos setenta metros pero, con tanta nieve y unas raquetas que me calzo por primera vez en mi vida, me da la impresión de que nos aventuramos por la cordillera del Tíbet.

Se camina de maravilla. Hacia delante. Como intentes andar hacia atrás te pegas un castañazo seguro.

Subiendo me empieza a entrar calor y se me ocurre quitarme los guantes. Craso error. En medio minuto se me han puesto los dedos grises como morcillas. Hay bastante niebla y no se ve mucho más allá de la espalda del que me precede. Los árboles tienen una capa de un centímetro de hielo alrededor. Parece un bosque de cristal. No se oye nada. Reina un silencio conmovedor que se interrumpe de cuando en cuando por el crujido seco de alguna rama que está a punto del colapso. Alcanzamos la cima. Bueno eso creemos. Es como la teoría de Cantor que nos explicó Manoocher en Nochevieja. En matemáticas los problemas que tienen solución analítica pueden ser resueltos por el hombre de una forma exacta. Los que tienen resolución numérica han de ser resueltos por el ordenador, pero no sabemos de un modo preciso si la solución es o no correcta. Es lo más aproximado que se puede llegar, decía, pero no sabemos cómo de aproximado. O sea, seguía poniendo una comparación que ahora, por motivos que van a resultar obvios, me venía a la cabeza: si llego a la cima de una montaña con niebla, llega un momento en que si me muevo un poco no sé si subo o si bajo. Se supone que estoy en la cima de la montaña, pero no puedo comprobarlo porque hay niebla. Es como el área de un círculo. Un problema que se ha probado que es imposible de resolver. Nunca se sabe con exactitud. Para calcularla se divide la circunferencia en segmentos, cada vez más pequeños, microscópicos, cada vez más cercanos a la curvatura, pero siguen siendo segmentos. Y nosotros allí sin ver ni tres en un burro y sin saber qué infinito era mayor: el de nuestra hambre o el de nuestra sed.

Para resolver el primer enigma yo saco una bolsa de higos de la mochila. El azúcar de la fruta nos hará bien. Pero otro día. Están congelados como rocas. No hay manera de hincarles el diente. Tim saca la cantimplora. Lo mismo. Anda, vámonos para abajo, que menudas Navidades me estáis dando.

6

Enero

En Norteamérica el trofeo de caza es un *game*. Un gran juego de estrategia que cuenta con infinidad de seguidores. El presidente Theodore Roosevelt lo practicó toda su vida. Dejó constancia de ello en numerosos libros que hoy se custodian en la biblioteca del Congreso. También dejó una frase para la posteridad que preside el vestíbulo del Museo de Historia Natural de Nueva York. «Una nación digna entrega a la generación futura su naturaleza engrandecida, no esquilmada de valor». O algo así. Roosevelt fue el primer hombre de estado en darse cuenta de que a ese juego de la caza debían imponérsele unas reglas. De no actuar con premura, los únicos animales que iban a quedar circulando por el territorio de la Unión serían los ositos de peluche que, por cierto, habían adoptado su nombre: *Teddy bear*.

En el transcurso de una cacería en Misisipí, el vigésimo sexto presidente estadounidense se negó a dispararle a un oso indefenso, al que habían amarrado previamente a un árbol para facilitarle el tiro, por considerarlo propio de una conducta indecorosa. El indulto se convirtió en una viñeta del *Washington Post* en la que el mamífero aparecía dibujado como un alegre cachorro. Mientras la anécdota circulaba de boca en boca, un tendero de Brooklyn reprodujo el osezno en felpa y lo colocó a la venta en su escaparate con un cartel que decía: «El osito de Teddy». Cuatro años más tarde, en 1906, no había una sola mujer o un niño que no acudiese a todas sus citas con su *Teddy bear* del brazo. El mismísimo Roosevelt, consciente de la enorme popularidad del peluche, para la campaña de reelección se fotografió con un ejemplar en el despacho oval de la Casa Blanca.

No sería el último presidente en prestarle su apodo a un objeto. En España vivimos una experiencia similar tras la visita oficial de Ike Eisenhower en 1959. La camisa de tergal que vestía el general, de un blanco reluciente, sin una arruga y con un cuello impecable, causó en la población un tremendo impacto. Una fábrica gijonesa decidió copiarla y la comercializó en la década de 1960 con el apodo del norteamericano que dirigió las operaciones militares durante la Segunda Guerra Mundial: camisas Ike. Y qué camisas.

Lamentablemente la conciencia ecológica que inició Roosevelt durante su mandato llegaba demasiado tarde para algunos animales. Era el caso de los búfalos norteamericanos, primos hermanos de los legendarios bisontes de Altamira, que habían quedado oficialmente extinguidos de las grandes praderas. Un tal Hornaday, que fuera jefe de taxidermistas en otro gran museo, el Smithsonian de Washington, describió con gran detalle en sus memorias de 1889 la incapacidad de los políticos para proteger a este animal del exterminio. Andaba yo enfrascado en la lectura de este documento, con el fin de buscar conexiones entre la cultura de los indios y las teorías de atletismo de John Raucci, cuando tocaron a la puerta de mi oficina. ¿Huck? No es aquí, es en la puerta de al lado. En el despacho grande. No lo veo, ¿puedes dejarle un recado? Me levanté y fui a saludarlo. Guillermo, su cuñado, ¿cómo estás? Me encontré a un individuo sonriente aguantando una caja grande en sus brazos. Sony, le entendí. ¿Qué traes, un vídeo? Me llamo Sunny, me dijo, y traigo carne de búfalo. Casi me trago el chicle. ¿Carne de qué? De búfalo, como en las películas del Oeste. Pero ¿de dónde la has sacado? De mi rancho en Tejas. Vamos a cocinarla esta noche en casa de Huck. ¿Te quieres apuntar? Sí, se lo diré a Sarah pero, pero, pero... ¿Pasa algo? No, nada, que..., con este tipo de carne, a ver qué vino llevamos.

Recuerdo que en una ocasión un amigo gay me confesó el amor que sentía hacia su novio en unos términos que me cautivaron: Estamos deseando casarnos y tener un perro. Aquella declaración de intenciones cobraba en ese momento para mí más sentido que nunca, sentado a la mesa con Sarah, Huck, Sunny y otro par de comensales.

Una pareja muy simpática con la que habíamos coincidido ya en alguna otra cena. Uno de ellos trabajaba como decorador de apartamentos de lujo en Manhattan. Por lo visto tenía un gusto exquisito y se lo rifaban los tops y las celebrities. Sólo existe una manera de tratar con ellos. Una vez que aceptan mis servicios tienen que entregarme las llaves y largarse. Salir de casa y no volver a pisarla hasta que yo haya terminado. Dure lo que dure; si no, no hay forma. El otro, de origen cubano, era un apasionado de los libros. Defendía que las bibliotecas constituían el mejor patrimonio para mantener la libertad de un pueblo y era un benefactor entusiasta de la de

Nueva York. Habló con pasión de los manuscritos de García Lorca que se conservan en sus archivos y me animó a que me acercase a echarles un ojo. Seguro que a ti te dejan verlos. Seguro, le dije.

Al final nos decidimos por llevar un Ribera del Duero, que tiene buen cuerpo y nos pareció que pegaría para acompañar a un filete de los Picapiedra. El interiorista bebió un trago y dejó caer un suspiro. Tenía en su regazo a un chiguagua al que observaba con ternura. Lo habían bautizado *Francisco José*, por Pancho Villa, y se referían a él como lo que era: su hijito del alma. Pobrecillo, tiene que pasar por el quirófano. ¿Qué le pasa? De todo. Le falla una rodilla y van a operarle. Le van a quitar dos molares y ya aprovechan para subirle un poco la piel de los carrillos. ¿No ves qué feo está el pobre, que se le cae la cara? Y el cubano, acariciándolo: es un glotón. Un caso. Ya lo hemos pillado varias veces comiéndose la fuente del caviar o de los patés. Sonó el timbre del avisador de la cocina. ¡La carne está lista! Habemus búfalo. Adiós a los perros y demás razas inferiores del mundo animal. Entrábamos en el territorio del rey de la selva, del tótem sagrado en el imaginario de los indios.

Sunny, el tejano que había sido compañero de Huck en la Universidad de Georgetown, contó que había venido a Rhinebeck a hacer un curso de chamanismo. A convertirse en chamán, del idioma tungu de Siberia, *schaman*, o persona con capacidad de modificar la realidad o la percepción colectiva de ésta. Gente que desarrolla la facultad de curar, de comunicarse con los espíritus y de presentar habilidades visionarias y adivinatorias. Guiñé un ojo a Pancho José y le susurré a mi mujer: ¿No te da la impresión de que aquí están pasando demasiadas cosas en poco tiempo? ¿Necesitas tú también algo más de vino?

Instituto Omega, campus de Rhinebeck, treinta años dedicado a los estudios holísticos. A cursos de espiritualidad, yoga, meditación y análisis de la relación entre el todo y las partes. Tirando hacia el sur por la carretera 9G, hay que girar a la izquierda en la calle Slate Quarry, donde estaban las antiguas canteras de pizarra, avanzar cuatro millas y trescientas yardas y girar a la derecha en Centre Road. Te lo encuentras. Setenta y nueve hectáreas de colinas y bosques en torno a un lago. Huertas, jardines, herbolarios, pistas de baloncesto, tenis y voleibol. Senderismo, cafeterías y tiendas. Música, libros y ropa de importación que, algún malintencionado, podría interpretar como venta de disfraces. Masajes, tratamientos faciales, consultas y terapias sobre salud y nutrición. Cabañas para retiros. Natación, barcas y canoas en el lago. Especialidad en comidas vegetarianas.

Ahora acaba de finalizar un curso sobre cómo perder el miedo, impartido por personalidades que tratan de inspirar con su coraje a los asistentes. Mia Farrow, la de *Hannah y sus hermanas*, la embajadora de Unicef, ha sido una de los ponentes. Pero entonces, cuando celebrábamos la cena en casa de Huck, las lecciones discurrían por los tres niveles que la concepción Andina le otorgaba al hombre: el Hanan Pacha o espiritual, el Cay Pacha o mundanal y el Ucu Pacha o nivel del Ego. Y Sunny, en silencio, tomaba notas.

El Gran Espíritu es como una botella de agua que un día dejó escapar unas gotas. Las gotas somos nosotros y debemos regresar al gran océano de la vida para refundirnos de nuevo en él. Somos antenas cósmicas y el ego nos impide recibir la información espiritual y difundirla. Jesucristo y Buda fueron capaces de entender que nuestro espíritu es una chispa ígnea del Fuego Mayor y regresaron a él. Entendieron que el mundo se mueve por energías: las que sanan y las que enferman. Que percibir el aura es una cuestión ordinaria. Y Hugh A. Fitzimons tercero, Sunny, venga a coger apuntes. Lo movían razones poderosas que yo tardaría en entender.

La carne resultó tierna y deliciosa. Consistió en un lomo horneado a temperatura baja con un chorro de aceite y un par de dientes de ajo. Huck preparó una guarnición de zanahorias enanas cocinadas en ron añejo y luego salteadas con sirope de arce para que quedasen caramelizadas. Pero ¿esto es un bisonte de verdad? Auténtico búfalo alimentado solamente a base de la hierba que crece en el rancho. O sea, que tienes un rancho. Heredé un trozo de tierra de mi abuelo y me decidí a sacar las vacas y a probar con los bisontes. Lo dijo tan normal, tan inocente. Ale, como el que va a la pajarería a por unos hámsteres. Por favor, póngame un cucurucho de bisontes. Lo miré confuso. ¿Y qué tal va la cosa? Ahí vamos, de momento hemos conseguido que el gobierno de Tejas le devuelva el estatus de animal salvaje. Era un asunto de honor. Permaneció largos años catalogado como especie en extinción y, una vez que empezó a recuperarse, la administración lo metió en el saco indefinido de los animales exóticos. No era justo. El bisonte es oriundo de esta tierra y se merece la clasificación de especie salvaje en libertad.

Bisontes de nuevo en el legendario Oeste. Habían pasado ciento veinticinco años desde que la última manada recorriera las grandes praderas y me asombraba que estos herbívoros de novecientos kilos hubieran podido reinsertarse dentro del mito de la vieja frontera. Antes de que el explorador francés LaSalle los confundiera con los bovinos africanos y les colgara el sambenito de búfalos, se calcula que en Norteamérica vivían entre sesenta y setenta y cinco millones de bisontes. Constituyeron la base del alimento físico y espiritual de los hombres de Cochís, Caballo Loco, Jerónimo, Nube Roja o Toro Sentado. Los indígenas les daban caza en emboscadas o haciéndoles correr hasta barrancos por los que el empuje de la propia manada les hacía caer despeñados. Hasta que en 1866, finalizada la guerra civil, las masas avanzaron hacia el interior siguiendo al ferrocarril. En tan sólo un año y medio, el famoso Búfalo Bill mató cuatro mil cabezas para alimentar a los trabajadores de la línea Kansas-Pacífico. Disparar bisontes desde las ventanillas del tren se convirtió en el pasatiempo nacional. Caían como chinches pero nadie sabía cómo sacar provecho de tan fácil presa. Se aprovechaban las lenguas, que encurtidas en vinagre se consideraban una exquisitez gastronómica, y las escasas pieles que se exportaban a Europa y compraban los aristócratas de Inglaterra y Rusia para usarlas de cobijas en sus coches de caballos. Las praderas quedaron sembradas de cadáveres reclamados únicamente por las aves carroñeras. La revolución industrial cambió las tornas. Las máquinas necesitaban cada vez más correas para sus motores y la producción de cuero en Argentina no daba abasto. Alguien certificó que la piel de bisonte resultaba más elástica que la de vaca y los miles de desheredados de la contienda, con fusil y sin trabajo, se pusieron a tumbar una media de quince animales al día para obtener tres dólares por pellejo. En el año 1884 ya no quedaban bisontes.

Se salvaron apenas un puñado de vaquillas. El señor Goodnight reunió trece animales en su finca de Tejas, un tal Dupree salvó a cincuenta en su rancho de Dakota del Sur y Samuel Coyote Caminante, de la tribu Pend d'Oreille, rescató del territorio de los pies negros a los ocho animales que dieron origen a las manadas que hoy pueblan el parque de Yellowstone. Sí, donde vive el oso Yogui. Resulta que el guerrero se enamoró locamente de una pies negros y decidió llevársela a su poblado. Pero, como estaba casado e intuyó que el recibimiento no le iba a ser propicio, tomó prestados unos bisontes y los llevó como obsequio para apaciguar las iras de su esposa y de los jesuitas que controlaban su reserva. Los bisontes rescatados, que hasta la fecha habían permanecido recluidos en zoológicos o en espacios protegidos, se empezaban a trasvasar ahora a los ranchos, al ceder la vieja generación de vaqueros las riendas a unos hijos educados en la universidad y con miras diferentes.

Cuando en 1998 Sunny heredó las seis mil hectáreas del Shape Ranch, no albergó ninguna duda: abriría el espacio a sus antiguos pobladores. La existencia de la vaca en Tejas es un hecho accidental de tres siglos de duración si se compara con el millón de años que ha poblado el bisonte el mismo territorio. El búfalo americano forma parte del paisaje y ha evolucionado al mismo tiempo que su vegetación, a la que respeta, puesto que de ella depende. La vaca es ajena a esta información y utiliza el campo como un niño caprichoso ante una caja de galletas surtidas Cuétara. Engulle los brotes más exquisitos y deja intactas las malas hierbas. Degrada la pradera, se amodorra en una zona y no para hasta esquilmarla. El bisonte se mueve con la rapidez del antílope y realiza una poda equilibrada. Cuando se reinserta esta especie, los pájaros, que necesitan hierbas altas para anidar a escondidas de los predadores, pueden retornar también. Y, cuando regresan las aves, vuelven a merodear los zorros. Se restablece el círculo de la vida. ¿Parece fácil de entender, verdad?, pregunta Sunny consciente de la fascinación que su historia despertaba entre los comensales. Pues resulta complicado que les entre a los tejanos. A ver quién es el listo que se atreve a mantener que la conquista del Oeste, con tanta sangre, sudor y lágrimas se basó en un planteamiento erróneo. Que la tierra prometida, sin indígenas y sin bisontes, perdió su gracia, su sentido y su infinita bonanza. Te miran como si fueses marciano. Ni siquiera ven el negocio. Una hamburguesa de bisonte a mi vecino le suena peor que a mí un bocadillo de carne de perro.

Francisco José pareció entender la referencia culinaria y un escalofrío le recorrió el espinazo. Pobrecito, está cansado. Se nos había hecho tarde a todos y llegó la hora de tocar retirada. Sunny nos cursó una invitación para visitar el rancho. Veníros, el 6 de enero celebramos la Fiesta de la Cosecha. ¿El 6 de enero? Imposible. A un español decente jamás se le hubiese pasado por la cabeza ausentarse de casa el día en que vienen los Reyes Magos. Puedo enseñaros San Antonio y la misión de El Álamo y luego bajamos al rancho. Claro que, bien pensado, no estábamos en España y en Nueva York ya nos había visitado

Santa Claus. Si te interesa el tema del chamanismo, tienes que conocer a mi socio Ted, el indio coahuilteco que va a oficiar las ceremonias del sacrificio. Al fin y al cabo, sus majestades de Oriente siempre podían enrollarse y dejar un vale para alguna actividad familiar de la que pudiésemos disfrutar a mi regreso. ¿Os animáis o qué?

Es 5 de enero y nieva abundantemente. La tormenta nos ha sorprendido a Huck y a mí camino del aeropuerto de Albany y las pésimas condiciones de visibilidad nos obligan a aminorar la marcha. Atravesamos el río a la altura de la ciudad de Hudson y apenas podemos distinguir las barandillas del puente. NPR, la radio pública, anuncia las leyes que con motivo del nuevo año entran hoy en vigor. Maine se convierte en el quinto estado de la Unión totalmente libre de humos: ya no se permite fumar en ninguna de sus calles. En New Hampshire queda terminantemente prohibido imitar por teléfono la voz de cualquier candidato que se presente a unas elecciones. En... bzzzz, el nombre del estado lo borra una interferencia temporal, resulta ilegal colocarse un piercing en la lengua en un local de tatuajes; el que quiera lucir uno deberá acudir a partir de ahora a la consulta de un dentista. En California conducir al tiempo que se mira la televisión pasa a engrosar la lista de delitos graves. La medida ha sido promovida por las cadenas televisivas que no quieren arriesgarse a demandas de responsabilidad civil por accidentes de tráfico. El hecho absurdo de que un conductor intente conseguir una indemnización millonaria de los productores del programa que aparecía en su pantalla en el momento de la colisión por haberle entretenido e impedirle maniobrar con destreza entra en Estados Unidos en el campo de lo previsible. Interponer demandas judiciales se ha convertido en un deporte nacional. Una lotería con grandes posibilidades de ganar el premio gordo. Existen muchos ejemplos que lo testifican. En la ciudad de Nueva York, una pareja que practicaba sexo en un túnel del metro no pudo apartarse a tiempo al paso de un convoy. Uno de ellos sufrió la amputación de un dedo. Recibió una indemnización millonaria porque un juez consideró que la compañía de transporte no advertía con suficiente claridad de los peligros que pueden entrañar las relaciones sexuales encima de las vías. Un joven quedó paralítico tras sufrir un accidente mientras conducía su bicicleta por una autopista de noche, sin luces y en dirección contraria. Los fabricantes debieron de pagarle una gran suma porque en la caja de la bici no figuraba que no se pudiese pedalear sin faro. Sentencias que han convertido en tomos enciclopédicos los manuales de instrucciones de una goma de borrar. Todo se reglamenta. Todo se especifica por si las moscas. En el fondo del maletero del Lincoln Continental hay una anilla roja que cuelga de un cordel. Un cartelito dice: Tire de aquí para abrir el portamaletas en caso de quedar encerrado en su interior.

Las reclamaciones se multiplican porque algunos abogados de este país hace tiempo que perdieron los escrúpulos. Letrados que pertenecen a grandes firmas corporativas y carroñeros que patrullan las calles. A estos últimos se les puede encontrar en las emergencias de los hospitales. Cada vez que llega un herido se lanzan a por él. ¿Qué le ha ocurrido? ¿Sabe que puede obtener dinero de su desgracia? Allí están, en nombre de la justicia, convenciéndote de que demandes a tu padre, si fuera necesario, porque seguramente en tu infancia no te procuró la educación imprescindible para haber evitado la calamidad en la que ahora te ves sumido.

Desde hace más de treinta años, una prestigiosa organización no gubernamental localizada en Washington D. C., La Fundación Legal, lucha por reinstaurar el sentido común en este sistema de indemnizaciones frívolas. Su consejero delegado, Daniel J. Popeo, señala que, curiosamente, los beneficiarios de esta sin razón resultan ser los abogados litigantes. En el condado de Madison, estado de Illinois, un bufete se alzó contra el gigante telefónico AT & T en nombre de los consumidores. Argumentaba que la compañía no anunciaba que se podían comprar los aparatos en lugar de tener que alquilárselos obligatoriamente a ella. Ganaron. Los afectados recibieron un cheque de entre quince y cuarenta dólares; ellos se embolsaron ochenta millones. Dinero que hubo de amortizar el resto de la clientela con un incremento de tarifas. Al final los consumidores pagan el pato. Las pólizas de seguros que tienen que suscribir los médicos han elevado a cifras astronómicas el precio de la medicina. En un prestigioso hospital de Florida mantuve una conversación con un cirujano cardiovascular. Antes en el quirófano atendíamos a un paciente, me dijo, ahora tenemos que estar pendientes también de su abogado. Hay veces en que la intuición y la experiencia me indican que, si intentase algo que no contempla el protocolo, quizás podría salvar una vida. Imposible: no puedo arriesgarme a perder mi licencia.

Quienes dictan las sentencias son jueces locales. Funcionarios públicos que alcanzan el puesto tras ganar unas elecciones en las que varios candidatos se someten al sufragio de los ciudadanos. Necesitan financiar las campañas y dependen para ello de las donaciones de particulares. En marzo de 2003 un togado condenó a Philip Morris a pagar una indemnización de diez mil millones de dólares por considerar que la inscripción «bajo en alquitrán» de sus paquetes inducía a los fumadores a pensar que los efectos de esos cigarrillos no eran tan perjudiciales. Del total de la suma, el magistrado destinó mil setecientos cincuenta millones a sufragar los honorarios de los letrados del caso. Casualmente, acababa de recibir un cheque para sufragar su campaña electoral del mismo bufete que demandó a la tabacalera. Gracias a la Washington Legal Foundation, el Tribunal Supremo revocó dos años más tarde la sentencia, puesto que el Ministerio de Consumo autoriza la inscripción «light» y «bajo en alquitrán» en los paquetes.

Así las cosas, no me resulta extraño que Danny Shanahan, un vecino de Rhinebeck que publica regularmente sus viñetas en la revista literaria *The New Yorker*, lleve un tiempo enfrascado en su estudio en la elaboración de un libro con chistes de juristas. Me temo que van a salirle dos tomos. Seguramente observa la nevada desde la ventana y se pregunta dónde andarán escondidos los picapleitos que surgirán de la niebla en cuanto el primer transeúnte se dé un resbalón. Hace poco estuvimos en una retrospectiva de su obra gráfica en la cercana Universidad de Bard, donde Frank Gehry ha construido una especie de Guggenheim de Bilbao en pequeñito para conciertos.

De sus agudas viñetas, me quedé con una que reflejaba de modo preciso la imagen autoritaria que proyectó Giuliani cuando regía los designios de la capital de los negocios. A la entrada de Manhattan un letrero advertía: Entra usted en Nueva York. Cuidado con el alcalde.

En casa de los Shanahan, de Danny y de Janet, estuvimos tomando una copa después de la fallida cabalgata de Halloween con los niños. Ahí vi por vez primera la chimenea de exterior que se ha puesto tan de moda en el valle. Consiste en un brasero grande que permite encender una hoguera en el porche y controla las chispas con una rejilla. A varios grados bajo cero puedes tomarte un coñac con los amigos mientras disfrutas la noche estrellada. Aquella velada reunió a un grupo de personas indignadas con la invasión de Irak y se mencionaron supuestos intentos de la administración por acallar las voces discordantes de la Radio Nacional Pública. Me interesé por el tema y caí en la cuenta de que NPR no tenía ninguna relación con el Estado. Yo había asociado la radio que escuchaba normalmente en el coche con el concepto de radio pública en España y pensaba que estaría sufragada por impuestos. Todo lo contrario, lo de pública hacía referencia a que se mantenía gracias a los donativos del público, o sea, de los oyentes, que pagaban voluntariamente a cambio de tener un medio de información que consideraban más objetivo que los habituales. La Radio Nacional Pública es en realidad una organización sin ánimo de lucro que se dedica a producir ciento treinta horas semanales de programación radiofónica. La mitad del presupuesto anual, que ronda los sesenta y cinco millones de euros, se consigue con la tasa que, en función del número de oyentes, pagan las ochocientas sesenta emisoras independientes que retransmiten sus programas. La otra mitad proviene de donativos de organizaciones, entidades y personas privadas. La media diaria de su audiencia está en tres millones setecientos mil seguidores y su programa estrella es el informativo de la mañana Considerando Todas Las Cosas.

La cobertura de NPR sobre Afganistán e Irak no había gustado en la Casa Blanca y algunos contertulios estaban convencidos de que Washington presionaba para que varias organizaciones le cortasen el grifo. Cierto o no, la realidad era que las arcas de la radio atravesaban un bache. En 2001 había cerrado el ejercicio con pérdidas de cuatro millones de dólares y en 2003 se vio obligada a suspender algunos programas por falta de presupuesto. La salvación económica apareció con forma de hamburguesa. Joan Beverly Mansfield, la viuda de Ray Kroc, el fundador de McDonald's, donó en su testamento doscientos millones para asegurar la continuidad de la radio que le encantaba escuchar. En el mismo documento, la conocida filantropista cedía otros cien millones más a dos universidades para potenciar estudios sobre la paz internacional.

Yo me había acostumbrado a escuchar NPR, entre otras cosas, porque en los boletines de noticias pinchaban los informativos de la BBC británica. Pero el programa que me tenía en verdad cautivado se encontraba abismalmente alejado del entorno de la política. *Car Talk*, conversación de coches, me fascina. Lo presentan dos hermanos, Tom y Ray Magliozzi, que lo saben absolutamente todo del mundo del motor. Conocen la mecánica al dedillo porque se han pasado la vida desguazando motores y montando sus propios vehículos. Muy graciosos. Reciben llamadas de todo el país con preguntas a las que intentan dar soluciones. Recuerdo la voz de una chica desesperada porque le asomaban unos pelos por el tubo de escape. Había acudido a dos talleres. En el primero le dijeron que no tenían ni idea de lo que podía ser; en el segundo, que alguien le había metido una muñeca para hacerle una gracia. Uno de los hermanos dijo que si le salía melena lo mejor era que le hiciese una trenza, el otro simuló enfadarse y replicó que de eso nada. Lo que tienes que hacer, sentenció, es agarrar las tijeras y dejarle el flequillo corto. Ambos reventaron a carcajadas. Lo pasan de miedo. Por fin Ray saltó: ¡Claro que tienes pelos en el escape! Dentro de esos tubos hay toneladas de pelo enrollado para que no suene como una metralla. Esto pasa, se quejó Tom, porque los mecánicos de hoy día sólo saben reemplazar piezas. Quitan el escape viejo y colocan otro, quitan el carburador y lo sustituyen por uno nuevo. Nunca han jugado, desguazado, destripado un motor y no tienen ni idea de cómo funciona nada. La chica respira aliviada. Entonces ¿no es nada grave? No. ¿No tengo que hacer nada? Nada.

Huck apaga la radio. Dejamos el coche en el aparcamiento del aeropuerto de Albany, la capital de Nueva York, y desde allí un autobús nos conduce a la terminal. Facturamos sin problemas. No hay demasiada gente. Aquí las Navidades terminan el día de Año Nuevo y la Epifanía del Señor entra en la temporada baja del calendario. Vamos a viajar hacia el oeste soleado en compañía de un grupo de jubilados que escapan por unas semanas a las posibles roturas de cadera en los resbaladizos escalones helados de sus hogares de cuento. Adiós nieve, hola arena. Hasta luego montañas, bienvenida raya infinita del horizonte.

Al aterrizar en San Antonio, estado de Tejas, el profesor de Historia metido a ranchero nos espera bajo un anuncio de la compañía aérea Litoral. No puedo reprimir una sonrisa e imaginar unos aviones alimentados por fabada en conserva. Cualquiera que haya ido de camping alguna vez conoce el poder turborreactor de esas judías.

Bienvenidos al pueblo más grande del mundo, forasteros, nos saluda. Hucky lo ha localizado enseguida. Menos mal, a mí me hubiese costado trabajo distinguirlo entre tanta gente ataviada con el mismo equipamiento: botos de Valverde del Camino, pantalones azules de Vergara y sombrero cordobés. Por un momento parece que estemos llegando a Huelva para incorporarnos al camino del Rocío. Por algo el disfraz de vaquero lo exportaron nuestros antepasados hace más de quinientos años. Sunny me tiende la mano, yo lo abrazo y él aprovecha la distancia corta para arrancarme la bolsa, voltearla en el aire como lazo de rodeo y aterrizarla en la trasera de su caballo. Jamelgo metálico con tracción a las cuatro ruedas y chapa deformable para absorber el impacto en caso de accidente. O sea, una camioneta Ford, ¿o es que en el Oeste existen otras marcas? Ya estamos dentro. Cinturón. Clic, clic. Dos acelerones y el motor ruge. Un nuevo relincho y enfilamos al galope la carretera que el pueblo de Tejas ha bautizado como la Nafta. Para los amigos de los mapas se trata de la I-35, autopista que al unir Chicago con Laredo se ha ganado el apodo de Tratado

de Libre Comercio. Nos dirigimos al sur, hacia Atmahau'
Pakma't, el río sagrado de los indios al que los estadounidenses llaman Grande y los mexicanos Bravo. Rumbo al
rancho que en 1806 el rey de España otorgara al leal Juan
Francisco Lombrano. Vamos a ser testigos del paulatino
e imparable retorno de los bisontes a las grandes praderas
norteamericanas.

El paisaje del campo termina de golpe. Como si a la
película que se observa desde la cabina le faltasen fotogramas para hacer un fundido entre las imágenes de los
árboles y la secuencia de los edificios y, súbitamente, entramos en San Antonio de Padua. Sunny vive en una zona
residencial y entre las casas sobresalen las típicas torretas
de madera con los depósitos de agua en alto. En el coche,
Huck va formulando preguntas sobre el equipo local
de baloncesto. La ciudad alberga en estos momentos al
campeón de la NBA, los Espuelas de San Antonio. La
Conferencia Atlántica, los equipos del oeste, atraviesan
una racha magnífica. Ahora mismo cualquiera de ellos
podría competir en igualdad de oportunidades con los
mejores de la Conferencia Este; cuando tradicionalmente han sido siempre muy inferiores. Los Spurs tienen un
repóquer de ases formado por figuras internacionales.
La estrella es Parker, de padres norteamericanos pero
criado en Francia. También tienen a García, que creen
que es argentino, pero no se ponen de acuerdo sobre su
nacionalidad. Aparcamos. Dejamos las maletas y saludamos
a su familia. Todos muy simpáticos. El viaje al rancho lo
haremos mañana.

Nos queda tiempo para dar un paseo y echar un vistazo al histórico fortín de El Álamo. Caminamos por calles que se construyeron siguiendo un trazado de retorcidas acequias y donde resulta sencillo perderse. Aquí las estaciones de servicio venden la gasolina más barata de Estados Unidos. Todo es vaquero, hasta los jardines, donde los columpios que cuelgan de los árboles están hechos con neumáticos y tienen forma de caballo. Hace tanto calor como en los westerns. El horizonte es borroso y se le podría dar un mordisco al aire y yo, pobre de mí, vengo con el cuello de cisne protocolario de los fríos polares de Nueva York. ¿No conoces el refrán? Si no te gusta el tiempo de Tejas, espera quince minutos. Pasan cuarenta y cinco, entramos en el bello patio que antecede a la misión donde se convirtió en héroe David Crockett y empiezo a echar de menos un jersey. Amenaza lluvia.

Las mañanas templadas, las tardes calurosas y las noches frescas y con brisa. Así son las cosas en la segunda ciudad de Norteamérica con más gordos por metro cuadrado. Solamente Detroit le quita el premio. La obesidad infantil es una epidemia nacional. En el avión venía ojeando la revista *The New Yorker*, por los chistes, que tampoco quiero yo aquí dármelas de intelectual. En una viñeta conversaban dos brujas junto a una jaula repleta de niños gorditos. Una de ellas, muerta de risa, le comentaba a la otra: ¿Te acuerdas de aquellos tiempos en que teníamos que engordarlos? Durante el rodaje de la película épica sobre El Álamo en la que Jordi Mollá hace de capitán Juan Seguín, los productores sudaron tinta china para encontrar extras que encajaran en los antiguos uniformes del ejército mexicano. El lugar impone. La antigua misión se ha convertido en un templo sagrado de la historia. Pero ¿de qué historia? Como siempre, hay versiones para todos los gustos.

San Antonio, como el resto de México, había terminado de ser colonia española en 1821. Gobernado por una Constitución que dejaba grandes márgenes de autogobierno a los estados, los fronterizos Coahuila y Tejas empezaron a recibir centenares de norteamericanos (entonces la emigración iba en sentido contrario) que se asentaron en las orillas del río Brazos. Entre ellos llegó Stephen Austin, cuyo nombre quedaría ligado a la actual capital del estado. En 1835 un general con ambiciones dictatoriales, Antonio López de Santa Anna, abolió la Constitución mexicana en favor de un régimen presidencialista. Santa Anna percibió las ambiciones expansionistas de su vecino del norte y proclamó la necesidad de rehacerse con el control de las fronteras. En febrero de 1836 el general marchó al norte con sus tropas. Un puñado de valientes decidió hacerle frente y defender la autonomía con su vida en la ya secularizada misión de San Antonio de Valero. Miles de soldados mexicanos cercaron el lugar que pasaría a la historia como El Álamo, nombre que procedía del pueblo de origen de los soldados españoles que lo custodiaban en tiempos de la colonia: Álamo de Parras. El general Santa Anna, al más puro estilo napoleónico, sometió a los moradores a un cruel asedio de trece días. Junto al grito de ni rendición ni retirada, la respuesta que obtuvo fue una bala de cañón enviada por el teniente coronel Travis. Mil seiscientos soldados contra doscientos. Una carnicería que dio paso a una leyenda.

En Estados Unidos se vendió el episodio como un conflicto internacional entre el decimonónico ejército mexicano y los ideales de libertad norteamericanos. Mentira que convenía a los intereses de Washington, que ya le había echado el ojo al terrenito, pero fácilmente refutable si tenemos en cuenta que muchos de los tejanos que apoyaron la rebelión eran mexicanos y contaban con seguir siéndolo después de la batalla. En la colonia liderada por Austin, por su parte, se apresuraron a forjar la creencia de que los héroes habían derramado su sangre por la república independiente de Tejas y caído sujetando la bandera con la estrella solitaria. Teoría que roza los límites de la ciencia ficción si consideramos que la independencia fue proclamada el 2 de marzo, cuando la misión llevaba varios días cercada y cualquier contacto con el mundo exterior resultaba impensable.

Es difícil hacerse una idea de lo que en realidad ocurrió, pero basta fijarse en el respeto con el que recorren el edificio los visitantes para cerciorarse de que estamos ante un símbolo sacrosanto para muchos. La gente lee los letreros en silencio como si se tratase de la tumba de un profeta sufí en Nueva Delhi. Contra la solemnidad de esta leyenda, los más críticos apuntan a que los supuestos héroes pelearon por defender unas tierras que habían conseguido a bajísimo costo, lejos de intenciones políticas o humanitarias. De hecho es poco probable que los ensalzados, hombres procedentes de veintiocho estados y naciones diferentes, tuvieran en común el sentimiento patriótico que en este museo se les presupone. Ni se te ocurra sugerirle esas conclusiones a un tejano, me recomienda mi guía y yo pienso hacerle caso. No me interesa nada polemizar sobre una batalla que me queda tan lejana en el tiempo y la distancia. Sólo le hago ver, puesto que nuestra conversación transcurre en inglés, el doble sentido que puede adquirir la palabra historia, *history*, en su lengua. Se puede plasmar con mayúscula, *History*, y entonces lo de El Álamo cobra visos de hazaña de libro con tapas de cuero y letras de oro; o se podría dejar en minúscula y dividirla en dos vocablos: *his story*, su relato. De ser así, estaríamos ante la interpretación interesada de los hechos que siempre hacen los del bando ganador. ¿Ganador? Sí, porque días más tarde llegó Sam Houston, que en la mencionada película es Dennis Quaid, y destrozó al ejército de Santa Anna en la batalla de San Jacinto. Tejas se hizo momentáneamente República para luego convertirse en estado de la Unión. San Jacinto se convirtió en una fiesta en la que todos los 25 de abril las mujeres, vestidas de amarillo, se arrojan flores para mofarse de las guerras y colorín, colorado, la independencia había terminado.

Volvemos brevemente a casa de los Fitzimons para adecentarnos un poco. Al abrir mi maleta encuentro la notita del Baggage Inspection. Me notifican que para protegerme a mí y a los demás pasajeros la ley exige que la Administración de Seguridad de Transportación inspeccione físicamente algunas maletas. Que agradecen mi comprensión y que si tengo alguna pregunta que los llame. Tengo una pregunta, ¿por qué siempre abren la mía?, pero no voy a molestarme en llamarlos. Me pego una ducha. Esta noche toca fiesta.

La mujer de Sunny, Sarah, tiene una amiga que cumple 50 años y nos ha incluido en la lista de invitados. Ginger vive en una casa nueva, reluciente, en un barrio de reciente construcción. Tan nuevo que parece de mentira. Si vendases los ojos a un europeo y lo dejases caer aquí sin decirle que ha cambiado de continente, al quitarle la venda te diría que se encuentra en el parque temático de la Warner. El chalé es de típico estilo colonial español, amplio y comodísimo por dentro, con esa distribución que tanto admiro de los arquitectos españoles del siglo XVI. Las paredes están cubiertas por los tapices y alfombras que colecciona el matrimonio. Destacan un kilim persa con diseños geométricos y una alfombra de los indios navajos con colores rojo tierra y azul cielo. A Ginger le gusta tejer y a ello dedica sus ratos libres. Sunny y Sarah le regalan una bolsa con lana de búfalo, una pequeña joya recolectada en el rancho. Me da la impresión de que ella la acepta con un poco de repeluco y sin saber muy bien cómo le va a dar salida. Recuerdo la frase de Sunny en la cena de Rhinebeck, la de la hamburguesa de perro, y comprendo que todavía a los bisontes les falta mucho para formar parte de la vida cotidiana de Tejas. Y de la mía. Yo, de hecho, estoy cayendo en la cuenta en tiempo real de que los bisontes tienen lana.

Felicitamos a Ginger y saludamos a su marido, que es oftalmólogo. Han sido muy amables en acogernos en el día en que están rodeados de los más íntimos. Los amigos admiran la tarta de varios pisos que, siguiendo la moda pastelera del momento, reproduce en azúcar de colores tres fotografías de la agasajada. Qué pena que haya sido una fiesta sorpresa, se lamenta Ginger, porque, chico, han elegido justo las peores fotos que tengo en el álbum. Con la cantidad de ellas que hay en las que salgo favorecida... Se sienta junto a la mesa en la que se han ido acumulando los regalos y comienza a abrirlos. Como en el *Un, dos, tres*, va anunciando con sorpresa el contenido de los paquetes y los va pasando para que podamos observarlos y admirar lo originales que son las tarjetas de felicitación. Una de ellas tiene gracia y hace referencia a que va a tener que irse acostumbrando a pronunciar la palabra malsonante f... Parece que va a referirse a ese taco que en la tele censuran con un pitido y en los periódicos escriben con una *f* seguida de cuatro puntos. Pero no. Esa *f* era la inical de... *fifty!* La palabra maldita es cincuenta.

El marido nos pide a los presentes que nos cojamos de las manos en un corro y, tras cerrar los ojos, da gracias por su vida, por su esposa y por sus amistades en una pequeña oración que termina con un Dios bendiga a América. Nos invita a cenar. Rompemos filas. Él ha hecho de cocinero para la ocasión y el buffet que ha preparado me parece excepcional. Quesadillas de cangrejo, ensalada de espinacas frescas con pomelo local, el *red rubby* del valle del Golfo. Tejas tuvo una industria cítrica muy potente, pero terminó después de una helada tremebunda en 1984 que se cargó casi todos los árboles. El desastre dejó sin hogar a las bandadas de palomas blancas que habitaban sus ramas y tuvieron que emigrar a San Antonio. Se pueden cazar, pero sólo fuera de los límites urbanos. Al amanecer, cuando vuelan a los campos en busca de grano, o al atardecer, cuando regresan a casa. Te permiten un máximo de doce piezas al día y, según mi suegro Bud, que las cazaba en su Kansas natal, resultan uno de los trofeos más difíciles de cobrar porque cambian de rumbo en el aire inesperadamente. Arroz salvaje con arándanos y nueces. Realmente no es un arroz, sino un cereal que absorbe hasta cuatro veces su propio volumen en líquido. Crece en los pantanos y tiene un sabor a avellanas y una textura crujiente. Salmón que él mismo ha ahumado en la terraza de su casa. ¡Qué tío! Lomo de vaca marinado en chile petín, asado a fuego lento y servido con salsa de champiñones. Se cocina mucho en Tejas con ese pimiento rojo, pequeñito y matón, originario de la costa. Exceptuando una variedad tailandesa, se supone que es la guindilla más picante del planeta. Peor aún que la pimienta de cayena, que es la que se utiliza en los espráis de autodefensa o la que llevan los montañeros para ahuyentar a los osos. Los nativos coahuiltecos, acostumbrados a merendar chiles picantes, se los zampaban igual que nosotros comemos manzanas.

En la cena conozco a Kenny, un tipo curioso que parece salido de un capítulo de *Bonanza*. Me suelta: lo que adoro de Tejas es que siempre tienes algo a lo que disparar. Palomas, jabalíes, ciervos... Cuenta que ahora se entretiene pegándoles tiros a los perros de la pradera; unos pequeños roedores que no tienen ningún aprovechamiento. Con su mirilla telescópica, espera a que asomen la cabeza por la madriguera para volarles los sesos. ¡Pum! ¡Pum! No puedo evitar acordarme de una clase de Historia del cine en la Universidad del sur de California, USC, donde nos contaron la primera proyección que se hizo en el estado de Tejas. Se veía un tren que se aproximaba a la pantalla y, cuando estaba en primer término, la gente, asustada, creyendo que se les venía encima comenzó a disparar hasta que sólo quedaron unos agujeros en la pared donde previamente hubo una tela. Nos retiramos. Gracias. *Thank you so much*. Mañana tenemos un largo viaje por delante. Una aventura.

Nos despertamos pronto y vamos a desayunar a un restaurante de comida fronteriza, un tex-mex. Café con leche y chilaquiles con queso, que vienen a ser huevos estrellados en una tortilla de maíz con salsa y frijoles. Qué onda, güey. Puro sabor. A la bandera, con los colores de la enseña mexicana: chile, tomate y cebolla. Pido otro café. Cómo no, señor. Aquí estamos pendientes. A la orden. Al puro tiro. El 14 por ciento de la fuerza trabajadora en Tejas es mexicana. Los llaman paisanos y se calcula que hay cerca de un millón. La mayoría se concentran en San Antonio. Austin, la capital, a una hora y media hacia el norte, es la sede del gobierno, de la educación universitaria y de los ordenadores Dell. Mucha gente sube desde aquí a trabajar diariamente. Un poco más al noreste se alzan las colinas, el célebre Hilly Texas, donde nacen los ríos y la música.

Ya estamos en marcha. Sunny conduce un camión refrigerador de dieciocho ruedas y yo lo acompaño en la cabina. Su hijo Patrick nos sigue con Huck en la camioneta. De camino paramos a comprar una sierra mecánica para cortar leña en el rancho. Vamos a cocinar el bisonte en las brasas de una hoguera. El pequeño edificio de la ferretería parece un islote perdido en medio del inmenso aparcamiento de asfalto. En Tejas puedes poner cualquier disculpa cuando llegues tarde al trabajo menos la de que no has encontrado un sitio para aparcar. Ésa, ya te digo yo que no cuela. Compramos la que le han dicho a Sunny que es la mejor del mundo. Una STIHL 319, *made in the European Union*. Alemana para más señas. El empleado se deshace en elogios. Tiene el pistón rayado, lo que garantiza una mayor lubricación y, por tanto, dura más. Detecta automáticamente el clima, la humedad del ambiente, y ajusta a las mediciones su modo de trabajo. Viene con termostato incluido y puede inclinarse más de lo habitual. Vamos, que la compra. Se lleva también un par de guantes Gatorline reforzados con aramid, la fibra que se utiliza para alargar la vida a los neumáticos o para acorazar los chalecos antibalas. Desde que simultanea los libros de historia con el peto, son muchas las veces en que Fitzimons se ha sorprendido a sí mismo haciendo cosas que nunca hubiera imaginado.

Podemos sacrificar al bisonte en el rancho, me cuenta, pero no dejan vender la carne salvo que el animal muerto haya sido inspeccionado por el veterinario. Pasada la prueba, tenemos dos horas para transportarlo en este trasto al carnicero. Tuuuuuu... Tuuuuuu... Los trailers que nos cruzamos nos saludan y hacen sonar sus rimbombantes sirenas. Ahora resulta que pertenezco al club de los camioneros, comenta Sunny divertido. Tuuuu... Tuuuu... Éste es un sonido que a muchos estadounidenses los devuelve a la infancia. Aquí es normal que los abuelos acerquen a los niños a las cunetas y, tirando con un gesto del brazo hacia abajo, pidan a los camioneros que les regalen un bocinazo. Esta vez soy yo quien devuelve el saludo a un transportista de Alabama que agita la mano desde la cabina.

Sunny, el profesor, no puede evitar la vena pedagógica y me señala el paisaje. Antiguamente, dice, el señor de las plantas era el nopal, un cactus de palas ovales en el que habitan las diminutas cochinillas que tanto fascinaron a los conquistadores. Detiene el camión y nos bajamos de un salto. Como en los planos cortos del cine, las botas levantan polvo al golpear la tierra. Nos acercamos a una de estas majestuosas plantas y efectivamente se observan puntos diminutos en sus brazos. Sunny levanta con su navaja a un par de insectos blancuzcos y me los muestra. Luego busca una tarjeta de visita y los unta en ella como si se tratase de un pegote de fuagrás. De inmediato, la cartulina se tiñe de un grana radiante. Rojo puro. El color que le debemos a México. A México lindo y querido, si muero lejos de ti, debería cantarle Ágatha Ruiz de la Prada cada vez que estampa un corazón de tela. Y también los camareros del Museo del Jamón cada vez que cortan un chorizo de Salamanca en rodajas. Gracias a las cochinillas mexicanas, tinte natural que los españoles exportaron a Canarias, se alegró la indumentaria mediterránea. Y gracias a los pimientos pimentoneros, que provienen de la misma zona, los embutidos, negros como la morcilla en tiempos de Quevedo, cobraron un tono mucho más apetecible para hincarles el diente.

Seguimos la marcha. A ambos lados de la carretera se observan nidos de halcón rojo en los arbustos de mezquite. En este tiempo sin hojas resulta más fácil localizar a las rapaces porque, como ven mejor lo que se mueve en el suelo, andan cazando como locas. El mezquite brotaba exclusivamente en la costa del Golfo, pero el ganado europeo se comió las semillas y las fue depositando en sus heces a medida que avanzaba hacia el Pacífico. Hay mezquite para aburrir puesto que en todas partes hay vacas. Las típicas longhorn, de larguísimos cuernos y vivos colores, las hereford inglesas, las charolés traídas de Francia, las chianianas italianas... Mires a donde mires, se ven vacas. Bóvidos de pelo corto que lo inundaron todo a medida que les ganaban el hábitat a los bisontes. En especial, desde que en 1873 un tal Joseph Glidden ideara el alambre de espinos y fulminara el viejo dicho de que no se le podían poner puertas al campo. El invento, por cuatrocientos dólares puedes cercar un kilómetro y medio, otorgó al cowboy el sumo privilegio de poder aislar al toro de las hembras y decidir en cada momento el semental idóneo para los miembros de su rebaño. Una valla de cuatro hilos, el segundo de ellos electrificado, evita hoy, entre otras cosas, las pérdidas originadas por la fogosidad de los enormes toros brangus que, aprovechando el descuido de los capataces, montaban a las frágiles heifers hasta romperlas literalmente el espinazo.

Estamos al otro lado del Misisipí. La tierra en la que millones de norteamericanos sueñan con dejarlo todo algún día y convertirse en cowboys. Un lugar en el que no rige la ley, sino el código de honor. Donde los atardeceres se contemplan a caballo; a toda pantalla y en cinemascope. Donde dicen que un hombre experimenta la libertad profunda que se le niega al resto de los mortales. Donde los restaurantes sirven ostras de la montaña, criadillas, como aperitivo. Una zona que ocupa una cuarta parte de todo el territorio de Estados Unidos y que, sin embargo, alberga una población minúscula. Donde muchos claudican y los ganaderos, lejos de enriquecerse, se conforman con no arruinarse al término de cada ejercicio. Donde anualmente se abandonan doce millones de hectáreas a la erosión. Donde, hasta hace bien poco, la palabra de un hombre bastaba para sellar un contrato. En teoría una lección de ética, en la práctica una forma inteligente de salvar la vergüenza de saberse analfabeto. Un rincón del mundo donde, cuando Sunny era un niño, nadie estaba autorizado a mencionar la teoría de la evolución en el colegio. Las vacas evolucionaron pero el hombre, creado a imagen y semejanza de Dios, no tuvo necesidad de hacerlo. El viejo y lejano Oeste que, según narra Jane Kramer en su *Último Cowboy*, es sinónimo de paraíso para un hombre o una vaca, pero el infierno en vida para una mujer o una mula. Pero donde, como sugiere otro pionero en la cría del bisonte, Dan O'Brien, la llama del mito continúa ardiendo porque los rancheros norteamericanos, la gente más honesta del mundo, incapaces de mentirle a otras personas, se engañan constantemente a sí mismos.

Cruzamos el río Nueces, donde empezó la guerra contra México. Estados Unidos trazaba su frontera en el Río Grande y los mexicanos reclamaban algunas millas más de territorio, hasta la vía fluvial que ahora atravesamos. Una buena excusa del presidente James Polk para declarar hostilidades y hacerse con el oro que acababa de aparecer en California. Le pregunto a Sunny por el movimiento independentista que de vez en cuando sale a relucir en la prensa y me responde que sí; que Tejas se va a independizar y a dividir en dos territorios: el de los Tex y el de los Ass, o sea, los tontos del culo.

Atravesamos la pequeña ciudad de Carrizo, popularmente conocida como Chorizo Springs, debido al gran número de paisanos que la habitan. Es el núcleo urbano más próximo al rancho. Antes de que naciesen aquí los arbustos de mezquite, el paisaje era el típico de un cañaveral. De esa forma la caza era más sencilla, pues se divisaban los animales. Está documentado por Álvar Núñez Cabeza de Vaca, representado en el celuloide por un insuperable Juan Diego, que se tiró ocho años por estos pagos antes de seguir su andadura hasta California. Venía a pata desde Florida tratando de verificar si el continente era una isla y comprobó que los indígenas cazaban persiguiendo por turnos a su presa hasta reventarle el corazón por agotamiento. A partir de aquí tomamos una carretera comarcal señalada como Farm Road. Son siete millas de camino de arena y, por fin, el hierro con forma de huevo de ganso nos anuncia la entrada al rancho. Shape Ranch. El sol, como un botón, empieza a encajar en el ojal del horizonte. Se nos cruza a toda velocidad un correcaminos. Dicen que verlos trae buena suerte. Tiene el aspecto de la gallina Turuleca, flacucha, de color grisáceo con puntitos blancos, y corre que se las pela. Lleva una lagartija en el pico. Seguramente la va a clavar en la espina del tronco de un mezquite, donde suelen montar su despensa, para que se seque al sol y poder disponer de embutido en el futuro. No es lo más rápido que se atisba por esta zona. Hay una base militar cerca y los cazas surcan el espacio a su antojo. A Sarah y a mí, años antes, conduciendo hacia Los Ángeles por una autopista muy próxima nos pasó por delante del coche un artefacto del tamaño de una cometa. A toda velocidad y a escasos dos metros sobre el capó. Ciencia ficción total. Vete a saber si el experimento estaba relacionado con la guerra secreta que el senador tejano Charlie Wilson, en la pantalla un soberbio Tom Hanks, le tenía entonces declarada a la Unión Soviética en Afganistán. Los correcaminos son muy fieros, comenta Sunny. Normalmente se enfrentan a las serpientes de cascabel. ¿He oído cas... ca... bel? Sí, machote, se cuentan por millares.

Si te muerde hay que hacerse un torniquete flojo, ya que no quieres dejar sin sangre al miembro y perderlo, sino retardar la entrada de veneno; poner hielo junto a la picadura y salir volando hacia el hospital más cercano. El viejo método de abrir la herida con un cuchillo y chuparla sólo puede llevar a una infección grave o una gangrena irreversible. En cualquier caso, en el 50 por ciento de las ocasiones las serpientes ya no tienen veneno en su colmillos cuando te muerden, porque lo han utilizado con anterioridad con otras presas. Nunca atacan a un humano de forma voluntaria. Precisamente usan el cascabel para advertirte de su presencia e invitarte a que te vayas. El sonajero de la cola dice: No quiero nada contigo, vete antes de que sea tarde. Solamente atacan al hombre en defensa propia, cuando alguien las pisa, o por error de cálculo. Esto es posible puesto que las serpientes no distinguen las presas con los ojos. Las de cascabel tienen instalados en la cabeza dos sensores de calor y, cuando las señales captadas por ambos se cruzan, se lanzan al ataque sin saber si se trata de un ratón, de un conejo o de, vaya, qué mala suerte, un ser humano. A veces también identifican sus presas por medio del olfato. Cuando sacan la lengua y te apuntan, hissss, lo único que están haciendo es olerte.

Con la llegada del frío se meten en sus agujeros a hibernar. En cuanto el sol calienta un poquito salen, pero están atontadas y hambrientas y resulta más fácil evitarlas.

Mientras se van formando brasas en la hoguera es hora de picar algo. Los aperitivos corren de mi cuenta. En la carretera habíamos parado un instante en un HEB, la undécima compañía privada más grande de Estados Unidos en el ranking de la revista *Forbes*, para comprobar si necesitaban reponer algún pedido de Sunny. Fundada por un tejano con nombre de trasero, H. E. Butt, es una cadena de supermercados con trescientos establecimientos distribuidos por Tejas y el norte de México. Allí encontré una botella de Marqués de Cáceres, cosecha de 1995. Por veintitrés dólares e importada por una distribuidora de Birmingham, Alabama. Y una torta del Casar. Y un pan de chapata. Todo ello entra ahora alegremente delante del fuego. Esta noche cenaremos hamburguesas de bisonte asadas al carbón del mezquite. También arroz y frijoles con chile. Cocina la mujer de Alfredo Longoria, el capataz.

En el Shape Ranch el bisonte se alimenta sólo de hierba y gana su peso de una forma compensada. Apenas nada durante los meses de invierno, la estación en que la hierba queda adormecida, y un montón en cuanto vuelve a brotar la primavera. Solía ocurrir lo mismo con las vacas pero la alambrada cambió el curso de la historia. Impidió a los rancheros mover su ganado libremente en busca de pastos verdes y, conseguida la posibilidad de almacenar maíz sin que se pudriese, surgieron los comederos de grano. Una vaca embarazada necesita doce hectáreas de hierba para su consumo durante los doscientos ochenta y tres días de gestación. Y cinco más para alimentar a su cría en los meses de verano. Llegar a pesar cuatrocientos cincuenta kilos para proporcionar los despieces de carne que el mercado espera cuesta un par de años más de pasto al aire libre. Las cuentas salen fácilmente. Resulta mucho más barato enviarla a los comederos entre los catorce y dieciocho meses. La ingesta de grano genera las vetas blancas que el consumidor espera ver en su filete y en cuatro semanas está lista para el matadero. Esta apariencia, que asociamos a un síntoma de calidad, obedece realmente a un proceso degenerativo. Los rumiantes carecen de la enzima que metaboliza el almidón y al ingerir cereales enferman. Por ello, en Estados Unidos se les suministran nueve millones de kilos de antibióticos cada año. Se estima que el 95 por ciento del ganado que va a comederos es tratado con hormonas de crecimiento y, además, el grano que come ha crecido con la ayuda de pesticidas.

La madera ha dado paso a los rescoldos y las bolas de carne picada van cayendo sobre la parrilla. El bisonte, como no tiene gordo, hay que hacerlo poco, vuelta y vuelta, como si se tratase de un pescado. Por fin probamos las hamburguesas Thunder Heart, corazón de trueno, que son bajas en colesterol, ricas en proteínas y saben a grama de las praderas. Una delicia. En un país en el que la carne recorre una distancia media de dos mil cuatrocientos kilómetros desde la granja hasta el plato, nos pegamos el lujo de degustar la de un animal que ha llevado una vida salvaje a escasos metros. Ya es hora de acostarse. No hay luces alrededor y las estrellas brillan intensamente en el cielo. Son los mismos astros que observaban en Cristal City, a escasos kilómetros al norte de aquí, los japoneses retenidos en un campo de internamiento durante la Segunda Guerra Mundial.

Al alba me encuentro en la cocina del rancho con Teodosio Herrera, hijo de una mujer de la tribu de los huicholes y de un hombre coahuilteca. Criado cerca del mar, en Corpus Christi, dice que se pasó la vida intentando encajar en el patrón estadounidense. Me fijaba en los zapatos que calzaban mis compañeros de colegio y me los compraba iguales. Yo pertenezco a la primera generación de indígenas que fueron al *high school*. Allí, jugando al fútbol americano, fue la primera vez que visité a un doctor. Estuve treinta y dos años en el Ejército y me quedaron dos cosas: una buena jubilación y un enorme vacío interior. Me preguntaba: ¿Dónde está el sueño americano que me vendieron? Cuando entró en vigor la Ley de Erradicación del Indio, mi gente tuvo que huir de la aniquilación a México, donde, a pesar de que también nos odiaban, al menos nos perdonaban la vida. ¿Y ahora qué somos? ¿Latinos? ¿Norteamericanos? ¿Indios? Se perdió la identidad de mi pueblo. A mí me pusieron Tedosio, digo Te-o-dosio, un nombre que, ya ves, ni puedo pronunciar. Lo único que pervivió de mi cultura fue la medicina. Mi abuelita y mi mamá utilizaban el peyote para todo. Trabajábamos como burros recogiendo algodón en el golfo de Tejas para los alemanes que poblaban el condado de Nueces. Luego también recolectábamos las

semillas porque de ellas se extrae un líquido que imper-
meabiliza la madera del cedro y le da un color rojizo.
Llegábamos a casa derrengados, nos daban un té de peyote y, ándale, uno agarraba de nuevo las fuerzas.

Ted Herrera se jubiló con una hoja de servicio impecable en el departamento de Defensa. Se desinfló en
una butaca y empezó a soñar despierto. Veía a su difunta
abuela que se le presentaba rogándole que fuera a reencontrarse con su gente a Sierra Madre. Herrera, confuso, se decidió por fin a emprender el viaje a Real de
Catorce; la que fuera la ciudad más rica de la América
del Norte por sus minas de plata. Oculta en las montañas de San Luis Potosí, el pueblo de Real está a 2.750
metros de altitud en la sierra de Catorce, una de las más
elevadas del altiplano mexicano. Se accede a través de un
túnel claustrofóbico de dos kilómetros y medio de distancia que descubre a la salida una comunidad tribal de
espectacular belleza. Allí se rodó en 2001 una comedia
con Brad Pitt y Julia Roberts en la que al final no lucie-
ron mucho los exteriores pero que, al menos, permitió
que llegaran al pueblo los primeros postes de teléfono y
el jacuzzi que pidió expresamente la actriz. Ted recibió el
mensaje de su abuela porque, hacia el oeste del Real de
Álamos de la Purísima Concepción de los Catorce, que
es como fue llamado el sitio en el momento en que el
virrey de la Nueva España expidió la cédula de su fundación en 1639, las tierras bajas constituyen la reserva
natural y cultural de Wirikuta, la tierra sagrada del pueblo
wixarrica, los huicholes, donde recolectan el híkuri, conocido como *peyotl* en el idioma náhuatl. Con Castaneda
hemos topado.

La mayoría de los huichol viven ahora en la zona de Durango, Jalisco o Zacatecas. Y desde allí recorren cuatrocientos kilómetros para llegar hasta el volcán dormido Leunar, o El Quemado, depositar sus ofrendas y cosechar su medicina. No son los únicos que ascienden a esta cima en busca del peyote. Aparecen muchos europeos mochileros a los que los indígenas llaman pulgosos. Si uno no se prepara espiritualmente, me dice Teodosio Herrera, sólo va a conseguir tener pesadillas. El venado es un regalo de los dioses que es necesario apreciar y agradecer. El peyote es nuestro hermano, como lo son el agua, el sol y la piedra, porque todo tiene alma y lo inerte sólo existe en nuestra ignorancia.

Total, que Ted hizo la peregrinación y se encontró a sí mismo. Me sentí parte de algo mucho más grande. Comprendí que existe un mundo espiritual en el que cabemos todos: los ancestros de cinco dedos, los animales y las plantas. Los indios aprendemos a contactar con ese espacio y por ello cuando un niño cumple 15 años ha de pasar la noche en solitario en un lugar sagrado. Tras una ceremonia de iniciación con el peyote ha de esperar a que aparezca el espíritu de su animal protector y entonces los adultos regresan para recogerlo. Aprende a recibir espíritus y ya no vuelve a tener miedo. Yo siempre les digo a mis nietos: ¿Ustedes se creen que cuando me vaya de esta realidad voy a dejar de quererlos? No, estaré siempre acompañándolos.

Nos avisan que están todos fuera listos para el desayuno. Me presentan a los hermanos de Alfredo Longoria,

Ataúlfo y Gilberto, que se ufanan en arrancar un tractor. Aunque son bilingües, hablan en inglés entre ellos. Reparten café con marranitos, unos bollos con forma de cerdo, y empanadas rellenas de dulce de batata. Luego la mujer de Alfredo nos sirve tortillas de maíz con salsa y carne deshilacha. Es la giba del bisonte, tierna como el morcillo. La ha preparado envolviéndola en tela de saco humedecida y enterrándola durante toda la noche en un hoyo sobre una manta de brasas. Se hace igual que la cabeza que, para Ted, es la parte más sabrosa. Sobre las brasas del pozo de medio metro se colocan ladrillos. A la cabeza se le echa sal y se envuelve, primero en papel de plata y luego en un saco que se moja y se ata con alambres. Se coloca encima de los ladrillos, se tapa con una plancha de uralita, con más brasas encima y se mete una cañería para que respire. La carne, que se deshace en tiras con el empuje de un tenedor, y los ojos se aprovechan para tacos en el desayuno. Luego se casca la calavera y se comen los sesos. Yo estoy con la joroba. Me sabe a gloria y repito varias veces por temor a no volver a probarla en mucho tiempo. Acompaña el banquete una cerveza. Una Chelita bien fría. Los Longoria prefieren la Netro Light porque es la más barata. A noventa y nueve centavos. Vas al supermarket, dicen, y siempre encuentras grandes pilas de todas las demás marcas, sin embargo, donde debería estar la Netro, queda sólo el hueco. Ni modo. Exprimo un poco de lima encima de la lata. Le añado una pizca de sal, tiro de la anilla y... Ah, formidable, mano. Hay que ponerse en marcha. Comienza la acción.

Lo primero es purificar a los participantes. Nos juntamos en un círculo. Ted prende fuego a un manojo de salvia, se pone a dar vueltas alrededor de nosotros y nos envuelve en el humo, utilizando como abanico una pluma. Es de águila calva. Otros hermanos usan las del cóndor, las del halcón o las del gavilán. Cada tribu luce las plumas del ave que vuele más alto en su territorio o, lo que viene a ser lo mismo, las del animal que consigue acercarse más al creador. Las plumas no son un adorno, sino una antena para comunicarse con los espíritus. O sea, como la parabólica con la que pillo yo el Canal Digital. Herrera levanta sus manos hacia el cielo y pronuncia un rezo en el idioma de sus ancestros:

Kio ye'n panate'l wemu'k pamesai', ye' ye'n.
Emna' ayema ment nawaso'l ko'p
Emna' ayema ment nawso'l wakate'
Ye-ina'n elia'wa-ite nawi'
Ye-ina'n elia'wa-ite ment mete'l.
Maptama'k emna' ayema' nawi' swahue'l.
Ye'n aneluem apakam nawi hak ye'n kayase'l hak
[Emna' mete'l wama'k.

Creador, soy yo, serpiente de cascabel en medio de una tormenta de granizo. Escúchame. Tú diste medicina a mi pueblo. Tú nos diste bisontes y nosotros los perdimos. Perdimos nuestro espíritu. Ahora que tú nos los devuelves, yo los conduciré en mi corazón hasta tu mundo espiritual. El capataz, Alfredo Longoria, Fredy, recibe la misión de partir a localizar los trofeos. Pido permiso para subirme a su ranchera y, en compañía de *Blacky*, un perro negro ensartado en una camiseta, nos adentramos por los senderos del Shape Ranch.

Los pastos saludables proporcionan alimento, cobijo, escondite y un buen lugar de reproducción para decenas de especies. Vemos un conejo de cola blanca, codornices, un arrendajo azul, un águila kara-kara, un halcón blanco, un ciervo, heces de jabalí... Pero ni rastro de nuestro objetivo. Por lo visto, salvo en la época de apareo, cuando se reúnen todos en una gran manada, los bisontes viven en familias como los elefantes y no resulta fácil dar con ellos. Las pozas de agua constituyen un paraíso para las aves acuáticas. Fredy me explica que el ganado vacuno no sabe buscar bebida. Para una vaca, alejarse a más de media jornada de un bebedero puede significar la muerte. Por ello solían concentrarse en las orillas, defecando en el agua y cerrando la puerta a otras vidas. El bisonte, sin embargo, viaja y abre agujeros golpeando el suelo con su enorme cabezota e hincando la pezuña en busca de manantiales. Tampoco se echa la siesta bajo los árboles. Su piel es un aislante térmico contra solanas, vientos y heladas. No le asustan ni los cincuenta grados en Tejas, ni los cuarenta bajo cero en Dakota. Durante los meses de marzo y abril se desprenden del pelo. Con sus lanas los pájaros hacen nidos y los ratones las guardan en sus agujeros para utilizarlas de calefacción en el invierno. Tampoco lo intimidan las tormentas, al contrario, avanza contra ellas para atravesarlas cuanto antes.

Cada bisonte necesita unas diez hectáreas de pasto. Terreno que cada macho va a defender sin escatimar esfuerzos. Existen dos motivos por los que los machos se llegan a enzarzar en una pelea. El primero es sexual: la lucha por una hembra. Ocurre a finales de junio o en la repesca de primeros de septiembre. Ambos contendientes suelen ir de farol. El que gana, lo hace sin demasiado esfuerzo. La otra razón la marca el dominio sobre un territorio. Aquí el tema es mucho más serio. Las peleas son brutales y terminan en muerte. En el Shape Ranch cuentan con doscientas cincuenta cabezas. Cabrían el triple, pero Sunny quiere evitar que en épocas de sequía haya que recurrir al heno. No comparte la filosofía de Ted Turner, fundador de la CNN, que a pesar de poseer dos millones de hectáreas repartidas en varios estados (Nebraska, Nuevo México, Montana...) y una cabaña de treinta mil bisontes, sigue las leyes de la economía vertical y engorda a sus animales en comederos para conseguir chuletones de aspecto convencional que luego vende en su propia cadena de asadores Ted Montana's Grill.

¡Ahí los tienes!, exclama Fredy. ¿Ves a la vaquilla? Tardo en visualizarla porque sus lanas rubias se mimetizan con el amarillo de las pajas. Sí, ahí están, a unos cien metros escasos. Encima de la colina. Como en las imágenes estereoscópicas de *El ojo mágico*, de pronto se recortan del paisaje las siluetas de una treintena de bichos. Enormes cabezas, marrones y negras, con ojitos diminutos. Un macho levanta la cara. Aunque no nos vea, puede olernos. Con el viento a favor te descubren siempre, me susurra Longoria. Paramos junto a uno de los *pump jack*, las bombas de extracción de petróleo que llevan más de treinta años chupando del subsuelo un barril diario. No es mucho, pero ayuda a pagar impuestos.

En la costa este cuando adquieres una parcela te conviertes en el propietario de todo el terreno. Si aparece un tesoro es tuyo. En el Oeste, sin embargo, los españoles aplicaron el concepto que regía en el Imperio: el derecho de propiedad se extendía hasta un metro por debajo de la superficie y, desde allí hasta el magma, le pertenecía a la Corona. Esto no significa que el gobierno sea dueño de todo el subsuelo de Tejas, Arizona o Colorado; pero implica que en esos estados una misma parcela puede tener dos propietarios. La gente ha ido comprando y vendiendo sin ser consciente de que, a veces, en el contrato no se incluían los derechos minerales. Como a nadie le afectaba, tampoco existía motivo para la preocupación. La sorpresa llega ahora que, con la angustia por desligarse de la dependencia del petróleo, las prospecciones en busca de gas natural se multiplican como hongos. Rancheros que poseen terrenos maravillosos descubren que no pueden impedir que les agujereen el pasto y les coloquen las torres. Les destrozan el paisaje sin nada a cambio. Las compañías petroleras llegan con una orden de explotación firmada por los dueños del subsuelo y, con ella en la mano, la ley los autoriza a actuar siempre y cuando se alejen a una distancia mínima de ciento ochenta metros de la vivienda.

Chup, chap, chup, chap. Aquí para producir un barril de petróleo las bielas metálicas bombean doscientos cincuenta de agua. Ambos líquidos se separan en un filtro y el oro negro va goteando despacio, como el café de la Melita, a un tanque. Huele a asfalto. Fredy me cuenta que el pan nuestro de cada día es la historia de alguien que regresa a su casa y se la encuentra inundada del petróleo que se le ha salido por la grifería. Lo hay por todas partes pero no suele ser rentable su extracción. Para Sunny, que ostenta la propiedad del subsuelo del Shape Ranch, un barril diario en cada *pump jack* significa un cheque valioso a final de mes. Quizás no para retirarse e irse de por vida a las Bahamas, pero sí para pagar el crédito bancario en un plazo de diez años.

Buscamos ejemplares maduros. El macho adulto pesa novecientos kilos, el doble que una vaca. En los primeros dos años de vida el bisonte aporta todo el alimento a la construcción de una osamenta que impresiona, pues las costillas recubren también la parte de la joroba. La giba del bisonte no es un lugar para almacenar alimento como en los camellos. Se trata de un potente músculo que sujeta la enorme cabeza, tan pesada, que sin ella se iría a tierra. La empiezan a desarrollar, junto al resto de la musculatura, a partir de los cuarenta y ocho meses. La hembra es fértil al cumplir los 3 años y lo sigue siendo hasta el final de su vida, que suele rondar los 20. Intentamos atraerlos hacia el camino para facilitar a los hermanos Longoria la tarea de arrastrar con el tractor las piezas cobradas al camión. Alfredo tiene un truco. Agita un cubo metálico en el que ha echado un puñado de caramelos de alfalfa. Los bisontes reconocen el sonido porque el capataz los ha ido enseñando a interpretarlo. Es la única concesión del rancho en su política de no intervención con los animales. Una, dos, tres vibraciones del enorme sonajero y vienen a la carrera. Son rápidos y fuertes. Sus poderosas paletillas les permiten alcanzar una velocidad punta de cuarenta y ocho kilómetros por hora en las dos primeras zancadas. En las distancias cortas ganarían a un caballo sin problemas. Se mueven como una bandada de pájaros. Sus cuartos traseros son ligeros y giran sin perder un ápice de velocidad en la maniobra. El animal situado a la cabeza hace de mando a distancia. Si cambia el rumbo, todos lo siguen. Si el líder decidiera embestirnos, el resto nos pasaría por encima.

Avisamos al grupo por el móvil. Llegan los refuerzos en camioneta. Sunny sujeta con firmeza un rifle mágnum del 44. El arma que portaba Clint Eastwood en el papel de Harry el Sucio. Balas de 10,9 milímetros que consiguen un tremendo impacto y, sin embargo, no atraviesan el cuerpo del animal. Si lo hicieran, comenta, podría malherir a otro bisonte con el mismo disparo. Se baja de la ranchera y se aproxima a la manada. A pocos metros. El cazador parece concentrarse de pronto en los apuntes robados en las mañanas de sus cursos en el Instituto Omega. Sunny afronta el disparo al búfalo como el ritual de un sacramento, más que como una tarea necesaria para llegar a los frigoríficos de HEB. Los indígenas, me había relatado Ted Herrera durante el desayuno pantagruélico, pensaban que no tenían poder para cazar bisontes y que exclusivamente lo conseguirían aquellos guerreros que mantuvieran un corazón puro. Los que fuesen nobles con la naturaleza y aplicaran el principio de que la caza auténtica preserva a las dos especies: la del cazador y la del cazado. Si el indio era capaz de alcanzar este estado, el bisonte vendría a entregarse voluntariamente. ¡Pum! El impacto retumba en todo el valle y cae la primera víctima. Espero en tensión una estampida... que no llega a producirse. Recuerdo un pasaje del altamente recomendable libro de Dan O'Brien, *Buffalo For The Broken Heart*, en el que afirma que los animales salvajes entienden mejor que los humanos que la muerte forma parte de la cadena de la vida. Para mi asombro, los bisontes más grandes se acercan al difunto. Lo huelen, lo tocan con la pezuña. Permanecen a su lado. Entonces caigo en la cuenta de que el bisonte no muge, sino que gruñe y de que su presencia tan cercana desprende un olor azucarado.

Si el tiro acierta el punto mágico, siete centímetros por debajo de la oreja y otros siete en dirección a la nuca, el bisonte se desploma como una torre. Si fallas, se vuelve peligroso, segrega la adrenalina que intentabas evitar, y más vale que tengas a mano un puñado de balas. En realidad no se trata de una cacería, puesto que no hay que rastrear los trofeos, sino más bien de una cosecha. Al igual que la uva recogida para el vino, la hierba de las praderas varía cada año. Dependiendo de los calores, los fríos, las lluvias o las sequías, la carne coge un gusto especial cada temporada. ¡Pum!, ¡pum!, ¡pum! Caen hasta un total de seis en una maniobra que se antoja mecánica pero que a Sunny no le resulta sencilla. Cuando sientes verdadero respeto por el animal, te ves envuelto emocionalmente. Resulta muy intenso. Se acerca a comprobar que las víctimas no necesitan un tiro de gracia. Los bisontes también parecen respetarlo. Se pasea entre ellos, como un torero, aguantándoles la mirada.

Ted bendice a los animales caídos con agua sagrada que ofrece a los cuatro puntos cardinales en honor al Padre Cielo y a la Madre Tierra. Creador, Abuelo Bisonte, Tú le diste poder a nuestro pueblo. Gracias Abuelo Fuego, Hermano Mayor Ciervo, Espíritu de las Aguas. Gracias. El resto de la manada se va retirando paulatinamente mientras Herrera inicia un cántico para notificar a sus ancestros que seis nuevos espíritus van en camino y han de salir a recibirlos. El agua bendita es de peyote. En Estados Unidos hay que documentar al menos un cuarto de sangre indígena en las venas para que te consideren indio. Superada esa prueba, se puede solicitar el ingreso en la Iglesia de los nativos americanos para que te extiendan un carné de miembro. Es la única manera de manejar peyote sin que el departamento de Salud Pública te denuncie por utilizar estupefacientes. Yo pertenezco a la Iglesia nativa de Río Grande, me confiesa Ted. Es un puro trámite legal. Nosotros no necesitamos iglesias para celebrar nuestros ritos y respetar nuestras tradiciones. Pero así están las cosas. En Carrizo Springs hay muchos que son indios y no lo saben o no quieren saberlo. Se creen que son mexicanos y, si se lo cuentas, lo niegan, se enfadan y puedes buscarte pelea.

Ya está. Ahora el que pruebe la carne de bisonte se beneficiará de la vida saludable que llevaban en la pradera. El veterinario coge muestras de sangre, agita el tubito y da el visto bueno. Ataúlfo y Gilberto, Gilbert and Ulfo para el resto de los allí presentes, amarran las patas del primer animal con cadenas que fijan a la pala del tractor. El brazo mecánico alza despacio toneladas de puro músculo que va depositando en el camión nevera. En dos horas estarán en manos del carnicero. Por la tarde el capataz regresará con las pieles y las cabezas.

Si los animales se sacrifican en invierno, la piel vale para hacer mantas y alfombras, ya que la lana está pegada al cuero. En el resto de las estaciones, como pierden el pelo, se confeccionan botas, guantes o chalecos. A los motoristas les encanta la suavidad de las prendas de cuero de cíbolo, que es como llamaban a los bisontes los indígenas. Cada piel viene a pesar unos veinticinco kilos y tiene una pulgada de ancho a la altura de la giba. Las mujeres de las tribus las trabajaban hasta que se podían doblar y coser. Ahora hay que encargarle el trabajo a curtidores cibuleros y no es fácil. La mayoría trabajan con metales pesados cuya utilización ya está abolida en casi todo el mundo. Las calaveras son para Ted. Las va a pintar y luego las venderá por unos mil euros en el Pow Wow, la Reunión de las Naciones Indígenas, que se celebra anualmente en Nuevo México. En el campus de la Universidad de Arena, en Albuquerque, se reúnen representantes de más de cincuenta tribus. El reto consiste en conseguir un tambor más grande que el de la anterior convocatoria. Cuanto mayor sea el tambor, más gente se pondrá a bailar. Cuantos más bailen, más personas se acercarán atraídas por el colorido a la muestra. La artesanía indígena se originó como consecuencia de las ofrendas. La tradición marca que se debe ofrendar lo mejor que uno tiene. Consiste en hacer el sacrificio de perder algo valioso. Si no consiguieras lo que has pedido, es porque no realizaste tu ofrenda de un modo sincero y, al Creador, no se le puede engañar. Ted, que se crio comiendo carne de armadillo, según él tan jugosa y tierna como la del cerdo, se gana la vida decorando las calaveras y se muestra satisfecho. En Real de Catorce conoció a un chamán que le dijo: Cortaron nuestras ramas, nos cortaron el tronco, pero no pudieron esquilmar nuestras raíces. Él se dispone a traspasar el orgullo de saberse indio a sus nietos. El respeto a la vida y a la naturaleza. Pero no voy a ir a caballo, eh, aclara. Me parece que mi Ford tiene mejores prestaciones que las monturas de mis ancestros.

La cosecha se ha realizado sin el estrés del matadero que suele oscurecer la carne. La del bisonte es rosada y con la grasa amarilla, que es su color natural. En el matadero la van a despiezar y la envasarán al vacío. En la tienda cuesta el doble que la de vaca y su consumo es aún minoritario, pero un incipiente movimiento social que avanza con firmeza en apoyo del cultivo orgánico, de los proveedores locales y del respeto a la filosofía de los chamanes indígenas empuja al bisonte hacia su nicho natural. De momento, un total de trescientos cincuenta mil ya han retornado a las praderas.

Nosotros retornamos a las nieves de casa. Hacemos noche de nuevo en San Antonio. Toca agradecerle el viaje a los Fitzimons. Cenamos en un restaurante francés que, como todos los restaurantes franceses de Estados Unidos se llama Le Petit Bistro. En la mesa de al lado, Parker, el de los Spurs, disfruta en compañía de amigos. Esa noche me toca dormir en el cuarto de Patrick. El techo está forrado de corcho y repleto de pósteres. Qué mejor sitio para las estrellas que el propio firmamento. Sobre la almohada vigilan mis sueños Jimi Hendrix, los Blues Brothers, Steve McQueen que escapa en moto de la cárcel, Bruce Lee, la cerveza negra Guinness extra stout, un cartel de «Se busca Francisco (Pancho) Villa, 5.000 dólares de recompensa» y Natalie Merchant que vigila desde la portada de *Tigerlily*. Se me cierran los ojos. Un momento. La chica morena del techo ¿no es la misma que me paró hace un par de semanas en la puerta del cine de Rhinebeck?

Por la mañana, Sunny nos conduce al aeropuerto y, junto a las maletas, deposita una nevera portátil para transporte de congelados. ¿Y eso? Medio en serio, medio en broma, le había mencionado en el viaje el talento de Miguel Ansorena, el asador navarro que maneja como nadie las carnes a la parrilla y ofrece el mejor chuletón del mundo en el restaurante Imanol de Madrid. Es un regalo de la casa para que lo prepare tu amigo el cocinero, me deja caer con una sonrisa. Adviértele que no la castigue con fuego demasiado fuerte, o le quedará muy seca. Agradecido abrí el contenedor de corcho blanco y encontré varias piezas envasadas al vacío y congeladas como rocas. Gracias, pero ¿cómo las llevo a Madrid? Igual que van a viajar a Nueva York. Cuando vayas, las sacas del congelador y las vuelves a meter en esta caja con hielo industrial. ¿Hielo qué? No te preocupes, lo venden en cualquier sitio. Nos dimos un abrazo. Gracias. De corazón.

7

Febrero

Hoy es san Valentín. En Norteamérica, más que el día de los enamorados se celebra el día del amor. El concepto engloba a un número mucho mayor de personal, puesto que hace partícipes de la fiesta a todos lo que no tienen la fortuna de haber encontrado pareja o no les interesa de momento buscarla, y agranda exponencialmente el nicho de ventas del gran montaje creado por el marketing. Valentine's Day está asentado perfectamente en el calendario y ha sido plenamente asumido por la sociedad como un buen motivo para la celebración. Los niños en el colegio llevan cartas, postales o dibujos con mensajitos cariñosos para sus compañeros. Eres mi mejor amigo. Me encanta estar contigo. Lucas está por ti. Y, el más popular de todos, *You Are So Hot*, que literalmente se traduce como Estás Bien Caliente, pero que viene a significar en castellano Eres Muy Sexy. Esta asociación del calor a la sensación de sentirse el rey del mambo, explica el gesto infantil de mojarse el dedo índice en saliva, aproximarlo a la ceja o al trasero y, pretendiendo que sale vapor del contacto, pronunciar con los dientes apretados un shisssssss parecido al sonido del pito de la olla.

Los hijos también producen en clase manualidades amorosas para sus padres que luego los profesores se encargan de enviarnos por correo para que lleguen al buzón justo a tiempo. Así que ahora tenemos tres versiones de Os Quiero Mucho pegadas con imán en la nevera.

Cuando llegamos a la casa de Delmar es noche cerrada. Nada más ponerse el sol, la temperatura baja drásticamente y las huellas del coche sobre los caminos nevados suenan a crujido; como si fuéramos pisando rebanadas de pan duro. Ha invitado a cenar a un puñado de amigos y hemos tenido la suerte de colarnos en la selección. Por lo visto, la única condición impuesta por el anfitrión para poder asistir a su fiesta del Día de Valentín, ya que en esta parte del charco obvian la santidad del homenajeado, consistía en presentarse con alguna prenda de color rojo. Me he enterado demasiado tarde y lo único que traigo de ese tono es el capuchón de un boli Bic cristal, que escribe normal. *Oh, well.* Qué le vamos a hacer.

Delmar Hendricks es un señor afable, con aspecto bonachón, que cuando se jubiló en 1988 de su cargo en el Lincoln Center de Nueva York transformó su pasión por la danza en dedicación a la jardinería. Una pena que sea tan tarde porque las lucecitas rojas que adornan los árboles de la finca no permiten disfrutar de los arriates de flores, los estanques con peces y las muchas esculturas repartidas por este trozo de monte. Saludamos a los invitados. La mayoría lleva un clavel encarnado en la solapa. John Corcoran, el autor de una de las obras que adornan el jardín, se ha calado una gorra con orejeras. Hola, John, ¿de dónde has sacado eso? Lo usaba mi abuelo para cazar zorros, ¿por? No, porque pensábamos que era tuyo y nos habíamos pegado un susto. Vemos también a su mujer, Liza, que es paisajista y mezcla las flores autóctonas con la habilidad de una pintora impresionista. Conversa con Rachel y Philippe, que viven en Brooklyn pero vienen casi todos los fines de semana. Rachel y John son amigos desde sus tiempos de estudiantes de arte en la Universidad experimental de Goddard. Ella diseña lámparas que se pueden comprar en los grandes catálogos de decoración. Su madre es una magnífica escritora, trabaja en una institución cultural en la ciudad y le pasa invitaciones para los actos a los que no puede asistir. Rachel me rebota de vez en cuando alguna y, gracias a esta cadena de orden descendente, tuve la suerte de conocer en el City College al que fuera el hombre con mayor credibilidad de Estados Unidos durante más de medio siglo: el editor del informativo nocturno de la CBS, Walter Cronkite. Sus logros periodísticos los conocí gracias a Jesús Hermida. Primero de chaval, porque en sus crónicas de corresponsal para TVE, desde Nueva York... les ha-bló Je-sús Her-mida, de vez en cuando el onubense le regalaba un guiño al maestro periodista de los años de gloria de la Columbia Broadcasting System; el hombre que siempre terminaba mirando a cámara con la famosa sentencia *and that's the way it is.* Frase que hizo suya bastantes años más tarde Ernesto Sáenz de Buruaga, así son las cosas y así se las hemos contado, aunque al ex director de los Servicios Informativos de Antena 3 Televisión no se le atribuyeran nunca los mismos niveles de objetividad que al de Misuri. Hermida mencionaba a Cronkite a propósito de su retransmisión del alunizaje del *Apolo 11*, de su visita a Vietnam, o de sus sólidas entrevistas sobre el escándalo del Watergate. Lo admiraba y, seguramente, aprendió de él a ralentizar su narración hasta conseguir la forma de expresión pausada que lo hizo tan popular en España. Cronkite hablaba en televisión a un ritmo estudiado de 124 palabras por minuto. Muy despacio, si se compara con los 165 vocablos de media que usa cualquier estadounidense en el transcurso de una conversación.

A través de Hermida, ya como reportero en el programa Hora Cero que él dirigía en Antena 3 de Radio, terminó de fascinarme del todo el presentador norteamericano. Jesús hablaba continuamente de su etapa de corresponsal y, en cuanto aparecía una mínima excusa, mencionaba la forma de trabajar de la prensa estadounidense. Lástima que entonces mi inglés consistiera prácticamente en la frase aprendida en parvulario, *Mickey goes to the country*, y en el título de alguna canción de Roxy Music. En el bachillerato yo había aprendido a traducir del francés, y a esquivar capones, gracias a Don Narciso, el patachula, y a Hermida en sus relatos le encantaba meter citas en versión original. Se aprendió lo que se pudo, pero lo cierto es que lo pasábamos de miedo. Especialmente cuando vino de visita el padre de Pilar Vicente, la secretaria de redacción. Era un paisano menudito, de boina calada hasta las cejas, que viajaba desde una aldea del interior de Galicia para comprobar los éxitos profesionales de su hija en la capital. Convencí a Hermida de que se apuntara a una broma bien intencionada con el fin de que el señor regresase orgulloso al pueblo. Jesús le cedió a Pilar su despacho durante la hora de visita y ésta recibió en el sillón de piel a su padre. Al buen señor, alucinado de que ella trabajase en un espacio tan amplio, se le abrieron los ojos como platos cuando vio entrar al tipo más famoso de España en aquellos años y dirigirse a su hija en los siguientes términos: Buenasss tardesss Pilar, es-toy a tus ór-denes. ¿Tienes algún encargo para mí? Es-toy pa-ra lo que tú me digas. Vicente, algo cortadilla, negó con la cabeza y pasó a presentarle a su progenitor. El apretón de manos fue digno del World Press Photo y, en los ojillos del aldeano, se adivinaba ya la necesidad de salir corriendo para poder empezar a contarlo.

Bonjour. Philippe, el marido de Rachel, es francés de pura cepa cuando se trata de comer y beber vino, pero más americano que nadie cuando se trata de defender las oportunidades que brinda esta nación. Si me hubiera quedado en París me hubiese enterrado en la mierda, me soltó un día delante de una botella de Rioja cuyas bondades le costó trabajo reconocer por no tratarse de una denominación de origen gala. Un tipo como yo, sin recursos económicos y pésimos resultados académicos, en Francia solamente hubiera podido trabajar en una fábrica. Mírame. Aquí tengo mi propia compañía. Philippe aprendió a manejar equipos de vídeo, se arriesgó en la compra de algunos aparatos y realiza asistencias en rodajes de cine y anuncios. Trabajo un par de días a la semana. Viajo. Conozco gente interesante. Gano dinero. Tengo mi casa en Brooklyn y una casita de fin de semana en este paraíso del Hudson. ¿Qué más puedo pedir, *man*? No sé, le dije, ¿otra botella de vino español? Ah, no, *man*, ahora toca abrir un Bordeaux. *You know what I mean? I do.*

A mis hijos les encanta Philipe porque es de los pocos adultos que se dirige a ellos sin tapujos, introduciendo palabrotas y tomándoles el pelo. Por supuesto ha ayudado poderosamente a establecer vínculos de cariño el hecho de que les deje disparar con su escopeta de pelotas de pintura, les entregue petardos para que arrojen en la playa del lago o les regale bling bling, las cadenas de baratija que emulan a las joyas escandalosas que se cuelgan los raperos.

Por fin avistamos a Delmar. Está detrás de un invitado que viste con alegría una chaqueta roja bastante llamativa. En España, en lo que llevamos de historia como país soberano, solamente se ha atrevido a ponerse algo parecido el bueno de Charlie Rivel. Saludamos a nuestro anfitrión, le damos las gracias y admiramos sobre la mesa del comedor todo lo que ha cocinado para esta velada. El primer plato consiste en una sopa de tomate con una nube de nata agria. Excelente. De segundo, un guiso de carne con salsa de arándanos, y de postre, tarta de chocolate adornada con frambuesas. Para chuparse los dedos. Las copas son de cristal rojo, para que los que se decanten por el vino blanco no destiñan el colorido de la fiesta.

Pasear por su casa con el plato en las manos se asemeja al privilegio de realizar una visita privada a un museo de arte contemporáneo. Muchas de las piezas de su colección están relacionadas con sus años de programador de la ópera y la orquesta filarmónica de Nueva York. Cuando se piensa en el Lincoln Center lo habitual es asociar este espacio cultural a los grandes nombres que han pisado sus escenarios: Renée Fleming, Mikhail Baryshnikov o Joshua Bell. Pero Delmar Hendricks puso también un especial interés en la creatividad de los programas y los pósteres que anunciaban los conciertos y, desde 1962, empezó a invitar a primeras figuras de las artes plásticas a diseñar la cartelería. Los trabajos, realizados por gentes de la talla de Helen Frankenthaler, Robert

Motherwell o Gerhard Richter, se exhiben en la galería del Lincoln Center. Un espacio digno de visitar que muy poca gente conoce porque se encuentra medio oculto en la planta sótano de la sede de la ópera.

Delmar empezó su carrera como bailarín, aunque reconoce modestamente entre risas que fue bastante malo. Le disculpamos diciéndole que no sería para tanto. Además, ya se sabe que eso va en gustos. Alguien comenta que Andrew Lloyd Weber le tuvo que pagar un millón de dólares a una estrella para que, por amor de Dios, renunciase a representar *Evita* en Broadway. Había protagonizado el musical en el West End de Londres y, por contrato, le correspondía encabezar el reparto de la producción americana. Al autor del libreto no le gustaba nada y se cerró en banda. Se negoció una indemnización millonaria y se contrató a Glenn Close. Basta con que el invitado mencione esta anécdota para que a Delmar se le escapen de los labios algunos versos bien acompasados. *Don't cry for me Argentina...*

En esta noche del amor la discusión central de los reunidos en torno a la mesa versa sobre la decisión del gobierno de Francia de no aceptar el velo musulmán en las escuelas públicas. Hay opiniones encontradas. Hablamos de los peligros de mezclar lo divino con lo humano. De Bush y del papel de las religiones, en nombre de Dios, en los conflictos bélicos. Me vienen a la memoria los programas especiales que retransmitimos para M-80 Radio desde Sarajevo en los días siguientes al enfrentamiento fratricida. Allí escuchamos algunos testimonios al respecto que me llenaron de indignación. Un cristiano ortodoxo recordaba que en su infancia, durante el recreo escolar, el cura solía indicarle que no jugaran con tales o cuales niños por tratarse de musulmanes. En el otro bando, un bosníaco hizo el mismo comentario pero a la inversa. El mulá les recomendaba no relacionarse con aquellos chavales cuyos padres no hubiesen abrazado el islam. Rachel le roba algunos libros a Delmar. Me los llevo, ya te los devolveré. Ah, quédatelos, no voy a volver a leerlos.

Hoy es el tercer miércoles del mes, así que vienen a recoger el cartón. Toca poner todas las cajas, una vez removidas las grapas, aplastadas en una pila junto a la acera. Resulta increíble la cantidad de basura que genera esta sociedad. Hay más envoltorios que objetos. No me extraña que se inventaran en estos pagos lo del reciclaje. Puro sentido común nacido de una necesidad creada por ellos mismos. En el resto del mundo cuando pides una servilleta de papel en un restaurante te dan una. Aquí te sueltan un taco de veinticinco. Digo yo que, en lugar de reciclar tanto, igual los humanos deberíamos plantearnos el producir menos desperdicios. Mientras eso llega, en Rhinebeck paga más quien más arroja al vertedero. La recogida se produce los martes. Primero pasa el camión de la basura orgánica que se lleva solamente las bolsas de color azul con el distintivo del ayuntamiento. Las tienes que comprar en la casa consistorial. Las grandes, con capacidad de ciento treinta centímetros cúbicos, valen seis dólares y, las pequeñas, la mitad. Cuanto menos recicles, más bolsas tendrás que utilizar y más cara te saldrá la broma. El mismo día también pasa el camión del reciclaje. En un cubo azul, que también te venden las autoridades municipales, puedes depositar botellas de vidrio, tarros, bombillas de cristal, recipientes de plástico y latas. Se llevan también los botes de pintura, siempre y cuando hayas quitado la tapa y dejado que se seque el contenido. El primer miércoles de mes vienen a por periódicos y papeles y cada quince días pasa una pala excavadora a recoger las hojas, el ramaje o la hierba segada que los vecinos van amontonando en la cuneta. En el otoño sacan a pasear un elefante mecánico. Es un camión grandote con una aspiradora industrial que va chupando las hojas como si tuviera una inmensa trompa. La primera vez que lo vi me harté de sacarle fotos.

Al saltar sobre la caja de una impresora para intentar eliminarle una de sus tres dimensiones, atisbo a mi hermano que, dos casas más abajo, se encuentra inmiscuido en operaciones similares. Me grita que si tengo una linterna. Le digo que sí, ¿por? Tráetela. Termino de apilar el cartón y me acerco a ver qué quiere. Javier y yo trabajamos en la escritura de un guión cinematográfico y, en una ocasión en que vino a discutir sobre el asunto, Sarah le animó a que se mudase aquí con su familia una temporada y alquilasen una casa. Tengo que enseñarte algo. Bajamos al sótano. Parece un decorado de su primera película. Repisas atiborradas de herramientas oxidadas, engranajes, utensilios indescriptibles, piezas mecánicas, lámparas rotas, baldosas, cajas de rodamientos... El santuario de un chatarrero. No es esto, me dice. Descorre un tablero de contrachapado del suelo y aparece un hueco de más de un metro de diámetro. Ale, alumbra a ver. Pero ¿qué es esto? ¿Tú crees que estará aquí el cadáver de la madre del de *Psicosis*? Me meto de un salto. No cubre. Me agacho y veo que sale un pasillo hacia el sur. Entro por él con la linterna y recorro varios metros hasta que se corta en seco. Ya está, se acabó. ¿Es una cámara de aire? No lo sé, tiene una pinta muy rara.

En el ayuntamiento saludo a Valerie, que lleva los números y es la que tiene que cobrarme cuarenta euros por las seis bolsas de basura que me llevo. Valerie, ¿tú conoces al dueño de la casa que está alquilando mi hermano? Algo, fui al colegio con él. Y se te puede ocurrir por qué habrán practicado un túnel en el sótano. ¿Un túnel? Bueno, eso parece. Un agujero grande que serviría para esconder algo. Valerie se encogió de hombros. Salí del cuarto y antes de empujar la puerta de la calle la escuché decir, sin darle demasiada importancia: a lo mejor era una parada del Tren Subterráneo por donde se escapaban los esclavos negros. Que yo sepa, en Rhinebeck tenemos localizadas tres: en la calle Livingston, en East Market y en Oak Street.

Coincidiendo con el bicentenario de la fundación de los Estados Unidos, febrero fue declarado el mes oficial de la Memoria de la Raza Negra. Una oportunidad para recordar la enorme contribución al desarrollo de este país del 13 por ciento de sus pobladores. La idea inicial partió de Carter Woodson, un historiador negro que se licenció en la Universidad de Harvard en el año 1912. Woodson instituyó la Semana Negra para conmemorar el nacimiento, un día de febrero de 1818, de Frederik Douglass, el Sabio de Anacostia; un abolicionista norteamericano de una talla intelectual impresionante. Febrero marcaría, años más tarde, el inicio de una nueva revuelta para los descendientes de los esclavos.

El primer día del segundo mes del año 1960, cuatro estudiantes de la Universidad Agrícola y Técnica de la ciudad de Greensboro, en el estado de Carolina del Norte, hicieron historia. Se sentaron en la barra del restaurante de los almacenes Woolworth y pidieron el menú. Recibieron la callada por respuesta. Solamente se atendía en mesa y barra a los blancos, los negros debían pedir y consumir de pie. Los cuatro permanecieron sentados durante horas, días, esperando que se les sirviese. Fueron la llama que encendió una revolución a nivel nacional conocida hoy por todos como el Movimiento de los Derechos Civiles. La posibilidad de que un candidato de origen africano ocupase la Casa Blanca quedaba entonces bastante más lejos de lo impensable. El segundo día se sumaron a la demanda otros compañeros hasta contabilizar un total de veintisiete. El tercero eran trescientos. El cuarto, mil jóvenes de raza negra exigían ser servidos por los aturdidos camareros de piel clara. Y reventó el Sur. Se organizaron grandes manifestaciones en cincuenta y cuatro ciudades de los nueve estados con mayorías de color. El resto es bien conocido.

Los afroamericanos que quieren conocer más en profundidad los orígenes de su historia aprovechan este mes para realizar peregrinaciones a África. Existen dos santuarios de obligada visita en la costa oeste, de donde partieron la mayoría de las decenas de millones de seres humanos que llenaron los campos de trabajo de América:

la isla de Goré, en Senegal, y el poblado de Gambia en el que creció Kunta Kinte, el protagonista de *Raíces*, libro de Alex Haley que en 1977 se convirtió en una serie televisiva que conmocionó al mundo.

El reencuentro de los norteamericanos con sus parientes del otro lado del Atlántico no suele resultar dulce. Durante estas rutas del dolor, en las que muchos inician el duelo que tienen pendiente con su pasado, planea habitualmente el reproche de los visitantes a los locales, a quienes, en los momentos más intensos de su peregrinaje, llegan a tildar con desesperación de traidores. Tu padre vendió al mío. ¿Por qué tuvisteis que hacerlo?

La esclavitud la iniciaron los egipcios, unos dos mil quinientos años antes del nacimiento de Cristo. Necesitados de mano de obra para construir sus faraónicos monumentos funerarios, realizaban expediciones al norte de Sudán en busca de los musculosos trabajadores nubios. Los romanos heredaron la costumbre de los árabes que, durante varios siglos, actuaron como intermediarios entre los europeos y los esclavistas del interior del continente. Más tarde, la expansión de la doctrina del Corán y la búsqueda de oro y sal introdujeron caravanas en el África central que, a su regreso, llevaban prisioneros a los centros de venta de esclavos de la costa este. En el golfo arábigo, los jefes de las grandes tribus se nutrían de mano de obra y, los sobrantes, se los traspasaban a los comerciantes del hemisferio norte.

En esta época se hicieron célebres las peregrinaciones del rey Moussa a la ciudad santa de La Meca. Moussa era el soberano de los mandinga, un reino poderoso que surgió en el siglo VIII y llegó hasta el XI. Abarcaba territorios de Malí, Gambia, Guinea Bissau y Conakry y parte de Senegal. Moussa fue el gran pacificador. El gobernante que sin recurrir a las armas, utilizando la convicción de la palabra, consiguió armonizar las distintas tribus de su etnia. Bajo su mando convivieron los bambara, los sosé y los malenke. Tal era su fama, que su control se extendió más allá de sus dominios naturales. Hasta los verdes manglares de la Casa de Manga, convertida en Casamance por los colonos, donde los Diolá, o pagadores de impuestos, ofrecían tributos al monarca de Malí a cambio de una paz duradera.

El reino abastecía sus arcas con la explotación de yacimientos auríferos cuya fuente de riqueza se antojaba inagotable. Una abundancia tan escandalosa que, Moussa, camino de La Meca iba regalando doblones de oro a la gente que le salía al paso. Los relatos de su generosidad corrieron de boca en boca y los almorávides se encargaron de transportar sus hazañas a la península Ibérica. Aún en España se pueden leer citas a su persona o escuchar la manida frase de «vas repartiendo como el moro Muza».

La invención de la carabela trastocó el equilibrio del mercado esclavista. Los portugueses consiguieron rodear con sus embarcaciones el cuerno de África y trasladaron el mercado a la costa oeste saltándose a la torera a los intermediarios tradicionales de Egipto. El conflicto moderno entre occidente y el mundo árabe acababa de sentar sus cimientos.

Cuando los portugueses llegaron en 1444 a la isla de Goré, en holandés puerto de buen amarre, encontraron una apacible comunidad de pescadores. Frente a las costas de Dakar, los lebou, pertenecientes a la etnia de los wolof que hoy es mayoritaria en Senegal, partían en sus piraguas al mar en busca de la preciada pesca. Hábiles marinos, contratados hoy por los habitantes desesperados de los empobrecidos países del cinturón subsahariano para que les trasladen en cayuco a las playas españolas, los lebou habían aprendido a interpretar el océano por el color de sus mareas. Aguas negras cuando predominaban los bancos de chipirón. Azuladas por la presencia de atunes y sardinas. Verdes cuando aparecían las doradas y amarillas ante el acecho de los tiburones. Entonces no sospechaban que pronto la espuma se teñiría de una tonalidad insospechada: el rojo de la sangre de los miles de cadáveres y cuerpos mutilados de aquellos que se negaban a subir a los pájaros con alas de tela que aguardaban en la Puerta de No Retorno.

Los pobladores del África occidental eran tribus venidas del Alto Egipto. Los serere, que emigraron hasta el río Senegal en la frontera con Mauritania, y los boulou, que siguieron bajando hasta la costa por Gambia. Pertenecían a etnias poseedoras de una extensa tradición cultural y tenían un sofisticado conocimiento de la arquitectura. Sus viviendas, construidas con adobe, incorporaban los ángulos a sus muros y sus tejados vertían a dos aguas. Los del sur utilizaban la técnica de la casa *impluvium*. Un gran agujero circular en el centro daba entrada a la luz y permitía que la lluvia resbalase por la cubierta de paja hasta los cántaros de barro almacenados en el patio.

En 1510, alertado por la debilidad de la mano de obra india que moría extenuada en los campos de trabajo, el rey de España autoriza la deportación de negros a sus posesiones de América. En 1517, debido a la insuficiencia de la flota española, Carlos V cede parte del transporte de esclavos a las Provincias Unidas, Países Bajos, bajo un tratado de asiento que les autoriza a comerciar con un máximo de cuatrocientas cabezas. Los holandeses aprovechan la oportunidad para convertirse en los amos del negocio. A partir de 1519, Holanda dominará el comercio de seres humanos hasta la mitad del siglo XVII. Se crea una ruta comercial que parte de Ámsterdam, Lisboa, Liverpool y Burdeos con barcos cargados de tejidos, quincallas, fusiles de bajo calibre y botellas de agua de la vida. En África se intercambia la mercancía por esclavos y, en América, se les entregan los hombres a cambio de oro, café, tabaco, algodón y azúcar. El africano se convierte en moneda de cambio durante un periodo de crueldad que durará tres siglos.

Portugueses, holandeses, ingleses y franceses utilizaron a los moradores de la costa oeste africana para encontrar víctimas entre las etnias más atrasadas de los bosques del interior. Tu padre vendió al mío. ¿Por qué tuvisteis que hacerlo? Los poblados cazadores de Togo, Malí o Benín fueron esquilmados. La decadencia del imperio creado por Moussa, que enfrentaba ya a las diversas tribus mandinga, sirvió a los intereses esclavistas para intercambiar prisioneros de guerra por el cargamento traído de Europa. Especialmente afectadas fueron las zonas fluviales por su facilidad de penetración. El mayor exterminio lo sufrirían los yoruba de Nigeria, reclamados como sementales por los dueños de las plantaciones americanas, y los fornidos braceros mandinga. Los europeos habían hecho sus cálculos y sabían que por cada doscientos hombres embarcados, apenas la tercera parte conseguirían llegar en buenas condiciones a los mercados. Más de seis millones murieron en las travesías.

Atados de pies y manos, los africanos eran conducidos por la fuerza a las tres grandes puertas de la vergüenza: Akra en Ghana, Banjul en Gambia y Goré en Senegal. Se les recluía por tres meses con la esperanza de que recuperasen el peso perdido en los avatares de la captura. Alimentados con habas y aceite de palma, los hombres debían alcanzar los sesenta kilos, los niños conservar la dentadura intacta y las mujeres presentar un pecho firme. Quienes se rebelaban eran retenidos en celdas de castigo para hacerles cambiar de opinión. Cuartos sin ventanas y con unos niveles de humedad asfixiantes en el que se apiñaba a los recalcitrantes durante semanas. Joseph N'Diaye, el guardián de la memoria del santuario de Goré, declarado Patrimonio de la Humanidad por la UNESCO en 1978, recuerda las lágrimas amargas en el rostro de Nelson Mandela. Pasó unos minutos en silencio en la oscuridad y cuando salió tenía el rostro humedecido. Me ha recordado mucho a mi celda de la prisión de Robben Island, le confesó el entonces presidente de la República Sudafricana.

La esclavitud arribó a las costas de Estados Unidos en 1619. Un velero holandés, el *Man of Warre*, intercambió veinte negras a los colonos del puerto de Jamestown en Virginia. Ocurría un año antes de que el *Mayflower* atracara en Massachusetts. En principio se les trató como servidumbre sin derecho a pago y, tras siete años de servicio, recuperaban la libertad. Pero como, con ayuda de los nativos americanos adquirieron la mala costumbre de fugarse y buscar refugio en las tribus indias, los virginianos establecieron regulaciones. Empezaron por negarles el derecho a portar armas o munición y, para el año 1660, Virginia y Maryland terminaron proclamando una ley que les convertía en esclavos vitalicios. De paso, los hijos de los negros adquirían con el nacimiento el estatus de la madre. Si era esclava, el hijo era esclavo; si había conseguido comprar su libertad, el niño quedaba libre. Aunque resulte difícil de concebir, como narra Virginia Hamilton en *Miles de desaparecidos*, en los Estados Unidos del siglo XVII convivían los negros obligados a trabajar en una plantación con los que circulaban libres por las calles. Si bien estos últimos sufrían aterrorizados porque, en cualquier momento, un mercenario sin escrúpulos podía secuestrarles. Los terratenientes pagaban un buen dinero por esta mano de obra extra y la posibilidad de enfrentarse a una denuncia, teniendo en cuenta que la Constitución no les reconocía a los negros derechos de ciudadanía, entraba en el ámbito de lo imposible.

Los fieles de la Iglesia de los Cuáqueros, conocida popularmente como la Sociedad de Amigos, comenzaron a oponerse públicamente a la situación inhumana de los esclavos, que hacia 1770 ya se aproximaban al medio millón en los estados del Sur. Venidos de Inglaterra, ellos fueron los primeros blancos que empezaron a comprar esclavos con el fin de liberarlos y quienes, más adelante, se lanzaron a ayudar a los escapados, formando una organización clandestina que les ayudaba en su éxodo hacia la libertad. Usaban sus casas, cuevas en los bosques, túmulos de paja, sótanos, áticos, copas de los árboles, chimeneas, graneros y cuartos ocultos para esconderlos.

Los primeros guías para el camino fueron los propios esclavos. Preparaban escapadas de una plantación a otra, puesto que mezclarse con otros negros probó ser el método más infalible de camuflaje, y de este modo iban encontrando la salida del Sur. Los africanos que gozaban de libertad les conducían hacia los cuáqueros. Allí recibían instrucciones para iniciar su peregrinaje hacia el Norte. Una vez cruzada la línea Mason-Dixon que separaba Maryland de Pensilvania, podían encontrarse a salvo. La ley marcaba que los negros que llegasen libres a los estados del Norte no podían ser reclamados ni recapturados por sus amos. El trayecto, sin embargo, aparecía plagado de peligros. Con paradas secretas que distaban entre quince y treinta kilómetros entre ellas, los fugitivos se jugaban la vida en cada tramo. Debían esquivar a sus perseguidores y sufrir las penurias del hambre, la falta de ropa, las inclemencias del tiempo y el cansancio. Sus valientes defensores se enfrentaban a penas de prisión bajo el severo Decreto de Fuga por ayudar a escaparse a un esclavo.

Durante este mes de febrero en el colegio de Rhinebeck se celebran actividades especiales en las clases de historia. En el periódico local, *Gazette Advertiser*, se anuncia una conferencia para los alumnos de cuarto y quinto grado sobre el ferrocarril subterráneo y las colchas de la libertad. Me acuerdo de las palabras de Valerie en el ayuntamiento y aguzo la vista. La pronunciará la señorita Trish Chambers, vestida en ropa del periodo de la guerra civil. Se agradece la generosidad de las donaciones al Museo Municipal, gracias a las cuales, se afirma, se va a poder realizar el evento. Llamo a la profesora de Max y le pido permiso para asistir. Mrs. Menconeri me deja. ¡Bien!

Los chicos reciben con un fuerte aplauso la presencia en el escenario de la señorita Chambers, de Poughquag, Nueva York, que se presenta disfrazada de época en compañía de un actor. Explica que van vestidos igual que sus compatriotas durante los años que precedieron a la contienda civil. Los del Sur tenían acceso a los tejidos que llegaban de Europa, explica, pero los habitantes del Norte teníamos que buscarnos la vida. Este sombrero tan elegante me lo he adornado yo con flores de papel y plumas de los pájaros autóctonos. El traje que llevo es oscuro y con dibujitos menudos. Es el truco que utilizamos para que se noten menos las manchas y las quemaduras de las cocinas de carbón, ya que no disponemos de muda. Mi compañero, como veis, va hecho un cromo. En efecto: pantalones marrones, chaleco florido y chaqueta negra. Donde vivimos no hay tiendas de ropa. Tuvo que viajar para encargarle un traje a un sastre y se lo hizo. Muy elegante, pero las prendas se desgastan y hoy, intentando ponerse sus mejores galas, ha tenido que combinar los pantalones de un conjunto con la chaqueta de otro. No me lo puedo creer. En el salón de actos del Chancellor Livingston Elementary School una chica vestida de *La casa de la pradera* me acaba de desvelar la clave de por qué los yanquis visten tan horteras. Aunque yo no le he dado nunca demasiada importancia a la ropa, siempre me había llamado poderosamente la atención que alguien fuera capaz de presentarse en una cena con pantalones de cuadros rojos y una chaqueta verde manzana. ¿Carecen de ojos con los que mirarse al espejo?, me preguntaba. Pues no. Sí que tenían ojos pero, como la vida es del color del cristal con que se mira, ellos, por necesidad, se habían acostumbrado a que las prendas desparejadas marcaran la norma en su campo de visión. En Europa vivimos agrupados en poblaciones con acceso al comercio. Los estadounidenses eligieron vivir desperdigados. Cuanto más alejados, más en medio de la nada y más rodeados de naturaleza en estado puro, más se aproximaban al anhelado sueño americano. Y, claro, en la nada no hay boutiques. De ahí esa manera de vestirse tan peculiar que ha terminado sentando moda. De ahí, también, la normalización masiva, con la llegada de la mensajería rápida, de las ventas por catálogo. Y, del mismo sitio, la extendida aceptación actual de las compras por Internet. La irrupción de un mundo virtual, al que poder entrar y salir cuando uno quiere y en el que se pueden realizar las actividades del mundo real sin moverse de casa, confirma al ciudadano de este lado del charco, más que nunca, que no es necesario vivir rodeado de vecinos.

Trish cuenta que el nombre de Tren Subterráneo se debe a la historia de Tice Davids, un esclavo de Kentucky que escapó de su plantación en 1831 y llegó a la orilla del río Ohio. Su amo venía siguiéndole los talones y le localizó nadando en mitad de las aguas. A punto de darle alcance en una barca, el sonido de una campana le distrajo un instante y, para cuando quiso volver a fijar la vista en su presa, el negro se había desvanecido. Aturdido y sin poder darle crédito a lo sucedido, el máster confió a sus allegados que el esclavo tenía que haber huido por una carretera subterránea. La hazaña se popularizó y el nombre de carretera subterránea se adoptó para todas las escapadas misteriosas. Algo más adelante, con la llegada del ferrocarril y la fascinación que despertó el invento, la organización pasó a conocerse como el Tren Subterráneo, y quienes la conducían, a llamarse a sí mismos maquinistas.

Los maquinistas orientaban al fugitivo sobre cómo llegar de una parada a la otra. Les socorrían y mandaban notas cifradas al siguiente conductor alertándole de la llegada del prófugo. «El tío Tom dice que si las carreteras no están demasiado mal, puedes esperar mañana las balas de lana. Envíalas para testar el mercado y su precio, no hay cargas adicionales». En otras palabras: algunos esclavos llegarían por la mañana y debería enviarles a la siguiente parada, puesto que no se detectaban señales de peligro.

Hasta 1850 los Estados Unidos estaban divididos a partes iguales entre estados esclavistas y estados libres. La admisión de California en la Unión como estado contrario a la esclavitud rompió el balance. Comenzó a coger cuerpo el fantasma de la secesión, pues el Sur, un vasto territorio habitado por cinco millones de blancos, no estaba dispuesto a someterse a las votaciones de la mayoría y arriesgarse a perder los tres millones y medio de esclavos en que sustentaba su boyante economía. El presidente Taylor, intentando parchear el problema, endureció aún más el Decreto de Fuga y permitió perseguir y capturar en los territorios del Norte a los esclavos fugados. El viaje clandestino en ferrocarril debía alargarse ahora hasta Canadá, donde, en 1803, el Tribunal Supremo había sentenciado que la trata de esclavos era un acto incompatible con la legislación británica.

En el Hudson, los barcos negreros arribaban al puerto de Kingston o al de Poughkeepsie, en esta orilla del río, y la mercancía era conducida al mercado situado en la calle Katherine. En 1790 el número total de esclavos en Rhinebeck alcanzaba la cifra de cuatrocientos veinte. El mayor propietario, Henry Livingston, poseía trece de ellos. Como en el resto de estados de la costa este, aquí se les trataba con mayor decencia. Muchos de ellos comían en la misma mesa que sus amos y fueron muy pocos los que sufrieron la aberración de ser vendidos o separados de sus familias. En general, los negros gozaban de simpatía y, pronto, la gente del valle se apuntó al sistema clandestino de escapada que les abría una puerta hacia el país vecino.

En el sótano del número 12 de la calle Livingston existe un túnel de dos metros de altura recubierto de piedra y con un techo de vigas de madera. En su interior se han encontrado monedas de 1810, un crucifijo de oro y botellas y petacas de alcohol antiguas. La galería conduce en dirección norte a lo que era a principios del siglo XIX un descampado con una pequeña iglesia en sus lindes. Posiblemente, desde Rhinebeck, los fugitivos saltaban a Millbrook o a Pawling. Desde allí a Albany. Luego a Siracusa. A Rochester y, finalmente, a Montreal.

Desde el principio, la huida hacia el norte supuso para un esclavo enfrentarse a un temible viaje, no exento de peligros, que le exigía recorrer miles de kilómetros de distancia en un país desconocido. Escondido durante el día. Caminando en la oscuridad por las noches. No es de extrañar, por tanto, que muchos de ellos, atemorizados por la magnitud de la odisea, no se encontraran con ánimo de afrontarla. Algunos de los que conseguían escapar al rastreo de los feroces perros sabuesos se limitaron a buscar refugio entre las tribus indias de sus propios estados. Especial acogida encontraron en los seminoles de Florida y los cherokees de Carolina, con los que convivieron de manera pacífica. Las leyes de los nativos americanos no contemplaban la esclavitud y compartían una espiritualidad muy parecida a las creencias animistas exportadas de África. Como los indios, los negros eran sometidos en el paso de la adolescencia a la madurez a un rito de iniciación. Conducidos al bosque por sus mayores, los jóvenes aprendían a sobrevivir en la naturaleza y a respetarla. Se les enseñaba que el calendario transcurría de lluvia en lluvia y que, cuando éstas llegaban, se celebraban las cosechas. Que dios hizo al hombre del polvo y por ello han de enterrarnos en la arena. Y que dios no tiene imagen: sencillamente llueve.

Los abolicionistas temían, sin embargo, que la alternativa de huir con los indígenas, sometidos también al acoso de los orejas rojas, término despectivo que utilizaban los africanos para referirse al blanco, no garantizase a los esclavos su deseada condición de hombre libre. Los amos pagaban buenas sumas de dinero por la entrega de un prófugo, ya que los escarmientos públicos ayudaban a quitarles a otros la idea de la cabeza, y eran frecuentes las ocasiones en que los buscadores de recompensas les localizaban. Aunque el botín consistía normalmente en el pago de quinientos dólares por entrega, en Maryland, se distribuyeron pasquines que ofrecían cuarenta mil dólares por la captura de la esclava Harriet Ross. Era el nombre de pila de una valerosa mujer que, tras zafarse de los grilletes, liberó a muchos otros. Los esclavos la llamaban Moisés porque conducía a la gente de su pueblo, en una larga travesía, desde el cautiverio al paraíso. Ross no cayó nunca en manos de sus perseguidores, pero muchos otros volvieron a sentir el furor del látigo. En todos los rincones había gentes sin escrúpulos vigilando la presencia de los apodados marrones, salvajes o desperados, para ganarse a costa de ellos un dinero rápido. Se hacía necesario, pues, arrancar a los esclavos del Sur y animarles a emprender una aventura que les llevase a una libertad duradera. Lejos de los campos de algodón y de las crecientes plantaciones de cacahuete. El maní, introducido en Norteamérica por los barcos negreros que lo utilizaban como alimento para los hombres aprisionados en sus bodegas, encontró rápidamente un hueco entre los cultivos habituales de Virginia, Carolina del Norte, Tennessee y Georgia. Originario de América del Sur, los europeos se habían encargado de distribuirlo por medio mundo. Esta legumbre, cuyas vainas maduran bajo tierra junto a las raíces de la planta, se identificó en Estados Unidos como un fruto seco de proporciones similares a las arvejas y por ello recibió el nombre de peanut, o nuez de guisante.

El primer reto al que los abolicionistas debían hacer frente era el de intentar romper la barrera de comunicación impuesta por el idioma. Los negros no sabían leer ni escribir, ya que el acceso a la educación se les había negado por decreto ley para evitar levantamientos. El intento de rebelión de Nat Turner en Jerusalem, Virginia, en 1831, terminó en la prohibición tajante de proporcionar a un hombre de piel oscura cualquier material de lectura. En las plantaciones convivían mezclados hombres y mujeres de numerosas etnias que conseguían a duras penas entenderse entre ellos. Los amos lo sabían y preferían mantenerlo así para asegurarse el control y evitar que pudiesen intercambiarse mensajes subversivos. El segundo gran problema residía en que los negros tampoco estaban familiarizados con el lenguaje de las estrellas, imprescindible para orientarse durante las largas caminatas que siempre habían de realizarse al amparo de la noche. La interpretación del cielo era un privilegio acotado a las naciones de navegantes. Los pueblos de África se orientaban tradicionalmente por el sol. Se ponían en marcha al amanecer y acampaban siempre antes del crepúsculo para poder controlar el terreno de su asentamiento. El viejo continente se administraba, como lo había hecho el resto de la humanidad hasta la llegada de los veloces medios de comunicación, por la demarcación de las comarcas. Extensiones que englobaban a todos los habitantes capaces de ir y de volver en una jornada a los puestos donde se establecían los mercados. Líneas divisorias que en Europa se habían desvanecido por el trazado de las provincias, salvo en lugares de excepcional arraigo cultural como era el caso de Cataluña. Esta sabiduría añeja de nada servía ahora a los expatriados, pues, durante las horas de luz, los fugados habían de permanecer ocultos. Y, por fin, salvar el tercer escollo del desconocimiento geográfico; algo que pasaba por hacerles llegar algunas claves codificadas que pudiesen dibujar en sus mentes un mapa con el camino de la huida.

En el África Occidental, ante la ausencia de escritura, la tradición de los pueblos se había conservado por transmisión oral gracias a los trovadores. Verdaderas enciclopedias andantes, los griots, aprendían de memoria la historia de la familia a cuyos servicios estuviesen encomendados. A la información transmitida por sus padres, los trovadores iban añadiendo los datos conocidos por ellos a lo largo de su vida. Trataban a todos los parientes, esposas, hermanos e hijos del patriarca y asistían a los casamientos, bodas y funerales en los que contaban a los asistentes alguna historia relevante de su pasado. Esta realidad fue la que llevó al escritor Amadou Hampate Ba, del país Dogón de Malí, a pronunciar en la UNESCO su celebrada frase de que, en África, cuando muere un anciano se quema una biblioteca.

Se consideraba a los griots una casta especial, respetada por su sabiduría, pero con la que no querían tener relaciones el resto de los mortales. Las mujeres escuchaban desde la cuna leyendas sobre las maldiciones que se activarían en caso de relacionarse con uno de ellos y los muertos no querían compartir con ellos un sitio en el cementerio. Puesto que no cultivaban la tierra, se les consideraba parásitos y se temía que al enterrar sus cuerpos el suelo se volviese estéril. Tras el fallecimiento, se les introducía en los baobabs, árboles milenarios de la sabana que desarrollan un hueco enorme en el interior del tronco. Algunos de ellos forman un habitáculo capaz de cobijar de la lluvia, sin problemas y de pie, a un grupo de diez personas. Tras la independencia de Senegal, en 1960, el presidente Leopold Senghor prohibió esta práctica por considerarla vejatoria. Dos años más tarde, una sequía sin precedentes asoló al país y volvieron a resurgir con fuerza los proféticos augurios.

Con la intención de infiltrar en las plantaciones a trovadores que pudiesen hacer llegar al resto de los trabajadores las hazañas de otros negros que, tras un largo periplo hacia el norte, encontraron la libertad, maquinistas del

Tren Subterráneo y abolicionistas viajaron al Sur. Quizás, el más notable de todos ellos fuera un hombre conocido como Peg Leg Joe, que anduvo arriesgando el pellejo de plantación en plantación enseñando a los esclavos a cantar un espiritual llamado The Drinking Gourd. La música, permitida por los guardianes en los campos de trabajo durante las faenas más arduas, resultó una manera excelente de camuflar ante el amo las instrucciones del plan masivo de evasión. Un *drinking gourd*, cazo de calabaza con el que los esclavos bebían agua de los cubos, respondía con exactitud a la forma que presenta en el cielo la constelación de la Osa Menor. Al final de aquel mango brillaba la estrella Polar, situada en la prolongación del eje de la tierra, fija en el cielo y señalando con obstinación el Polo Norte. El punto de referencia empleado por los navegantes en sus travesías quedaba por fin al alcance de la mano de un pueblo que había crecido sin prestarle demasiada atención a las señales de la noche. Y la información se propagaba como la pólvora. Mientras araban la tierra, en las iglesias y en los barracones.

Desde Misisipí hasta Carolina, los esclavos se pasaban de unos a otros un canto, oh follow the drinking gourd, que incluía un completo manual para abandonar la tiranía. Cuando el sol se levante y cante la primera codorniz, follow the drinking gourd. El viejo te aguarda para conducirte a la libertad, oh, follow the drinking gourd. El 21 de diciembre, pasado el solsticio de invierno, el astro rey comienza a elevarse cada día un poco más alto en el firmamento. Era la señal de Peg Leg. La escapada, enseguida veremos por qué, debía producirse en invierno. Y, por si alguien se despistaba observando el cielo, el sonido de las codornices que migran sobre los campos del Sur en la estación más fría del año, no podía dejar lugar a las dudas. El segundo verso servía para infundirles ánimos: no temas, un amigo te espera para echarte una mano al final del trayecto. Follow the drinking gourd. La ribera del río es un buen camino, los árboles muertos te muestran la dirección. Coro: follow the drinking gourd. Esta estrofa en concreto iba dirigida a los cientos de miles de personas de raza negra que cumplían trabajos forzados cerca de la orilla del río Tombigbee en Alabama y Misisipí. En las noches cerradas, en que las estrellas quedasen cubiertas por las nubes, el cauce servía de referencia para viajar hacia el norte. Además, en los árboles caídos de la orilla, Joe había practicado marcas para confirmar a los proscritos que se encontraban en la senda. La canción continúa explicando que al final de ese río aparecerá otro, en referencia al Tennessee, y que deben seguir igualmente su curso. La canción termina con la llegada a la orilla de un gran río, el Ohio, que hay que cruzar, pues al otro lado se encuentra la tierra prometida, oooh, folloooow the driiiinking gouuuuuuurd. Amén.

La duración media de la travesía desde los campos de trabajo hasta la salvación a orillas del río Ohio se calculaba en algo más de doce meses. La razón para salir a finales de diciembre era para que la llegada al río se produjese también en invierno, con las aguas heladas, y lo pudiesen cruzar a pie. Los esclavos, que provenían de las sabanas arbustivas del interior de África, no sabían nadar. Aunque cientos de colaboradores del Tren Subterráneo patrullaban esporádicamente con sus barcas las orillas en busca de algún nuevo Tice Davids al que ocultar de la persecución de su amo, también se concentraban en el mismo lugar los cazadores de recompensas y convenía minimizar los riesgos. En la impactante novela de la escritora Harriet Beecher Stowe, *La cabaña del tío Tom*, se describe con un realismo conmovedor la agonía de una madre en este tramo final del trayecto. Basada en un personaje real, Eliza llegó algo tarde a su destino y se vio obligada a cruzar el río, que ya había comenzado a deshelarse, saltando de un trozo de hielo a otro, con la amenaza de hundirse a cada paso. Con su bebé en los brazos, la joven de Kentucky logró alcanzar finalmente la otra orilla.

La iniciativa de Peg Leg Joe no fue la única que camufló en los cantos tradicionales negros un jeroglífico sonoro fácil de descifrar en las plantaciones. Cualquiera que tenga en su fonoteca una buena colección de gospell, derivado en inglés de *godspell*, la palabra de Dios o el evangelio, puede llevarse una sorpresa analizando las letras. La continua referencia a la casa de Dios, *Home*, es una forma encubierta de hablar de un país libre donde los esclavos pueden sentirse como en el cielo. Espirituales tan famosos como *Gospel Train* o *Swing Low, Sweet Chariot*, describen directamente al Tren Subterráneo y a sus maquinistas. En el primero, la letra dice: se aproxima, sube a bordo que hay sitio para muchos más; e invita a montarse en un tren que se detiene en numerosas paradas. En el segundo, un verso canta: he mirado sobre el Jordán y lo que vi, acercándose para conducirme a casa, fue un coro de ángeles que venían a por mí. Coooooming, fooor to carry meee hooome. Un retratro preciso de la localidad de Ripley, situada en una colina a la orilla del Ohio, de donde descendían los abolicionistas para ayudar a los fugitivos a cruzar las aguas.

Otro gospel tradicional, *Wade In The Water*, vadea las aguas, explica de modo clarividente la mejor manera de despistar el olfato de los perros sabuesos lanzados contra los escapistas. Yo sé que el agua helada es oscura y fría, no temas, Dios va a protegerte en el agua. Tú sabes que puede enfriar mi cuerpo, pero no mi alma; no temas, Dios va a protegerte en el agua. Wade in the water. Si consigues llegar, no olvides decirle a los amigos que yo también voy de camino. Wade in the water. Interpretada con la música de un himno al que se le ha incorporado la forma habitual de cantar en África, un solista que es continuamente replicado por un coro, la letra no puede resultar más explícita.

En el salón de actos del colegio, la señorita Trish —seguramente de Teresa— Chambers muestra una pizarra con un dibujo a la concurrencia infantil. ¿Sabéis lo que es esto? Noooo. Esto es una manta tradicional negra confeccionada con los trozos de trapos que iban apañando los esclavos. Aaaah. ¿Sabéis cómo se llama? Sí. Yo. Yo. Aquí. Yo. A ver, tú, el del jersey verde de la segunda fila. Un quilt. Muy bien. Se llama quilt. Max mira hacia atrás como pensando que qué demonios pinta su padre en la clase. Pero por lo visto no lo piensa. Se lo pregunto a la salida y me dice, qué va, a mí me da igual que hayas venido.

En las plantaciones del Sur, además de los esclavos, había otra persona que, aunque no recibía los azotes del látigo y dormía en una cama confortable, trabajaba diariamente como una mula: la mujer del amo. A ella le correspondía la confección de toda la ropa, tanto de blancos como de negros, que habitaban sus dominios. Labor que con frecuencia compatibilizaba con aquellas tareas que no les estaban permitidas a los esclavos, como la de atender el correo. En América quedaba pendiente aún la revolución de la mujer y las señoras de entonces no lo tenían demasiado fácil. Debían parir sus hijos en el salón, ya que el amo no permitía subir al médico a las habitaciones privadas de arriba. Y hacerse los retratos con la placa negativo utilizada previamente para sacar la foto de sus maridos, por aquello del ahorro, con lo cual salían siempre con los rasgos del esposo interpuestos. Ésa es la razón por la que encima de la chimenea de Poplar Grove, una plantación de cacahuetes de Carolina del Norte, la bella señora de la casa parece en realidad la mujer barbuda. Realmente la única alegría que les brindaba su jaula de oro a estas mujeres llegaba los sábados por la tarde. Entonces el salón y el comedor se juntaban, se apartaban los muebles y el espacio quedaba convertido en salón de baile con orquesta en directo. De acuerdo con la doctrina metodista, a medianoche había que tocar retirada, pero tenían un esclavo encargado de ir atrasando las agujas del reloj según se aproximaban a las doce, para alargar la fiesta un par de horas más.

Con este panorama, no es de extrañar que la señora no diese abasto en sus tareas de modista y que la ropa repartida a los esclavos resultase más bien escasa. Unos pantalones para los hombres y un traje para las mujeres al año. Para los que tenían que trabajar en la casa una chaqueta y zapatos para los días de fiesta. Además, a los negros se les proporcionaba una manta, pequeña y de mal tejido, que no bastaba para soportar el frío de las noches, cada tres años. Para paliar tal carencia las mujeres esclavas hubieron de dedicar su escaso tiempo libre a coser algunas prendas. Se ponían a ello por las noches, después del trabajo extenuante de la jornada o en las tardes de los domingos. Algunas de ellas habían aprendido a bordar con sus señoras. Tradicionalmente en África esta labor recaía en los hombres, que son hoy día quienes siguen manejando los telares y tejiendo las cestas en los poblados del País Bassari, pero la educación heredada de Europa impuso sus reglas. El arte de la costura de las sirvientas se aprovechaba para procurar unos ingresos extras. En aquella época se solían alquilar a otras personas los servicios de las esclavas propias. Las artesanas gozaban de una mayor libertad de movimientos, en ocasiones se les prestaba ropa de las amas y tenían permiso para aceptar propinas. Un número considerable de mujeres pudieron comprar su libertad a cambio del dinero recibido por sus trabajos.

Las esclavas utilizaron los conocimientos adquiridos para tejerles mantas a sus familias. Lo hacían con retazos de tela que iban pillando de los lugares más dispares y con el cordel que sacaban deshilachando los sacos de tabaco o de harina. Los quilt reflejaban los diseños de sus tradiciones africanas. Siempre con líneas abiertas para que no atrajesen a los malos espíritus que, según sus creencias, se fijaban en las raíces rectilíneas de los árboles. Una vez terminadas, las mantas se colocaban temporalmente sobre los techos de las barracas en señal de buena suerte. Se convirtió en algo habitual, por tanto, extender estas colchas a la vista de todos. Su exposición llegó a formar parte del paisaje y no le resultaba extraña al ojo del amo. Cosas de esclavos. Los conductores del Tren Subterráneo lo sabían y decidieron sacarle partido.

Las mantas, explica la señorita vestida con un traje de florecitas menudas que esconde los chispazos de su cocina de carbón, se convirtieron en mapas secretos. Valían para dar instrucciones y para advertir de los peligros. Utilizaban un código de símbolos familiar para las etnias del África Occidental. Se colgaban en las plantaciones y en las estaciones del camino de hierro subterráneo que habría de conducirlos al Canadá. En cada manta había un único signo a descifrar. Los abolicionistas se habían propuesto hacerles la vida a los fugitivos lo más simple posible. Un cuadrado rojo en el centro de un símbolo que representaba una choza significaba calor, entra, eres bienvenido. Cuando el cuadrado era oscuro: estás en un lugar seguro, pero no vengas hoy.

Con la ayuda de un puntero va señalando un montón de símbolos geométricos. Cada uno con su nombre. Cada uno con su explicación. Éste, dice, se llama la senda del borracho. Son unas líneas en zigzag. ¿Lo veis? Síííí. Es una señal que indica al esclavo que debe desviarse del camino marcado porque hay cazadores de recompensas por la zona. Uno de los trucos recomendados consistía en darse temporalmente la vuelta porque un negro viajando en dirección al sur no levantaba sospechas. Esto es la zarpa de un oso, continúa. Le dice que busque refugio en la montaña y, una vez allí, que siga la senda de un oso porque le conducirá a donde haya agua y comida. ¿Quién sabe qué es esto? Yo. Yo. Aquí, señorita. Yo. Dime. Un reloj de arena. Podría serlo, pero simboliza una pajarita. Indica que es tiempo de disfrazarse. Se hace necesario cambiar la ropa de esclavo. Esto es un trenzado de cadeneta irlandesa. Representa las cadenas. Los esclavos al huir arrancaban su cadena de la pared pero eran incapaces de romper los grilletes que les ataban de pies y manos. El símbolo les dice que en las cercanías hay alguien de confianza, seguramente un herrero, que les puede ayudar a quitárselas. Repasa una docena de dibujos, el barco, los gansos, la guirnalda de flores, y termina pidiendo un aplauso para su compañero, el que combina pantalones marrones con chaleco rojo florido y chaqueta negra y para ella. Plas, plas, plas. Se acabó niños. Tienen que volver en fila cada uno a sus clases.

Febrero, mes de la Memoria de la Raza Negra. La historia de los hombres libres y de los esclavos fugados, que regresaban de nuevo al Sur en busca de sus amigos y familiares, se escribió a base de lágrimas y valentía. Como el personaje encarnado por Liam Neeson en *La lista de Schindler*, un puñado de hombres encomiables consiguieron liberar a miles de seres humanos de la opresión a través de la ruta del Ferrocarril Subterráneo. Después se desencadenaría la guerra civil. Aprovechando la partida al frente de sus amos, los esclavos comenzaron a evaporarse de Misuri, Kentucky y Tennessee hacia Kansas, Iowa e Illinois. Desaparecían de las plantaciones y aparecían del lado de la Unión en harapos, muertos de hambre. Medio millón de personas abandonaron los campos de trabajo. Doscientos mil de ellos se unieron al Ejército. En 1863 la Proclamación de Emancipación del presidente Lincoln otorgó la libertad a los negros que vivían en los estados segregacionistas. Los tres millones que quedaban en los estados esclavistas aliados de Delaware, Kentucky, Maryland, Misuri y West Virginia, así como los negros de Tennessee y de algunas zonas de Luisiana que se consideraban bajo control federal debieron esperar otros dos años más el jubileo.

8

Marzo

Me despierta la voz agitada de Sarah. ¡Está ahí! ¡Guillermo, el tipo de las fotos está otra vez delante de casa! Tardo un poco en reaccionar. No soy de despertar fácil y encima anoche nos acostamos tarde hincándole el diente a un costillar de búfalo americano. En vista de la generosidad de Sunny, decidimos reservar parte de la carne para España y darle salida al resto con los amigos del pueblo. La preparación exquisita del lomo le correspondió a un alto cargo de la CIA. No los del espionaje, sino los del Instituto Culinario Americano que se encuentra a algunos kilómetros al sur de Rhinebeck, en el pueblo del presidente Roosevelt. Es un centro universitario impresionante en el que cualquier visitante que disfrute con la comida va a alcanzar un estado de felicidad próximo al orgasmo. Situado en un bello acantilado a la orilla del río, en el majestuoso edificio que antaño albergara un seminario de los jesuitas, CIA ofrece diplomaturas en Arte Culinario y en el Arte de Panadería y Pastelería. Cerca de tres mil nuevos estudiantes se ponen cada año a las órdenes de ciento treinta chefs. Los cocineros, que representan a un total de dieciséis países con gastronomías interesantes, imparten las clases y dirigen los cinco restaurantes abiertos al público en el campus. Las aulas se asemejan bastante al set televisivo de Arguiñano y las clases se pueden observar desde las cristaleras del pasillo. Cuando lo visitamos nosotros, impartían un seminario sobre vinos de Jerez y, en las cocinas, los alumnos preparaban pasteles de ruibarbo. Charlie Rascoll, el que asó en nuestra casa el bisonte, imparte cursos de cocina mediterránea. Ha estado en España en numerosas ocasiones y no se le escapa un ingrediente, ni la denominación de origen de un vino. ¿Has traído mi termómetro?, le preguntó inquieto a su mujer mientras le pegaba una ojeada al horno. Sí, claro. Cómo no. Debbie sabe que su marido no es el mismo sin un termómetro de medir la temperatura interna de la carne y lo lleva en el bolso, por si acaso, siempre que salen. Ser un buen chef es lo que tiene: nunca te libras de echar una mano en la cocina cuando vas a cenar a casa de algún amigo. Peor lo tienen los médicos, que también se ven obligados a trabajar gratis y a deshoras con el inconveniente de que luego no pueden comerse al paciente.

Mantequilla, me dijo, ése es el secreto. Charlie interpretaba la carne del bisonte como una pieza de caza, en lugar de darle al costillar el tratamiento de un lomo vacuno. La mantequilla hacía las veces de las tradicionales albardillas de panceta con las que se forran las piezas cobradas en el campo. Introdujo el pincho largo del termómetro metálico en el asado y la aguja roja se clavó en ciento treinta y cinco Fahrenheit. Perfecto, hay que procurar que la temperatura interna no pase de los cincuenta y siete grados centígrados. Olía de maravilla. La salsa la preparó a base de mezclar mantequilla con el jugo que había soltado el bisonte en la bandeja. Le añadió unas cebollas y la fue reduciendo a fuego lento en el quemador de la cocina. Charlie, ¿y si te olvidas el termómetro? El dedo, ¿no conoces el truco? Me pidió que le alargase la mano derecha y me cogió con la suya el índice. Deja el brazo suelto, hombre. Me llevó el dedo hasta la mejilla y apretó con él intermitentemente la carne de mi carrillo. Como si estuviese tocando con insistencia un timbre. ¿Lo notas?, éste es el tacto de la carne poco hecha. Luego repitió la operación en mi barbilla: un poco más dura, ¿verdad? Así es como la quieren quienes la piden al punto. Por último, presionó mi apéndice contra la punta de la nariz: definitivamente, muy hecha. En aquel momento no supe si me estaba tomando el pelo. Al escribir estas líneas puedo corroborar que el método resulta infalible; al menos lo fue con las hamburguesas y los chuletones que preparaba yo para la cena en la barbacoa del jardín.

     ¡El tipo de las fotos ha vuelto y está sacando otra vez la cámara! Corro escaleras abajo con el pijama de camuflaje que me han dejado los Reyes Magos en mi ausencia. Veo el coche aparcado en la acera de enfrente y la silueta del individuo asomándose a la ventanilla. Me hierve la sangre. Abro la puerta de la calle y salgo como un león herido hacia el vehículo. Mientras corro, agradezco al cielo protector que mi cultura no me haya acostumbrado a almacenar armamento en casa porque, en mi desesperada situación, quién sabe si hubiese sido capaz de protagonizar alguna tontería. Han pasado seis meses desde su primera misteriosa aparición y, desde entonces, he soñado con encararle y poderle conducir ante las autoridades. La primera voz de alarma la dieron nuestros hijos cuando Sarah y yo regresamos de dar un paseo a la perra.

Nos dijeron que un señor había estado merodeando por el garaje en nuestra ausencia y sacando fotos desde la calle. ¿Quién era? No sabemos. ¿No le habéis preguntado qué quería? No nos ha dado tiempo, respondió Max. En cuanto me ha visto salir se ha metido a toda prisa en el coche y se ha marchado escopetado. Bueno, mi hijo mayor no utilizó exactamente la expresión salir escopetado para referirse a la huida apresurada del personaje. Lo que ocurre es que, como tuve que reprenderle y hacerle saber que ese tipo de expresiones no son propias de un muchacho que tiene un privilegiado acceso a la educación, he desistido de transcribir la frase literal aquí para no quebrar el ejemplo que un padre ha de mantener si quiere que la reprimenda filial sirva para algo. Y tampoco me ha parecido oportuno recurrir al eufemismo porque estaría falseando la realidad, ya que, aunque no suene mal, en la vida real nadie se marcha de ningún sitio echando hojas redondas y delgadas de pan ácimo.

A las pocas semanas del primer susto el espía fue avistado de nuevo. En esta ocasión fue localizado en el interior de un coche aparcado junto a la cuneta. Se trataba de un varón y estaba tomando fotografías con una cámara Polaroid. La información facilitada por Adriana, la amiga que estuvo cuidando unas horas a los niños, nos incitó a buscar explicaciones a un interrogante que empezaba a intrigarnos seriamente. A lo mejor no saca fotos de nuestra casa sino de la calle para acometer una obra de infraestructura. Tal vez se trate de un empleado del Ayuntamiento que quiere documentar los árboles centenarios que ha ido señalando con una cruz roja; ejemplares maravillosos que han de sufrir el cadalso de la sierra mecánica, ya que existe el peligro de que caigan encima de alguna casa y la unten contra el asfalto como un cuchillo que esparce mantequilla. Nada de eso. Cuando se produjo el tercer avistamiento quedó claro que el objetivo de la cámara iba dirigido a nuestro jardín, a nuestra casa y a sus habitantes. Se me pasó por la cabeza que podría tratarse de un periodista del corazón; algún *freelance* despistado que equivocadamente pensara que mi vida privada podría interesar en los círculos del cotilleo. No me cuadraba en absoluto pero, como la prensa rosa vivía en España una época dorada, pensé que ante la desproporcionada demanda de famosos, los SMC, el grupo de semiconocidos, podríamos haber pasado a engrosar el retén de complemento. Hasta que se produjo un nuevo encuentro en la tercera fase, ¿Dígame?, Papá ven a casa que ha vuelto a aparecer el tío raro, y descartamos esa posibilidad por razones obvias. Los paparazzi podrán resultar pesados, pero no suelen ser tan imbéciles como para perder su valioso tiempo sacando fotos digitales de la puerta de un garaje con una canasta de baloncesto desierta.

En el Ayuntamiento de Rhinebeck le confirmaron a Sarah que no se estaba realizando en la zona ninguna operación en la que pudiese encajar la actividad de documentación fotográfica del individuo descrito. Algunas veces, le explicaron, tomamos fotos de las propiedades para incluir las nuevas construcciones y recalcular los impuestos, pero en estos momentos no toca. Mi cabeza pasó entonces a contemplar el razonamiento siguiente en la lista de probabilidades y la preocupación se agudizó un par de vueltas más de tuerca. ¿Se trataría de un violento? En la empresa que acababa de dejar en Madrid, la Cadena

SER, como en tantos otros medios de comunicación españoles, trabajaban un puñado de periodistas amenazados por los terroristas de ETA. Iñaki Gabilondo llegaba cada mañana al estudio de *Hoy por hoy* acompañado de un simpático guardaespaldas con el que nosotros bromeábamos en la redacción jugando a quitarle la pistola. Carlos Herrera recibió una caja de puros con explosivos dentro y tuvo que abandonar su puesto en Radio Nacional por unos meses. Y Jiménez Losantos nos había relatado en la sede de la desaparecida Antena 3 de Radio el susto de muerte que se llevó en su chalé de la sierra madrileña cuando se cayó accidentalmente la barra de una cortina y, debido al estruendo, se metió debajo de una mesa pensando que venían definitivamente a por él. En mi mundo profesional vivíamos rodeados de compañeros que habían tenido que acostumbrar sus vidas a la incómoda rutina de aguantar permanentemente la presencia de un agente policial. Por ello, cuando en los últimos meses de programa las críticas severas que vertimos en los micrófonos contra los intolerantes del entorno criminal coincidieron en el tiempo con un episodio extraño en las cercanías de mi vivienda, no pude evitar el cruce de ambas informaciones. Una mañana, al salir de madrugada camino de Gran Vía, 32, un coche se aproximó hacia mi portal y dio marcha atrás a gran velocidad. La intuición me llevó a pegar un brinco, volver a entrar y a cerrar tras de mí la puerta. Escuché un crujido de neumáticos y, al asomar de nuevo la cabeza, lo vi practicar un trompo al final de la calle y cruzar la avenida, saltándose un carril de dirección contraria, por encima de la mediana. Me dio tiempo a memorizar la matrícula. Comenté el incidente con el jefe de seguridad de la radio y su rostro me devolvió un gesto nada halagüeño. Durante varios días se presentó él personalmente a recogerme y practicamos toda esa parafernalia de cambiar de itinerarios y de esquivar los semáforos en rojo. Al cabo de una semana de incertidumbre se acercó a verme a mi mesa y me pegó un manotazo en la espalda. Se acabó. ¿De verdad? No tienes por qué preocuparte. Hemos localizado el coche. ¿Qué era? Nada, es otra historia. No tiene que ver con lo que sospechábamos. Posiblemente nunca había respirado más aliviado en mi vida. Sin embargo, ahora, considerando la irracionalidad del terrorismo, me cabía nuevamente la duda de si el misterioso fotógrafo planeaba una desagradable sorpresa para mi familia. Necesitaba con urgencia escuchar la voz de alguien sensato que me confirmase que yo estaba alucinando en colores, que me bajase a la realidad y me tranquilizase restándole importancia a la presencia del tercer hombre.

La ocasión se presentó en el transcurso de una cena con mis cuñados Joan y Bruce Howe. Tenemos un amigo que es del FBI y podéis comentárselo. Ah, estupendo, muchas gracias. Hablamos con él. ¿Tenéis hijos pequeños? Tres. Ajá. Se produjo un silencio destinado a la meditación en su lado de la mesa y a la desesperación creciente en el nuestro. Perdone, ¿por qué pregunta lo de los hijos? Pudiera ser el motivo. Quizás se trate de un pervertido que esté planeando un secuestro. ¡Aaaaaaah!

Por eso hoy, día 20 de marzo, fecha elegida por el presidente Bush para lanzar su coalición multilateral a una invasión de Irak que dejaría cientos de miles de víctimas y un caos político y económico sin precedentes en la zona del Golfo Pérsico, corro desesperadamente hacia el coche misterioso donde un hombre acaba de disparar el flash de su cámara Polaroid. Mi primera reacción, empotrado en mi pijama navideño de camuflaje, consiste en fijarme en la matrícula y el tipo de vehículo por si el sospechoso vuelve a emprender la huida. Llego jadeante hasta la ventanilla. El tipo está tomando notas en un cuaderno que le arranco de las manos. ¡Traiga eso! ¿Qué demonios está usted haciendo? ¡Ahora mismo voy a avisar a la Policía! Llámela, estoy en propiedad pública y puedo hacer las fotos que me venga en gana. Es la sexta vez que se presenta en mi casa y quiero saber ahora mismo qué es lo que se propone. Vale, pero no se ponga usted así, hombre, que lo veo muy alterado. Me fijo en el señor. Es un abuelito de ojos azules que me mira con cara de pánico, casi a punto de echarse a llorar. Me da la impresión de que estoy metiendo la pata hasta el fondo. Esto... Bueno, perdone los nervios pero... ¿me podría explicar qué es lo que está haciendo? Soy actuario. ¿Actuario? Sí, me gano unas perrillas trabajando para el banco. ¿Y eso? Su casa ha sido vendida en el último año y el banco me ha encargado un estudio para saber si los precios de venta de las viviendas en Rhinebeck coinciden con los precios reales del mercado. Tengo que sacar fotos, calcular metros cuadrados y establecer comparaciones. Ya... Me siento como Javier Krahe cuando fue a rondar a Marieta. Y yo en medio de la calle, con mi pijama bélico y mis pies descalzos introducidos en un charco de agua helada, como un gilipollas, madre, como un gilipo-o-llas.

Le pido disculpas y le pregunto si me puede dar su tarjeta de visita como comprobante del engorro. Se abre la chaqueta y, amablemente, extrae una de la cartera.

Tenga, hombre y, una última cosa: ¿no le parece que a treinta y cuatro grados Fahrenheit (que son apenas dos en el termómetro que manejamos en España) debería usted utilizar calzado para evitar pillarse una pulmonía? ¿Eh?, sí, claro, gracias por el consejo. Burrum, burumm... Absurdo, como un pato en el Manzanares, observo cómo se aleja Kenneth, la terrible amenaza que ha planeado durante meses sobre la pacífica familia española con residencia temporal en la calle Parsonage, camino de una oficina bancaria.

Sarah y yo nos reímos aliviados por la inocencia del suceso. Ni paparazzi, ni mafiosos, ni pedófilos con mente retorcida. Adiós a los agobios. Hola al sentimiento de culpabilidad de haber estado a punto de causarle un derrame a un pobre señor que perfectamente podría actuar de Papá Noel en los almacenes Macy's. Mientras me ducho pienso en cómo podría resarcirle del desagradable episodio. Me visto y, antes de pasar por la oficina a seguir escribiendo el guión de la película *Cándida*, me acerco a Samuel's Café y compro una caja de bombones. Escribo una larga nota en la que le resumo la historia completa. Querido Kenneth, no sabe usted cómo lo siento. Termino invitándole a compartir un vinito con nosotros en casa cuando quiera y le mando el paquete desde la oficina de correos. Doce dólares de chocolate y tres de sellos. Ignoro si Kenneth le hincará el diente a los de almendra o tirará la caja a la basura pensando que quizás los bombones han sido envenenados con ántrax por un loco que va pisando charcos descalzo embutido en un disfraz de cazador.

Enciendo el ordenador. Tengo un montón de ideas desperdigadas en papeles sobre mi mesa de despacho de caoba maciza, con triple cajonera con llave. Me costó veinticinco euros en una nave de venta de muebles de segunda mano en Kingston y un crujido a la altura de la tercera vértebra lumbar al subirlo con Manoocher al segundo piso de la oficina inmobiliaria de Huck. Sigo pensando en Kenneth y no consigo concentrarme. Me lo imagino, a la inversa, incapaz de completar los cálculos de su labor de actuario por culpa del asalto sufrido a plena luz del día. Algo que el sistema tributario no se puede permitir. Los impuestos se cargan en proporción a un valor patrimonial que varía dependiendo de quién sea el propietario, de la utilización que éste haga del inmueble y del año en que el título cambió por última vez de manos. Los Kenneth del mundo deben permanecer alerta, mientras patrullan las calles Polaroid en mano. Ojo avizor. Ellos saben adónde tienen que mirar. Hecha la ley, hecha la trampa. Tan sólo con dejar crecer la hierba en una esquina del jardín y cosechar después un par de balas de heno, algún vecino avispado podría intentar convertir su terreno edificable en zona agrícola de especial protección para quedar exento de impuestos en la declaración de la renta. Riiiing. Kenneth, ¿es usted? No, es Sarah. Nos han invitado los Kufner a navegar sobre hielo, me dice. Date prisa. Stephanie te espera en el despacho de abogados que hay al lado de la tienda de *bagels*. Cógete la cámara, te van a dar un permiso para sacar fotos desde el puente. Okay, salgo volando.

En los primeros días de marzo el cauce del río Hudson amaneció congelado. Fundido en un sólido bloque de color blanco. Un disfraz de glaciar que ofrecía las mejores condiciones que se habían dado en los últimos veinte años para la práctica de la navegación sobre agua sólida. Éxito atribuible a un frío constante y sin precipitaciones que arruguen la superficie. Resultado: el llamado hielo negro, liso y transparente, al que la ausencia de viento ha privado de burbujas y borrones. Como el fondo de cristal de un barco que lleva a los turistas a admirar los arrecifes de coral en el Caribe, en algunas áreas del río y sobre todo en los lagos y estanques de Rhinebeck, los patinadores pueden observar por debajo de sus pies a las aletargadas tortugas y a los peces que se desplazan con la lentitud propia de la hibernación. Los aficionados al deporte de la vela solicitaron a las autoridades que controlan la navegación fluvial que, por favor, no metiesen el rompehielos por la bahía de Rhinecliff. Se respetó la petición, se dejó inmaculada una pista amplísima de más de un kilómetro de ancho y abrieron un canal, pegado a la orilla de Kingston, para permitir el paso de los petroleros que suben hasta Albany. Una rayita ínfima en un horizonte macizo por el que hoy parece que nunca hubiera fluido el agua. Esto se asemeja al Polo Norte. Empezamos el año batiendo récords de temperaturas bajas. La friolera de cuarenta y cinco grados bajo cero. En Fahrenheit que, al cambio, suenan un poquito más escandalosos que los nuestros. De acuerdo pero, en casos tan extremos, al convertirlos a centígrados tampoco mejora ostensiblemente la cosa: ¡menos cuarenta y dos! ¿Qué decía? Fue portada en todos los periódicos. Se congelaron los cambios de agujas de las vías del tren y se paralizaron las conexiones con las ciudades de Nueva York y Nueva Jersey. Los fontaneros no daban abasto con el número de cañerías que saltaban, crack, como la piel de las castañas asadas, reventadas a causa de las heladas. Gravísimo problema porque, de ocurrir en un tramo de la vivienda que normalmente no se utilice (que es precisamente donde suele pasar porque el agua estancada es la primera en congelarse), el deshielo sorprende con unas goteras impresionantes que pueden arruinar el suelo o una pared de madera en cuestión de horas. Especialmente a los que no residen aquí permanentemente y van a reaccionar cuando sea demasiado tarde. Los de las casas de fin de semana o de verano, que haberlos, haylos, y los jubilados que se escapan seis meses al adosado de Florida. Recuerdo que en mi infancia en Madrid, cuando salíamos de casa los sábados por la mañana camino de la sierra de Guadarrama, la obsesión de mis padres residía en que el último en salir apagase el gas. ¿Habéis cerrado la espita, niños? En Nueva York ese mismo celo se transporta a las conducciones del agua. ¿Habéis vaciado las cañerías? Se cierra la llave de paso y se abre el grifo de la cota más baja hasta que en las tripas de hierro, de cobre, o de peuvecé no quede más que aire. Entonces se acaba el peligro porque el gas que respiramos, al contrario que el agua, se comprime con el frío inmenso. Lo digo sin base científica pero con conocimiento de causa porque me ha deshinchado el balón de baloncesto y ahora, cuando tiro a canasta en el garaje, se queda clavado en el suelo en lugar de regresar feliz dando botes en busca de su amo. Sufrimos unas temperaturas tan bajas que se han multiplicado los incendios. Los provocan las chimeneas secundarias cuyo tiro no había sido revisado en años y las sobrecargas en enchufes que no dan abasto con tanta estufa eléctrica enganchada a sus agujeros de patilla plana.

Llego al despacho de abogados que hay justo al lado de la tienda de *bagels*. El estómago suelta un rugido ante el olor a pan tostado que sale del local contiguo. Caigo en la cuenta de que, con la emoción de haber resuelto el caso del fotógrafo misterioso, se me ha pasado por alto desayunar. *Bagels*. Son panes inventados en el centro de Europa que se pasan por el agua hirviendo antes de introducirlos al horno. Tienen forma de rosquilla y son parte habitual de la dieta en ciudades con grandes núcleos de población judía, como Nueva York o Los Ángeles. Se encuentran de muchos tipos, con ajo, con semillas de sésamo, con pasas, y aquí los preparan como bocatas, rellenos de buenísimos embutidos italianos. Sin tostar a mí me resultan gomosos pero hay bastante gente que los prefiere así. ¿Existirá algo más neoyorquino que un domingo por la mañana sentado a la mesa de la cocina de casa, ojeando las infinitas secciones del *New York Times* con una taza de café con leche en la mano y, sobre el plato, un *bagel* bien tostado untado de queso Philadelphia? Lo dudo, salvo, en todo caso, que a esa misma descripción se le añada un plato de salmón ahumado con su limón, su cebollita, sus alcaparras y su huevo duro y un Bloody Mary bien cargadito con un troncho de apio que asoma por el vaso.

Stephanie Kufner me reconoce a través del escaparate y me hace un gesto para que pase dentro. Adiós a mi *bagel* de *sopressatta* de campo. No hay tiempo para degustaciones. *Guten morgen*. Tienes que firmar aquí, que nos vamos. Vale, genial, pero ¿adónde? Éste es mi abogado. Hola. Acaba de hacerte un papel en el que afirma que te conoce y que eres una persona de bien. Y muy limpia, añadí. Lo necesitas para que las autoridades del puente te autoricen como reportero a sacar fotos desde arriba. Yo voy contigo porque quiero sacar a algunos de mis chicos navegando. Gracias. Nos vamos. Pues vámonos.

Puente de Kingston-Rhinecliff, que en realidad enlaza la antigua capital de Nueva York con Rhinebeck, pero se quedó con el nombre del primitivo trayecto de ferri que unía ambas orillas algo más al sur. Dos kilómetros y medio de vigas de acero con doble carril de tráfico y arcenes que ocupan en total su anchura de doce metros. En el centro, donde la obra de ingeniería alcanza su altitud máxima, una bandera estadounidense preside los cuarenta y seis metros de caída libre que lo separan hasta tocar el Hudson. La bandera sirve para orientar a los conductores de arriba y a los navegantes de abajo de la velocidad y dirección del viento. La caída libre, tristemente, ha sido utilizada por un número significativo de personas para ponerle fin a su vida. Hans Boehm, uno de los seres más entusiastas que jamás he conocido, estuvo a punto de desaparecer entre las aguas al intentar evitar el salto de un amigo. Regresaba de su trabajo en el hospital de Kingston, donde atiende a pacientes de psiquiatría y, en medio de la noche, reconoció la silueta de quien comenzaba a escalar la barandilla. Paró su vehículo y le habló. Se aproximó a él. Trató de convencerlo para que se bajase. Nada. Le tendió la mano y su amigo aceptó el enganche. Pero ya se marchaba. Estaba decidido a arrojarse y no iba a permitir que un hombrecillo risueño, vestido con batín azul y zuecos blancos, le impidiese realizar el viaje. Él pegó un último impulso hacia arriba que Hans trató de contrarrestar hacia abajo sin éxito ninguno. Lo arrastraba, se lo llevaba con él. Nadie ni nada podía hacerle ya desistir de su empeño. Saltó al vacío y el enfermero Boehm lo dejó partir. La única alternativa posible hubiera consistido en realizar el vuelo juntos. Lloró sobre la barandilla del puente. Lloró en el coche. Y lloró Hans cuando tuvo que declamar en la oficina del *sheriff* un relato detallado de lo ocurrido.

Esta historia la escuché, emocionado, de sus propios labios en una fiesta que organizaron los Boehm en septiembre. Invitaron a un montón de gente a degustar las ostras que Hans había arrancado a las rocas de Cape Cod durante sus dos semanas de vacaciones. Procedían todas de la bahía de Wellfleet, un remanso pacífico dentro de las ya de por sí calmadas aguas del célebre cabo de Massachusetts. Lo habitual por aquellos pagos es entretenerse al amanecer y peinar la arena con grandes rastrillos en busca de las almejas gigantes. Sirven para elaborar la típica sopa *clam chowder* o para pasarlas al vapor y zampárselas con una socorrida salsa de mantequilla derretida, ajo y perejil. Pero a Hans, qué le vamos a hacer, lo que le fascinan son las ostras.

Aprovechando los bajos de la marea, se calza un guante de malla de acero y parte con su machete a despegar moluscos de los acantilados. Como se apelmazan en grandes manojos, la primera labor consiste en separarlas. Escoge las grandes y devuelve las pequeñas al agua para que sigan creciendo. Una tarea pesada y, sobre todo peligrosa, debido a que la cantidad de estrías que estos

moluscos presentan en la concha vaticinan unas probabilidades de cortarse tremendas. Los franceses lo saben
de sobra. Durante las Navidades, las urgencias médicas
españolas se hartan de recibir individuos que se han
sajado un dedo con el cuchillo de cortar jamón serrano;
las francesas, en la misma proporción, atienden a los que
se clavaron en la palma de la mano el cuchillo de abrir
ostras. Un riesgo que en Cape Cod merece la pena cuando se da bien la jornada y se regresa con un centenar de
ejemplares en la cesta. A Rhinebeck se trajo un bidón
repleto de marisco y otros tantos a rebosar de agua de
mar. El líquido salado lo congeló en el arcón que tiene
en el garaje. Nada especial. Aquí mucha gente caza, así
que necesitan congeladores industriales donde guardar
el ciervo troceado, los pavos salvajes desplumados y, ya
de paso, los botes de helado de vainilla y chocolate de
tres kilos, las bolsas de panes para perritos, las bandejas
de carne picada para hamburguesas, las pizzas, las empa-
nadillas chinas, los paquetes de alitas de pollo, las latas
de concentrado de limonada... y tantas otras cosas que, si
se declarase en el valle el estado de emergencia, podrían
todos comer de menú un par de meses.

Desde que dejó The Cape hasta el día de la fiesta,
Hans se encargó de que las Wellfleet se sintieran como
en casa. Les estuvo cambiando el agua diariamente a base
de descongelar porciones de la que se trajo consigo en-
vasada en los contenedores. Y llegó el gran día en que
nos ofreció un banquete formidable. Instalado junto a un
tronco de árbol que le servía de mostrador, no sé cuántos cientos pudo abrir con el machete afilado en la tienda
de utensilios de cocina de su cuñado Richard. Otro loco

de los deportes al aire libre. Las tres hermanas Curthoys habían coincidido en compartir sus vidas con hombres más enamorados del campo que las amapolas. Nola, la de la casita del lago de Cristal, había escogido a Tim, que no perdonaba ningún verano la travesía en canoa por los Adirondacks, acampando en montañas plagadas de osos pardos. Su hermana Tricia estaba casada con Richard, al que, por poner un ejemplo descriptivo, en invierno le encantaba escalar cascadas congeladas con la única ayuda de un piolet en cada mano. Y Kathy convivía con Hans, que, incapaz de parar quieto, se había confeccionado una funda mochila para cargar a la espalda tres palos de golf. Los básicos: una madera, un hierro y un pat. Madrugaba como el que más y se personaba a primera hora en el campo de Red Hook para ser el primero en tomar la salida. Se hacía los dieciocho hoyos, pero a la carrera. Siguiendo la trayectoria de la bola por el aire en tiempo real. Una manera de mantenerse en forma y de terminar el circuito en un tiempo razonable para poder llegar puntual al trabajo en Kingston.

Los amigos iban llegando a la fiesta con cuencos de ensalada y muslos de pollo que añadir a la barbacoa. Alimento justo y necesario pero incapaz de superar el sabor de aquellas ostras. Estaban igual de buenas solas, con el agüilla almacenada en la concha, que rociadas con unas gotas de limón o bañadas en una salsa roja picante. Tiernas, jugosas, cremosas y excelentes. Hans me notó tan entusiasta con la gastronomía que hizo un paréntesis en su tarea de abridor para mostrarme su huerta de tomates. Tienes que verlos, son una maravilla. La noche andaba algo fría y se divisaba con nitidez el planeta Marte en el cielo. Junto al garaje un grupo jugaba con una maza a ver quién introducía antes un clavo en un tarugo de madera. Las carcajadas explotaban de forma contagiosa. Son *heirloom*, me dijo. Parecen pimientos, le respondí. Pues son tomates. Huele. Sí que lo eran. Ya lo creo. Tomates como lo habían sido toda la vida, pálidos, deformes y olorosos, hasta que los manipuló genéticamente el hombre para convertirlos en redondos, colorados e insípidos. Los restaurantes de Rhinebeck pueden llegar a pagar cinco dólares por uno de éstos. Abrió un ejemplar. De aspecto rosita por fuera, su interior reveló un rojo sangre bien intenso. Para que no se los coman los ciervos, me confesó, compro por Internet pis de coyote y rocío con él la valla. De momento parece que funciona.

Me sentí fascinado por el descubrimiento. Le pregunté cómo conseguir unas semillas y cuándo consideraba él que sería la mejor época para plantarlas. Lo de las simientes no revestía el menor problema. Poniendo *heirloom* en el buscador, me dijo, te saldrán veinte direcciones donde poder encargarlas por correo. Hay que plantar el Día de los Presidentes. Es una regla del pulgar. ¿Una regla del pulgar? Una costumbre. Cosas que se hacen porque se hacen y punto. Antiguamente, en Inglaterra, el marido estaba autorizado a pegar a su esposa con una barra que no excediera en anchura a la del dedo pulgar. De ahí proviene la expresión. Estás de broma, ¿no? Bueno, yo qué sé, eso es lo que se dice.

Total, que yo me tomé al pie de la letra el consejo agrícola y el tercer lunes del mes de febrero, día en que con la disculpa de festejar los cumpleaños de Washington y Lincoln los estadounidenses se pillan un puente de aquí te espero, me dispuse a iniciarme en el mundo de la horticultura. A punto estuve de perder los dedos en el intento. El suelo estaba congelado hasta el magma y la azada rebotaba como si estuviese intentando penetrar en hormigón armado. Tuve que utilizar, literalmente, un punzón y un martillo para sacar astillas de tierra y abrir agujeritos en los que poder plantar mis tomates. Taparlos fue todo un poema. Aquello se parecía más a la labor de terminar un puzle, buscando trocitos congelados que encajasen en los agujeros creados por el cincel, que a la faena de la siembra que uno siempre imagina al sol y con sombrero de paja. Pero lo conseguí. O, para precisar un poco mejor, creí haberlo conseguido. Tardaría algunos meses en darme cuenta de que mi esfuerzo había resultado estéril. Hans se olvidó de que soy un animal de ciudad y obvió decirme que en el Día de los Presidentes se plantan las semillas, sí, pero en tarritos de plástico de Petit suisse y en la encimera de la cocina de casa. Lo de la tierra, por lo visto, viene después; cuando las matitas empiezan a hacerse hermosas y los primeros calores aconsejan su trasplante al huerto definitivo. Manolete, si no sabes torear, ¿pa' qué te metes?

De Boehm conozco varias historias. Todas ellas narradas por él con la pasión de un alma capaz de emocionar a quienes la rodean. La más bella, sin duda, la ya relatada en este libro del abeto navideño. Pero ahora estoy en el puente de Kingston-Rhinecliff, inaugurado en 1959, y el Hans que me viene a la memoria es el de los ojos humedecidos por la frustración de no haber podido impedir que un ser humano se arrojase por la borda. La bandera ondea y mantiene la horizontalidad; señal de buenos presagios para los navegantes del río. Un empleado del peaje, un dólar cada vez que lo cruzas en dirección al este y gratis si lo pasas hacia la puesta del sol, nos ha conducido a Stephanie y a mí en su furgoneta hasta el centro. Ha aparcado en la cuneta y nos ha indicado que espera dentro del vehículo a que terminemos nuestra labor periodística. Por mí, no tengan ustedes prisa. Desde la altura los de allá abajo parecen hormiguitas. La panorámica del Hudson convertido en hielo es impresionante. Casi me apetece girar sobre mis pies con los brazos en alto y cantar *The Sound Of Music*. Como Julie Andrews en el comienzo de *Sonrisas y lágrimas*. ¡Eeeeh! Gerald Kufner agita su brazo a lo lejos en señal de saludo. Creo distinguir a Sarah, o más bien su ropa, porque va cubierta hasta las cejas para protegerse de los quince grados bajo cero, junto a una hoguera que alguien ha encendido en medio del cauce. Hace tanto frío que el fuego no consigue hacer ni un charco debajo de los leños.

Clic. Clic. Clic. Posiblemente es la última vez que le doy salida a mi Canon convencional de carrete Kodak 400 de treinta y seis exposiciones. Clic. Clic. Allí están los catamaranes, desplazándose con la suavidad de un patinador sobre las grandes cuchillas instaladas en sus palas. Verdaderas reliquias históricas que salen de su escondrijo muy de vez en cuando. Stephanie me los señala. El *Vixen*, que perteneciera a John A. Roosevelt, el tío del presidente. El *Rip Van Winkle*, propiedad de la familia Livingston. La mayoría tiene más de cien años de antigüedad. Cruces de madera de caoba coronadas por las velas. Clic. Clic. Clic. Bueno, pues ya vale. Nos bajamos.

El acceso al río lo realizamos por la mansión de Rokeby, con permiso de su propietario, que cede el paso sin problemas a todo el que se lo solicita. Ricky es amigo de los Kufners y sigue habitando el gran caserón familiar, en parte, gracias al alquiler de los graneros que ha convertido en apartamentos para los estudiantes de la Universidad de Bard. Hace dos siglos Nueva York era el estado donde vivían casi todos los multimillonarios estadounidenses. Desde sus impresionantes fincas llegaban a la ciudad por el Hudson, a bordo de sus lujosos yates de madera noble, o bien enganchando al ferrocarril sus vagones privados en los apeaderos particulares de sus residencias. Eran otros tiempos y otras fortunas. Luego se tipificaron los impuestos y la mayoría de los propietarios terminaron vendiendo o cediendo las tierras al Estado. Estamos hablando, al margen del valor del inmueble, de cifras astronómicas de mantenimiento. Las casas son auténticos palacios que necesitan restauraciones constantes y los terrenos que ocupan pueden abarcar cientos de hectáreas. Solamente la factura de la máquina quitanieves para abrir paso desde la carretera a través del bosque puede sumar varios miles de euros mensuales. Cortar el césped en verano, otros tantos. Talar y podar cada árbol caído en una tormenta, un pico de dimensiones similares. Asfaltar el camino, deshollinar las numerosas chimeneas, reparar los daños del tejado que causan continuamente las ardillas, recoger en camiones las hojas caídas sobre la pradera en otoño, dragar el lago, rellenar los gigantescos tanques de gasóleo para calentar las estancias en invierno, pintar las fachadas cada dos o tres años constituyen tan sólo un botón de muestra del desembolso constante que tienen que asumir quienes las habitan. Y eso sin contar que, cada vez que se te estropea un grifo, no puedes ir a

Williams Lumber y comprar uno nuevo porque el tuyo es de época. Te lo tienen que hacer a medida. Se te rompe un picaporte: a medida. Tienes que cambiar un enchufe, te tienen que hacer una réplica histórica en porcelana. Así que, vete preparando pasta, si quieres vivir hoy en América un estilo de vida semejante al que llevaba la reina Isabel de Farnesio en el palacio de Riofrío.

Muchas mansiones han pasado ya a manos de las autoridades locales y se han convertido en lugares históricos abiertos al público. Es el caso de la residencia de los Vanderbilt, construida por los herederos del segundo hombre más rico en toda la historia de Estados Unidos, Cornelius el de Bilt, Holanda, cuyo volumen de fortuna únicamente ha conseguido superar hasta la fecha Rockefeller.[1] Lo que hoy se visita como museo, sirvió de casita de fin de semana a quienes disfrutaban de los ingentes beneficios generados por los ferris de vapor y el ferrocarril. Bajaban una semana al año a Hyde Park, a mediados de octubre, para admirar los colores del otoño en los árboles y regresaban de nuevo a su residencia de la Quinta Avenida. Eso era todo. En verano preferían su mansión en la playa de los Hamptons, al final de Long Island.

Algunos herederos actuales, incapaces de mantener económicamente el legado de sus ancestros, pero deseosos de conservar el patrimonio en la medida de lo posible en la familia, han ido soltando lastre. Venden la residencia principal con la mayor parte del terreno y se reservan las cocheras, la casa de servicio o el edificio de la lavandería para convertirlos en vivienda. Obras de arquitectura que, en cualquier caso, superan en belleza y tamaño a la mayoría de las casas modernas que podríamos denominar buenas. Hay también quienes han llegado a un acuerdo de donación con las autoridades, merced al cual se les permite utilizar los edificios en fechas señaladas para celebraciones familiares o, incluso, continuar habitando una zona acotada. Las que se encuentran aún en manos privadas han sido adquiridas por los *brokers* que se enriquecieron en la Bolsa al final de la década de 1990, los jovencitos que se forraron al inicio de la locura Internet y por estrellas del rock, del cine, de la fotografía o de la literatura. Gore Vidal, que durante muchos años ocupó una llamada Edgewater, Al filo del agua, afirmó en una entrevista a la prensa italiana que la peor decisión de su vida fue la de deshacerse de su precioso hogar en la orilla del Hudson. No me extraña. La mansión, que he tenido la suerte de poder visitar, tiene poco que envidiarle a Tara, la que el viento se llevó. Dentro, e iluminada por un lucernario, preside una biblioteca octagonal con techos de ocho metros de altura donde posiblemente Vidal reescribiera una y otra vez el guión definitivo de la película *Ben-Hur*. Fuera, un porche de dos pisos con seis enormes columnas dóricas de color blanco, rodeado de sauces llorones, se abre a una pradera que en cincuenta metros toca el río. Vidal la adquirió en 1946 por treinta y cinco mil dólares y la vendió por ciento veinticinco mil en 1969. Hoy Hacienda la tiene valorada en cuatro millones y, si se pusiese a la venta, probablemente las ofertas doblarían esa suma. En este lugar de ensueño, el propietario ofreció una fiesta a Hillary Clinton para recaudar fondos durante su primera campaña al Senado.

En Tívoli hay otra majestuosa que tiene colgado el cartel de se vende con una cifra millonaria. Como para salir de compras. Se venderá, me dice Huck. Seguramente por menos pero terminará vendiéndose. ¿Será por dinero? La belleza de este valle y la proximidad con la capital de los negocios atrae fortunas de medio mundo. Estos bosques esconden apellidos ilustres en otros pagos. Hay un Ferrari, un Soros, un Borbón... En la mencionada mansión estuvimos cenando hace poco, con motivo de la fiesta judía de Purim. A sus inquilinos, Steve y Linda, los conocimos al poco de llegar a América porque su hija pequeña, Grace, coincidía en la guardería con Julia. Steve Levin lleva media vida comprando casas de época deterioradas o con amenaza de ruina. Se instala a vivir en ellas con su familia, mientras se dedica con mimo a devolver a los edificios su aspecto original. Cuando lo consigue, vende y salta a la siguiente. Es el único amigo nómada que tengo. Empezó con propiedades pequeñas y, como lo hace francamente bien, en estos momentos mora como el capitán Haddok en un castillo que sólo en impuestos le debe de comer setenta mil dólares al año. Pronto se lo traspasará a una estrella de cine, buscará otro lugar increíble y nos volverá a invitar a cenar. Gracias a sus continuas mudanzas, como en un tablero real del Monopoly en el que sus amigos fuésemos las fichas, tenemos el privilegio de disfrutar de sitios insospechados. En esta finca se levantan un par de perlas salidas del tablero del mítico Stanford White, el famoso arquitecto que en la novela *Ragtime* caía asesinado por las balas de un marido celoso. Cocheras de marquetería en una vaguada hasta donde se acercan en manada los ciervos. Muy bonitos, pero no los quiere nadie. Se comen las flores y traen en el pelo la garrapata que contagia una enfermedad reumática maldita.

En temporada de caza, la fotógrafa Annie Leibovitz, que es vecina, contrata a un campeón de tiro con arco para que los vaya eliminando discretamente y sin hacer ruido.

En la cena de Purim coincidimos con los Dorin, Jay y Lisa, y con Karen y su marido peruano, Carlos Valle. Conmemoramos el tiempo en que los judíos que habitaban Persia fueron salvados del exterminio. Una historia que recoge la Biblia en el Libro de Esther y que se lee en las sinagogas el decimocuarto día del mes de Adar, que cae un poco antes de la Pascua. Cada vez que la lectura menciona el nombre del malo de la película, Hamán, los fieles responden al rabino con abucheos, pataleos y el sonido desapacible de los dientes de las carracas que chocan contra las lengüetas de madera. Hamán. Buuuuuu. Jay me confiesa que él no se acuerda muy bien de la historia. Los judíos celebramos una fiesta cada quince días y es complicado seguir el cómputo, bromea. Cualquier disculpa para comer es bienvenida. Nos entusiasma comer. Cuando te levantas por la mañana te preguntan: ¿has practicado buen sexo?, pues, entonces, come. El sexo y la comida son las dos claves que sustentan a mi pueblo. Steve pide permiso para practicar su español. Conoce una palabra que aprendió de pequeño y quiere ver si la pronunciación es correcta. ¿A ver qué palabra? Al-bón-di-gas. No puedo creérmelo. Albóndigas, sí. Está muy bien dicho. Carlos, que es psiquiatra y, curiosamente, el jefe de Hans en el hospital de Kingston, ha traído una botella de Pisco y yo comento que me encanta el Sour. Estupendo, suelta Steve, pues te toca prepararlos, machote. ¿A mí? ¿Que prepare yo los Pisco Sour cuando lo más parecido a un cóctel de Chicote que he mezclado en mi vida ha sido un JB con Coca-Cola?

En la cocina giro el casco de la botella con disimulo y me percato de que trae las instrucciones en la etiqueta trasera. Pues nada, a seguirlas. Pisco Sour. Tres medidas de aguardiente peruana y dos de sirope de goma. Como no hay sirope lo improviso disolviendo dos cucharadas soperas de azúcar en un vaso lleno de agua. Una clara de huevo. Un puñado de cubitos de hielo y a la Turmix. Chraaaaas. Aparece la espumita blanca. Buena señal. A servir. Una delicia. ¿Steve, quieres probarlo? Al-bón-di-gas.

Con Karen, que tiene un sentido del humor finísimo, hablamos un rato sobre los matrimonios interculturales. Nos cuenta que su madre, una mujer menudita de la ciudad de Nueva York, ha terminado enterrada en un cementerio mormón porque su padre, aunque no era practicante, descendía de una familia de seguidores del profeta Smith. Del hombre que dijo que se le apareció un ángel al norte del estado de Nueva York y le entregó un libro escrito en antiguo egipcio y unas gafas especiales para que pudiera traducirlo. Las escrituras revelaron que el pueblo prometido de Israel había atravesado el Atlántico en piragua. Enfrentados en una lucha fratricida en el Nuevo Continente, los malos exterminaron a los buenos y Jehová, en castigo, convirtió a todos los supervivientes en indios y en negros. A finales de 1800, según relata el protagonista en el Libro del mormón, Dios le pidió personalmente a Smith, a través de su enviado especial el ángel Moroni, que se encargase de redimir al pueblo perdido y de hacerle retornar al redil. Con esas raíces, sumadas a las católicas de su marido y al agnosticismo de ambos, concluye Karen, lo más parecido a religión que hemos sido capaces de inculcarles a nuestros hijos en casa ha sido la historia del Conejo de Pascua.

La noche de Purim brillaba una inmensa luna en el cielo que convertía en tridimensionales las nubes azuladas y grisáceas del firmamento. Hacia él viajaban las columnas de humo de las tres chimeneas que calentaban los salones de la mansión a toda máquina. Lisa Henderling, la mujer de Jay, que es una ilustradora fuera de serie, apunta la idea sacada del periódico de que, gracias a los supertelescopios, los astrónomos habían empezado a viajar al pasado. Que en realidad no observaban los astros, sino la luz proyectada por éstos y que, si consiguieran localizar un haz que hubiese tardado cuatrocientos setenta millones de años en recorrer la distancia que lo separa desde su emisión hasta el telescopio, estarían observando el big bang en tiempo real. Sarah corrobora que lo ha leído y dicen que en Baltimore han conseguido una foto que está a un tiro de piedra de retratar el origen del universo. Qué cosas.

Sobre el mismo río helado que observamos aquella noche en la casa de los Levin, ahora a pleno sol, se vive un ambiente de *happening*. Varios jóvenes patinan sobre la superficie helada con una toalla que alzan en forma de vela con sus manos. Las rachas de viento los impulsan a unas velocidades que a mí me producen vértigo. Por lo visto llovió algo ayer. El agua se repartió uniforme por la superficie y niveló cada grumo y cada hueco. El frío de la noche ha alisado el suelo dejando unas condiciones idílicas para las cuchillas. En la orilla han aparcado decenas de coches con matrículas de Nueva Jersey. ¿Capital? Hartford. En el estado étnica y religiosamente más diverso de todo el país (en número de judíos solamente lo supera Nueva York, y en cantidad de musulmanes, Michigan) existe una enorme afición por la navegación sobre hielo. Y un pique tremendo con sus rivales eternos de este lado del río. Precisamente han venido a eso: a por la revancha. Los de Nueva Jersey quieren retar a los del Hudson Valley a una regata. A lo largo de la historia no han podido celebrarla más que en una ocasión y la victoria recayó entonces en la tripulación neoyorquina.

Este tipo de competiciones suelen celebrarse recorriendo cinco veces un triángulo equilátero marcado en el agua sólida. Cada lado ha de medir como mínimo una milla y dos de ellos han de encararse a favor del viento. Un barco de hielo de cuarenta pies admite seis o siete navegantes. En un día como el de hoy, la tripulación habría de tumbarse hacia fuera en la pala de barlovento para mantener el balance y tratar de reducir el rozamiento en el patín de sotavento. Aquí en el Hudson se circula bastante rápido. Un circuito de treinta y dos kilómetros trazado con un montón de curvas sobre el cauce del río se ha logrado terminar en menos de cuarenta y ocho minutos. El récord de velocidad, registrado en un tramo de una milla en un barco que ya venía lanzado, se ha fijado en ciento dieciséis kilómetros por hora. Se sabe, sin embargo, que los cacharros grandes pueden alcanzar, cuando sopla de verdad el aire, hasta los ciento setenta por hora.

Hay bastantes más embarcaciones de las que me esperaba. Grandotas de madera, de treinta a cincuenta pies, y pequeños catamaranes monoplaza construidos con fibra de vidrio. Los modernos miden cinco metros, llevan mástiles de diez pies y flotan bien en el agua, con lo cual pueden ser utilizados sin problemas sobre capas delgadas de hielo. Por el diseño se puede deducir la antigüedad del barco. Los más primitivos consistían en un cajón apoyado sobre tres patines. Los laterales clavados al cubo y el central libre para manejarlo como timón desde arriba con una caña. La vela fija. A partir de 1853 surgieron los formatos triangulares con aparejos para la vela mayor. El rey de entonces fue el *Témpano*, que alcanzaba los veintiún metros de eslora y tensaba al viento cien metros cuadrados de lienzo. Quedan aún algunas reliquias navales de aquel tiempo, traspasadas de generación en generación y guardadas con mimo en los enormes graneros de las granjas del valle.

Gerald Kufner me hace un gesto para que me acerque. Me invita a dar un paseo. Lo ayudo a empujar la embarcación para coger impulso y luego nos tumbamos completamente en la tabla de madera acolchada que va destinada al pasaje. Cuidado con la botavara, me advierte, no levantes la cabeza. Con la emoción y el agobio me coloco en una postura que no me permite visualizar bien el horizonte. Intento corregirla y, en efecto, la vara me pega un pescozón a la altura de las sienes. Ha sido sólo un roce. Ganamos velocidad. La madera cruje y tiembla como la nave *Columbia* en el despegue. Al tomar una curva hacemos el caballito y uno de los patines se levanta un metro sobre el hielo. A ver si volcamos. No. Gerald es un experto marino y con él me encuentro a salvo. Alcanzamos al *Jack Frost*, una preciosidad en madera tropical que perteneció al presidente de Estados Unidos. Media vuelta. Volamos. ¿Cómo de rápido estamos yendo? A unos cincuenta kilómetros por hora. ¿Sólo?, pues yo juraría que vamos a trescientos veinte. Paramos. Una gozada. Gerald se lleva ahora a Stephanie, que ha estado sacando fotos del momento histórico.

Me acerco a la hoguera. A lo lejos distingo a un par de tipos que cavan un agujero para plantar un árbol de Navidad. Se han traído hasta los adornos. Ya lo dijo Rafael el Gallo, hay gente pa' tó. Junto al fuego me encuentro a Sarah, que ha montado también en el barco de los Kufner. Alucinante, ¿verdad? Increíble. Alguien nos ofrece tabaco y un chupito de una botella de brandy. ¿Galletas de chocolate? No, muchas gracias. Se va sumando más gente al corro. Tenemos la suerte de conocer a varios locos enamorados de este inusual deporte que practican, con una naturalidad pasmosa, los seres humanos nacidos entre los cuarenta y cinco y los cincuenta grados de latitud norte. Alguien me tapa desde atrás los ojos con las manos. Un día estupendo para dar un paseíto por el río con crampones en las botas, me dice. Oye, tú, ¿quién eres? Al-bón-di-gas.

Marzo representa en Rhinebeck el mes de la transición. Ha llovido sin parar durante varios días y el panorama ha cambiado por completo. Se ha roto el hielo y el Hudson avanza lento pero seguro como la lengua de un glaciar. Da la impresión de que es la tierra la que se mueve. Se dice de este mes que se presenta como un león y se marcha como un cordero. Pero no hay que confiarse. Con la llegada de los primeros deshielos uno siente que por fin deja el largo invierno atrás. Ayuda sobremanera a este convencimiento la aparición de tulipanes y narcisos en los huecos de hierba que se abren en los neveros. Y, de pronto, te pilla desprevenido una nueva tormenta de nieve. ¿Será posible? Sea como fuere, marzo es el mes más dulce del año en el valle porque la savia azucarada regresa al tronco de los arces y es tiempo de preparar el sirope. Los indígenas se percataron del fenómeno al observar que las ardillas lamían la corteza de los árboles. Tuvieron su mérito en adivinarlo porque, probada la savia tal cual sale del tronco, su sabor es asqueroso y de dulce no tiene un pelo.

La bondad de la cosecha de cada año la marcan las condiciones meteorológicas, ya que la combinación de noches gélidas y días templados es la causante de que la savia fluya. Hay que estar atento porque solamente lo hace generosamente unas cinco o seis veces y en un breve periodo de seis semanas. Si se ordeña el tronco demasiado pronto, no se obtendrá nada; si se intenta demasiado tarde, el líquido se habrá vuelto escaso y amargo y no servirá para confeccionar sirope. Los días de gloria empiezan cuando la temperatura nocturna sigue manteniéndose en niveles inferiores a los cuatro bajo cero y, sin embargo, a media mañana el sol consigue remontar el termómetro por encima de los seis grados centígrados. Si esto ocurre, las raíces pueden recoger agua del suelo y la presión que se origina en el tronco, en combinación con la fuerza de la gravedad, arrastra la savia por los agujeros que se hayan practicado en la corteza.

Los árboles no tienen un corazón, como el de los animales, que les bombee la sangre por el cuerpo. Por eso, la llegada de la savia por efecto de la capilaridad desde las raíces hasta las hojas de la copa, a veinte metros del suelo, constituye un milagro para el que todavía la ciencia no ha hallado respuestas convincentes. Se habla de tensión superficial, de la diferencia de presión entre la atmósfera y el suelo, del efecto de la respiración pero lo cierto es que nadie sabe cuál es el motor del sistema de vasos capilares que llevan la vida a las células de la planta. Lo que sí se ha identificado es el sistema circulatorio. Igual que en los seres humanos, los árboles tienen venas y arterias. El xilema se corresponde con los vasos encargados de que la savia bruta, cargada con los nutrientes recién absorbidos del suelo, viaje directamente desde los pelos de las raíces hasta las hojas. Y el floema consiste en los conductos que, partiendo de estas hojas, transportan la savia elaborada para ir alimentando, de acuerdo con las necesidades del momento, al resto de la planta. Las encargadas de poner en circulación al árbol son las hormonas del funcionamiento. Las auxinas, con funciones parecidas a nuestra hormona del crecimiento, son verdaderas centrales de acumulación de datos estadísticos que indican a los árboles cuándo ha llegado el momento de florecer. En la naturaleza no existen las cuatro estaciones. La vida se mueve según la temperatura ambiente, con independencia de lo marcado por Vivaldi en sus conciertos para violín y orquesta. Lo que ocurre es que las tablas de temperatura que manejan las auxinas suelen coincidir con las divisiones del calendario humano.

Con la llegada del frío el árbol se ve obligado a aminorar la maquinaria. Tiene que hacer una transición lenta previa al aletargamiento completo. Hibernación obligatoria, ya que el suelo helado impide mecánicamente el flujo de nutrientes al no dejar rendija alguna por donde pueda colarse el alimento. Transcurre el invierno y llegan los primeros signos de la primavera. El arranque se produce con gran precaución. Las auxinas cotejan la subida del termómetro exterior con la reglamentación de su protocolo. Un solo día de calor no les basta. Dos, tres seguidos ya es otra cosa. Si les sale una media de siete grados centígrados o superior le dan al *starter*. El acelerón es brutal. El árbol no las tiene todas consigo. Ignora si se va a seguir manteniendo una temperatura amable o si volverá de nuevo el frío. Por esa razón tiene que mandar gran cantidad de savia a sus hojas y dejarlas completamente saciadas; no vaya a ser que se produzca un retroceso brusco en el mercurio y la siguiente entrega de alimento hubiera de retrasarse días o incluso semanas.

De estos arranques explosivos, que se van produciendo hasta que el calor se estabiliza, se benefician centenares de familias en la costa este de Estados Unidos para elaborar el mejor sirope del mundo. El árbol lanza cantidad de savia y, además, de primera calidad. Pata negra. Como el aceite de oliva virgen de primera presión. Las noches bajo cero y los días en positivo engañan temporalmente a las auxinas. A mediodía se dicen: ya es hora de brotar, y de madrugada reflexionan y piensan que no deberían hacerlo aún. Los datos son confusos pero, como los consejos de administración de las empresas en momentos de crisis, se ven obligadas a adoptar decisiones. Y tiran por la calle de en medio. Lanzan grandes chorros de savia y aguardan unos días a ver qué pasa.

En este mes del deshielo, las temperaturas moderadas que superan por vez primera en varios meses la frontera de los cero grados consiguen que el terreno que ha permanecido congelado se esponje a gran velocidad. El agua de campo, retenida por el suelo, vuelve a estar a disposición de las plantas. Las raíces comienzan a absorber, disueltos en ella, los cationes, las sales y las sustancias que necesitan para producir vida. Reciben la orden de las auxinas y, en un esfuerzo máximo, iba a decir sobrehumano, mandan todo el alimento que son capaces de recolectar hasta las hojas. Cuando en seis semanas se estabilice el proceso, la savia va a fluir de un modo constante; en mucha menor cantidad y con unos niveles de calidad más bajos. Encima, a los arces el exceso de calor les amarga la sangre, y en verano en Rhinebeck, creedme, si no te cobijas a la sombra, te achicharras.

Huck se toma la producción muy en serio. Es una excusa magnífica para pasar un buen rato al aire libre y para recibir las visitas de amigos y curiosos que se acercan a ver la elaboración del preciado oro líquido. La labor primordial a la que se ha encomendado durante los meses anteriores ha sido la de ir acumulando leña. Vamos a tener que quemar bastante durante el proceso de evaporación y, cada vez que algún conocido sufría la pérdida de un árbol en una tormenta, allá se presentaba mi cuñado dispuesto a llevarse los restos del siniestro con la furgoneta. Cada vez que se encontraba un leño o una rama seca en uno de los múltiples terrenos que visitaba por motivos de trabajo en su inmobiliaria, lo cargaba con alegría, o con disimulo, dependiendo de las circunstancias, en la trasera de su Nissan. La montaña de troncos que ahora se apilan frente a la cabaña en que vamos a desarrollar las operaciones bastaría para camuflar debajo un todo terreno con remolque. Este año, entre pitos y flautas, tenemos que perforar un centenar de árboles. La casa de mis suegros, antigua vivienda de una granja que lleva ya seis generaciones en la familia, está rodeada de arces centenarios que temporada tras temporada donan generosamente su sangre para la felicidad completa de los desayunos familiares. ¿Hay algo que pueda compararse a la sonrisa de un niño delante de un plato de tortitas con mantequilla y sirope casero? Lo dudo.

Buscamos arces que tengan un diámetro mínimo de veinticinco centímetros a la altura de nuestro pecho o, lo que viene a ser lo mismo, que hayan cumplido treinta años de vida. El objetivo es horadarles con un berbiquí manual, cargado con una broca del ocho, que se parece al confeccionado por el doctor Frankenstein para trepanar cráneos. Los árboles jóvenes admiten un agujero, los más veteranos dos o tres. Huck me alecciona. Demasiadas perforaciones en un ejemplar débil pueden ocasionarle la muerte. Pocas en uno frondoso constituyen un desperdicio. Nunca, me repite, coloques un caño en un agujero viejo, y tampoco, quiere estar seguro de que me he aprendido bien la lección, hagas una perforación demasiado cerca de otra antigua. Esto, al parecer, es como las inyecciones de los diabéticos, que hay que ir cambiando de lugar para darle vidilla a las venas. A un palmo aproximadamente del nudo que marca la herida del año pasado inicio mi primer taladro. ¡Coñe! Está mucho más duro de lo que me esperaba. Hay que apretar bastante. Me parece a mí que va a terminar la jornada con algún que otro callo en los dedos y varias ampollas en la palma de la mano de tanto empujar la herramienta. Espera. ¿Qué? Entra con la broca un poco inclinada hacia arriba para facilitar la caída de la savia.

Ya está. Unos tres o cuatro centímetros de conducto. Cojo el caño de acero y el martillo. Lo introduzco en el hueco y tac, tac, tac. Ale, estupendo. Del grifo cuelgo el cubo metálico y lo cubro con su tapa para que no le entren ni bichos ni todas esas porquerías que hay que barrer en los porches cuando uno vive en pleno campo. Así hasta agujerear casi toda la finca. No, ése no. ¿Ah, no? Mira para arriba y fíjate en las hojas secas que se han quedado pegadas a las ramas. ¿Y? Compáralas con las hojas de alguno de los que hemos hecho antes. Ah, pues no son iguales. Claro. Es un *silver*. Un arce, pero no azucarero. Los nuestros tienen las cinco puntas más redondeadas.

Cuando practicamos más de una perforación en algún tronco colgamos un único cubo en el caño más bajo. El resto de los agujeros se conectan a tubos de plástico transparente que caen hasta el interior del mismo recipiente. Con estos árboles hay que andar muy pendientes. Cuando fluye la savia hay que vaciarlos antes de que rebosen y se desparrame gran parte de la cosecha por el suelo. A un arce sano se le pueden sacar cuarenta litros por cada perforación. O sea, que todas las mañanas antes de pasar por la oficina, a la hora de la comida y por las tardes antes de regresar a casa nos damos un garbeo para ver cómo marcha la recolecta. Cubo que encontramos lleno, cubo que vaciamos en unos bidones de plástico cargados en la furgoneta y que luego transportamos hasta el depósito de la cabaña. No conviene dejar savia en los cubos de los troncos por la noche porque la parte que se congela pierde sus propiedades y hay que desecharla.

Recogidos varios cientos de litros empieza el proceso de producción. A él se suma John Corcoran, amigo de la familia desde hace muchos años, que ha ayudado a montar el quemador y se encarga de las tareas de cocción. ¿No te has traído el gorro con orejeras para cazar zorros de tu abuelo? No, muy gracioso. Pues te sentaba bastante bien. John tiene que vigilar constantemente la temperatura del líquido porque visualmente no hay manera de saber cuándo se ha convertido en sirope. El característico tono ámbar lo coge al enfriarse pero, mientras permanece en el hervidor, conserva el color paliducho de un agua turbia. La física dicta que estará listo para embotellarse cuando alcance siete grados Fahrenheit por encima del punto de ebullición. Si John lo deja más tiempo terminará convirtiéndose en azúcar. Si lo saca demasiado pronto obtendremos un líquido bastante insípido. A medio camino sale la crema de arce: una melaza con la consistencia de la mantequilla de cacahuete.

El hecho de realizar la operación al aire libre, en la cabaña, obedece a que se necesita una llama muy generosa para alcanzar altas temperaturas. La savia viaja por una cañería desde el depósito exterior hasta una enorme sartén metálica que se calienta por debajo con fuego de leña. El recipiente se halla dividido, como un laberinto, por paredes que canalizan el líquido en un recorrido concéntrico que termina en un grifo. En el tramo final es donde John mide escrupulosamente la temperatura y va liberando el sirope a medida que el mercurio alcanza la raya deseada. Fuera, por turnos, vamos reduciendo los troncos a un tamaño razonable que quepa en la boca del horno. Aquí el manejo del hacha se le da bien a todo el mundo. El más tonto ha tenido que cortar leña sesenta veces. Yo tengo que aprender a coger el mango por su sitio, a calcular la distancia y a rentabilizar el impacto para no perder las fuerzas a la tercera embestida. Al segundo día ya le tengo pillado el punto y me lo tomo como un ejercicio divertido y saludable. Resulta evidente que el gimnasio es una invención del hombre urbano. En el mundo rural, que no se para quieto, debieron de inventarse los sofás seguramente. La madera del fresno se abre como un libro. La acacia cuesta algo más y el olmo, como te pille un nudo de por medio, no hay ser humano que consiga astillarlo. Teniendo en cuenta que para obtener un litro de sirope necesitamos hervir cuarenta de savia y evaporar treinta y nueve, la frase más pronunciada coincide con la célebre de Groucho Marx: ¡Más madera!

A ver ese olmo. John lo estudia. Lo coloca en el suelo. Le vuelve a dedicar una miradita. ¡Zas! Un golpe limpio de hacha y le abre en dos las tripas. Ni nudos ni leches. John Corcoran está acostumbrado a trabajar con herramientas pesadas y a manipular, cortar, serrar, machacar grandes piezas de hierro. Es escultor. Creador de esculturas prácticas. Le gusta que su obra se use y por eso hace sillas, mesas, relojes, percheros. El arte conceptual me viene grande, me dijo una mañana de diciembre que viajábamos a Nueva York en su Volvo destartalado. ¿Y eso? Prefiero que mis cosas tengan una conexión directa con la gente. Que te puedas sentar en ellas. Que puedas discutir con tu marido encima de ellas. Pero siguen siendo esculturas. ¿Paramos a por un café? Paramos. Salí y me fijé en las ruedas traseras. Instintivamente le di una patadita a los neumáticos. ¿Tú crees que va a aguantar este bicho? Sí, hombre.

El motivo por el que la ranchera alcanzó el World Financial Center jadeante fueron las tres placas macizas de acero de ciento veinticinco kilos cada una que tuvimos que cargar en medio de una nevada en el maletero. A las seis de la mañana recogimos el material en un taller de Kingston que parecía un decorado del musical *Oliver Twist*. Luego buscamos a Jonah, su ayudante, y nos pusimos en camino. El *Wall Street Journal* había elegido un diseño de John para erigir el monumento a la memoria de Daniel Pearl, el corresponsal de su redacción secuestrado y asesinado en Pakistán. Y John se lo tomó en serio. Colgó en la pared de su estudio de Tívoli la foto de Danny para que lo inspirase. Y, mientras dibujaba con el lápiz, levantaba la vista hacia ese virtuoso del violín que hablaba cinco idiomas, entre ellos el farsi, el hindi y el español, e irradiaba vitalidad. Luego John se decidió por colgar también el retrato de su padre. Del Corcoran original al que nunca conoció. El fotógrafo de la revista *Science Illustrated* que perdió la vida en un accidente de tráfico cuando él todavía permanecía en el vientre de su madre. Y, fruto de la nostalgia, le salieron aquellas tres sólidas placas que proyectan luz con fibra óptica sobre inscripciones en la pared. John decía que el acero, al tocarlo, tócalo, ya verás, transmitía fuerza y tristeza. Y que la luz servía para aliviar la pena.

Subimos el material hasta la novena del edificio de Liberty Street, donde está la redacción del *Wall Street Journal*, y nos pusimos a colocarlas. No encajaban en su sitio porque el suelo estaba desigual y las medidas no coincidían. Pues coincidieron a base de mazo. Con dificultad, pero terminaron encajando. Al final de una jornada intensa bajamos a la calle a echar un cigarrito. Nueve pisos, dos controles de seguridad, un frío de perros.

No compensó en absoluto. No me extraña que nadie fume en Nueva York. Ha quedado muy chula. ¿De verdad te gusta? Claro. A Robert Frank, compañero de Pearl en el periódico, le pregunté por Daniel. Nunca se olvidaba de que detrás de las noticias había seres humanos, me dijo. Espero que su memoria nos sirva de aliciente para venir a trabajar aquí cada mañana.

Ciento cuatro grados centígrados. Listo. Al final del serpentín de la sartén la savia ha alcanzado la temperatura que indica una concentración de azúcar del 66 por ciento. Lo óptimo. Lo soñado. John abre el grifo y deja caer un chorro sobre el filtro de papel que va a eliminar los elementos minerales antes de pasar a los bidones. Enseguida baja el mercurio del termómetro, el líquido que viene empujando detrás está menos caliente, así que vuelve a cerrar el paso. De vez en cuando el hervor produce una gran espumareda que amenaza con rebosar la sartén e inundar la cabaña. John utiliza un viejo truco. Una gotita de leche y la savia revoltosa vuelve a la calma.

Los niños vienen a visitarnos después del cole. Recogemos nieve con un cazo y vertemos sobre ella un chorrito de sirope. Se convierte en granizado. A todos les encanta. Julia y Phoebe, la hija de John, exigen otra ronda. Unos amigos se personan con una botella de vodka. Para que el trabajo se os haga más llevadero, chicos. Estupendo. También lo probamos con sirope. Mmmmm.

Pasadas las semanas de cosecha y los cuatro o cinco días intermitentes en el calendario dedicados a la cocción, llega el momento del embotellamiento. Hemos recogido siete mil litros de savia que, divididos por cuarenta, arrojan una producción de ciento setenta y seis litros de sirope.

Cosecha que ahora hay que ir metiendo en botellitas de cristal de trescientos cincuenta centímetros cúbicos. Menos mal que me he traído los guantes. Lo primero es calentarlo, con ayuda de un tanque de propano, para matar las bacterias. El calor va a conseguir que el cartoncito que hay debajo del tapón de rosca metálico se adhiera a la boca de cristal y la deje herméticamente sellada. En la despensa dura un año. Encima de la mesa del desayuno, si te descuidas, apenas unos minutos. Pero, chico, que te has puesto una piscina en el plato... Es que me encanta, papá.

NOTAS

[1] Si traducimos su fortuna del siglo XIX al valor del dinero en la época actual, podemos afirmar que Cornelius Vanderbilt al morir dejó una herencia de ciento cuarenta y tres mil millones de dólares.

9

Abril

Atención, pregunta: ¿Cuál es la capital de Ohio? Columbus. ¿La de Luisiana? Baton Rouge. ¿Y la de Oklahoma? Ni idea. Durante el desayuno les pido a mis hijos que me pregunten las capitales de los estados, a ver si me terminan entrando. Usamos mantelitos individuales con mapas plastificados que Sarah y yo compramos en la tienda de un museo un día que nos dio un arrebato de padres responsables. La teoría de proporcionar material didáctico a los niños suena fenomenal pero la realidad, una vez más, consiste en otra cosa. Ellos creen que con el colegio ya tienen suficiente castigo y, al final, yo soy el único que acaba dándole salida a la inversión. ¿California? Sacramento. ¿Florida? Tallahassee. ¿Oklahoma? Que no lo sé. Oklahoma City. Aaah, es verdad.

Aquí el día arranca muy temprano. A las seis de la mañana salta el personal de la cama con la misma alegría que si hubieran venido los Reyes Magos. El madrugón suena mucho peor de lo que resulta puesto que, como se cena tan pronto, la noche que te acuestas tardísimo miras el reloj y marca las once y media. Los niños entran al colegio a las siete y veinte. Cuando bajan listos y con sus mochilas preparadas la tostadora comienza a escupir los *english muffins.* Son unos panecillos de aspecto harinoso y bastante poco apetecible que, al tostarlos, se vuelven dorados y crujientes. El nombre les viene del francés *moufflet*, que significa blando, y su éxito reside en que, en lugar de haber sido horneados, fueron cocidos sobre una plancha. Gracias a este proceso se les forman grandes burbujas de aire en la masa y consiguen una textura muy esponjosa. Con las púas de un tenedor se les hace una línea de puntos alrededor, como las que traían antiguamente las hojas de sellos de correos, y se abren por la mitad. Se podría utilizar un cuchillo, pero nos cargaríamos la textura rugosa que es parte de la gracia. Calentitos con mantequilla y miel están para chuparse los dedos. Vienen en paquetes de cuatro o de seis. Los hay convencionales, que son los que nos gustan, o con canela y pasas, que les deben de gustar a otros. Así que, cuando los de toda la vida están agotados en el súper o en la gasolinera, con el mismo tenedor les quitamos las uvas secas.

Algunas veces, si se produce el milagro de que todos estamos peinados a tiempo y nos hemos atado los cordones de ambos zapatos y hemos encontrado ese libro desaparecido misteriosamente que tenía que estar aquí, porque lo juro que lo dejé yo ayer aquí, y luego aparece casualmente debajo de la cama, que no me lo explico, papá, porque yo lo dejé aquí; si se dan todas esas circunstancias juntas, que ya digo, entran más en el negociado de san Francisco de Borja que en el de la familia Fesser, entonces, nos permitimos el lujo de pasar unos huevos por la sartén. *Over easy*, vuelta y vuelta, con unas lonchas de beicon bien hechas y en formato bocata con los panecillos ingleses. Como el McMuffin del McDonald's, pero en plan casero.

La leche es fresca. Otra cosa no habrá en este valle, pero el pasto de las vacas crece hasta en las botas de montaña si las dejas que se aireen un par de noches en el balcón. La compramos por galones en garrafas de plástico blanco. Cuatro litros y medio que hay que levantar a pulso cada vez que le rellenas a una criatura el vaso. Aquí se viene el Porrúo a servirnos el desayuno y, en una semana, genera más tejido muscular en los bíceps que entrenando todo el año en el *innasio* de Cádiz, donde prepara el campeonato de Strongman. Los envases que traen tapón rojo corresponden a la leche entera. Los que lo tienen azul a la semidesnatada, la famosa 2 por ciento, y los de la tapa amarilla contienen esa cosa que sabe a suero. El café es de máquina pero lo preparamos cargadito. En general se lo suelen tomar muy aguado por estos pagos, pero a nosotros nos gusta con cuerpo. Siempre se ha oído que el aspecto del café en Estados Unidos se asemeja al del agua de fregar y, la verdad, es cierto. No es que no lo sepan hacer bien; existen establecimientos que dan buena fe de ello, como los bautizados con el nombre de un personaje de *Moby Dick*, Starbucks, que abrieron en Seattle en 1971 y ahora se reproducen en España como hongos. Lo que ocurre es que la degustación de la semilla del cafeto en este hemisferio obedece a otros condicionamientos sociales. No se trata de apurar de un trago un *ristretto*, estilo *Roma città aperta*, y cargar las baterías para el resto de la jornada. La aproximación a esta bebida se relaciona aquí con el mundo de las demás infusiones. Los norteamericanos se pueden tomar tranquilamente tres o cuatro cafés largos en el transcurso de la mañana. Las jarras de porcelana blanca donde lo sirven, porque lo beben como si fuese

Zumosol de piña, son iguales que las que usan en las tabernas de Madrid para ofrecerte una Mahou fresquita en verano. Abundan en los estantes de la cocina y resultan muy socorridas para regalar en cumpleaños, promociones empresariales y celebraciones varias con un mensaje serigrafiado. Fruto del ingenio de compañeros y parientes, inscrito en el frontal, en la de uno se puede ver la advertencia «cuidado: carácter irlandés y actitud italiana» y en la de otro el pensamiento filosófico de usar y tirar «Nueva York lleva mucho tiempo yéndose al infierno pero, por alguna extraña razón, nunca termina de llegar». Las hay con la foto del perro, de la novia o del recién nacido. Con el escudo del club de tenis, con una viñeta de *South Park* o con citas de la Biblia. También abundan las que festejan haber superado los 30, los 40, los 50 años..., con alegría: más vale gastarse, que oxidarse. Y, a veces el sentido del humor reside más en quien la utiliza a diario, que en la propia taza. Por no alargar más este asunto cerámico, pondré el ejemplo de una persona mayor a quien fui a visitar en cierta ocasión y que daba sorbos de una jarra azul marino con esta leyenda en mayúsculas amarillas: EL ÉXITO NO ME HA ESTROPEADO. SIEMPRE HE SIDO IGUAL DE INSOPORTABLE.

El café no se queda en casa. Antes de salir, muchos llenan un termo de medio litro con pitorro incorporado, *prêt à porter*, que los acompaña en el transcurso de la jornada. Le van pegando chupitos por el camino, primero en el coche y luego caminando hacia el curro. Cargan consigo estos envases como el que se mete un paquete de chicles en el bolsillo. El café preside el hogar y la mesa de oficina. El taxi y el mostrador de la tienda. De ahí que a nadie le asombre que una jarra acompañe indefectiblemente durante sus entrevistas televisivas a primeras figuras de la comedia, como David Letterman o Jay Leno. Esa misma jarra que exportó Pepe Navarro a las noches de Telecinco mientras todo el país se preguntaba qué brebaje habría puesto el tipo dentro.

Aparte, no conviene perder de vista que en Rhinebeck el orden de las comidas no se corresponde al nuestro, ni en proporciones ni en horarios, y el desayuno no consiste en café y tostada. En España desayunábamos de forma liviana, comíamos abundantemente al mediodía y la cena adquiría un formato intermedio para no acostarnos con el estómago más repleto que el de una boa constrictor. Aquí, si obviamos la traducción literal de *breakfast*, *lunch* y *dinner*, y nos vamos al concepto de lo que cada una de las palabras implica, me atrevería a afirmar que por la mañana cenamos, a mediodía desayunamos y es por la noche cuando nos damos el homenaje gastronómico de luz y de color[1] de la comida. Al levantarnos, fruta o cereales y unos huevos con su *muffin*. Hacia las doce, una ensalada, un bocadillo o una sopa, para tirar millas hasta la cena. Y entre siete y ocho, la familia en torno a tres platos: primero, segundo y postre. Puedes tragar a gusto porque, desde que terminas hasta que planchas la oreja te quedan horas para hacer la digestión tranquilo.

En esto de los horarios, empieza a darme la impresión de que los raros somos nosotros. Los yanquis marcan el paso al ritmo gastronómico del resto del planeta, que en nada difiere, si uno echa un vistazo a la hemeroteca de la historia, del que conocieron nuestros bisabuelos. Lo de posponer en España el momento de sentarse a la mesa es un fenómeno relativamente nuevo que comenzó a producirse durante la feliz década de 1920 por el afán del pueblo en imitar la vida holgada de los señoritos. Lo intentó parar, sin éxito, el dictador Primo de Rivera, consciente de que la productividad nacional se iba al garete, al proponer a los españoles que hicieran «una sola comida formal, familiar, a mantel, entre cinco y media y siete de la tarde». La propuesta cayó en saco roto y las consecuencias de la guerra civil imposibilitarían aún más el retorno a un horario acorde al reloj biológico. La penuria económica de la posguerra obligó a muchos padres a buscarse un pluriempleo. Salían de trabajar para la cena pero, como tenían que hacer doblete y la familia aguantaba hasta que llegasen para servir los platos, la hora se dilataba. Para entretener la larga espera se fomentó la merienda y en ese nicho de mercado el Colacao se coló para siempre en nuestras casas. No tendremos himno nacional con letra, pero la de aquel negrito del África tropical nos la sabemos todos. Si nos lo propusiéramos, en un pis pas y sin necesidad de concursos previos, convertiríamos a lo toma el ciclista que es el amo de la pista en el himno oficioso de España para las olimpiadas. Al estilo de lo que hacen los australianos, que atienden al *God Save The Queen* con respeto pero donde se emocionan y se divierten es cantando a coro el estadio, deportistas incluidos, el *Waltzing Matilda*.

En el silencio inmaculado de las calles se escucha un ruidillo lejano. Sarah agudiza los sentidos, como los vaqueros cuando intuyen la estampida, y corre la voz de

alarma: *Come on everybody, you're gonna be late!*[2] El autobús está a punto de doblar la esquina y es hora de levantar
el campamento. Lo dice en inglés y los chicos, que me
estaban soplando la capital de Oregón, Salem, cambian
el chip del idioma de Miguel por la lengua de William
para responderle a su madre. Una dice que *okay mommy*,
otro pregunta que *what?* y el tercero me mira, bosteza,
y deja caer un pero ¡si todavía faltan cinco minutos! Somos un hogar bilingüe. O, para describirlo de un modo
más gráfico, hay que ver la suerte que tienen estos canda-
rrios. Aprender un idioma, como cualquier otro aspecto
del saber, no ocupa lugar pero roba mucho tiempo. La
prueba es que, si resultase tan sencillo como anuncia machaconamente por la radio el profesor del método de las
mil palabras, lo dominaríamos todos. Y ya ves que no.
A veces me da la impresión de estar perdiendo la vida en
el intento sin que, como al burro que persigue la zanahoria amarrada a un palo, llegue nunca ese anhelado estado de gracia en el que por fin nadie me pregunte oye y tú
de dónde eres. Sin embargo estos cachorros, sin comerlo
ni beberlo, traen ya incorporado de serie el sistema dual
como si se tratase de un accesorio inherente al ser humano.
Bye! A pasarlo bien. *Have a good day!*

En Estados Unidos hay doscientos quince millones
de individuos, mayores de 5 años, que solamente utilizan
el inglés para comunicarse en sus hogares. Mi familia
pertenece al grupo de cuarenta y siete millones de residentes que manejan otro idioma en sus casas. No me
estoy refiriendo al número absoluto de emigrantes, que es

otra historia. Aludo, basándome en los datos del censo,[3] al porcentaje de emigrantes, o descendientes directos de emigrantes, que habitualmente se dirigen a sus hijos en su lengua materna. Una cifra que ha crecido en las últimas décadas espectacularmente. Hasta hace bien poco, el objetivo prioritario de los recién llegados era el de americanizarse a toda costa e integrarse lo más rápidamente posible en el sistema. Los padres no querían traspasarle a sus hijos el estigma de extranjero y, con la intención de evitarles problemas de xenofobia, enterraban su idioma en el baúl de los recuerdos. Ahora, según un estudio publicado en el *Christian Science Monitor* en agosto de 2003, prevalece la sensación de que se puede ser norteamericano y permanecer asociado a otra cultura. Al contrario que en la década de 1960, hablar otra lengua está bien visto socialmente. Para entendernos: la hija de Antonio Banderas manejará un español tan correcto como el mío, mientras que la abuela valenciana de Carly Simon no la enseñó ni a pronunciar naranja. Una pena porque, además del *You're So Vain*[4] podría haber compuesto el himno de la Copa América.

Todavía, no obstante, quedan personas que optan por no traspasarle a la prole su herencia lingüística. En su defensa, debemos reconocer que lo de llevar dos idiomas en la familia no es una misión extremadamente fácil. Especialmente en los matrimonios interculturales en los que uno de los miembros no entiende el idioma de su pareja. No es lo mismo la familia india que lleva el restaurante, donde la frontera está muy clara (en casa hablo hindi y en la calle inglés), que un matrimonio entre un francés y una norteamericana donde es obvio que el inglés se usa de puertas afuera pero a ver qué diantres se habla en casa. ¿Qué canal de televisión se sintoniza? ¿Quién aguanta a los padres, amigos y vecinos el machaque de que, oye, a tus hijos no se les entiende nada lo que dicen, cuidado que se les va a olvidar el inglés? O el francés. O el español. O peor: ¿qué padre o qué madre aguanta una conversación durante la cena entre su pareja y sus hijos sin enterarse de por qué se ríen todos o del motivo por el que uno se ha puesto a llorar? Tener hijos extranjeros es complicado. O sea, resulta maravilloso, gratificante, enriquecedor, lo que se quiera, pero exige un esfuerzo adicional que entiendo que no todo el mundo esté dispuesto o en condiciones de afrontar. Y lo mismo les pasa a los niños. A ver por qué les han tenido que tocar a ellos en suerte unos progenitores tan raritos. Tú les puedes estar hablando aquí en panocho y ellos te pueden estar entendiendo de maravilla pero, muy posiblemente, te van a responder en inglés. Igual que les cuesta ponerse con los deberes de matemáticas, su instinto les va a hacer tirar por la vía cómoda de usar el idioma en el que se desenvuelve su vida cotidiana, que es el colegio y son sus amigos. Que es el inglés.

Hecho este inciso, cuando uno se aventura en la fascinante utilización de dos lenguas, que en definitiva consiste en ofertar dos posturas distintas de afrontar la vida y, por tanto, amplía los márgenes de la educación (algo que los habitantes de otras comunidades autónomas tienen la suerte de experimentar sin necesidad de salir de viaje como los de Madrid), conviene marcar unas pautas para no formarse un lío. La primera regla que recomiendan los logopedas es no mezclar idiomas. Cada frase se debe comenzar y terminar siempre en el mismo. O, niño, súbete al coche; o, *kid, get into the car*. Pero nada de súbete al *car* niño o *get into the* coche, *kid*. Y, menos aún, *get* dentro del coche o sube *into the car*. El segundo mandamiento pasa por determinar en qué momento preciso se usa cada una de ellas. Por ejemplo: siempre en inglés con mamá y en español con papá y, cuando se presente un tercero, todos en el idioma que éste entienda mejor. Los niños para esto salen más listos que los ratones colorados y no resulta fácil dárselas con queso. Si aparece un amigo manchego y se dirige a ellos en inglés, le captan el acento y se pasan al castellano tirando millas.

El padre de Steve, Adolfo Mosto, nacido en Santiago de Chile, jamás le habló en español. Ni una palabra. Nosotros somos americanos y en esta casa se habla inglés. Zanjada una cuestión a la que no ayudó el hecho de que su madre, *new yorker* de pura raza, no entendiese el idioma paterno. Las únicas ocasiones en que Steve Mosto y su hermana Joanne recuerdan haberlo escuchado en versión original coincidían con los momentos en que Adolfo, o bien perdía los estribos, o bien telefoneaba a la familia del altiplano. Afirmación que no me causa sorpresa, ya que, independientemente de la naturalidad con que te manejes en otro idioma, siempre regresas al tuyo para dos acciones determinadas: insultar a gusto al prójimo y hacer las cuentas sin miedo a equivocarte.

Steve me cuenta que él creció sin percibir en ningún momento el hecho de que su padre fuera extranjero.

El primer día de clase en la universidad resulta normal que los padres acompañen al alumno. Forma parte del ritual de despedida. No va a volver ni a comer ni a dormir a casa y a partir de ahí las relaciones con tu hijo van a ser las de un adulto que vendrá a verte en las Navidades o a presentarte a la pareja que ha escogido para compartir su vida. Cuando se marcharon, después de dejarme en Rutgers en 1979, recuerda Steve, otro chaval que estaba por allí me soltó: ¡Joder, menudo acentazo que tiene tu padre! Honestamente, yo no sabía de qué demonios me estaba hablando. Seguramente se trataba de una mezcla entre el mecanismo de defensa que negaba la evidencia y la ignorancia nacional de la que tantas veces hacemos gala.

Mosto no tuvo conciencia de pertenecer a una minoría hasta que la Confederación de Pequeña y Mediana Empresa[5] lo informó en 2001 de que tenía derecho a aprovechar las ventajas fiscales y de contratación establecidas por el estado y la ciudad de Nueva York para favorecer a grupos desprotegidos. Le apoyaba el hecho de haber nacido en Paramonga, Perú, donde su padre sirvió por cuatro años como ingeniero en la planta de procesamiento de azúcar. Fue la rendija que aprovechó para colar a su compañía en un mundo altamente competitivo, el del vapor; universo que yo me había propuesto descubrir y hacia el que viajo ahora en tren en compañía de mi hermano Javier.

Sarah nos ha dejado hace un rato en la estación de Rhinecliff. Javier está editando *Binta*, un cortometraje que rodó en Senegal y que le daría dos años más tarde la satisfacción de sentarse como candidato a una estatuilla en la ceremonia de los Oscar. Le he pedido que me acompañe para sacar fotografías y aquí lo tengo. Que si los píxeles, que si la luz de contra. Todo el mundo que conoce a Javier me confiesa que le parece un genio. Tu hermano me parece un genio. Yo no me lo tomo como un agravio comparativo, aunque a lo mejor estoy siendo demasiado ingenuo, sino como un elogio por tener la suerte de poder compartir su talento.

A bordo de un tren de Amtrak, la línea que conecta Montreal con Washington D. C., en una hora y treinta y cinco minutos nos plantaremos en Penn Station; justo debajo del Madison Square Garden. A un tiro de piedra de los escaparates de Macy's. El viaje transcurre por el tercer y último tramo de un río de cuatrocientos ochenta kilómetros que nace en los montes Adirondaks. Un impresionante caudal que, cada doce horas, soporta mareas de un metro de altura. La corriente avanza firme a un promedio de un kilómetro y medio al día, pero la combinación de islas y meandros con el efecto de la atracción lunar aceleran su velocidad en algunos tramos hasta alcanzar las aguas varios kilómetros por hora (más de lo que un hombre es capaz de conseguir a nado) y crean torbellinos que dificultan seriamente las probabilidades de que un bañista se pueda mantener a flote. El cauce del Hudson fluye al nivel del mar desde Troy, la ciudad del mítico Tío Sam, Samuel Wilson, el carnicero que abasteció a las tropas estadounidenses en la guerra de 1812 contra los británicos. Cuenta la leyenda que los barriles que llegaban entonces a los regimientos con el sello de U. S. (*United States*) eran recibidos con alegría por los soldados y atribuidos, cierta o erróneamente, a la bonanza del Uncle Sam. Al estar a la misma altura que el Atlántico, las aguas saladas del mar penetran más de cien kilómetros río arriba y crean el hábitat natural propio de un estuario. Los nativos lo llamaban Mah-hea-kun-tuck: el río que fluye en dos direcciones. Un entorno en el que convivían peces de agua dulce con bancos de ostras y abundantes criaturas marinas. Hoy se cuentan doscientas nueve especies que conviven en aguas que tienen color chocolate, debido en parte a la contaminación, y, sobre todo, a la ingente cantidad de limo que arrastran.

Desde la ventanilla el paisaje que se abre a los ojos del viajero es de una belleza tremenda. A la izquierda, perdón, al este, la tierra firme; al oeste, un cauce que se ensancha un kilómetro y medio antes de bañar la orilla opuesta. Al margen de las bondades naturales, el recorrido está plagado de lugares emblemáticos. Nada más arrancar de la estación de Rhinecliff, las vías atraviesan los apeaderos privados de grandes mansiones. La de los Mills, la de los Vanderbilt o la residencia del presidente Roosevelt. A la altura de Newburgh quedan los cuarteles desde los que dirigió el general Washington la Guerra de Independencia. Luego se pasa por Beacon, sede de la Fundación DIA, el museo de arte contemporáneo más grande del mundo. Beacon significa faro y alude a las hogueras que se encendían en lo alto de las colinas para advertir a las fuerzas coloniales de la llegada de la Armada inglesa. Hoy, desde la antigua sede de una fábrica de Nabisco, DIA custodia a orillas del Hudson la prosperidad del arte conceptual que tanto ayudó a alumbrar. Un poco más al sur se elevan las Tierras Altas, nombre épico que reciben unos acantilados que estrechan considerablemente el lecho del río, obligándole a profundizar hasta su cota máxima de sesenta y seis metros. Aquí atravesaban gruesas cadenas de hierro los independentistas para impedir el avance de la flota británica.

Minutos antes de divisar la academia militar de West Point, que recibe su nombre del punto estratégico que se adentra desde el oeste en las aguas y forma un meandro, se enfrentan en orillas opuestas los montículos de Storm King y Breakneck. Puro granito. Es el punto que eligieron en 1904 para que cruzase bajo el río el acueducto de Catskills. Una obra de ingeniería civil comparable a la del canal de Suez o la presa de Asuán. Recorre doscientos catorce kilómetros para transportar agua potable a la gran ciudad. Aprovecha para viajar un desnivel de trescientos metros y entra con tal fuerza en las tuberías de Manhattan, que puede alcanzar un sexto piso sin necesidad de bombeos. El conducto, cerrado por arriba con una cubierta en forma de herradura, es tan amplio que en su interior podría circular un tren con un pasajero sentado encima y a cada lado de los vagones un hombre montado a caballo. Ante la magnitud del proyecto, uno tiene derecho a preguntarse por qué diablos se fueron a buscar la bebida tan lejos pasándoles, justo por delante, la inmensidad del río Hudson. La respuesta se halla en una topografía que se ajusta mejor a la definición de fiordo y en un comportamiento que responde más bien al de una ría. En épocas de sequía, cuando la corriente no baja con fuerza suficiente para contrarrestar el empuje del mar, la concentración de sal del estuario convierte el agua en intolerable para el consumo humano. Estuvieron pensando en construir un complejo entramado de presas cerca del nacimiento, allá en las Adirondaks, para ir almacenando excedentes durante el deshielo y soltarlos más tarde con el fin de mantener constantemente un caudal aceptable. Un proyecto faraónico al que habrían tenido que sumar otros dos graves inconvenientes: la contaminación causada por los vertidos de la ciudad al propio Hudson y el bombeo de un agua recogida a nivel del mar. Por estas razones, los siete mil millones de litros que se consumen a diario en el área del gran Nueva York se recogen en el valle siguiendo la tecnología punta del tiempo de los romanos. Llegan por su propio peso y, además, no hace ninguna falta filtrarlos.

Pasamos Indian Point, la central nuclear que depende del río para enfriar su generador y, para continuar con el mal rollo, por la prisión de Sing Sing, donde fueron ejecutados en la silla eléctrica los Rosemberg, acusados de ayudar significativamente a Nikita Kruschev en la producción soviética de la bomba atómica. En Corton-Harmon el tren apaga sus motores diésel y se engancha al sistema eléctrico. Dejamos atrás la casa de Washington Irving, el primer autor norteamericano que consiguió notoriedad a nivel internacional, la ciudad de Yonkers, los acantilados de ciento cincuenta metros de altura que se prolongan desde Hoboken, en Nueva Jersey, hasta el pueblo neoyorquino de Nyack. El mar de Tapan, donde el Hudson se ensancha convirtiéndose en un lago, el puente de George Washington, una de las estructuras colgantes más grandes del universo, el estadio de los Yankees, el puente de Harlem y, por fin, entramos en el negro túnel que nos conducirá al corazón de la ciudad. Allí vamos. *It's up to you, New York, New York.*

[1] La definición de *dinner* en el diccionario *Longman* de inglés americano dice, literalmente, «comida principal del día».

[2] «Venga, todo el mundo, que vais a llegar tarde».

[3] La lengua más hablada de puertas adentro es el español, que lo practican veintiocho millones de individuos. Le siguen el chino con dos millones y el francés con uno y medio. Rebasan el millón el alemán, el tagalo, el vietnamita y el italiano. *Fuente:* US Census Bureau.

[4] «Eres tan presumido» es una canción de Carly Simon, supuestamente compuesta para el actor Warren Beatty, que resultó un exitazo en 1972.

[5] SBA, Small Business Administration.

10

Mayo

El 18 de julio de 2007 una tremenda explosión sacudió las vitrinas de la Estación Central. Los viajeros que se asomaron asustados a la calle observaron una columna gigantesca de humo oscuro que se elevaba a dos manzanas por encima de los rascacielos. En la intersección de la Avenida Lexington y La 41. Eran las seis de la tarde. Las líneas de teléfono enmudecieron. Cundió el pánico. Se propagó la sospecha de un segundo ataque terrorista y los miles de personas que terminaban su jornada laboral en esos momentos corrieron hacia los coches y apretaron el acelerador para atravesar, saltándose los límites de velocidad, los puentes de Queens, El Bronx, Brooklyn o Nueva Jersey camino del refugio de sus hogares. El gigantesco géiser de vapor, que proyectaba a las alturas una mezcla de barro, asfalto, cemento y trozos de metal que luego dejaba caer sobre las calles adyacentes como una tormenta de granizo, rugía, según los testigos presenciales, con el fragor de las cataratas del Niágara. Los viandantes corrían despavoridos y abandonaban a su paso bolsos y maletines y perdían en su carrera los zapatos. El fotograma de las aceras solitarias, con las siluetas de los enseres perdidos en la repentina huida, recordaba a una escena del retrato que nos dejara Polanski en su pianista del gueto de Varsovia.

Las primeras noticias hablaban de un muerto y al menos treinta heridos; dos de ellos en estado crítico. Entre los afectados se encontraban tres bomberos y un oficial de policía. En el pavimento se había abierto un enorme cráter de doce metros de diámetro, del que surgían llamas de color anaranjado en torno al chorro de vapor y, en cuyos bordes, el barro hervía como la lava. En la radio, un portavoz del Ayuntamiento advertía de que el socavón podría aumentar considerablemente, ya que las grietas hacían prever el colapso de la zona afectada.

El espectáculo dantesco duró un par de horas. Bloomberg se dirigió a la población y afirmó que la mano de Al Qaeda no había tenido nada que ver en todo aquello. La explosión se ceñía a un fallo en la infraestructura de la ciudad. Al sistema de conducción del vapor. Alertó de la posible presencia de amianto en el recubrimiento de las cañerías y pidió a los que hubiesen transitado en las cercanías del accidente que se deshicieran de la ropa y se metiesen en la ducha cuanto antes. La prensa dirigió sus miradas a Con Edison.

Pero en la política de la compañía no entraba el ofrecer explicaciones con demasiados detalles. Estamos investigando. El accidente se haya bajo investigación. Su presidente, Kevin Burke, adelantó que los motivos podrían estar relacionados con la tromba de agua que descargó esa mañana sobre la ciudad. La lluvia que se filtra puede provocar la condensación del vapor, afirmó, y dejó a los periodistas sumidos en una confusión que les llegaba escasamente para redactar los titulares. En los últimos veinte años habían ocurrido más de una docena de explosiones relacionadas con el vapor en Nueva York. La más grave en 1989 en el parque de Gramercy donde tres personas perdieron la vida. Sin embargo nadie parecía conocer los pormenores de una realidad con la que todos convivían: la ciudad estaba plagada de numerosos escapes de vapor que fascinaban a los turistas, siempre dispuestos a hacerse una foto junto a esa peculiar seña de identidad de la Gran Manzana, pero, si querían profundizar en su curiosidad, resultaba imposible encontrar a alguien preparado para justificarles de dónde provenían tantas fugas. La cotidianeidad es lo que tiene. Vives en Madrid y no te acercas a ver la ampliación del Museo del Prado. Compras pan y no te preguntas dónde habrán amasado la harina.

La esperanza surgió de una modesta oficina en el número 23 de la Calle 36 oeste. Entre la Quinta y la Sexta Avenida. Mosto Technologies Inc. Una compañía de relaciones públicas dio con Steve después de una cadena de llamadas y correos electrónicos. Le contactaron a primera hora de la mañana y lo citaron en un hotel céntrico para un encuentro con la prensa. Ante la solemnidad de la ocasión, Steve se presentó vestido como para una boda. Enfundado en un traje impecable de lana que acrecentaba los calores del verano, y los churretes de sudor le cubrían la pechera. ¡Tinaaaaaaa! Le adjudicaron una asistente, Tina, que corrió calle abajo en busca de una camisa nueva. También le proporcionó una maquinilla, crema, y loción para después del afeitado. A ello siguieron las instrucciones de que se diera prisa en atusarse porque todos los medios se agolpaban ya en la sala de conferencias.

En unos minutos El Rey del Vapor estuvo listo y camino de su momento de gloria. Recuerda que las respuestas deben ser breves y precisas. Sí. No tienes por qué responder a todas. Vale. Van a intentar buscar un culpable; tú, remítete a los hechos. De acuerdo. No te alargues. Que sí. Y allí estaban todos: Fox, ABC, CBS, *New York Times*, *Daily News*, *New York Post*, NPR, *Crain's*...

Vapormán tardó tres días en saciar el hambre de tuberías y manómetros de la prensa neoyorquina. Transcurrido ese plazo el estrellato de las portadas volvió a ser recuperado por los héroes habituales. La mayoría de los periodistas lograron enterarse de lo ocurrido. Algunos sólo buscaban una acusación contra Con Edison con la que poder abrir sus informativos. Steve descubrió que, a veces, un premio Peabody[1] puede esconder la dudosa habilidad de acogotar a su interlocutor hasta inducirle a decir lo que no piensa. Entonces, Mr. Mosto, ¿el accidente podría haberse evitado? Bueno, siempre se pueden incrementar las medidas de prevención para... ¿Se podría decir que la compañía de vapor es culpable de lo ocurrido? No, Con Ed es responsable de la distribución de vapor, pero estamos hablando de un accidente que... Ya lo han oído, un experto en vapor apunta a Con Ed como responsable directo del trágico suceso. Los investigadores tendrán la próxima palabra. Vamos a deportes.

De sus tres jornadas de gloria, en las que se enfrentó a todo tipo de circunstancias y personalidades, lo que de verdad le sorprendió sobre manera fue el completo desconocimiento de los neoyorquinos sobre el complicado sistema de vapor que transcurría bajo sus pies. Muchos pensaban que las conducciones habían sido abandonadas hace años y que los escapes obedecían a misteriosos vestigios del pasado, como la niebla en los barcos piratas, que se le supone, y aquellos que conocían la existencia del circuito no sospechaban ni remotamente que el vapor circulase en Manhattan a una altísima presión de 12,6 kilogramos por centímetro cuadrado.

El nombre de Steve Mosto se transformó en Steam Mosto,[2] en Steam King, en Mister Steam o, sencillamente, en the Steam Guy, el chico del vapor. Saltó de televisión en televisión. ¡Tinaaaaaa! ¿Sí? Corre a por una camisa limpia para el señor Mosto. Y, a consecuencia de tanta exposición pública recibió una llamada del Consejo Municipal. El Ayuntamiento le pidió ayuda para preparar una comparecencia sobre la explosión del 18 de julio. En ella Steve tomó la palabra y explicó el funcionamiento del sistema y las posibles causas que habrían desencadenado el mortal accidente. Respondió a numerosas cuestiones y se tomó la libertad de sugerir a los consejeros que diseñasen un plan para evitar que las circunstancias volvieran a repetirse. Las autoridades recogieron el envite y ahora Steve Mosto es el experto en temas de vapor para la ciudad de Nueva York, encargado de asesorar en el desarrollo de las nuevas medidas de seguridad que se adopten.

Mosto Technologies Inc. Primavera de 2004. Mi hermano Javier y yo estamos en el número 23 de la Calle 36 oeste entre la Quinta y la Sexta Avenida, tres años y medio antes de que todo lo descrito anteriormente haya ocurrido. La cañería de medio metro de diámetro instalada en 1924 en el entorno de la estación de Grand Central todavía no ha estallado por los aires. Estamos a punto de adentrarnos con Steve en el subsuelo de Manhattan. Vamos a aprender de dónde proviene el vapor que vemos salir por las calles. Vamos a entender por qué se forma una bomba de relojería bajo el asfalto cuando se filtra el agua de una tromba veraniega y se condensa mortalmente al vapor que viaja atrapado en conductos de hierro fundido de más de dos centímetros de grosor.

Hace un día agradable. Caminamos por la Sexta, donde los vendedores de perritos calientes empiezan a darle salida a los primeros hambrientos que bajan de las oficinas. El olor a cebolla guisada inunda las aceras. Vamos hacia la plaza Rockefeller, donde está la famosa pista de patinaje que sale siempre en las escenas navideñas y que ahora aparece convertida en una agradable terraza para tomarse algo al aire libre. No vamos a escalar sus decenas de pisos para poder contemplar un pedazo de Central Park entre rascacielos. Nos proponemos descender muchos metros hasta el cuarto de calderas, camino de las entrañas de la ciudad. El termómetro marca trece grados. Damos un pequeño rodeo y nos pasamos a la Quinta para contemplar de cerca la biblioteca pública. Fortaleza y Paciencia, los leones a los que pusiera apodo LaGuardia, que antes de ser un aeropuerto fue un alcalde, observan majestuosos desde sus pedestales de mármol cómo las ejecutivas cambian sus tacones de aguja por zapatillas de deporte y se sientan a saborear una ensalada de pasta fría en las escaleras.

A la altura de la Calle 44 vemos un escape de vapor. Mira, Steve, un escape de vapor. No, eso no es un escape de vapor. Junto al paso de cebra han colocado una chimenea de plástico de unos tres metros de altura que escupe humo blanco por arriba. Pues parece vapor. Es que es vapor. Espera, vamos a llevarnos bien: ¿cómo es eso de que el vapor no proviene de un escape? De un escape sí, pero no de vapor.

Manhattan se ha construido encima de una cama de piedra. No resulta sencillo abrir zanjas y se aprovecha la misma canalización, a unos dos metros de profundidad, para introducir todas las conducciones. La tubería del agua sobrevuela por encima de la del vapor y, cuando la primera tiene algo de pérdida en una junta, deja caer un goteo encima de un tubo que se encuentra a ciento setenta grados centígrados. El agua, del tiempo, hierve inmediatamente en contacto con el metal y abandona su estado líquido. El vapor busca la primera rendija que encuentra, normalmente una de las tres mil tapas registradoras repartidas por las aceras, para salir al exterior. Es vapor, sí; pero no obedece a un escape del sistema de calefacción, sino a una fuga del canal del agua. Los inspectores de Con Ed colocan unas chimeneas sobre el punto de salida a la superficie para evitar que se quemen los peatones. Son unos cilindros naranjas con tiras reflectantes blancas que van encajados en unos embudos de plástico grueso. Técnicamente este tipo de fuga se denomina vapor vago y no reviste mayor peligrosidad. Para identificarlo se coloca una cinta de color azul marino en la chimenea.

No tenemos que avanzar mucho más para toparnos con otra nube blanca. El vapor forma parte del paisaje urbano de Manhattan tanto como la plaza de Times Square o los taxis amarillos. El circuito de calefacción de la ciudad de Nueva York supera con creces a la combinación de los de Boston, Filadelfia, Chicago y Milwaukee. Se nutre de cuatro plantas generadoras de vapor y tres de doble ciclo que producen también electricidad. De las cuatro genuinas, tres se encuentran emplazadas en la isla. Una en la Calle 14 a la orilla del East River, la segunda en la 42 junto al complejo de las Naciones Unidas y la tercera, en el lado oeste a la altura de la Calle 59. La cuarta fue levantada en Queens, al norte de la isla de Roosevelt, y se conecta al circuito a través de una tubería sumergida tres metros bajo las aguas del estrecho.[3] Estas plantas se alimentan con gas en los meses de calor y con gasóleo durante los meses de crudo invierno, puesto que el primero no combustiona bien a bajas temperaturas. Sus calderas producen vapor a una presión muy alta, catorce kilogramos por centímetro cuadrado, que va siendo progresivamente reducida durante su distribución.

La presión es la fuerza que consigue que el vapor avance bajo el suelo, la razón por la que no necesita ser bombeado. Un empuje que disminuye de manera proporcional al rozamiento y que viene determinado por el ancho de la cañería que se utilice. A mayor amplitud del tubo, menor rozamiento. Si se hubiesen instalado conductos demasiado angostos, el vapor se habría detenido antes de alcanzar el Metropolitan o en el Empire State. Si excesivamente grandes, hubiera llegado alegremente al edificio de la Chrysler, pero a costa de malgastar una fortuna incalculable en hierro y acero. La distancia y la economía han marcado el ancho de las vías subterráneas.

Fisssssss. Ahora sí que estamos frente a un verdadero escape. El vapor que sale por el sumidero surge con mayor virulencia que el humillo que vimos asomar tímidamente por la chimenea de plástico. Nivel de alerta verde, deduce Steve: ha fallado un cepo de agua.

A medida que el vapor avanza va dejando a su paso, como los caracoles, una estela líquida. Un agua que recibe el nombre técnico de condensado y que hay que eliminar a toda costa si no se quieren sufrir las consecuencias del temido golpe de ariete. ¿Golpe de qué? Se refiere al desastre que ocurre cuando una masa acuosa es lanzada a toda velocidad contra las paredes de hierro de las tuberías, como la máquina militar que se empleaba antiguamente para batir murallas. Si hubiese tenido un diccionario de bolsillo en aquellos momentos, habría podido enlazar los conceptos en tiempo real. No importa, escribir es lo que tiene: puedes hacer la consulta al regresar a casa. Ariete, del latín *aries*, en referencia a la cabeza de carnero labrada en hierro que reforzaba el extremo de la viga con que reventaban las fortalezas. ¿Steve, se va a producir aquí una explosión? No, estamos a salvo. El escape de vapor nos indica precisamente que ya no queda agua en el circuito. A ver si me entero.

El líquido circula por la parte inferior del tubo y el vapor, que pesa menos y va más rápido, ocupa la parte de arriba. A lo largo del recorrido se instalan en la base de los conductos unos purgadores para que se vaya filtrando el condensado. El agua, como el tren que avanza sin maquinista en las películas de acción, tiende a pararse en el llano. Los ingenieros conocen el dato y tiran la línea con una pendiente del 3 por ciento que la obliga a resbalar hacia las trampas. Los codos y empalmes se colocan por encima de los cepos para evitar recovecos en los que pueda acumularse el líquido. Las reducciones de diámetro de los tubos, que salen de fábrica con un diámetro de setenta y cinco centímetros, luego encogen a cincuenta y terminan entrando en los edificios con una sección de treinta, se acometen con conectores excéntricos en los que se achica la parte superior de la cañería. Si se realizasen con empalmes concéntricos, un embudo colocado en horizontal, el condensando sería incapaz de saltar al tubo más fino y quedaría apresado en la parte baja.

Los cepos son en realidad válvulas termodinámicas de dos centímetros y medio que dejan salir líquido e impiden la fuga del gas. Si por alguna razón fallasen y las rejillas no permitiesen la salida del agua, se activa un mecanismo de seguridad que desactiva el filtro y abre las compuertas de par en par. En la cañería queda un hueco que deja libre la vía de escape también al vapor. Cualquier cosa con tal de que se vaya el condensado. El agua va a parar a la alcantarilla más cercana; el vapor la sigue de cerca pero, en vez de dejarse caer en picado, emerge a la luz por el sumidero. Y ahí lo tenemos. Nueva York: en las inmediaciones de la catedral de San Patricio, que la puerta se sale del quicio, san Patricio dale, que la puerta del quicio se sale, ha fallado una trampa, según le parece a Steve, que observa la presión con que asoma el chorro blanco por la rendija de la acera. Fisssssss. A veinticinco dólares las mil libras se está perdiendo un dineral. *Oh, well!*, exclama convencido, mucho mejor perder dinero que vidas humanas.

Llegamos a Rockefeller Center, la microciudad soñada por un magnate del petróleo con la intención de darle en las narices a la arrogancia de Wall Street. Diecinueve edificios en pleno Midtown, entre la Quinta y la Séptima, que contienen más actividad que muchas poblaciones de la Tierra. Si miráis hacia arriba, apunta Mosto, y os fijáis en las fachadas de los rascacielos, podéis localizar fácilmente los pisos dedicados a plantas mecánicas. Son líneas más oscuras en las que no hay ventanas. Los edificios tradicionales se bastan con un cuarto de máquinas en el sótano, pero las torres necesitan diversificarlos a lo largo de su estructura para conseguir mayor eficacia energética.

Por cada diez plantas destinadas a viviendas los edificios han de dedicarle un piso a la ubicación de sus equipos. Este hecho coincide con la necesidad estructural que tienen los rascacielos de conectar el pilar central con los muros de carga externos. El problema se soluciona rellenando algunas plantas con una malla de triángulos de hierro que imposibilitan la habitabilidad del espacio. No importa: se aprovechan para la instalación de los aparatos de mantenimiento. En Manhattan, las plantas mecánicas son las responsables de que el perfil se haya estirado un 10 por ciento más de lo que marca la normativa en muchos otros lugares del mundo, ya que, a la hora de conceder licencias, Urbanismo no contabiliza estos espacios en los cálculos de superficie edificable.[4] Es la misma circunstancia que concurre, pero a la inversa, en el valle donde habito. Siempre me habían llamado la atención esos sótanos inmensos de las casitas del pueblo, los *basement* a todo confort que salen en las producciones de Hollywood donde juegan los hijos frente a una pantalla de vídeo gigante y los padres se sirven un Martini en la barra antes de la cena. Los metros ganados en excavación al suelo no tributan y algunas casas de madera son bastante más amplias por abajo que sobre el nivel del suelo. Como esas casas de protección oficial construidas en España que vienen con un falso tabique que, una vez demolido, doblan la superficie del apartamento llave en mano.

Detrás de los habitáculos que albergan los aparatos electrónicos y mecánicos que distribuyen la energía al rascacielos se halla también la respuesta a la misteriosa desaparición del número trece en multitud de ascensores. Los botones saltan misteriosamente de la planta duodécima a la decimocuarta porque la intermedia se suele dedicar a sala de máquinas. De este modo, los dueños se evitan de paso el lidiar con unas supersticiones que, a la hora de alquilar vivienda en un edificio tan alto, sufre casi todo el mundo.

En el exterior la temperatura ha subido hasta los dieciséis grados. Antiguamente las ventanas de las oficinas podían abrirse. Si tenías frío, las cerrabas y, si estabas acalorado, levantabas el cristal. A partir de la década de 1970 cuajó la idea de ejercitar un control absoluto sobre el medio y el ser humano selló las ventanas para siempre. Desde entonces la ley marca la obligación de bombear, al menos, un 15 por ciento de aire del exterior para mantener una ventilación saludable. Steve calcula que, en un día como éste, la calefacción estará trabajando al mínimo y aprovecharán para meter mucho aire de fuera. La temperatura ambiente puede parecer un poco fresca, cincuenta y nueve grados en la escala que inventó el señor Fahrenheit, pero es así de bajo como ponen algunos el aire acondicionado en verano. Seguidme, entramos por aquí. Dejamos de ver el sol a la altura del 1251 de la Avenida de las Américas.

El Rockefeller Center lo compró una firma japonesa, Mitsubishi, en el cenit del boom inmobiliario de la década de 1980. Confiaban en que el precio de los alquileres seguiría subiendo y la operación les reportaría cuantiosos beneficios. Los cálculos resultaron ruinosos y en 1995 tuvieron que acogerse al célebre Capítulo once que regula en este país la suspensión de pagos. Hoy la propiedad está dividida en dos y los edificios han cambiado de nombres. El mítico de la RCA se ha convertido en el de la General Electric y los letreros de la RKO o de Time & Life han desaparecido de las fachadas. Nosotros estamos en el antiguo edificio de la ExxonMobil, que años atrás decidiera mover sus oficinas a Brooklyn; 1251, el número de la calle por el que ahora se conoce a este edificio, es el segundo en altura del complejo. Doscientos veintinueve metros que completan un total de cincuenta y cuatro pisos. Preside el portal una réplica autorizada de un tapiz que Picasso dibujó para el estreno en París del ballet *Mercurio*. ¿No era éste el mensajero de los dioses encargado de conducir las almas al infierno? Hacia allá bajamos.

Con Edison se encarga de la infraestructura del vapor hasta los contadores que coloca a la entrada de los edificios. Pasado el muro de la propiedad privada, la responsabilidad de la instalación y de su mantenimiento, incluidas las posibles fugas, recae exclusivamente en los dueños del inmueble. Esta circunstancia la descubrió Steve al poco de regresar de su periplo musical por Tennessee. Aprendió que la conducción de tuberías tenía más de cien años y soportaba un montón de pérdidas. Los técnicos de la compañía del gas atendían a las necesidades de fuera, pero nadie se encargaba de lo que ocurría en el interior de los edificios. El precio desorbitado de la propiedad había obligado a las multinacionales a trasladarse al sur en busca de cuarteles generales más asequibles y se llevaron en la mudanza a todos sus empleados cualificados. A mediados de la década de 1990 no quedaba un ingeniero en Manhattan. En 1997 nació Mosto Technologies Inc. Basaba su estrategia de negocio en un objetivo sencillo: ahorrarles dinero en el recibo del vapor a los grandes complejos inmobiliarios.

Mosto arrancó dando servicio a un puñado de edificios pero, poco a poco, los encargos del World Trade Center fueron acaparando su mayor porcentaje de trabajo. Las Torres Gemelas se gastaban cientos de miles de dólares al año en reparaciones. Al principio se trataba de revisiones periódicas y alguna sustitución de piezas. La instalación de nuevos equipos, donde residía el verdadero negocio, quedaba fuera de sus posibilidades. Cualquier empresa que quisiera acometer reformas en un edificio neoyorquino tenía que aportar una póliza de seguro que acreditase una indemnización de diez millones de dólares en caso de accidente; algo que a él le habría supuesto un desembolso cercano a los treinta mil euros al año. Imposible. Olvídate. Pero la Autoridad Portuaria de

Nueva York y Nueva Jersey, la agencia que ostentaba la propiedad del World Trade Center, se fiaba de él y así se lo hicieron saber: nos fiamos de ti, Mosto. No tengo seguro. Tú trae el material y los trabajadores y nosotros te cubrimos bajo nuestro plan. Sólo te pedimos que no cometas ninguna pifia; si nos causas problemas nos vas a hacer pagar un pastón.

Se presentaba una ocasión extraordinaria; un presupuesto de medio millón de dólares que le inclinó a poner todos los huevos en la misma cesta. ¿Quién hubiera podido anticipar el 11 de septiembre de 2001? En el primer atentado terrorista contra el World Trade Center, el de 1993, seis personas encontraron la muerte. Con la excepción de un vendedor, que tuvo la mala fortuna de encontrarse en el lugar erróneo en el momento equivocado, el resto eran ingenieros a cargo del sistema de vapor y la secretaria de uno de ellos. Podría haberle tocado a él fácilmente. Entonces, como empleado de una empresa de servicios, realizaba visitas periódicas al mismo sótano donde la explosión abrió un agujero de treinta metros al hormigón armado. Pero aquello quedaba lejos y el horizonte dibujaba una oportunidad de oro a una empresa emergente con dos personas dadas de alta: el mecánico supervisor y el propio Steve. El proyecto consistía en el reemplazo de una válvula obsoleta, la vieja Berta. Una compuerta que daba acceso a todo el vapor utilizado por el complejo del World Trade Center, cuyo tamaño superaba al de un camión convencional. El encargo incluía el derrumbe de una enorme pared de quince metros, para poder introducir recambios y maquinaria, que caería meses más tarde por su propio peso.

Tras los atentados, Steve entró en barrena. A la lógica angustia compartida por el resto de sus conciudadanos, hubo de sumarle la desgracia personal de haber perdido de golpe el 40 por ciento de sus ingresos. El 60 por ciento restante se reduciría en las siguientes semanas a menos de la mitad. El mundo andaba obsesionado con la seguridad, preocupado por la posibilidad de nuevos atentados y a nadie se le pasaba por la cabeza la idea de invertir un céntimo en reparaciones. Sin comerlo ni beberlo se encontró con un tercio de las previsiones de facturación y aquel aguijón inesperado le abría peligrosamente el libro de cuentas de Technologies Inc. por el capítulo undécimo.

Tenía que actuar deprisa. Solicitó una entrevista con Joe Szabo, el director de ingeniería del Rockefeller Center, y le espetó: Tú me necesitas. En 2001 el complejo invertía aproximadamente dos millones de dólares en vapor. Steve se ofreció a disminuirle los gastos a base de localizarle las pérdidas internas. Soy tu cazador de vapores, Joe. ¿Qué propones? Sólo quiero un porcentaje de lo que consiga ahorrarte. Szabo lo escuchó con interés y le dejó intentarlo. El primer año redujo la factura presentada por Con Edison en cincuenta mil dólares. Con el tiempo aprendió a afinar su eficacia y, seis temporadas más tarde, el ahorro anual del Rockefeller Center ronda los doscientos cincuenta mil dólares.

¿Qué me decís? Bonito, ¿eh? En el sótano, lo más parecido a la sala de máquinas de un barco que un humano pueda observar en tierra firme, reina un calor insoportable. Gruesas cañerías de color amarillo introducen el vapor de la calle a ciento noventa grados centígrados. El sistema solamente funciona en una dirección. Desde las fábricas, que cada hora escupen seis millones de kilos de vapor, la mercancía se envía a treinta metros por segundo en un viaje del que no esperan retorno. Al final del proceso, en sótanos como éste, una vez que al vapor se le ha sacado su partido, se le agradecen los servicios prestados y se le arroja sin contemplaciones por el desagüe. Con Ed no quiere saber nada de un agua que se va a la alcantarilla con un grado de pureza superior en mil veces a la del grifo, puesto que durante el proceso de evaporación ha ido soltando los minerales.

De las tres cañerías amarillas, cada una de un grosor diferente, salen unos conductos más finos de color naranja que eliminan el condensado antes de que entre en el circuito del edificio. Las amarillas tienen una llave para regular su apertura de acuerdo con las necesidades energéticas. Enormes contadores registran el consumo en miles de libras por hora, pasando en esta ocasión de la terminología anglosajona, *thousand*, y utilizando el latín para definir su unidad de medida: el mill. Una vez cargado en cuenta, el vapor pasa por válvulas reductoras de presión, accionadas por aire comprimido, que lo dejan listo para ser utilizado en este gigantesco entramado que ocupa cincuenta y cuatro plantas. Un circuito lleno de codos, manómetros y empalmes que, obviamente, también se haya sometido a riesgos de pérdidas. Nada más hacerse cargo de su mantenimiento, Steve cambió diez trampas que habían reventado y estaban dejando escapar vapor alegremente. Cada cepo inutilizado suponía un extra de cinco mil dólares anuales en la factura; multiplicando esta cantidad por diez a cualquiera le salen los cincuenta mil que el ingeniero le ahorró a Joe Szabo en su primer acuerdo.

Los purgadores de agua realizan una labor tan esencial dentro de estas paredes como bajo las aceras de las calles. Resulta imprescindible eliminar al enemigo público número uno del vapor para poder descartar el efecto de un golpe de ariete. Una auténtica bomba líquida que, explosionada aquí abajo, en el corazón de la estructura, podría ocasionar el derrumbe del edificio. Si en la tubería se concentra una bolsa de agua que nadie elimina, el vapor que circula por encima de ella, como el viento que sopla sobre la superficie de un lago, se enfría bruscamente, se condensa y, al hacerlo, encoge su volumen la friolera de mil setecientas veces. Esta acción produce un vacío directamente encima del charco que provoca la succión violenta del líquido y lo hace chocar contra la parte alta del conducto. Es el ¡clang! que todos hemos escuchado alguna vez en los radiadores. Tras el primer martillazo, el agua rebota formando una ola que avanza hacia delante. Entra más vapor, se condensa y añade líquido, otro martillazo y la ola se va haciendo más grande. Crece y crece como un tsunami hasta que, en la última de sus subidas, actúa como un auténtico tapón que obstruye momentáneamente la cañería. Lo suficiente para que el vapor que viene detrás se comprima y termine disparándola como si de una bala de cañón se tratase. El agua viaja a toda velocidad a través del sector de cañería que se ha quedado vacío por delante, alcanza al vapor que la precede, choca y provoca en las paredes del tubo una presión diez veces superior a la que él está preparado para soportar. No es lo mismo que te salte a la tripa un niño de 2 años que aterrizar con el estómago tras caerse de un séptimo piso. Es lo que tiene el cambio brusco de velocidad en los fluidos. El resultado es una tremenda explosión que hace saltar las cañerías por los aires.

Hasta el día en que visitamos el sótano del 1251, lo más parecido al cuarto de máquinas de un barco que se pueda observar sobre la superficie de la tierra, el peor accidente había tenido lugar en la Calle 20 este. En un barrio de dinero de toda la vida que se remonta a los tiempos en que Central Park era una granja y Middle town, donde hoy se alza majestuoso el Rockefeller Center, ni siquiera existía. Ocurrió la tarde del sábado 20 de agosto de 1989. Dos trabajadores de Con Edison terminaban con éxito la reparación de una avería. Habían cerrado el tramo afectado y estuvieron trabajando en él hasta sellar definitivamente las juntas. Concluido su trabajo, abrieron de nuevo la válvula para restaurar el circuito. Ignoraban que la llave que cortaba el paso a la sección reparada había dejado filtrar un hilo de vapor. Atrapado en el largo tubo, enfriado y sin escapatoria, éste había terminado por condensarse en agua. Al restablecer la circulación, el vapor que entró a alta presión se topó de golpe con el agua fría, se condensó a toda velocidad, propulsó la bala de agua y aquello explotó en mil pedazos. Los dos empleados murieron a consecuencia del terrible impacto. El amianto que aislaba térmicamente la tubería voló como las cenizas de un volcán sobre los edificios colindantes y hubo que evacuar la zona. Pasaron meses antes de que los vecinos pudieran regresar a sus casas.

El martillo de agua. El golpe de ariete. Una sombra que planearía años después sobre el mortal accidente de la Avenida Lexington. Se encargarían de corroborarlo los informes periciales. El 18 de julio de 2007 la intensidad de la tormenta que descargó a primeras horas de la mañana sobre Nueva York desbordó la capacidad de succión de los sumideros del sistema de alcantarillado. A la altura de la Avenida Lexington y la 41 se inundó la canalización por la que discurre el tendido de cañerías, uno de los cuatro puntos de la ciudad en que las conducciones se encuentran enterradas a mayor profundidad. El sector fue inspeccionado a las once y media de la mañana por una patrulla de Con Edison sin que pudiera detectarse anomalía alguna. Alertados por las posibles consecuencias de la tromba de agua, buscaban una señal de vapor vago, el indicio que los alertaría de la presencia de agua de lluvia que entraría en contacto con el exterior de la cañería. No la encontraron. La cámara de seguridad de un edificio colindante testificaría después que estuvo saliendo vapor a la calle por espacio de una hora pero que dejó de hacerlo a las diez de la mañana, una hora y media antes de que estacionase la furgoneta de inspección. La suerte estaba echada. El progresivo enfriamiento de las paredes de metal de los conductos de vapor comenzaba a producir una gran condensación en el interior del tubo. Todavía quedaba esperanza: a doscientos cincuenta metros de distancia se abrían dos trampas con capacidad suficiente para tragársela toda y arrojarla al alcantarillado. Válvulas termodinámicas de la marca Gestra, modelo

DK57H, recién instaladas en diciembre de 2006. Revisadas el 9 de abril y vueltas a poner a punto en dos inspecciones seguidas realizadas el 8 y el 10 de junio. Dos cepos capaces de eliminar mil seiscientos litros de agua a la hora; diez veces más que la cantidad de condensado que tiende a acumularse en condiciones normales. Ambas fallaron. El agua, cuando iba camino de los purgadores, arrastró consigo restos de una resina fenólica, epoxy, que se había utilizado el 14 de marzo para sellar la fuga en una de las juntas del tramo. El epoxy, un potente pegamento industrial, taponó las rejillas de salida de los cepos, bloqueó sus mecanismos de apertura, e impidió que saltase el sistema de seguridad que deja en casos de emergencia las compuertas abiertas de par en par. El resto ya forma parte de la historia y en los informes queda registrado con el nombre inglés de *Waterhammer*.[5]

En las entrañas de la ciudad observo las cañerías amarillas, las naranjas, las verdes, las blancas y las marrones. El arco iris de la fontanería. Me fijo en las pequeñas trampas de dos centímetros y medio que Steve nos muestra con tanto orgullo. Clic. Clic. La máquina de mi hermano Javier es digital pero le ha ajustado el sonido mecánico para que haga más ilusión al disparar. Clic. Nuestro amigo posa con la oreja cerca de una llave, como si estuviese en busca del silbido de un escape. Fisssss. ¿Eh? Soy yo, haciendo el ruido con la boca. Muy gracioso. Anda, baja de ahí Vapormán, a ver si te vas a hacer daño.

En el centro del sótano del 1251 se encuentran unos ventiladores gigantescos que forman parte de un sistema intercambiable de calefacción por aire. En época de frío el vapor calienta un agua que luego circula en cañerías de color verde por delante de las aspas. El calor del agua pasa al aire y éste es transportado con la fuerza de los ventiladores a las distintas plantas mecánicas del edificio.[6] Desde allí otros ventiladores menores se encargarán de distribuirlo por las rejillas de los apartamentos y oficinas. En verano el proceso se invierte: se enfría el aire con el propósito opuesto. Para ello se utiliza un gas que responde al nombre técnico de 134A; un elemento sintético que, como buen refrigerante, al expandirse absorbe calor.[7] El vapor que entra por las cañerías amarillas a alta presión se utiliza para comprimirlo. Una vez que se ha apretado el gas, se hace circular agua a temperatura ambiente en cañerías de color marrón para que le roben al 134A todo el calor. Fruto de este intercambio el agua hierve, se evapora y sube hasta el tejado por las mismas tuberías. Allí arriba el circuito se abre en unas chimeneas de enfriamiento. En contacto con el aire, parte del vapor se escapa y el resto se condensa y baja al ciclo de la fría, de nuevo a unos veintiún grados, para calentarse otra vez a su paso por el gas y volver a subir al tejado. Estas chimeneas son fáciles de observar en las azoteas de Manhattan junto a los típicos depósitos de agua potable con forma de barril.

Las enormes máquinas de ventilación del sótano se mueven, como las ruedas de los barcos, con la presión del vapor que hace girar los pesados discos que articulan sus compresores. Podrían funcionar con corriente eléctrica si se prefiriese; una decisión que a veces toma el ingeniero jefe basándose en los precios oscilantes de las tarifas energéticas. La turbina de aire acondicionado que tenemos delante cuesta medio millón de dólares y tiene una capacidad de enfriamiento de tres mil toneladas.[8] Un mundo comparado con los aparatos que se instalan en las casas de Rhinebeck, que raramente sobrepasan una capacidad de trescientos kilos.

En el sótano de la Avenida de las Américas descubrimos maravillados que el vapor que viaja por los subterráneos excavados en la mica sirve para algo más que para calentar rascacielos. Además de sus labores de calefacción, calienta el agua de lavabos y duchas, mueve las turbinas de las grandes máquinas de aire y, en algunos casos, su fuerza se utiliza para generar electricidad propia. El vapor representa el alma de un ingenioso sistema concebido en 1924 que hoy se maneja con tecnología del siglo XXI. Monitorizado por Internet, su rendimiento se controla en tiempo real y el supervisor puede adelantar o atrasar el enganche a la red de Con Ed para no coincidir en la hora punta, las siete de la mañana, con la demanda de otros dos mil edificios.

Cuando regresamos a la luz del día, Steve nos propone una nueva aventura. Un viaje al pasado, a la Zona Cero que se llevó por delante sus proyectos empresariales, para saludar a su amigo Dennis Malopolski. Aceptamos de buen grado, pero antes se impone una visita a Keens Steakhouse para recargar fuerzas.

Keens es una de esas viejas tabernas de Nueva York que lo transportan a uno en la máquina del tiempo. Número 72 de la 36 oeste. Sus vitrinas guardan la mayor colección del mundo de pipas de fumar de cánula larga.

Su diseño, con boquillas que pueden llegar a distar cuarenta centímetros de la cazoleta, se concibió para facilitar a los fumadores la lectura de un libro sin cachimbas de por medio. Originarias del Imperio otomano, fueron introducidas en Inglaterra y Francia por los húsares austrohúngaros durante las guerras napoleónicas. Desde Holanda, viajaron a la ciudad de los rascacielos.

La tradición de depositar la pipa en la taberna se debía a que la enorme fragilidad de la cerámica no recomendaba su transporte en las alforjas. Su utilización estaba muy extendida y prácticamente era de obligado cumplimiento entre los caballeros, ya que al humo del tabaco se le achacaba la capacidad de disipar los humores malignos del cerebro. Las pipas del Keens llegaron a aglutinar noventa mil nombres de clientes, entre los que se encontraban personalidades tan destacadas como Buffalo Bill Cody, Teddy Roosevelt, Albert Einstein, J. P. Morgan o el general MacArthur.

Nos sentamos en el pub y pedimos una malta con un par de hielos para celebrar los descubrimientos de la mañana. Al Scotch le acompañarán unas ostras de aperitivo y le seguirán las famosas chuletas de cordero que hacían ya las delicias de la gente de este distrito del teatro a finales del siglo XIX. Un homenaje al año no hace daño.

La Zona Cero. No la había visitado desde que me tocara cubrir como periodista el primer aniversario. Los trabajos han avanzado bastante, pero da lo mismo: el enorme agujero negro me sigue poniendo la carne de gallina. Aquí se alzaban las joyas de la corona de la Autoridad

Portuaria, propietaria de los principales aeropuertos de Nueva York y Nueva Jersey (cuatro en total) y los diversos puentes y túneles que enlazan ambos estados. La única propiedad que no entraba en el ámbito habitual de sus competencias era el World Trade Center. Por ello su construcción resultó muy controvertida. Representaba una clara ventaja para los intereses económicos de Nueva York pero era difícil venderles la inversión a sus vecinos de Jersey. Al final se terminaron levantando y, como contrapartida, se reconstruyó la estación de tren al otro lado del río, se renovaron las vías de los túneles que conectan la isla con el continente por debajo del Hudson y se implementaron las comunicaciones por ferri.

Seis hectáreas y media en las que se construyeron seis edificaciones. Las Torres Gemelas, un hotel, dos bloques de nueve plantas destinados a oficinas, otro de idénticas proporciones ocupado por Aduanas, en el que se almacenaban los objetos de contrabando y el dinero requisado, y un rascacielos de granito rojo con base trapezoidal: el Edificio Número Siete. Un coloso de ciento ochenta y dos metros que albergaba en sus cuarenta y siete pisos inquilinos muy poderosos.

Desde la planta decimoctava a la cuadragésimo sexta, la firma financiera Salomon Smith Barney ocupaba ciento doce mil metros cuadrados de despachos desde los que administraba las finanzas de grandes fortunas, multinacionales y gobiernos. El Servicio Secreto de los Estados Unidos, que entonces dependía del departamento del Tesoro, retenía ocho mil metros cuadrados en las plantas novena y décima. Defensa, la CIA y Hacienda compartían espacio en la veinticinco y, en la vigésimo tercera, el alcalde Giuliani había encargado instalar en 1998 un centro de operaciones de emergencia desde el que dirigir un eventual gabinete de crisis. La reforma, que incluía tomas de agua y aire acondicionado blindados e independientes y ventanas con cristales capaces de resistir las explosiones, le había supuesto quince millones de dólares a las arcas municipales. Hacia allí se encaminó Rudolph Giuliani en la mañana fatídica del 11 de septiembre, tras el impacto del primer avión, pero enseguida se vio forzado a abandonar el búnker ante la inminente amenaza de derrumbamiento.

El Siete lo están reconstruyendo. Algo más delgado que el anterior, para permitir que cruce la calle Greenwich y abrir hueco a un pequeño parque, y también algo más alto, cincuenta y dos plantas, para igualar en metros cuadrados la superficie de su antecesor. Los arquitectos han puesto especial empeño en la seguridad con una estructura central de hormigón armado, escaleras más anchas y vigas de acero con mayor recubrimiento ignífugo.

La sede del Deutsche Bank ha quedado como una casa fantasmagórica que aguarda silenciosa, con una herida enorme abierta encima del *lobby*, la sentencia de demolición. La estación de Path,[9] que funciona con arreglos provisionales, va a ser reubicada en la zona este del terreno, en el enclave original de 1908. Sus trenes son responsables de cruzar el río Hudson diariamente transportando a más de doscientas mil personas. Santiago Calatrava ha sido el arquitecto encargado de diseñar una gran puerta de bienvenida a Manhattan para estos viajeros. Un óvalo de cristal y acero con dos alas que le nacen en la columna y que envía la luz de la calle hasta las vías que cruzan veinte metros más abajo. Un poco de Mediterráneo en el Atlántico al que le han puesto fecha de inauguración para 2009.

La pequeñísima iglesia griega de San Nicolás, que quedó enterrada bajo los escombros en la calle Cedar, se va a reconstruir. Nunca supe si las reliquias de sus santos, Nicolás, Katerina y Sava, o los iconos regalados por el zar Nicolás II pudieron ser rescatados de entre los cascotes. La recuerdo perfectamente, antes de la tragedia, como un David indefenso en medio de un aparcamiento a setenta metros del impresionante Goliat de la Segunda Torre.

Hola. Steve nos presenta a Dennis Malopolski, el supervisor mecánico de la Autoridad Portuaria que tenía a su cargo el complejo entramado energético que alimentaba el World Trade Center. El terreno de la Autoridad Portuaria recibía siempre una de las facturas por consumo de vapor más elevadas de toda la ciudad. Competían con él solamente el edificio de las Naciones Unidas o el Peter Cooper, un barrio de protección oficial construido después de la Segunda Guerra Mundial, que se levanta en la confluencia de la Quince con la Avenida C. En la orilla este. Justo enfrente de una planta de Con Edison en la que se puede observar la chimenea por la que sale extenuado el vapor después de mover turbinas para producir electricidad. El primer año, con el fin de reemplazar las trampas viejas por un equipo más eficaz, Mosto le ahorró un millón de dólares al World Trade Center.

Ahora no queda nada. En el tremendo agujero los muros de contención, de veintiún metros de altura, han tenido que ser atornillados a la roca con cables de acero.

Van taladrando hasta tocar piedra y, una vez hecho el contacto, los incrustan nueve metros. Se tensan y se fijan al muro con tuercas gigantescas. Antes, estos diques que soportan la presión del río, se recostaban en la cimentación de las Torres Gemelas. Después se apoyaron en los escombros pero, finalizadas las tareas de limpieza, comenzaron a desplazarse. En el lado sur, donde se ha instalado la dirección de obras, la pared avanzó treinta centímetros.

Al lado de estas oficinas se ha habilitado un cuarto de la Memoria. Un lugar al que los familiares de las víctimas pueden acudir cuando quieran. Malopolski nos invita a entrar. Se me pone la carne de gallina. Está lleno de retratos. Muchos son jóvenes. Veinteañeros que trabajan en las empresas más punteras del planeta. Con carreras prometedoras por delante. Lo mejor de entre los mejores. Lo más selecto de medio mundo. Yo perdí setenta y cinco amigos de golpe aquel día. Setenta y cinco. Es Denis el que habla. Se nos pone un nudo en la garganta. Yo tuve más suerte que ellos, pude escaparme por el río en un barco. Hay un montón de dedicatorias, de poemas, de recuerdos. Unos padres han dejado un libro que editaron con la biografía de su hijo. Se almacenan regalos sin abrir, animales de peluche, amuletos. Lo llaman el Mirador Familiar. Tiene un ventanal espléndido que da a la Zona Cero y desde el que se puede atisbar la marcha de las obras. Abierto siete días a la semana. De nueve a nueve. Leo un texto y me conmuevo. Ignoro si lo ha compuesto alguien apresuradamente para despedir a un ser querido o es una réplica de algún poema famoso que mi ignorancia es incapaz de reconocer. Qué más da. Me parece muy bello: Montaría una escalera de lágrimas y tornaría en senda el recuerdo, para subir hasta el cielo y devolverte a ti a casa.[10]

Nos montamos en una furgoneta para bajar al aparcamiento subterráneo. Atravesamos la explanada pelada en la que se trazará la planta de la nueva Freedom Tower. Se puede adivinar la ubicación de los edificios caídos por los pilares de acero de trece centímetros que todavía asoman cada tres metros y marcan sus siluetas en el suelo. Las torres del World Trade Center tenían ciento dieciséis plantas. Seis de ellas bajo tierra. Las que estaban destinadas a los aparatos mecánicos, cuyas líneas grises cualquiera puede distinguir en una fotografía de archivo, eran la séptima, la cuarenta y uno, la setenta y cinco, la ciento ocho y el último sótano. Contaban con el sistema de refrigeración más vasto del universo, del que sólo quedan como testigos cuatro cañerías inmensas. Dos tubos de color azul para la torre primera y dos de color verde para la segunda. Las paredes de los conductos tienen un grosor de un metro y medio. Tras el proceso de enfriado, el agua recalentada se arrojaba al río. No puedo evitar imaginarme a los peces sorprendidos por el aluvión de calor. A los pescadores sacando el sábalo ya precocinado y con las huevas hechas. Se lo digo. Dennis me contesta que no. La temperatura máxima con la que el agua retornaba al río era de treinta y dos grados.

Los niveles de los pisos no coincidían en los distintos edificios. El segundo piso no estaba en todos a la misma altura. Para entenderse hablaban de pies de profundidad o de elevación. La estación está a doscientos sesenta y cuatro pies. La calle está a trescientos diez. El punto más bajo de la Zona Cero a doscientos cuarenta y cuatro, es decir, algo más de setenta y cuatro metros. En los restos que quedan del aparcamiento y que serán demolidos en julio se ve el armazón de acero forrado por el material ignífugo. Una especie de espuma gris que resulta de mezclar cemento y una roca blanda llamada vermiculita. Dennis nos cuenta que las vigas estaban preparadas para soportar entre dos y cuatro horas de incendio. Quiero decir, con el calor que se le supone a un incendio doméstico, o sea, antes de que el acero se recalentase. Además, tenéis que considerar que el avión, al irrumpir en el edificio, hizo un efecto de máquina quitanieves. Arrastró todo lo que encontró a su paso hasta un rincón, y creó un foco en el que el incendio tomó una magnitud impresionante.

Atravesamos un trozo del viejo túnel del tren que se usaba para el paso de camiones y llegamos a la estación construida en 1908 y que permanecía abandonada. Al otro lado del muro está la caja fuerte del Swiss Bank de donde se recuperaron doscientos millones de dólares en barras de oro y plata. Las paredes de la caja fuerte tienen un metro y medio de grosor y se necesitaría una semana de trabajo, con maquinaria pesada, para conseguir atravesarlos. Las vidas se van, los dineros se quedan. La estación del ala este se convirtió en la década de 1970 en parte del sótano de los edificios cuatro y cinco. Era el cuarto de almacenamiento de documentos. Los trenes los trasladaron al oeste, cerca del río. Se ve la entrada al túnel subterráneo por el que una ristra de vagones cruzó por debajo del Hudson en 1905. Espera un momento. ¿Nadie habló nunca sobre la existencia de este sitio a Graham Greene, a John Le Carré o a Mary Higgins Clark? Una cámara acorazada que contiene doscientos millones de dólares en lingotes. Un túnel abandonado que, al otro lado del muro, te puede conectar sin levantar sospechas con un tren que te deja en la ciudad de Jersey. ¿Alguien da más? Pero ¿qué hacía Spiderman agarrado a la ventana de la planta cien cuando la intriga se cocía a veinte metros bajo tierra?

Volvemos a la superficie. Alrededor de la zona se arremolina mucha gente a mirar a través de la valla metálica. Dennis dice que los fines de semana tienen treinta mil visitantes en las aceras. Todavía no se ha construido el mausoleo y ya somos la mayor atracción turística de Manhattan. En cuanto se termine vamos a ser los *number one*. Será el tributo de la ciudad para los desaparecidos en combate. Cuesta bastante creerlo pero, en el trozo de aire que se abre frente a mis ojos, hasta hace poco trabajaban cincuenta mil personas. La población al completo de la ciudad de Cuenca.

NOTAS

[1] Otorgados por la Universidad de Georgia, los premios Peabody son los galardones más prestigiosos que los periodistas de radio y televisión pueden recibir en Estados Unidos.

[2] *Steam*, vapor en inglés.

[3] Aunque reciba el tratamiento de un río, el East River realmente es un estrecho. Separa los barrios de Manhattan y El Bronx de los de Queens y Brooklyn.

[4] NYC Department of Buildings, Regulations and Occupation.

[5] Durante la investigación Con Ed explicó que todas las trampas se revisan con un intervalo máximo de diez semanas y que, en el año

y medio previo al accidente, de un total de treinta mil trampas analizadas solamente cinco presentaron bloqueo por acumulación de sedimentos. Como medida de precaución se sustituyeron ochocientas sesenta y siete de las mil seiscientas cincuenta y cuatro trampas existentes en la ciudad.

[6] Las edificaciones más antiguas bombean directamente el vapor a las aspas saltándose el paso intermedio.

[7] Antiguamente el elemento más utilizado era el amoniaco, pero cayó en desuso con el crecimiento de las ciudades porque en grandes proporciones su manejo resultaba peligrosísimo. Luego, y hasta hace poco, se utilizó el gas freón cuyo uso se ha penalizado por tratarse de un elemento altamente contaminante y muy agresivo para la capa de ozono.

[8] Un aire acondicionado de 12.000 btu tiene una capacidad de enfriamiento de una tonelada.

[9] Port Authority Trans Hudson.

[10] *If tears could build a stairway, and memories were a lane, I'd walk right up to heaven and bring you home again.*

11

Junio

Hoy se celebran elecciones en el colegio de los niños para renovar a tres miembros del consejo y aprobar el presupuesto anual. A última hora se ha sumado un candidato inesperado que, según comentan preocupados algunos padres, ha irrumpido en campaña de forma un tanto agresiva. Aparentemente ha pinchado publicidad de su candidatura en algunos jardines sin autorización de sus propietarios y, en plena jornada electoral, acaba de colocar un cartelón en el cruce donde arranca la calle que conduce a la escuela. Es un tablero que indica con una flecha la dirección a tomar para ejercer el derecho al voto. El texto agradece la participación en el sufragio y, curiosamente, aprovecha para firmarlo con su nombre en letras bien grandes. He escuchado de todo; hasta quien me sugiere que el tipo ha movilizado a un grupo de discapacitados mentales para que introduzcan en la urna la papeleta que apoya su causa. Esto es un pueblo pequeño y se corren las voces. A favor y en contra. En el capítulo de logros de los anteriores consejeros pesa el haber consensuado un presupuesto ambicioso que contempla la ampliación de las instalaciones escolares. Precisamente el resorte que ha hecho saltar al nuevo contendiente.

Se presenta como el perro guardián de los dineros que van a ser sometidos esta mañana a referéndum. En labios de sus detractores no es más que una mosca cojonera que, si sale, va a ponerle pegas a todo en un intento de torpedear el proyecto de mejora. Y si fuera así, me pregunto, ¿qué le puede importar a nadie que los niños tengan acceso a un colegio más sofisticado? Pues le afecta y mucho. En Estados Unidos la enseñanza es pública y se financia, directamente, con la recaudación del impuesto municipal de bienes inmuebles.

Cualquier persona con un título de propiedad en Rhinebeck (parcela, vivienda o negocio) ha de pagar un canon anual para mantener la escuela.[1] Tenga o no tenga hijos que la utilicen. El sistema educativo se sufraga con este impuesto porque su recaudación se puede ajustar con exactitud al gasto presupuestado. A tanto asciende la propuesta del consejo escolar aprobada por la comunidad en votación popular, a tanto tocan a pagar los vecinos por tener casa en el pueblo. Proporcionalmente y dependiendo del terreno y la superficie construida. No falla. Los padres de la patria desestimaron basar la financiación de los colegios en otras imposiciones, como la renta o el IVA, porque las cantidades recaudadas dependen de las fluctuaciones puntuales del mercado y, de no cumplirse las previsiones, dejarían a las escuelas con un déficit presupuestario inasumible.[2]

Obviamente, al tratarse de un sistema de contribución universal, siempre aparece algún Ebenezer Scrooge que no se muestra partidario de subvencionar con su dinero las atenciones dispensadas a los hijos de otro. Pero el saco, desgraciadamente, no sólo lo rompe la avaricia.

Oponerse a la aprobación de un presupuesto escolar no tiene necesariamente que estar relacionado con el protagonista del cuento navideño de Dickens. En algunas ocasiones ocurre, sencillamente, que el votante no se lo puede permitir. Cimentar la educación sobre el valor catastral de los inmuebles es lo que tiene. Oculta un peligro para las poblaciones rurales, como Rhinebeck, que debido a sus encantos atraen personas de elevado poder adquisitivo. El ritmo de vida de los nuevos pobladores, que demandan recursos más complejos para la escuela, puede incrementar el impuesto hasta el punto de que algunos residentes de toda la vida se vean forzados a abandonar sus viviendas.[3]

La belleza del valle del Hudson ha dado la bienvenida a un nuevo movimiento. Pasados los *hippies* de Woodstock, superados los *yuppies* de Manhattan, ambas filosofías han encontrado en esta orilla del río un matrimonio de conveniencias: los *oppies*. *The organic people*. La gente orgánica. Se meten a granjeros, pero mantienen un pie en sus oficinas de Wall Street para no tener que renunciar al último modelo de cuatro por cuatro. Gracias a los móviles, cuidan el maíz de sus huertas mientras manejan a distancia la cartera de acciones de algún cliente. Sueñan, como Labordeta, en que habrá un día en que todos, al levantar la vista, no tendrán que regresar a la ciudad. Sus vacas les van a liberar de la atadura urbana pero, hasta entonces y por si las moscas, no renuncian al maná que les proporciona Nueva York y trabajan el doble que antes. Al contrario que los *hippies*, que abandonaron lo material para integrarse en la naturaleza, los *oppies* se traen al campo sus equipos estereofónicos, sus ordenadores y su Internet. Tienen hijos que hablan de McDonald's con entusiasmo, pero no porque sueñen con el menú infantil, sino para poner muecas de asco al referirse a las hamburguesas. Sólo comen alimentos sin fertilizantes. Nada procesado. Ni sal, ni azúcar. Lo orgánico ocupa el centro de su existencia y se ha convertido en una opción de vida amable con la naturaleza y de respeto al entorno.

Compran terreno para preservarlo de los especuladores y, por supuesto, para disfrutar de la vista. Reparan los graneros con Durisol, un conglomerado de madera reciclada, y reciben la electricidad desde paneles solares. Si tienen un lago en su propiedad, en verano no combaten las algas con química, sino utilizando insectos de la zona. Están contra las multinacionales. No verás su coche nunca estacionado delante de CVS, la cadena de perfumería y farmacia que ocupa el local del antiguo supermercado de Rhinebeck. Ellos van a ir a buscar sus medicamentos a la Nothern Dutchess Pharmacy. La de toda la vida. La de George Verven, porque defienden a muerte la necesidad de comprar productos locales para favorecer la economía del pueblo.

Forman parte de un movimiento de reflexión en el que el mundo del bienestar ha incorporado el punto espiritual que ya estaba echando en falta. Actúan por altruismo, porque les enorgullece colaborar a la conservación del planeta, y por puro egoísmo: porque les sienta mejor vivir al aire libre y tomar alimentos naturales. Gente que está dispuesta a pagar un plus a cambio de la pureza. Son los que pueden permitirse el lujo de ir al mercadillo semanal de los granjeros, los Farmer Market neoyorquinos, y pagar tres dólares por un tomate. Las mujeres huyen de los tintes del pelo y lucen con elegancia sus canas. Melenas grises y blancas sobre rostros que también evitan el maquillaje. Están abonados al canal de televisión de Sundance y suscritos a la revista *Organic Style*, que cuenta con setecientos cincuenta mil lectores. Y siempre, siempre, votan al partido demócrata.

Este año, dicen, el presupuesto escolar ha subido, en gran parte, debido a la política restrictiva de la Casa Blanca. La administración airea su iniciativa de Ningún chico detrás pero, por lo visto, tampoco quieren ninguno por delante, y obliga a los estados a reducir enormemente los programas relacionados con la educación y la concesión de becas. El recorte de impuestos ha limitado la cobertura sanitaria de los profesores y, como éstos se empeñan en enfermarse de igual modo, el colegio tiene que suscribir pólizas médicas con entidades privadas que les incrementan la prima entre un 10 y un 20 por ciento cada año. Los gobernadores se quejan de que en Washington D. C. ni recaudan ni los dejan recaudar y de que el 80 por ciento de lo poco que se ingresa va destinado al ejército. Que nadie se quede atrás.

No Child left Behind es una controvertida ley aprobada el 8 de enero de 2002. Supuestamente concebida para elevar el control de calidad de la enseñanza, ha encontrado la oposición de muchos maestros, quienes argumentan que los chavales aprenden técnicas para pasar los exámenes oficiales en lugar de profundizar en las materias. El decreto flexibiliza la elección de colegio por parte de los padres, pero también requiere a los centros que faciliten el nombre, la dirección y el teléfono de los estudiantes a la oficina de reclutamiento militar. Ya se sabe que la zanahoria de la formación universitaria constituye un buen cebo de captación para el ejército en las clases menos favorecidas. También lo es la promesa del pasaporte.

Para matricular a un niño en el colegio no es necesario que los padres presenten sus papeles en regla. Basta con un documento que acredite la residencia de uno de los progenitores en el distrito escolar. Ni siquiera hace falta el certificado de empadronamiento; con un contrato de alquiler es suficiente. Si el niño vive en el área, la admisión es obligatoria, inmediata y gratuita. Circunstancia de la que, hasta hace bien poco, se beneficiaban muchos estudiantes extranjeros. Cualquiera que desde Europa, por ejemplo, mandase a su retoño a pasar una temporada con una familia norteamericana, se aseguraba el acceso a la escuela pública sin cargo alguno. Bill Clinton terminó en seco con lo que consideraba una política de abuso y, desde su mandato, a los chavales que vengan de fuera con programas de intercambio les cuesta la bromita de la inscripción unos seis mil dólares al año.

Al cumplir los 16, sacarse el carné de conducir tampoco reviste mayores problemas. Sólo hay que presentar un documento que atestigüe la veracidad del nombre, la edad y el lugar de nacimiento del solicitante. Amén de la prueba. Bueno, de los dos exámenes: el práctico y el práctico. Lo digo porque el que se supone que es teórico, el que se hace por escrito, consiste, en inglés o en español, según prefieras, en aplicar el sentido común a situaciones que ocurren habitualmente en la carretera. Por ejemplo: ¿Puede usted dar por hecho que un conductor que se aproxima a una señal de Stop se va a detener? A: Sí, hay que presumir que se detendrá. B: No, hay que anticiparse a los errores de los demás y contar con la posibilidad de que no se detenga. C: No lo sé, es su problema. Otra: ¿Cómo debe reaccionar en caso de que sufra el acoso de un conductor agresivo? A: Evitando mirarle a los ojos a través del espejo, pues lo podría interpretar como un reto, e intentando salir de la situación de la manera más segura posible. B: Parando en medio de la carretera, saliendo del vehículo y encarando al agresor. C: Apretando los dientes, agarrando con rabia el volante y acelerando.

El problema de la ilegalidad se destapa a los 18, cuando uno quiere dar el salto del bachillerato a la universidad. Se calcula que cincuenta y cinco mil estudiantes sin papeles terminan al año la secundaria. Sus padres entraron al país con una visa temporal, abrieron un negocio y optaron por quedarse. Ahora los hijos carecen del mágico número de la seguridad social que los cualifica para solicitar una beca o un préstamo bancario que financie los estudios superiores. Se les niega el trampolín a la universidad en esta América en la que nadie espera que sus padres le solucionen el problema a golpe de talonario. Correr con los inmensos gastos de la carrera de un hijo es algo que la mayoría de las familias no se pueden permitir y, por ello, los estudiantes han de buscarse la vida con un préstamo. Algunas empresas, si el expediente académico es brillante, dejan el dinero a los alumnos a cambio de que se comprometan a trabajar para ellos una serie de años después de graduarse. Para las instituciones bancarias, el hecho de haber sido admitido por una universidad prestigiosa (de los treinta mil que solicitaron su admisión en Harvard, solamente mil seiscientos cincuenta consiguieron plaza en 2007), constituye una garantía suficiente de que el alumno al terminar los estudios encontrará un buen empleo y podrá devolverles el crédito. Las universidades, a su vez, ofrecen diversos programas de ayudas; desde becas hasta puestos remunerados de asistente en el campus que resultan compatibles con los estudios.

Este intento de romper las barreras clasistas de la discriminación económica tiene su origen, ya lo hemos visto, en las postrimerías de la Segunda Guerra Mundial. El gobierno se preguntaba entonces cómo reabsorber en el mundo laboral a los millones de mujeres y hombres que iban a reintegrarse de golpe a la vida civil. Dieron con una solución que dilataba su entrada en el mercado y mejoraba sus posibilidades de encontrar un trabajo: mandarles a la universidad. Cientos de miles de personas mejoraron su preparación y sus conocimientos gracias a la Ley G. I.[4] El Congreso colocaba así en 1944 la piedra angular del actual sistema de acceso a la educación superior, poniéndolo al alcance de las personas sin recursos económicos.

Solventado el asunto de los sin dinero pero con papeles; queda pendiente el tema de los sin papeles, tengan o no solvencia. El Congreso ha pasado recientemente dos propuestas para regular su situación, una de ellas conocida como la Ley del Sueño Americano, pero el Senado se las ha tumbado argumentando en ambas ocasiones que recompensaban a quienes habían optado por violar las reglas del juego.[5] Un limbo jurídico absurdo para miles de jóvenes por el que tratan de colarse los de la oficina de reclutamiento. ¿Qué tal, cómo estás? ¿Podemos hablar contigo unos minutos?

Cualquier menor que emigre a Estados Unidos solamente puede obtener el estatus legal a través de sus progenitores. Una vez que haya entrado de forma ilegal, ya no existe posibilidad humana ni divina de regularizar su situación. El retorno al país de origen, para iniciar desde allí los trámites, tampoco garantiza el éxito de un proceso que, en muchas ocasiones, comienza por la prohibición de volver a pisar suelo norteamericano en un periodo de diez años. Al mismo tiempo, las fuerzas armadas sufren una grave crisis de alistamiento. El Pentágono ha cruzado ambas informaciones e intenta persuadir a los legisladores para que le permitan ofrecer el pasaporte azul a cambio de vestir por dos años el uniforme.[6] El otro campo de cultivo, el de los emigrantes con tarjeta de residencia, ya les está proporcionando resultados espectaculares.

Mira, sabemos que algunas cosas no marchan bien y pensamos que podríamos ayudarte. Si te alistas, puedes obtener hasta setenta y tres mil dólares para financiar la universidad. Solamente te descontaríamos cien dólares mensuales de tu salario durante el primer año de servicio. También podemos hablar de la ciudadanía. Con un día de combate ya tienes derecho a solicitarla. Solían necesitarse tres años, ¿sabes?, pero el presidente Bush mejoró las cosas tras el ataque a las Torres Gemelas.

En el año 2005 cuatro mil soldados consiguieron la nacionalidad estadounidense por esta vía. Un salto cualitativo con respecto a los setecientos cincuenta de 2001.

¿Alguien se ha fijado en la cantidad de apellidos hispanos que engrosan la lista de militares caídos en la guerra de Irak?

El candidato se ha sentado en una silla plegable al borde de la carretera y va saludando al personal que se dirige hacia las urnas. *Morning. Good morning.* Pasamos a su lado haciendo a pie el mismo trayecto que recorro en coche por las mañanas, a las siete y diez, para llevar a Max a la Middle School. La enseñanza está dividida en tres tramos: elemental, medio y alto[7] y, desgraciadamente para mí, los de once años entran así de temprano. Desde casa tenemos que atravesar la calle Market y en el cruce siempre se forma un atasco. Sin embargo discurre ligero. Por cada tres o cuatro coches que bajan por la calle principal, siempre hay un conductor amable que se detiene, aunque no haya señal ni obligación de hacerlo, e invita a cruzar a un par de los nuestros. Son detalles que te hacen el madrugón mucho más llevadero. Nos adentramos entonces en el sector sur del pueblo, que también existe, y atravesamos un parquecito municipal con un arroyo. En la cuneta destaca una señal de tráfico que no dejará de llamarme la atención por más veces que la vea. Es blanca, tiene dibujada la silueta de un pato grande seguido de cuatro patitos y dice *watch out for ducks*.[8]

En el lado oeste se abre el Lago de Cristal rodeado por algunas casas que se aproximan a la orilla entre los árboles. Hubo un tiempo en el cual, durante los largos inviernos, se cosechaba hielo de estas aguas y se almacenaba en hangares para poder consumirlo en verano. Hacia finales del siglo XIX, cuando Estados Unidos llegó a recortar de su territorio helado veinticinco millones de toneladas anuales que exportaban en barco, desde Boston hasta Japón, China, las islas del sudeste asiático, América del Sur, el Caribe y, muy de vez en cuando, hasta algún puerto del Mediterráneo. Entonces los ríos y los lagos helados de las regiones del norte proporcionaban trabajo a miles de personas que, de otro modo, se hubieran visto abocadas al desempleo durante los fríos meses invernales. Una industria mucho más poderosa de lo que cabría imaginar: en 1886 los beneficios de la exportación de hielo se equiparaban a los obtenidos por la venta de algodón o cereales.

Al alcanzarse una temperatura media de doce grados bajo cero, la superficie del lago se cerraba en pocos días. Una semana más tarde, cuando la placa había engordado hasta los ocho o diez centímetros necesarios para aguantar el peso de un humano, se ponía en práctica la técnica del hundimiento. Se esperaba a la primera nevada que, normalmente, dejaba un manto blanco de dos o tres dedos sobre la capa helada. Entonces los hombres practicaban pequeños agujeros en el hielo. De un par de centímetros y separados un metro entre sí. Por las cavidades se filtraba el agua de abajo y se sumergía en ella la nieve. Esta sopa fría se congelaba sumándose al bloque inicial que, tras repetir el proceso varias veces, llegaba a medir un ancho ideal de cuarenta centímetros. Las barras de hielo requerían un mínimo de treinta si se destinaban al consumo interno y de medio metro si su objetivo era la exportación, ya que la mitad de su volumen se derretía en el transporte.

Una vez conseguida la solidez deseada, se traían los caballos. Percherones gigantes encargados de arrastrar las cuchillas que afeitaban los montículos de nieve amalgamados al hielo. Luego con pesadas planchas de acero alisaban las rugosidades y limpiaban las impurezas de la superficie. Montados en una especie de arado, los hombres iban marcando los surcos. Líneas paralelas separadas por un metro de distancia. Se repetía la operación en horizontal y quedaba trazado en el lago un enorme tablero de ajedrez. Se sustituía el punzón por una pala de seis cuchillas y, repasando las líneas señaladas en el terreno, comenzaban a cortarse las columnas hasta una profundidad cercana al agua. Adiós a la fuerza animal. Turno de las herramientas manuales: los serruchos, los tridentes y las palas. Al irlos separando, los primeros bloques quedaban flotando en un canal de agua que serviría para conducirlos hasta el almacén.

La casa de hielo se situaba junto a la orilla. Estaba construida con un doble muro de madera que se rellenaba de serrín. Los bloques llegaban empujados por los arpones de los trabajadores, algunos de ellos sumergidos en el agua helada hasta la cadera, a una cinta transportadora movida por vapor que los elevaba al hangar. Allí se iban apilando unos encima de otros, rellenando las ranuras intermedias con serrín o cortezas de árbol hasta formar un inmenso bloque del tamaño de una iglesia.

En el verano de 1900 el hielero visitaba las casas de Rhinebeck dos veces por semana. Corrían los tiempos en que todavía colgaban de los techos de las cocinas las repisas para impedir el acceso de los roedores a la comida. Las neveras, pequeños armarios con una cámara interior recubierta de zinc y un cajón inferior en el que caía el agua derretida, se habían encargado de revolucionar la economía doméstica ofreciendo la increíble posibilidad de preservar los alimentos. La leche se podía consumir fresca en agosto, la mantequilla salía dura a la mesa, las hojas de la lechuga se mantenían crujientes y el filete de carne no olía a podrido.

Boys go to college to get more knowledge, girls go to Jupiter to get stupider. Los chicos van a la universidad para aprender más, las chicas van a Júpiter para volverse más idiotas. Este versito me lo soltaba Max adormilado en el asiento trasero del coche. Se conoce que la frase estaba de moda entre los de sexto grado. Por supuesto, las niñas de la clase invertían el orden de factores y mandaban a los chicos al planeta gaseoso a idiotizarse. A mí me hacían bastante gracia las ocurrencias con las que volvían mis tres hijos del cole porque, curiosamente, se parecían bastante a las que compartía yo con mis compañeros de escuela en mi infancia. Supongo que, en eso de las reacciones que uno experimenta al empezar a descubrir la vida, venimos a coincidir todas las civilizaciones. Julia andaba últimamente fascinada con las preguntas trampa. *Guess what. What? A chicken butt.* Adivina el qué. ¿El qué? Un culo de pollo. *Guess where. Where? In your underware.* Adivina en dónde. ¿En dónde? En tus calzones. Y Nico vivía su momento de gloria científica embelesado con los experimentos caseros. Acababa de demostrarnos, después de aceptar algunas apuestas, que un cubito de hielo envuelto en papel de aluminio se derrite antes que otro envuelto en un paño de cocina.

A Bulkeley Middle School llegábamos subiendo una cuesta de dirección única que atravesaba el aparcamiento donde los mayores de secundaria dejaban sus coches.

Te encontrabas con el catálogo completo: desde el mayorzote que conducía un vehículo de quinta mano que se caía a pedazos, hasta el que parecía ridículamente infantil al volante del cochazo que había usurpado a sus padres. En la puerta te dejaban parar el tiempo justo para que se bajase el niño y tenías que salir echando chispas para dejar sitio al que venía detrás a hacer lo mismo. Un par de voluntarios con un silbato dirigían el tráfico y se encargaban de que no se detuviese la fila. La primera vez que visitamos el colegio fue en la jornada de puertas abiertas de septiembre. Nos encontramos con un edificio amplio, de piedra, con unas instalaciones de alucinar; entre ellas, un campo de hockey hierba y un pabellón de baloncesto. A Sarah y a mí nos dieron una hoja de ruta con el listado de asignaturas de Max y un itinerario a seguir. Eran los profesores los que tenían asignada un aula, la de ciencias, la de ordenadores, la de lengua, y les tocaba rotar a los niños según lo que marcase su horario. El grupo de padres íbamos de clase en clase con paradas de quince minutos. Cada cuarto de hora salía una voz por los altavoces que solicitaba: por favor, pasen a la siguiente aula. Te despedías del maestro de turno y marchabas en busca del siguiente. Gracias, encantado. La seño de matemáticas nos explicó que para ella resultaba crucial relacionar los estudios teóricos con su aplicación a la vida real. Los alumnos me preguntan todo el tiempo, decía, ¿para qué queremos aprender quebrados? Pues para cocinar, les digo, porque si no ponéis la cantidad de harina exacta no os va a salir el pastel. O para ir de compras. O para tantas otras cosas, pensé yo, porque con las unidades de medida tan raras que utilizan aquí, difícilmente te sale un número sin decimales. En Dells, la heladería del pueblo, sin ir más lejos, cuando pagabas un cucurucho de vainilla al precio anunciado en el tablón le tenías que añadir un 8,25 por ciento de impuestos. Como para mandar a tu hijo a por unos sorbetes con el dinero justo.

La profesora de ciencias nos explicó que una de las materias que iban a tratar consistía en repasar el círculo vital de los objetos. Ellos, por ejemplo, pensaban centrarse en la vida de un lápiz. Nos contó que esta idea formaba parte de la nueva política de las empresas. A la hora de diseñar un producto, ya no solamente se pensaba en su utilidad; también se estudiaba de dónde provenían los materiales necesarios para construirlo y cómo afectaba esa utilización al ecosistema y a la sociedad. Analizaban el desgaste del objeto y las posibilidades de reciclar sus componentes.

El profe de música confesó que había animado a todos los chavales a participar en las clases de banda. Eran optativas y en ellas aprendían a tocar el saxo, la tuba, la trompeta o instrumentos de cuerda. Luego daban conciertos en los festivales locales o en los desfiles callejeros. Este año habían creado además un ensamble de jazz donde cabía la posibilidad de experimentar. Max empezó con el saxo, se cambió a la trompeta y ya se defiende con el *Oh when the saints go marching in*. No me lo puedo ni creer.

Nos explicaron lo de la Oportunidad de oro, anteriormente conocida como Regla de oro por el color amarillo de la madera con la que te golpeaban la palma de la mano. Gracias a Dios han cambiado los tiempos y el castigo se ha tornado en oportunidad. Sus hijos pueden quedarse después de clase, nos dijeron, para recuperar con profesores si necesitaban ayuda. Estuve en un tris de preguntar: ¿podría venir yo? Resulta difícil imaginarse lo perdido que se encuentra un padre cuando sus hijos le piden ayuda con los deberes en el extranjero. No lo digo por la carencia de referencias históricas y geográficas, que siempre se pueden consultar. ¡Es que hasta la división la hacen de otro modo! Nosotros ponemos el dividendo a la izquierda, ellos a la derecha. Nosotros el cociente debajo del divisor, ellos encima del dividendo. Y de las restas ni te cuento. Papá, ¿cuánto es veintisiete menos nueve? Eso de calcular de nueve a siete, ocho, y me llevo una, olvídate. En inglés no se lleva nadie nada. Al revés, se coge prestado. O sea, no restas y te llevas una; te coges una y luego restas. Qué cruz.

También hablaron de otras oportunidades, en esta ocasión de color verde, que te quiero verde, verde viento, verde dólar. Para que los niños fueran ganándose un dinerillo y sus caprichos no tuvieran que depender siempre de los padres. Lecciones sobre el valor del dinero y la responsabilidad de administrarlo. Los miércoles, que el equipo de fútbol de High School juega en casa, Max hace de recogepelotas. Corre como una liebre cada vez que el balón es lanzado fuera del campo y se gana diez dólares semanales. Para un moco de 11 años la jugada no le ha salido nada mal.

Hola, ¿cómo estáis? Es Susanne Callahan, la amiga de la infancia de Sarah. La que hizo de traductora en nuestra boda. Madre alemana, padre norteamericano, nacida en Rhinebeck. Habla un castellano impecable.

Cinco años en el colegio con el profesor de español de secundaria hicieron que lo dominara casi a la perfección. Igual que Fred Woods, o John Marvin, o Richard Steers, o tantos otros. Todos los años sale de la High School una nueva camada con un conocimiento sorprendentemente amplio, tanto del idioma como del país donde cobró vida y encontró sentido. El culpable de tan excelente resultado se llama Tony Orza, nacido en el El Bronx, en un barrio de dialectos (napolitano, calabrés y siciliano), que poco a poco iba cediendo terreno a los puertorriqueños. Era cuando los italianos miraban a los hispanos con malos ojos y les asociaban directamente con el deterioro de la ciudad. Cuando donde había crecido antes un jardín o una huerta, florecía ahora un basurero.

Tony creció estudiando en latín, primero en el colegio y luego con los jesuitas en la Universidad de Fordham. En el segundo año de la secundaria se apuntó a estudiar español. Su profesor era un italoamericano lleno de vida que consiguió que la asignatura se convirtiera en algo fascinante. Después le tocó un profesor de Zaragoza, Julián Lamas, que durante muchos años había dado clase en la Universidad Marista de Hyde Park. Orza descubrió un nuevo español, con zeta, muy diferente al que acostumbraba a escuchar en el metro de boca de los latinos que regresaban quejosos: mucho trabajo, poca plata. Sus padres comenzaron a preocuparse por el entusiasmo del bambino. Definitivamente no veían con buenos ojos el acercamiento de su hijo hacia ese mundo. Él trataba de convencerlos: pero este español, babbo, se asemeja a nuestra cultura. *Mamma, la Spagna é come l'Italia*. El profesor se parece a nosotros. Es distinto de lo que vemos aquí.

Cuando decidió licenciarse en Filología española, a su padre, un conductor de camiones, casi le da un soponcio. *Che fai con questa gente? Ma tu scherzi? Tu sei italiano. I-ta-lia-no!* ¡Me cago en la miseria!

En 1967 gracias a los ahorros que su madre había ido almacenando sigilosamente durante años, pudo marcharse a estudiar a España. Estuvo seis meses en Santander, otros seis en Madrid y tres en Salamanca. Allí besó a su primera novia debajo del puente romano y desde entonces la idea de Castilla quedó asociada en su mente a la felicidad.

Al terminar, su primer empleo lo llevó a la ciudad de Búfalo como profesor auxiliar de la Universidad del Estado de Nueva York, la SUNY.[9] Parte de su trabajo consistió en tirarse un año investigando en Salamanca y conoció a quien sería su mentor y maestro: el dramaturgo Alfonso Sastre.

Al regresar a casa se reincorporó a su departamento para enseñar español. Y llegó la década de 1970. Estados Unidos andaba metido de lleno en la guerra de Vietnam. Acababa de cumplirse un año desde la decisión de intervenir en Camboya y Nixon estaba recibiendo presiones porque sólo los negros y los más pobres eran enviados al frente. Tuvo que inventarse un sistema de lotería para reclutar a los jóvenes. En un bombo se introdujeron las fechas de nacimiento, día y mes, y en otro, los destinos. Una mañana, mientras estaba dando clase, uno de sus alumnos le preguntó inocentemente: ¿en qué fecha nació usted, Mr. Orza? Tony respondió: el 22 de noviembre. Ah, replicó el estudiante, entonces ya no tendrá que corregir más exámenes. Le ha tocado el número nueve. Le mostró el periódico: tenía que marcharse al frente.

Aquel domingo Tony acudió a la iglesia. No solía frecuentar las misas, pero el obispo católico intentaba conseguir para su congregación el derecho a solicitar la objeción de conciencia y no iba a perder la oportunidad de intentarlo. *Padre, mi aiuti. Vediamo cosa possiamo fare.* En aquellos tiempos la supremacía del derecho natural sobre los mandatos de la autoridad quedaba restringida a los testigos de Jehová y los cuáqueros. Se concedía exclusivamente por creencias religiosas, sin entrar a considerar motivaciones éticas o personales de ningún otro tipo.

Entre tanto, le llegó la carta del Ministerio de Defensa para que se presentase a las pruebas de aptitud física. Aprobó la gimnasia y el abanico de posibilidades para su futuro se vio reducido a tres: abrazar el ejército, huir a Canadá, o solicitar un puesto de traductor dentro de la armada con lo cual, al menos, evitaría la primera línea de fuego. Fue a Canadá pero aguantó de fugitivo tan sólo un día. Lo que allí vio no era para él. Vivir en el exilio, como un apestado, lejos de su gente y sin saber cuándo podría regresar. Así que optó por la tercera vía y rellenó el formulario de ingreso en la escuela de idiomas del ejército. Entre las múltiples opciones que se ofertaban escogió como idioma preferido el portugués y a Brasil como país de destino. El examen no podría haber sido más básico. Le dieron una hoja con vocabulario de un idioma africano desconocido para él. Cada palabra venía con su traducción en inglés a un lado y le pidieron que armase una frase con todas ellas. Tan simple como comprobar que podía distinguir un verbo de un pronombre o de un adjetivo. Superada la prueba, le llegó a casa el certificado de admisión, aunque con algunos pequeños retoques.

En el formulario original rellenado por Orza, alguien había tachado las casillas correspondientes a portugués y a Brasil y, en su lugar, había colocado una equis en las de laosiano y Monterrey, California.

Fue a hablar con los militares y les espetó: ustedes quieren que aprenda laosiano para mandarme por delante de las ciudades que van a bombardear prometiéndoles que vamos a traerles prosperidad y alimentos. En otras palabras: que voy a ser el primero en caer abatido por el fuego enemigo. Bueno, le respondió el encargado, todos tenemos que sacrificarnos de alguna manera por la patria. Pues, de ese modo, que se sacrifique tu padre. Y abandonó el edificio.

Buscó auxilio en una organización, CYF, la hermandad de la juventud católica, que había abierto su sede en la calle Lafayette para conseguir la objeción de conciencia a los católicos neoyorquinos que la solicitasen. Con un montón de cartas de recomendación de curas y profesores y respondiendo a todas las preguntas del formulario sobre su creencia religiosa, desde cuándo la cultivaba y por qué, echó la solicitud. Pasó un año, que dedicó a enseñar español en el campus que la SUNY tenía en Stone Ridge, a la sombra de los montes Catskills, y en enero llegó la carta. Se le concedía la exención del servicio militar a condición de que pudiera acreditar un puesto de trabajo en una institución de interés público. Pensó que su dedicación a la enseñanza se ajustaría a ese baremo, pero recibió una respuesta negativa. No: la educación no la consideramos de interés público. Debería trabajar en un hospital, en una prisión o una institución para enfermos mentales. No querían ponerle las cosas fáciles. A través de la directora del departamento de Lenguas del Ulster Community College, una suiza alemana que estaba casada con un doctor judío norteamericano, encontró un puesto de celador en el Hospital de Kingston. En horario de tres a doce, se encargaba de lavar los cadáveres y de afeitar a los pacientes que pasaban por quirófano.

Con una paga de setenta y cinco dólares a la semana, el cuerpo de celadores de la antigua capital de Nueva York ostentaba en 1971 uno de los niveles de formación más altos de todo el país, al integrarlo, prácticamente en su totalidad, profesionales liberales que escapaban de ese modo a la guerra de Vietnam. Orza pudo alternar la bata verde en Kingston con un puesto de profesor de español en la escuela de Boceville, un pueblecito al oeste de Woodstock. Cogiendo la 209 y luego la comarcal 28, bordeando por su cara norte la enorme presa de Ashokan, principal suministro de agua para los habitantes de Manhattan, se presentó en el distrito escolar de Onteora. Dirigía la secundaria Domingo Lagos, un ex jesuita que no dudó en contratarle tras comprobar su dominio y pasión por el idioma. Cada mañana impartía tres clases antes de partir hacia la morgue. La objeción de conciencia debería haber prolongado su estancia por dos años pero, transcurridos los primeros doce meses, recibió una comunicación del ejército: no es necesario que continúe prestando servicios sociales. Dicho y hecho. Se despidió con premura de los cadáveres y regresó a El Bronx. No tardaría demasiado en regresar al valle.

Paseando por la Calle 42, bajo el edificio del que desciende cada Nochevieja la bola de metal que anuncia la llegada del nuevo año, el Allied Chemical Building, había un quiosco que vendía prensa de todos los confines de Estados Unidos. Allí encontró un periódico de Kingston, *The Daily Freeman*, y la curiosidad le llevó a comprarlo. En la sección de anuncios un cuadradito pequeño solicitaba profesor de español para un colegio en el condado de Dutchess y ofrecía un puesto fijo. No decía en qué localidad, puesto que los solicitantes deberían pasar el filtro a través de una agencia. Agarró el teléfono y empezó a llamar a todas las escuelas del condado. ¿Red Hook?: No. ¿Wappingers Falls?: Tampoco. ¿Millbrook?: Lo sentimos. Después de decenas de negativas, se puso al aparato el director de la escuela de Rhinebeck: ¿Eh?, sí, se trata de nosotros. Ajá. Pues si de verdad está tan interesado, más vale que se presente de inmediato. Cuando se personó para la entrevista la profesora de francés lo reconoció, es el profesor de español que ha dado clase a mi hijo en el Community College, y lo recomendó de modo entusiasta. El director le ofreció el contrato. Tiene que enseñar español a cuatro cursos y francés a otro. ¿Francés? *Oui*. Pero si yo no *parle pas*. ¿Ah, no? No, solamente lo estudié un año en la universidad. Es igual, estoy convencido de que usted puede hacerlo. Firme aquí.

Para entonces Rhinebeck ya había adoptado una hoja de ruta diferente al resto de las escuelas norteamericanas con referencia a los idiomas. En aquellos años en Estados Unidos se consideraba el francés o el alemán lenguas complejas cuyo estudio prestigiaba a quienes decidiesen aprenderlas, mientras que el español tenía el sambenito de tratarse de una lengua fácil cuyas aulas se rellenaban con los estudiantes menos brillantes. Corría el año 1972 y Anthony Orza aterrizó en su puesto movido por una tremenda vocación, algo parecido a una llamada religiosa, de enseñar el español a los chicos del pueblo. Mientras deshacía sus maletas se propuso como objetivo que todos sus alumnos saldrían de clase hablando el idioma con fluidez.

Utilizó dos reglas de oro. La primera: todos los días media hora de deberes en casa. Los chicos necesitaban una estructura, unas reglas y una disciplina. Desde el primer minuto no les permitió pronunciar ni una sola palabra en inglés. Cada vez que había un examen, al día siguiente, nada más entrar en clase, los papeles corregidos les esperaban sobre los pupitres. Para no robarle tiempo a la enseñanza repartiendo los ejercicios y para evitar que los chavales aprovechasen ese lapsus para iniciar conversaciones ajenas a la lección. Si yo puedo corregir todos vuestros exámenes en una noche, les dijo, vosotros podéis hacer media hora de trabajo en casa. No se admiten disculpas.

La segunda regla: los estudiantes de octavo grado son niños y quieren divertirse. Nada de copiar una lista aburrida e interminable de subjuntivos en la pizarra como hiciera en El Bronx el zaragozano Lamas. Incorporó a la docencia sus discos de Camilo Sexto, su película de *Marcelino Pan y Vino* y los textos que le regalara Alfonso Sastre. Después vinieron las casetes de Iñaki Gabilondo entrevistando a Espartaco o a la Pantoja y las historias que él mismo ideó sobre un tal Benito Pecho de Granito, que se desayunaba todas las mañanas levantando pesas para conseguir la admiración de las chicas de su barrio.

La hora de clase la dedicaban a conversar. Giraba en torno a un concepto, por ejemplo el verbo ir, que se repetía machaconamente a lo largo de veinticinco o treinta preguntas. ¿Te gusta ir de viaje? ¿Vas a ir al baile de la escuela? Y, para cuando el alumno salía del aula, el verbo irregular de la tercera conjugación se le había marcado en su mente sin necesidad de repasarlo en casa. La tarea doméstica se basaba en traducir. Nunca del español al inglés. Siempre de un inglés, al principio muy básico y luego algo más sofisticado, a la lengua de Delibes.

Enseguida comenzaron los viajes de estudios a España. Durante el mes de julio y cada dos años. Al principio juntando alumnos de tres escuelas, la de Kingston, la de Red Hook y la de Rhinebeck para poder completar las plazas y, enseguida, sin poder ni siquiera atender la ingente cantidad de solicitudes que se generaban en su propia escuela. En el primer viaje conoció a su mujer, que iba como profesora auxiliar de la escuela de Kingston. Esto ocurrió en 1974. Desde entonces decidió acompañarlos a todos. Tan es así que su hija Nina un día les preguntó: mamá, papá, ¿nosotros somos españoles? No, ¿por qué lo dices? No, por nada, como venimos todos los veranos a España... Tenía la criatura 7 añitos y, como el matrimonio atendía a los movimientos de veinticuatro adolescentes, les atormentaba la posibilidad de perderla de vista en un descuido. Decidieron sentarla en un cochecito de bebé. La gente se acercaba a acariciarla pensando que era paralítica. Pobrecita, tan guapa...

El viaje a España significaba para los estudiantes la comprobación in situ de los conceptos que habían ido intuyendo en la escuela. No se trataba de aprender un idioma, sino de entender las posibilidades que te abría el hecho de hablarlo. Lo que ha sido capaz de conseguir este hombre con sus alumnos roza el capítulo reservado a los milagros. Un día en el consulado de España en Nueva York se lo sugerí a Cassinello, el cónsul general: al señor Orza debería concedérsele una medalla al mérito. Ha hecho por nuestro país desde su aula tanto o más que algunos de los que han pasado por estas oficinas. Pero Cassinello ya se marchaba, dejaba el relevo al siguiente y mi propuesta se esfumó en el eco de aquel despacho oficial de la planta treinta.

Los chicos que pasan por las clases de Tony salen hablando español. Prueba a perderte por Rhinebeck. Busca a alguien de 16 o 17. Los vas a encontrar en la mayoría de los comercios sacándose un dinerillo después de las clases. En el restaurante italiano, Gigi Trattoria, pueden levantarse ciento veinte dólares en una buena noche sirviendo mesas. En la tienda de deportes del club de golf, cinco dólares con setenta céntimos a la hora más el 10 por ciento en propinas. Diles que eres español y que estás perdido. Si no te entienden no es culpa de Tony, es que has dado justo con el que sigue el programa de hermanamiento con la ciudad de Rheinbach en Alemania. *Danke Schön. Bitte.* No pasa nada. Ese mismo avisará a otro que sepa. Prepárate a alucinar. Estudian cinco años y el último curso se presentan al Advance Placement, el título de la Universidad de Princeton. Comparecen setenta mil estudiantes y la máxima nota es un cinco. La media obtenida por los de Rhinebeck viene siendo de cuatro y medio, situándoles, consecutivamente, entre los primeros de la tabla.

Tienes que venir a conocerlo, le insistí por segunda vez al cónsul en una recepción que ofrecieron en la

residencia oficial. Debió de producirse un error de protocolo y nos invitaron. Recuerdo que sirvieron de entrada
huevas de erizo sobre un crêpe con nata agria. O sea, tipo
caviar ruso con blinis, pero al gusto asturiano. Magnífico. En valija diplomática llegaban las latas de oricios, el
marisco de Gijón, directamente de las repisas de El Corte Inglés. No veas tú lo bien que entra eso con un cava.
Y, de paso, haces un poco de patria que, cuando estás lejos
de casa, como que te entran las ganas.

Orza es consciente de que su presencia, tan serio, tan
exigente, tan grandote, inspira un poco de temor entre
sus alumnos los primeros días de clase. Pero, como dice su
abuela italiana de 104 años: mejor que lloren ellos, Tony, a
que llores tú. Pasada esa primera prueba de fuego, los chicos se suelen relajar y el profesor no recuerda ni una sola
ocasión en que haya tenido que alzarles la voz para pedirles
que se sienten o que guarden silencio en clase.
    Han cambiado las tornas, suspira. Mucho. Anti-
guamente la administración de la escuela defendía a los
profesores y hoy defiende a los alumnos. Recuerda cuando empezó. Estaban terminando una actividad fuera del
aula y pidió a los chicos que se diesen prisa en regresar.
Uno de ellos, para perder tiempo, se metió en los servicios simulando que iba al lavabo y luego se puso a andar
lo más lento que pudo. Orza le pegó un leve empujón
rogándole que acelerase el paso. El alumno se volvió y le
metió un puñetazo. En el pecho. Delante del resto de la
clase. Tony supo que tenía que reaccionar para mantener
la autoridad y le devolvió el envite. Apareció el director.

¿Qué ha pasado, qué ha pasado? No me lo puedo creer. Le dio la razón a Orza y le sugirió que se tomase el día libre, cómo lo siento, cómo lo siento, por haber tenido que afrontar un episodio tan desagradable. Tony prefirió quedarse. Hoy día eso resultaría imposible: el profesor se habría metido en un callejón sin salida. Hay varios ejemplos que lo atestiguan.

En 2003 entregó un texto para traducir. Había un alumno que utilizaba un traductor de Internet para ahorrarse el trabajo y, ese día, no se dio cuenta de que su hermano lo había cambiado del español al francés para hacer lo propio con sus deberes. Se lo entregó a Mr. Orza tan campante. Perdona, esto está en francés. El chaval salió al paso diciendo, ay perdone, es la tarea de mi hermano, nos hemos debido de intercambiar los papeles sin darnos cuenta. Pero Orza le dijo que no colaba. Está en francés y no puede ser de tu hermano porque son las frases que te he dado yo en inglés. Total que lo pilló y llamó a la madre para comunicarle que su hijo estaba copiando. La señora se puso como una fiera. ¡Cómo se le ocurre llamar tramposo a mi hijo! Orza argumentó que la evidencia era clara y que no se le ocurría otro adjetivo para calificar aquella acción. La madre se defendió señalándole que al principio del curso no había mandado ninguna circular informando específicamente que no se permitía traducir con la ayuda de Internet. Llamada al director del centro y éste, por no meterse en conflictos, le dio la razón a la madre.

Otro día explicaba el verbo dejar. Pretérito indefinido. En medio de la historia que estaban desarrollando preguntó en voz alta: ¿quién se dejó el pantalón en el coche de María? A la mañana siguiente le esperaba el director en su despacho para llamarle al orden. No resulta apropiado tocar el sexo en sus lecciones. ¿Sexo? Él se defendió diciendo que solamente había logrado provocar sonrisas en sus estudiantes, utilizando un elemento inocente, para conseguir que se interesasen por el estudio del idioma. Lo siento, pero tengo que abrirle un expediente.

¿Qué estaba sucediendo? En sus treinta años de docencia Tony Orza no había alterado su método de enseñanza. Tampoco habían cambiado los adolescentes, que seguían llegando con los mismos problemas e inquietudes que los del curso anterior. ¿Entonces? El cambio lo había efectuado el sistema, que, de pronto, se mostraba incapaz de entender qué demonios pintaban unos pantalones abandonados en un coche en medio de un curso de español.

El primer disgusto serio llegaría con un chiste. Él siempre había utilizado bromas. Son chicos de 13, 14... 17 años. No puedo contarles el cuento de Caperucita, se defiende. No se trata de pasarse, ni yo mismo sabría cómo, pero, por el bien del aprendizaje, creo que pueden tolerar algunas gracias que, en cualquier caso, siempre van a estar por debajo del tono del lenguaje que ellos mismos hablan en los recreos. El profesor de latín, que es judío, había contado un chiste durante el almuerzo con el que se pasaron riendo un buen rato. No tenía nada de antisemítico, explica. La prueba es que él fue el primero en no poder reprimir la risa. A mí me pareció bueno para introducirlo en clase y lo conté. Un judío y un chino viajan juntos. El judío dice: A mí no me caen bien los chinos. El chino pregunta: ¿Por qué? Porque bombardearon Pearl

Harbor. Oh, no, está usted equivocado, eso lo hicieron los japoneses. Bueno, replica el judío, ¿y qué más da? Chinos, japoneses son todos iguales. Tras unos minutos de silencio el chino se decide a abrir la boca. A mí no me gustan los judíos. No me digas, ¿y eso? Porque hundieron el *Titanic*. Ah, no. El *Titanic* no lo hundieron los judíos, por favor. Fue un iceberg. Bueno, se encoge de hombros el chino: Iceberg, Spielberg, para mí son todos iguales.

La carcajada de la clase fue sonada. En todos los rostros se dibujó una sonrisa a excepción de la cara seria del director que, ese día, visitaba el aula. Como él no hablaba español, le pedí a una alumna que se lo tradujese. Creí que se emocionaría al ver que una niña de 13 años tenía la capacidad de entender un chiste en otro idioma y traducirlo al inglés sin problemas. Terminada la traducción su rostro no mudó el gesto y fui llamado a su despacho. No puedo permitir que en esta institución se insulte a los chinos y a los japoneses. Y menos aún que se ría usted de los judíos. Orza desconocía que estaba lloviendo sobre mojado. De hecho, caían chuzos de punta. Apenas unos días antes, una alumna que estaba en la cafetería comiendo matzah, el pan ácimo de los judíos, recibió una amenaza de un macarra, te voy a matar perra, que, naturalmente, le había metido el miedo en el cuerpo. El director, tal vez asustado por las implicaciones de una decisión tan severa, no expulsó al agresor. La madre de la alumna advirtió que pensaba demandar al colegio por no tomar cartas en el asunto y ahora, debido al chistecito de Tony, la dirección temía que la advertencia se transformase en realidad.

El colegio envió un informe al director del distrito. He oído hablar mucho de usted, señor Orza. No se puede ir a ningún rincón de este valle sin escuchar elogios del gran profesor de español, le confesó con cierta ironía. Abrió delante de él su expediente y vio que coleccionaba otros incidentes, como el de los pantalones perdidos. Le felicito. Es usted uno de los mejores maestros del sistema educativo. Cualquiera podría darse cuenta con una simple observación de los logros que figuran en esta hoja de servicios. Excelente. Le condeno a pagar una multa de mil dólares. ¿Mil dólares?, ¿usted sabe cuál es el sueldo de un profesor de idiomas? Durante diez meses le fueron descontando cien dólares de su salario. Le tocó pagar el pato. Por no haber reprendido a tiempo a un estudiante racista, los demás perdían el derecho a tener sentido del humor.

Luego vino lo de Paloma San Basilio. Quería explicar el significado de la palabra desnudo y, como el inglés hay que abandonarlo en el pasillo antes de entrar por la puerta, algunos alumnos no entendían de qué estaba hablando. Entonces se fijó en la portada de uno de sus discos. Aparecía la cantante de *Beso a beso* sumergida en una piscina y asomando la cabeza por encima del agua. Colocó el álbum en la pizarra. A ver: ¿quién nada desnuda en el agua? Un chico respondió enseguida: Paloma. Hubo risas y no hicieron falta más preguntas. Creyó que se cerraba el caso. Al revés: acababa de abrirse. Una chica perteneciente al movimiento conservador de cristianos renacidos presentó una queja formal. Vuelta al despacho del director. Nuevo expediente y segunda visita a la oficina del director del distrito escolar. Vaya, vaya. Mira a quién tenemos por aquí. ¿Qué tal va todo, señor Orza? Veo que se empeña usted en reincidir. Tengo que mandarle a terapia. Espero que seis sesiones le hagan recapacitar.

El psicólogo le inquiría: pero ¿usted cómo sabe que Paloma está desnuda bajo el agua? ¿Qué es lo que le incita a pensar en cuerpos desnudos? ¿Cómo son las relaciones sexuales con su esposa? Mr. Orza se puso en pie y le dejó las cosas claras. Oiga, no venimos a hablar de mi mujer, venimos a discutir sobre educación. Mucho cuidado, caballero. Está usted frente a la víctima de una caza de brujas, no ante un viejo verde. No se confunda. El psicólogo no sabía cómo reaccionar. Es gente que está acostumbrada a manejarse con escasas palabras. Ah, sí, oh, ya, ¿eh? Monosílabos que en ningún momento pudieron apaciguarle al profesor la vergüenza aberrante de tener que acudir a cursos de reeducación para obsesos sexuales.

Hoy, día de las votaciones, Tony ha pasado por el colegio porque tiene que retirar los pósteres de España que abarrotan las paredes de su aula. Los bomberos le han escrito una nota explicando que ha de hacerlo por motivos de seguridad; que tanto papel clavado con chinchetas en el yeso ha convertido su guarida en un auténtico polvorín. Lo entiende, como entiendo yo que haya que descalzarse antes de entrar en los aviones, pero eso no implica que para él no vaya a suponer una ceremonia incómoda. Remover memorias no resulta un trago agradable para nadie. Como a quien le toca limpiar el armario de un difunto. Cada paisaje que cae lleva amarrada consigo una anécdota. Está el de la Barcelona olímpica, el de la catedral de Santiago, el del logotipo de Radio Exterior de España, REE, donde contaron la historieta que le valió otra mancha en el expediente. Invitaron al micrófono a un cómico. Esto era una vez un niño muy limitado que contaba siempre con los dedos. Su padre dice: Pues ahora vas a aprender a contar mentalmente. Métete las manos en los bolsillos. Y el chiquillo, que era más parado que un buzón de correos, se las mete muy sumiso. A ver, cuenta. ¿Y qué cuento? Pues venga, cuéntate los dedos, pero sin usarlos. Total, que aquel chico, con la cabeza gacha, mirando siempre para abajo, se pone a contar. Empieza por la derecha. Uno, dos, tres, cuatro, cinco... Pasa por el centro. Seis... Y sigue por la izquierda. Siete, ocho, nueve, diez y once. Once. Me salen once dedos. Le salían once. Cuando Orza lo representó en clase, sin darle demasiada importancia, los alumnos se mondaron de risa. Lo repetían entre ellos, se lo contaban a los compañeros de otras asignaturas en los pasillos. Objetivo cumplido: no se les olvidaría en la vida cómo contar en español hasta once. Pero al sistema no le pareció apropiado. ¿Por qué incluye usted al pene en sus lecciones, Orza?

¿Qué estaba ocurriendo? En sus clases él creía saber dónde debía trazar la delgada línea roja y procuraba no traspasarla. Tampoco permitía que se la saltasen los alumnos. Un día, mientras practicaban las distintas acepciones de buena, adjetivo calificativo, un listillo se le quiso subir a la chepa. Profesor, ¿tú tienes una mujer buena? Se escucharon algunas risitas y luego se hizo el silencio. Orza le respondió: Sí, tan buena como tu madre. Visita a los enfermos y ayuda a la gente. Nuevas risas. A la salida pudo escuchar cómo el resto le tomaba el pelo al gracioso diciéndole que Orza le había ganado por la mano. Bueno (en este caso adverbio), la que le cayó. Señor Orza, bajo ningún concepto un alumno debe sentir en su clase que goza de libertad suficiente como para atreverse a preguntarle sobre los hábitos sexuales de su mujer. ¿Y cómo puedo controlar yo eso, señor director? En el expediente hicieron figurar que su mujer era objeto de discusión sexual en clase. Su pobre mujer, que es lo más modosito de todo el valle.

No es la única. Su hija también figura en la lista negra. Enseñó una foto de Nina, cuando ésta cumplió 23 años y exclamó orgulloso que estaba bien guapa. Y el psicólogo: Tony, ¿le parece apropiado utilizar a su hija como símbolo sexual? Mire, yo soy padre y mi hija me parece la más guapa del mundo. No hay nada más, ¿no lo puede comprender? Ah, ya, oh, sí, ¿eh?

Ejercer de profesor en los tiempos que corren no resulta tarea sencilla. El gobernador de Misuri ha pedido que, por cada tres bombillas, desenrosquen una para poder afrontar el recibo de la luz. En Oklahoma algunos maestros conducen voluntariamente los autobuses, friegan los suelos y cocinan en las cafeterías para suplir los recortes presupuestarios que han obligado a despidos de personal. En Oregón han renunciado a quince días de salario. En varios distritos de Colorado las semanas lectivas se han quedado reducidas a cuatro días. A lo largo y ancho de Estados Unidos, los vecinos hornean pasteles y montan mercadillos para recaudar dinero e impedir que les dejen sin profesor de música o sin educador especial; los dos primeros de la plantilla en sufrir la baja. Sin embargo, no es nada de esto lo que asusta a las mujeres y a los hombres que se mantienen en pie, junto a la pizarra, por pura vocación. Lo que de verdad les desanima es comprobar que el sistema ya no les respalda. Muchos profesores están deseando cumplir los 55 y jubilarse. Orza tiene 60 y no puede imaginar el día en que traspasará su misión. ¿Quién va a continuarla?, ¿quién va a poner las cintas del método Puerta del Sol con la entrevista a la reina Sofía el día de su cumpleaños? ¿Quién va a aguantar sin paraguas el chaparrón de las quejas que llegan hasta por mencionar demasiado a menudo en clase la religión católica? Yo les digo: es que para entender Europa hay que conocer el catolicismo. Les explico lo que son los santos inocentes y cuando visitamos la catedral de Ávila y ven la estatua de los romanos pasando por la espada a los recién nacidos saben lo que están viendo. Una alumna me echó en cara que ponía demasiadas canciones sobre la Virgen. Pero, chica, si es cultura. Si cuando te lleve a Sevilla a ver la Macarena, aunque no seas creyente, se te va a poner la carne de gallina... ¿Macarena? Aaaaaaay, Macarena. Aá. Que no, mujer, que no es eso.

Poco a poco va descolgando los pósteres. El de los Sanfermines. El de la feria del Rocío con las carrozas de bueyes recortadas en un fondo de marismas. Yo les intento explicar que soy católico cultural. Tenemos dos mil años de historia, las iglesias son bonitas y las esculturas obras de arte. Hay que saberlo apreciar. Pues nada, que sobra Blanca Paloma. Las paredes se van quedando peladas. Desaparecen los paisajes; permanecen las marcas que delatan los lugares en que antes hubo fotografías.

La vida sigue. Cuando te tachan de viejo verde o de sexista es difícil limpiar la calumnia, comenta con resignación. Luego esboza una sonrisa. Pero son anécdotas, motas de polvo, que no conseguirán ensombrecer el manto tejido en una larga trayectoria. Rib. Rib. La Alhambra de Granada queda atrapada en un rollo por una goma del pelo.

En el exterior brilla el sol. ¿Sabemos cómo va la votación? Ni idea. Nos cruzamos con Gina Fox, que vuelve de ejercitar su derecho y nos describe fascinada las dos setas de colmenilla que ha encontrado y que han desayunado en casa, vuelta y vuelta, con mantequilla en la sartén. Sale a colación el nuevo candidato. Me llama la atención que se pueda hacer campaña en la cuneta el mismo día de la votación y se lo pregunto. Se puede, pero a una cierta distancia de la mesa electoral. Cree que son doscientas yardas, ciento ochenta y tres metros, pero no está segura. Se lo preguntamos a Deirdre, que pertenece al consejo y dice que cuando ella se presentó, hace un par de años, nadie quería ser miembro. Deirdre, que vive a dos manzanas de nuestra casa, es la prueba irrefutable de que el inglés es un idioma inventado para confundirnos a los de fuera. A ver quién me puede justificar por qué una cosa que se pronuncia /singuel/ se escribe *single*. Y, por la misma regla de tres, ya me dirás tú por qué un nombre que suena Dierdre hay que escribirlo invertido: Deirdre. Manía de cambiar las letras de sitio y las pronunciaciones de lugar. Más que un idioma, el inglés parece un palíndromo. No me extraña que tengan una competición nacional de deletrear porque no cometer faltas de ortografía en esta lengua tiene más mérito que ser taxista en Tokio sin pantalla de Gps. ¡Cien pies! ¿Cómo?, ¿dónde está el gusano? La distancia que hay que guardar para hacer campaña. Cien pies, o sea, unos treinta metros. Tampoco es tan lejos. Parece ser, comenta Deirdre, que el hombre se presentó a primera hora de la mañana con una cinta métrica para encontrar el punto exacto. ¿Va a salir elegido? No lo sé, yo creo que no. Seguimos caminando con Gina a la que felicito por haber dado con el escondrijo de las setas.

A mí me había llevado a buscar colmenillas la semana anterior. Andaba yo empeñado en localizar alguna y ella se ofreció a acompañarme. Fuimos a la finca de un médico amigo suyo que habitaba en pleno bosque. Dejamos el coche a la entrada y echamos a andar por la parte de atrás. A los pocos pasos me topé con una serpiente autóctona. Las hay de diecisiete especies pero yo no había tenido el gusto de coincidir con ninguna de ellas. Me pareció un neumático abandonado, negro con rayitas longitudinales amarillas, como el de las bicicletas de paseo que te alquilan en las playas. Pero se movió. Se deshizo el lazo y ante mis ojos peregrinó una *ribbon* que, aunque alcanzaría apenas un metro, se me antojó larguísima. Un banquete para los halcones que me observó con repugnancia y se alejó camino del arroyo. Ale, a poner dos docenitas de huevos, maja, que estamos en época. Puf. Antes de que pudiera recuperarme del sobresalto me sorprendió otro episodio de mayor intensidad. Me tocó protagonizar una escena de *Los pájaros* de Alfred Hitchcock. Concretamente, yo era Tippi Hedren. Me puse a buscar setas entre unas matas y di con un nido de arrendajo azul. Una maravilla, con todos los huevos colocaditos por riguroso orden de puesta. A buenas horas. Mamá pájaro surgió de la nada y se tiró en picado contra mi cabeza. Me agaché y me pasó rozando con un grito parecido al de una gaviota enloquecida. Me veía con un ojo vaciado por el efecto de un picotazo, así que me alejé a toda pastilla mientras el animal me tiraba un par de tanteos más. Cuando escapé del radio de peligro ella seguía, aún nerviosa, saltando de rama en rama; observando atenta mis movimientos. Le dije, no te pases, que te estrujo y te transformo en una urraca común. Debió de entender mi amenaza y se calló. Sin necesidad de estudiar biología, estas aves saben perfectamente que su coloración azul no deriva de pigmentos, sino del efecto de la refracción de la luz en la estructura interna de sus plumas. Si se las aprieta un poco, se destruye la geometría y adiós al traje de fiesta de la mascota del equipo de béisbol de Toronto.

En Misuri, de donde proviene Gina, aconsejan buscar las colmenillas bajo los matojos en que se esconden los ciervos. Lo malo es que ahí, precisamente por ello, también se encuentran al acecho las garrapatas. Tienen un par de tenazas que accionan sin parar hasta que pasa algún ser vivo al que agarrarse como una pinza. Puede ser un ciervo, un humano, un perro o un mapache. Les da lo mismo. Una garrapata nunca sabe cuál va a ser su medio de transporte; lo mismo cogen un coyote que una licenciada en derecho. Transmiten la fastidiosa enfermedad de Lyme,[10] que afecta a las articulaciones y al sistema nervioso, y hay que andar con un cuidado de espanto.

Se supone que estas setas tan sabrosas crecen entre los helechos. Miramos cerca de los olmos secos, junto a los viejos robles o debajo de los *hickories*, unos árboles barbudos que parecen rescatados de *El señor de los anillos*. Pero nada. Necesitan unas condiciones perfectas de humedad y temperatura para decidirse a salir y no habían debido de darse las circunstancias. Cuando éstas concurren, se abren de golpe durante la noche como palomitas en una sartén. Si las localizas, más vale que las eches al cesto de inmediato. No van a crecer más porque les regales unos días de vida y corres el riesgo de que te las levanten. Los animales no las tocan, pero los hombres matan por ellas. En Belvedere, una mansión con unas vistas magníficas transformada en hotel, nos las habrían comprado con los ojos vendados, me sopló Gina. Yo lo que sentí fue no poder darme el gusto de prepararlas en casa. Los verdaderos apasionados elaboran un mapa de los lugares donde las han ido encontrando para repetir la búsqueda al año siguiente. Aunque los bosques parezcan similares, sólo crecen en ciertas áreas. Por eso resultan tan difíciles de cultivar: nadie sabe a ciencia cierta cuáles son sus condiciones óptimas. Gina, ¿tú tienes un mapa? Se rió. Dejamos la búsqueda por imposible y me devolvió a mi hogar. Nos revisamos la ropa. Gina se encontró cuatro garrapatas y yo me saqué otras tres. Pinc. Pinc. Pinc. Fueron cayendo una a una en un tarro de cristal. Adiós, gracias. Se las llevó en el coche, atrapadas en el bote, camino de un crematorio improvisado en el porche de su casa.

Morning. Good morning. Haciendo el camino de vuelta nos cruzamos de nuevo con el candidato, que sigue saludando a los viandantes, impasible al ademán.

NOTAS

[1] School Taxes.

[2] Los distritos escolares no dependen de la administración municipal, salvo en el caso de las grandes ciudades. En el estado de Nueva York, la educación forma parte del presupuesto de sus ayuntamientos en las cinco que superan los ciento veinticinco mil habitantes: Búfalo, Nueva York, Rochester, Siracusa y Yonkers.

[3] Este fenómeno fue identificado en la década de 1960 por el sociólogo Ruth Glass con el apodo de gentrificación. Derivado de la palabra *gentry*, gente acomodada, se refiere a lo que ocurre cuando personas de alto poder adquisitivo se mudan a barrios tradicionalmente habitados por la clase trabajadora.

[4] G. I., derivadas de las palabras *Government Issue*, asunto de Estado, eran las siglas con las que se apodaba popularmente a los soldados durante la Segunda Guerra Mundial.

[5] California, por su cuenta, ha aprobado un programa especial de subvenciones para que sigan estudiando.

[6] Se supone que hay setecientos cincuenta mil indocumentados en edad militar.

[7] Elementary School, Middle School y High School.

[8] «Cuidado con los patos».

[9] SUNY, State University of New York.

[10] Lyme es la localidad del estado de Connecticut donde se diagnosticó por vez primera esta borreliosis en 1975.

12

Julio

Cuando en 1999 Mohamed Al Fayed recibió en su despacho de los almacenes Harrods la negativa del secretario de Estado Jack Straw a concederle la nacionalidad británica, el egipcio sintió que la rabia le subía desde lo más profundo de sus entrañas y se le agolpaba en el corazón en forma de pálpitos desbocados. Era la segunda vez que el gobierno de su graciosa majestad lo dejaba con la miel en los labios. La noche anterior, el multimillonario había estrechado la mano a Tony Blair en un acto público y nada le había dejado entrever el portazo en las narices que ahora le pegaba la diplomacia. Cogido por sorpresa, de su agitada mente nublada por la frustración solamente acertó a despegar una idea: la de reunir toda su fortuna y abandonar cuanto antes el territorio que le negaba la adopción. Inundaba su alma un espíritu de revancha parecido al que, un siglo y medio antes, sintiera en aquella misma *city* un acaudalado científico de origen francés.

Al Fayed terminó optando por mantener sus inversiones; James Smithson, por el contrario, legaría todos los bienes al gobierno de Washington, y cambiaría para siempre el destino de la entonces floreciente capital de Estados Unidos. Ejercía de este modo su personal venganza contra la rigidez del sistema británico que, por el hecho de haber sido un hijo bastardo del duque de Northumberland, le había negado el derecho a utilizar el apellido de su padre.

Nació en Francia en 1765 con el nombre de Jacques Louis Macie, de la unión ilegítima entre sir Hugh Smithson y su amante Elizabeth Hungerford Macie, viuda de un hombre emparentado con la familia real, de quien heredó una considerable fortuna. Tras estudiar en la Universidad de Oxford, condujo diversos estudios en química, mineralogía y geología, fue elegido miembro de la Royal Society de Londres y viajó por Europa intercambiando conocimientos con los científicos más notables de la época. Al final de sus días, James Lewis Smithson, que jamás cruzó el Atlántico ni tuvo relación con el universo que se abría al oeste del viejo continente, dejó escrito en el testamento que su patrimonio había de abandonar el Reino Unido y ponerse a disposición del Congreso de Estados Unidos.

El documento explicaba que, para disponer del dinero, sus señorías deberían de respetar escrupulosamente la voluntad del donante y destinar hasta el último céntimo[1] recibido a la creación de un organismo que sirviese para incrementar y difundir el saber entre los hombres. Los diputados de la casa de representantes aceptaron y, en la actualidad, el Instituto Smithsonian de la ciudad de Washington es el complejo museístico más grande del mundo; cuenta con un total de diecinueve museos y nueve centros de investigación y maneja un presupuesto anual cercano a los setecientos millones de dólares.

Situado en la orilla este del río Potomac, sus edificios rodean la inmensa explanada que albergó en 1969 las manifestaciones multitudinarias contra la guerra, en 2004 la marcha de mujeres en favor del derecho al aborto y, recientemente, las protestas contra la política de Bush en Irak. Está en medio del National Mall, una zona declarada Parque Nacional que acoge, entre otros, los pabellones de los presidentes Washington, Lincoln y Jefferson y donde se inició en 2006 la construcción de un monumento a la memoria de Martin Luther King. Será el último que se levante porque en los terrenos no queda espacio para nadie más; el resto de personalidades que pasen a la historia tendrán que ser recordadas en otras zonas.

Llegar al Smithsonian constituye un agradable paseo, especialmente si es abril y están florecidos los cerezos que el alcalde de Tokio regaló en 1912 a la ciudad para realzar la amistad de entonces entre Japón y Estados Unidos. Caminar le permite a uno contemplar las fachadas de edificios tan emblemáticos como la Casa Blanca o el Capitolio y acercarse al conmovedor muro soterrado que conmemora a los caídos en la guerra de Vietnam.

La joya arquitectónica de todo este complejo se encuentra ya pegando al barrio chino. Es un edificio de estilo griego clásico que alberga el Museo Nacional de Arte Americano.[2] A mí me llevó a visitarlo Sarah cuando éramos novios, a finales de la década de 1980 porque ella había realizado unas prácticas en el taller de enmarcado y guardaba un recuerdo excelente del sitio. Nos detuvimos primero en la National Gallery atraídos por una curiosa exposición titulada *Las pinturas de Helga*. Consistía en un sinfín de retratos de una mujer con aspecto de europea del Este y mirada lánguida, que posaba en diferentes paisajes de ensueño. Por lo visto su autor, Andrew Wyeth, se había pasado media vida dibujando a su vecina a escondidas (de su esposa, de su marchante y del resto de la humanidad) hasta que el secreto salió a flote. Digo yo que lo descubrirían porque siendo el hombre tan prolífico debía de tener en el estudio más cuadros que armarios donde ocultarlos. Compramos el cartel, que duró con nosotros muchos años enmarcado en la pared y ahora lleva algunos castigado contra ella en el cuarto de la plancha, y nos metimos en el Museo Nacional de Arte Americano.

De aquel partenón creo que lo recorrimos todo. Sin prisa, pero sin demasiada pausa, porque ninguno de los dos somos de aguantar excesivamente delante del mismo paisaje. Sin embargo aquellos tabiques rezumaban una atracción especial: era como si los artistas se hubiesen propuesto resumirnos la compleja historia de Estados Unidos en algunos fotogramas magistrales que no precisaban la ayuda de ningún diálogo. De allí colgaba la *Gente tomando el sol* de Edward Hopper, el *Hombre en chaleco* de William Johnson, o los *Campos nevados* de Rockwell Kent. Y también, quién lo podría haber imaginado, la fascinante galería India de un explorador desconocido llamado George Catlin.

Catlin fue un abogado que se propuso registrar para la posteridad las costumbres y modos de vida de los nativos que poblaban América, antes de que desapareciesen para siempre. Metido a aventurero, antropólogo y dibujante viajó incansablemente por todo el continente. La colección del Smithsonian cubría los miles de kilómetros que recorrió entre 1830 y 1836 con el fin de seguir la ruta abierta por la expedición de Lewis y Clark[3] y sus contactos con cincuenta de las tribus que habitaban en lo que hoy son los estados de Dakota del Norte y Oklahoma. Intentó vender sus retratos al Congreso, pero los diputados declinaron la oferta. En Europa exhibió su obra acompañado por algunos miembros de las tribus iowa y ojibwa, creando así el primer espectáculo del Lejano Oeste. El último rey francés, Luis Felipe, quedó tan prendado de estas actuaciones que invitó a los indios a actuar en palacio y le ofreció a Catlin para sus pinturas el Museo del Louvre. Baudelaire escribió tras asistir a una de estas funciones que «estos salvajes nos hacen comprensible la escultura antigua y consiguen que soñemos con la grandeza homérica».

Con la maestría propia de los grandes genios, Catlin había conseguido atrapar en estampas sublimes los momentos cotidianos de la vida en las praderas. En aquella galería se mostraban retratos de jefes, de guerreros, de mujeres y de sabios de la medicina que te observaban impasibles desde el lienzo, como aguardando a que les dirigieses la palabra para arrancar a contarte su verdadera historia. Destacaba un jefe de la tribu de los pies negros cuya mirada melancólica intuía ya todo lo que habría de acontecerle después a su pueblo. Había decenas de personajes rodeados de ese tipo de grandeza que se ajusta al espíritu de la leyenda y, sorprendentemente, otros tantos que se alejaban a velocidad de vértigo de los estereotipos. Así, junto al grandilocuente perfil de Nube Blanca, aparecía un pobre sioux con pinta de pringado que respondía al triste nombre de Cabeza de Huevo.

Aquella exhibición me impactó tanto que su recuerdo permaneció conmigo durante largo tiempo. Sin embargo, cuando John Raucci me pasó un ejemplar de *Cierra la boca y salva tu vida*, cuarta edición considerablemente aumentada, con veintinueve ilustraciones del autor e impresa en Londres en 1870, no se me ocurrió enlazar el libro que tenía en mis manos con aquella página anterior de mi vida.

Después de nuestro encuentro en el parque de Red Hook, aquella mañana en que me quedé fascinado con la movilidad en los dedos de los pies de sus hijos, que me aseguraron que habían recobrado en tan sólo dos temporadas de ignorar el calzado, los encuentros con John se hicieron más frecuentes. En uno de ellos, mientras apurábamos una taza de té y observábamos cómo los gansos del Canadá se posaban sobre el estanque Shook, le recordé su conversación inicial camino del aeropuerto Kennedy. Me dijiste que tu regla de oro se basaba en dos premisas. En tres. Bueno, antes de complicarlo todo aún más, yo recuerdo que mencionaste el correr descalzo y la respiración por la nariz. Sí. ¿Entonces? Entonces, ¿qué? Entonces qué narices de importancia tiene la segunda. Ah.

Raucci comenzó a relatarme de nuevo los orígenes de su interesante teoría. Me contó que su hijo David, el segundo, comenzó a los catorce años a entrenar con el equipo Varsity[4] de atletismo del instituto de Red Hook y que, a solamente un mes del inicio de las competiciones, contrajo una neumonía que lo sacó de las pistas. Le diagnosticaron asma y hubo de aprender a vivir conectándose a menudo a un inhalador. Preocupado por el estado de su hijo, John se puso a pensar qué podría haber afectado de aquella manera el sistema respiratorio de un joven con una aparente salud de hierro. Repasó los métodos de entrenamiento y no pudo hallar ninguna anomalía. David afrontaba las carreras con la misma técnica que el resto de los corredores del universo: cuarenta y cinco aspiraciones por minuto tomando el aire por la boca.

Volvió de nuevo la mirada hacia los nativos del continente y encontró una fórmula sagrada que aplicaban a rajatabla a lo largo de sus vidas: la respiración nasal. Intentó preguntarse el porqué; cotejó aquellos datos con la experiencia profesional de algunos gurús mundiales del deporte y se le encendió la luz. Por ello, cuando en el International World Sports de Seúl el mediano de los Raucci cruzó la meta en primer lugar, iba respirando por la nariz a un ritmo de quince inhalaciones por minuto.

La semilla de ese cambio milagroso se había iniciado con la lectura del libro que en aquel momento examinaba yo con un mimo extraordinario. Pasaba las hojas con el respeto que uno le debe a los escritos antiguos y, al toparme con la ilustración de un bebé en la página 18, el dibujo me transportó de golpe al olor dulce de las cerezas, al calor apacible del sol de verano en Washington y al retrato de un personaje de nombre Che, no Guevara sino Ahkatchée, esposa del jefe iroqui Serpiente de Cascabel, en las paredes del Museo Nacional de Arte Americano.

La mujer de la galería India mecía en su regazo un capacho rudimentario idéntico al que aparecía insertado en el texto de *Cierra la boca y salva tu vida*. Una tela decorada con figuras geométricas enrollaba al bebé con firmeza a un pequeño tablero sobre el que reposaba su espalda. Con la cabeza recostada en un cojín, el infante permanecía atento a los sonidos y a los destellos de las campanitas y los objetos brillantes que colgaban de un asa circular que, partiendo de ambos lados de la almohada, cruzaba por encima de su ángulo de visión. Algo así como la hamaca de oso amoroso que venden en el Toys R Us, pero en versión Edad de Hierro. Desde luego, de no ser por el intrépido aventurero de Pensilvania que dedicó su vida a retratar a los indios, jamás hubiera sospechado un paralelismo entre el modo de criar a los recién nacidos en La liga de las seis naciones[5] y la Rainforest Bouncing de Fisher-Price.

Así que aquel tratado lo había escrito el mismo George Catlin que me había cautivado a mí con sus óleos. *Cierra la boca y salva tu vida*, ilustraciones del autor. Fechado en Río Grande, Brasil, en 1860. Publicado en Londres diez años más tarde. Aderezado con una moraleja milenaria: *H'doo-a*, *h'doo-a*, *won-cha-doo-ats*. Endereza el arbusto y conseguirás un árbol recto. Respiré hondo, por la nariz, y me sumergí en su lectura.

«... He dedicado la mayor parte de mi vida a visitar las razas nativas del sur y el norte de América. He estado con ciento cincuenta tribus, que suman en total más de dos millones de almas, y he sido testigo de su excelente forma física, que contrasta con la alta tasa de mortalidad y las numerosas enfermedades y deformidades de los pueblos civilizados.

»... La mitad de los nacidos en Londres mueren antes de alcanzar los 5 años y, de éstos, la mitad fallecen antes de cumplir los 28. Rezan las sagradas escrituras que el hombre fue creado para vivir 70 años[6] y sólo uno de cada cuatro ingleses se convierte en un adulto.

»... Los indios no conocen prácticamente la mortalidad infantil. Si ellos, que suelen tener dos o tres hijos de media por pareja, soportaran las mismas tasas de mortalidad que los europeos, hace tiempo que se habrían extinguido.

»... Los bebés de las tribus nativas de América son colocados siempre boca arriba, con la espalda recta sobre una tabla y una almohada cóncava bajo la cabeza. De este modo la barbilla queda inclinada levemente hacia delante, e impide que se descuelgue la mandíbula inferior y que se abra la boca durante la noche para favorecer la sana respiración por las fosas nasales.

»... Cuando una humilde mujer en la selva termina de dar el pecho a su hijo le junta los labios con mimo y lo pone a dormir al aire libre. Los bebés occidentales no necesitan aire caliente y dormirían mejor con sus cabezas asomadas a la ventana que bajo los brazos de sus madres.[7]

»... Igual que los pájaros no necesitan implementar la calidad de construcción de sus nidos, los indios no parecen darle importancia a la comodidad del cabezal; conformándose con un pequeño bloque de madera o una piedra que les eleve la frente. Nuestras almohadas han aumentado tanto su tamaño que reposamos sobre ellas nuestros hombros, y eliminamos así el objetivo primordial de impedir la apertura de la boca.

»... La boca fue ideada para masticar y la nariz para purificar y calentar el aire. No existe animal en la naturaleza, a excepción del hombre civilizado, que duerma con la boca abierta enviando el aire frío de la noche a sus pulmones.

»... Los dientes fueron concebidos para vivir como anfibios, inmersos en la saliva que los alimenta y los protege.

Cuando la boca se seca con el aire que entra durante el sueño, se producen dolencias y caídas. Con frecuencia, el hombre civilizado ha perdido todos sus dientes a la mitad de su vida y, en siete de cada diez casos, ingresa en la tumba antes de cumplir los 50. Los indios no conocen ni el dentífrico ni los dentistas. Sus dientes crecen sanos desde las encías como las teclas de un piano y conservan su esmalte impoluto hasta la vejez».

Por lo visto Danzarín Rápido, uno de los catorce jefes iowa que visitó Londres con George Catlin a mediados de 1800, confesó que la característica del hombre blanco que más le había sorprendido era su falta de dientes. Explicó que, además del apelativo «rostro pálido», entre los indígenas era normal referirse al europeo como «bocanegra»; precisamente debido a los pocos dientes que le colgaban de las encías y cuya pérdida atribuían a la cantidad de mentiras que salían por su boca y envenenaban su dentadura.

«... Si los animales perdiesen sus dentaduras, no podrían alimentarse y les sobrevendría la muerte. Qué habría sido ya del ser humano de no ser por el glorioso descubrimiento de la cuchara...

»... Cualquiera que se despierte en la mañana y compruebe por la sequedad de su boca que ha dormido con ella abierta, se sentirá fatigado y con ganas de seguir durmiendo. Se alzará más cansado de lo que se acostó, tomará remedios y pastillas durante el día y, cada noche, sin saberlo, renovará su enfermedad...

»... El aire es el alimento de los pulmones y no del estómago. Aquel que duerme con la boca abierta introduce aire frío e impurezas en su estómago que resultan en enfermedades. Algunos hombres se quejan de que no concilian bien el sueño porque les duele el estómago, cuando la realidad es que les duele el estómago porque no concilian el sueño apropiadamente...

»... El sueño es el gran médico y restaurador de la humanidad. Las fatigas que soporta el cuerpo durante el día se reparan de forma natural durante la noche con una respiración sana a través de las fosas nasales. En un sueño natural y reparador el hombre toma muy poco aire, su pulso se mantiene bajo y, cuando alcanza el máximo grado de reposo, prácticamente deja de existir. Esto ocurre y así ha sido sabiamente ordenado, para que sus pulmones y sus extremidades descansen de las labores del día...

»... Los indios caminan erguidos y derechos y no presentan problemas de columna porque aprovechan las ventajas vitales derivadas de un reposo tranquilo y natural».

Papá... Papá... ¿Cómo que papá? ¿Desde cuando dicen papá los indios? Papá, ¿cuál es el número de España? Era la voz de mi hija Julia, cuyos 5 años quedaban ocultos detrás de la barra de la cocina en la que me encontraba absorto en la lectura. ¿Número de España? ¿Qué número, cielo? El de teléfono de Madrid, para llamar a Marcita. Por fin asomó. Quería hablar con la señora que la había cuidado en España y a la que echaba de menos. Miré la hora y me pareció que era demasiado tarde para una llamada. Mañana llamas, Julia, que Marcia estará ya acostada. Me dijo que bueno, pero que le apuntase de todas maneras el número en una hoja de papel. ¿Para qué lo quieres si no lo vas a utilizar? Ya, pero lo quería. A mí, como dicen por América, algo me olía a pescado podrido, así que omití deliberadamente los prefijos y le apunté las nueve cifras de Madrid. Si intentaba marcarlas le iba a saltar la voz de robot que a mí tantas veces me había sumido en la desesperación: *Your call can not be completed as dialed. Please, hang up and try again.*[8] Y tu madre más. ¿Eh? No, nada Julia, toma y déjame trabajar, anda. Desapareció de nuevo escaleras arriba y yo volví a lo mío.

Raucci me había asegurado que algunos nativos se tomaban tan en serio las propiedades regenerativas de la respiración nasal nocturna que llegaban a cubrir con vendas los labios de los recién nacidos para impedirles que utilizasen la boca. Otras tribus, al parecer, entrenaban a los jóvenes haciéndoles tomar un buche de agua y poniéndolos después a correr largas distancias sin soltar el líquido de la boca. De esta manera, el agua, además de impedirles un hábito de respiración incorrecto, mantenía hidratado el organismo durante el prolongado ejercicio.

Papá. ¿Qué pasa ahora, Julia? Había regresado con una sonrisita sospechosamente inocente. Oye, papá: si me encierro en el cuarto de baño de arriba, ¿tú puedes escuchar desde aquí lo que yo diga? No. Ah, vale. Se volvió a marchar al trote. No hacía falta ser demasiado inteligente para imaginarse lo que debía de estar tramando. El baño tenía un aparato de teléfono colgado en la pared junto a la taza. Se conoce que, antes de la invención del móvil, ese trasto infernal que ha dejado sin conversación a los taxistas porque los clientes entran y salen hablando por él del coche, los norteamericanos ya habían creado la necesidad de recibir llamadas en los lugares más insólitos y Julia se proponía darle salida a aquel invento.

Descubrir en mi casa un teléfono situado al lado del retrete me había venido a rubricar el culto a la comodidad que uno respira en esta parte del planeta. Para un vago Estados Unidos debe de aproximarse bastante a la definición bíblica del paraíso terrenal. Si no te gusta mover un pelo, no te preocupes que, a cualquier acción que requiera un mínimo porcentaje de esfuerzo físico, alguien le ha buscado ya en América, *the beautiful*, una solución. Estamos hablando de cosas tan nimias como el hecho de evitar subirse a una banqueta y desenroscar la bombilla fundida de la lámpara del techo. En el armario de las escobas encontrarás un palo largo terminado en una simple ventosa, como la de las flechas del arco que nos traían los reyes con el disfraz de indio en Navidad, patentado en Canadá con el nombre de Roughneck (cuello duro), que se adhiere al globo de cristal de maravilla y lo baja en tres giros del mango. Este homenaje a la pereza viene de largo. De muy atrás. De hecho, en Nueva York he descubierto algunas innovaciones técnicas antiguas que nunca llegaron a España. Se conoce que, como nosotros pasamos del tren de Arganda, que pita más que anda, al Ave de gran velocidad sin necesidad de transiciones, nos perdimos algunos pasos intermedios. Por ejemplo, los televisores en color que entraron en nuestros hogares a mediados de la década de 1970 pertenecían ya a la segunda o tercera generación y venían con un mando inalámbrico en la caja. En Estados Unidos todavía algunas casas conservan televisores antiguos, cuyo mando a distancia, comercializado por Zenith a principios de la década de 1950 y bautizado popularmente con el apodo de Lazy Bones,[9] se halla conectado al aparato por un cable largo que cubre la distancia entre el sofá y el presentador del telediario.

¡Pum! El eco seco de la puerta del baño cerrándose de un empujón. Nada grave. Me hallaba concentrado en una historia lejana y no le di mayor importancia a una pequeña travesura infantil. Buena suerte con tu conferencia desde el baño, pensé. No te lo va a coger nadie. *Your call can not be completed as dialed. Please, hang up and try again.*

Cerré el libro un instante. Si bien resultaba cierto que el modo de vida de los indios reflejado en el apasionado relato de Catlin venía a coincidir con la teoría expuesta por mi amigo, el expedicionario no llegaba en ningún momento a argumentarla y me propuse cotejar aquellos datos con los apuntes que había ido tomando durante mis visitas constantes a Wikipedia, mis consultas a manuales de anatomía y osteopatía y la lectura de diversos trabajos sobre entrenamiento deportivo que John me había ido sugiriendo.

En principio, no parecía demasiado descabellado partir de la premisa de que, en condiciones normales, y Raucci entendía la práctica deportiva como una actividad de lo más natural, resultaba bastante más saludable respirar por la nariz. De entrada, al pasar por sus conductos, el aire se filtra en los pelillos y nos evitamos introducir en el cuerpo un montón de polvo e impurezas; algunas de ellas tan irritantes que nos vemos obligados a expulsarlas inmediatamente, a una velocidad de ciento sesenta kilómetros por hora, a través del estornudo. Además, nuestras fosas nasales vienen equipadas con un termostato natural. En lugar de tragar el aire como venga, la nariz lo calienta en invierno y lo enfría en verano, ajustándolo de forma constante a la temperatura idónea para los pulmones. Este temporizador del sistema respiratorio, obviamente, no consiste en una lámina bimetálica que acciona un compresor eléctrico como en el caso de los aparatos de aire acondicionado. Es un material mucho menos sofisticado que el que conocemos vulgarmente por el triste nombre de moco. Elemento de dudosa fama, del que producimos los humanos un litro diario, que luego se encargará de eliminar con resignación el estómago, y que consigue incrementar la humedad del aire hasta un 75 por ciento y mejorar notablemente la temperatura del gas que inhalamos.

Al respirar por la boca, además de perdernos el tamiz de las enzimas que contiene la mucosidad y que son muy eficaces en la caza de bacterias, nos estamos saltando un paso decisivo en la depuración de la clientela: al portero de la discoteca. Justo en la puerta que comunica el conducto de la nariz con el paladar, en la parte superior de la laringe, se encuentran albergados unos pequeños amasijos de tejido linfático, las adenoides, que actúan de vigilantes jurado y se dedican a atrapar a los agentes patógenos que intentan colarse sin permiso de entrada en nuestro sistema.

Hasta ahí el tema parece no tener vuelta de hoja. Pero es que hay más. Si el interior de las fosas nasales presenta un aspecto irregular es debido a que alguien decidió colgar en sus paredes tres finas repisas, los cornetes, que se curvan hasta conseguir el rizo de una concha. No en vano, a estas proyecciones óseas los otorrinos norteamericanos las denominan turbinates, del latín *turbo*, *turbinis*, por su capacidad de impulsar el aire hasta la base de los pulmones. Como verdaderas turbinas, lo empujan hacia el interior en dirección tangente para aprovechar al máximo la fuerza motriz que se origina al inhalar. Y el hecho de que el aire llegue al fondo del saco, algo que la respiración por la boca es incapaz de conseguir, tiene una importancia más decisiva de lo que uno podría intuir a primera vista. Como nuestros pulmones se ensanchan notablemente a medida que descienden por la cavidad torácica, el aire entrará en contacto con más superficie pulmonar cuanto más abajo lo enviemos y, por tanto, encontrará un mayor número de vasos capilares dispuestos a absorber el oxígeno. Y ahora viene la segunda parte que, como se canta por sevillanas, es la más interesante.

Por lo visto el cuerpo humano, que es ambicioso y no se conforma con poco, trabaja con dos sistemas nerviosos diferentes: el simpático, que se pone exclusivamente en marcha en situaciones de emergencia, y el parasimpático, que nos permite un funcionamiento normal y eficiente bajo los parámetros de un estado de ánimo relajado. Y resulta, mira tú por dónde, que los vasos sanguíneos asociados al primero están situados en la parte alta de los pulmones, mientras que los del segundo se agrupan en la zona inferior.

Por definición, el hecho de respirar por la boca es una acción reservada a situaciones extremas; muy útil en esos momentos en que la vida te deja solamente elegir entre la opción de luchar o la de salir corriendo. Cuando mandamos aire a la parte alta del pecho, activamos el sistema simpático y ponemos al cuerpo en un estado de alerta. Frente a un tigre, el pánico te incita a aspirar bocanadas rápidas con el fin de provocarte una hiperventilación. La generación de estrés es el recurso que tenemos para poner en marcha la segregación de enzimas capaces de hacernos correr a mayor velocidad de lo habitual o de lanzar puñetazos más salvajes de los que propiciaríamos en circunstancias convencionales. Te coloca en un estado de tensión que puede salvarte la vida en un momento de apuro. Es como si, debido a la emergencia, todas las células del cuerpo le donasen su energía a las que en ese instante necesitan ración doble para poder sacarnos del peligro. Está concebido sólo para un momento, como un último recurso para afrontar una situación desesperada, todo antes que la muerte, porque cuando el cuerpo se encuentra en estado de estrés entra en una pauta en la que sus reacciones químicas lo están, de hecho, arruinando. Y, si éstas se prolongasen demasiado en el tiempo, acabarían definitivamente con él.

Si trasladamos este escenario al mundo del deporte, al respirar por la nariz enviamos el aire hacia la parte inferior del tórax, activamos los nervios parasimpáticos y conseguimos calmar al cuerpo incluso en medio de una actividad frenética. Cuando utilizamos la boca, convertimos lo que debería ser un pasatiempo placentero en un reto personal y, fruto de esta decisión contra natura, nos iremos sorprendiendo con la aparición de lesiones. El cuerpo humano no parece que fuese inventado para utilizarlo como si en cada minuto nos jugásemos la vida.

Algo que explica de maravilla el doctor John Douillard, el hombre de la NBA que dirigió el área de desarrollo de jugadores de los Nets, el equipo de Nueva Jersey. En su libro *Body, Mind and Sport*, afirma que los profesionales del fútbol americano viven una media de 56 años debido en parte a los enormes subidones de adrenalina a los que se someten en cada entrenamiento y en cada partido.

Según Raucci, la gran mayoría de los entrenadores enseñan a sus corredores a respirar por la boca basándose en la falsa creencia de que, cuanto más aire cojan, más oxígeno asimilará su organismo y más velocidad podrán imprimirle a su carrera. Con ello cometen una doble equivocación porque, para correr más deprisa, no es necesario aspirar una mayor cantidad de aire, sino aprovechar mejor el que uno toma y porque, si el tamaño de las fosas nasales es más pequeño que el del enorme orificio que abrimos en medio del rostro al pegar un grito, no se trata de una mera coincidencia. La respiración pausada, en dosis pequeñas, permite que el oxígeno se mantenga más tiempo en los pulmones, repartiéndose por toda la cavidad y facilitando su absorción en la sangre.

Yo disculpo a los entrenadores porque a todos se nos ha enseñado que el oxígeno es la fuente de la vida y, partiendo de esta premisa, parece lógico deducir que cuanto más alimentemos con oxígeno a nuestro organismo, en mejor forma física nos habremos de encontrar. Sin embargo, al repasar el proceso evolutivo de los seres vivos descubrimos que la respiración no surgió como un modo inteligente de aprovechar el oxígeno del aire sino, muy al contrario, como un mecanismo de defensa contra la terrible toxicidad de este elemento.

Suena el teléfono. Con ese timbre peculiar que tienen los teléfonos en las series americanas. Pero no es el despacho de House, es mi cocina. Me acuerdo de golpe de que yo vivo en un telefilm y me lanzo a contestarlo. *Hello? Hill residence?* La voz de un desconocido me pregunta que si ésa es la residencia de los Hill. Tenemos el contrato con Frontier a nombre de mi esposa, así que le respondo afirmativamente. Me pregunta que si soy yo el señor Hill. Le digo que no. Me dice que quién soy. Le respondo que el dueño de la casa y me salta, muy sorprendido, con un pero ¿no me acaba de decir que en esa casa viven los Hill? Comienza una conversación de besugos. No tengo ningunas ganas de explicarle a un tipo que no sé ni para qué ha llamado que, aunque en Estados Unidos lo habitual es que la esposa tome el apellido de su marido, Sarah prefirió conservar el de su familia. Me pide que me identifique. Pero, bueno, ¿y eso? Me dice que ha recibido en su número una llamada desde el mío. Le facilito con resignación mi nombre y le aventuro que debe de tratarse de un error. Entonces me pregunta que si tengo algún problema en mi domicilio. Le respondo que no, que gracias y me cuelgo. Pero ¿quién es este pavo? Al final caigo: era el que tiene que venir a arreglar el lavavajillas. Probablemente lo he entendido mal y lo he mandado al carajo sin querer. Ya le volverá a llamar Sarah. El teléfono es el peor enemigo de un extranjero porque, como ni ves los labios ni adivinas las intenciones de tu interlocutor, te enfrentas al idioma en pelota picada. Sigo dándole vueltas al asunto. También podía tratarse de alguien que intentaba verificar mis datos para venderme algo. Aquí te llaman cada diez minutos de una organización distinta para pedirte un donativo. Lo malo es que, como todo va por siglas, a veces no sabes ni de qué te hablan y, para quitártelos de encima, terminas diciendo que sí a gentes que, en condiciones normales, no les darías ni un céntimo. En la última encerrona en que me vi envuelto, estaba convencido de que solicitaban ayudas para un centro de acogida de animales. Empezaron a marearme con las siglas para arriba y para abajo y, claro, por no colgarles de golpe, que siempre resulta muy violento, accedí a mandarles un cheque para la causa. A los pocos días me llega una carta de la escuela de perros de la Policía, junto con una pegatina para colocar en el coche que dice «Yo Soy Amigo de Las Fuerzas del Orden». Casi me da un soponcio.

A los norteamericanos les encantan las siglas y más vale que te vayas familiarizando con ellas *asap*[10] si no quieres perderte en la conversación continuamente. No me refiero a los acrónimos convencionales, como los utilizados de forma habitual en cualquier país para designar a sus empresas y organizaciones. Éstos se aprenden a base de leer periódicos y no necesitas analizar el origen de cada una de las palabras que los conforman para entenderlos. Quiero decir que, a fuerza de toparte con ella en repetidas ocasiones, terminas relacionando la NAACP[11] con la organización que representa los derechos de los norteamericanos de raza negra, sin necesidad de saber exactamente lo que significa cada letra; igual que nosotros asociamos al Polisario con la gente de la ex colonia española sin que nadie se acuerde de que son el Frente Popular para la Liberación de Saguía el Hamra y Río de Oro.

El problema surge cuando las frases abreviadas invaden la vida cotidiana. Es cierto que en español decimos usted en lugar de vuestra merced, hidalgo en vez de hijo de algo, o informática para suplir las dos palabras que definen el concepto inicial de información automática; pero es que en Norteamérica, cada vez que se presenta la oportunidad de reducir al mínimo una expresión, se encargan de encogerla con todo el entusiasmo. Se trata de un país de jíbaros lingüísticos, te lo digo yo.

Junto a algunas siglas que nos resultan familiares, como el telegráfico S.O.S., *Save our Souls*, salvad nuestras almas, hay que afrontar un torrente de mensajes cifrados que salen en la conversación con una naturalidad pasmosa: JIT, FCFS, BO, PITA...[12] Y encima hay que permanecer ojo avizor para interpretar en rótulos y carteles ese argot de la escritura, que se ha extendido al resto del universo a través de los mensajes a móviles, y que en Norteamérica forma parte del paisaje urbano desde hace bastante tiempo. Consiste en jugar con el sonido de letras y números para convertirlos en sílabas y se lee en las matrículas de los coches, que pagando un dinero extra se pueden personalizar. Algunos aprovechan para comentar gracias personales como ALWAYSL8 (*always late*, siempre tarde) o 2HOT-4U (*too hot for you*, demasiado sexy para ti), y otros para colocar mensajes enigmáticos como X35JANA, que, al leerse al revés reflejado en el espejo retrovisor, resuelve el misterio con un inquietante *anal-sex*, sexo anal. Aparece en las señales de tráfico, como la amarilla triangular que te advierte de la proximidad de un cruce con un texto que parece chino, Xing.[13] Y se ve en los rótulos comerciales. Por ejemplo, el gimnasio de Rhinebeck se llama IXL. Este nombre, que a simple vista parece más apropiado para el tallaje de una camiseta extra larga, cobra sentido cuando se pronuncia. Las tres consonantes juntas suenan ay-ex-el, exactamente igual que la primera persona de indicativo del verbo destacar, *I excel*. Y, yo destaco, tiene mucho que ver con el culto al cuerpo que se promueve en los templos de la bicicleta estática. En fin, caigo en la cuenta de que he perdido el rumbo. Me he desviado hacia la evolución etimológica, cuando lo que interesaba era el proceso evolutivo de los seres vivos. Trato de volver a la senda del oxígeno.

Hace muchos millones de años, cuando las plantas invadieron el planeta y se entregaron con pasión al proceso de la fotosíntesis, la atmósfera comenzó a inundarse rápidamente de un gas incoloro, inodoro e insípido, prácticamente desconocido hasta la fecha. Para deshacerse de este novedoso enemigo, algunos de los organismos que habitaban por entonces la Tierra discurrieron utilizarlo como combustible y quemar con él sus moléculas de glucosa. De esta manera, encima, consiguieron proporcionar a sus células más energía de la que habían sido capaces de producir con el método tradicional de la fermentación. Enseguida, los resultados de este salto evolutivo se adivinaron trascendentales: aquellos seres que pasaron a la respiración aerobia se volvieron mucho más fuertes y comenzaron a dominar al resto de las criaturas.

Y, fruto de aquellos barros, aquí estamos nosotros intentando reducir los niveles de toxicidad de oxígeno para evitar envenenarnos. En los alvéolos pulmonares, el oxígeno es atrapado por la hemoglobina de la sangre y conducido por los angostos pasillos de los vasos capilares hasta las células, donde es arrojado a una caldera que hemos dado en llamar metabolismo y que consigue disminuir su presencia en el cuerpo a un mínimo tolerable. La combustión produce bastante dióxido de carbono, elemento de fama monstruosa debido a los disgustos del calentamiento global que, sin embargo, antes de ser devuelto a los alvéolos y desde allí expulsado de nuestro organismo junto al vapor de agua, cumple la decisiva labor de ayudar a que el oxígeno que entra en la sangre pase a los tejidos. Por utilizar una metáfora, el dióxido de carbono sería la pala excavadora que empuja los troncos de oxígeno a la caldera de los músculos.

En un estado de reposo óptimo, la respiración humana se produce unas seis veces por minuto. Cuando este proceso se realiza de forma natural por la nariz, en cada toma aspiramos pequeñas dosis de oxígeno y en cada exhalación dejamos escapar cantidades bajas de anhídrido carbónico, es decir, expulsamos menos dióxido de carbono del que producimos, lo que permite al cuerpo mantener en la sangre la reserva imprescindible para que los tejidos recuperen, con su ayuda, la energía que desgastan en el ejercicio.

Muchos atletas, al acusar el cansancio, se obsesionan con la necesidad de tomar más aire y aumentan por boca la velocidad de respiración. Es cierto que cogen más oxígeno pero también, sin saberlo, están expulsando todo el anhídrido carbónico y dejando sus vasos capilares saturados de un oxígeno que no tiene cómo acceder a las células. El resultado es desastroso: en lugar de recuperarse y ganar la punta de velocidad que estaban esperando, disminuyen paulatinamente su producción de energía y perpetúan el estado de fatiga. Confusos, se enfrentan a la aparente paradoja de que su situación empeora a medida que cogen aire; de que el resto de los corredores les adelantan y de que, antes de alcanzar la meta, sienten que les abandonan definitivamente las piernas.

Cuando el oxígeno es incapaz de llegar a la musculatura por la ausencia del dióxido de carbono, los tejidos comienzan a inquietarse. Se les plantea la doble alternativa de morirse o de alimentarse con algo que, en principio, no estaba destinado para su consumo. Una situación desesperada, como la de aquella tragedia de los Andes, cuando un grupo de supervivientes de una catástrofe aérea se vieron obligados a consumir carne humana para seguir con vida. Con la respiración acelerada por la boca, las células no tienen más remedio que activar un mecanismo de urgencia denominado respiración sin oxígeno o anaeróbica, que viene a ser el viejo sistema de la fermentación utilizado por los organismos vivos en la noche de los tiempos.[14] Un proceso que siguen utilizando habitualmente algunos grupos de bacterias y que cuando ponen en funcionamiento los humanos tiene el inconveniente de generarles ácido láctico. Un lactato que no es, precisamente, el mejor amigo de la musculatura. De hecho, cuando morimos, se reproduce a gran escala el mismo escenario: en vista de que no llega oxígeno, salta el automático de la respiración anaeróbica, el ácido láctico comienza a acumularse en los músculos y tres horas más tarde se produce el acartonamiento de la piel que conocemos como rigor mortis.

La noruega Ingrid Kristiansen, que batió en cinco ocasiones un récord del mundo, mantiene que la respiración anaeróbica altera los niveles de pH y lleva a largo plazo al deterioro físico. Según sus cálculos, un minuto de ejercicio sin oxígeno consume la misma energía que trece minutos de trabajo aeróbico y un corredor puede llevarse la sorpresa de que, tras someterse a una tabla de ejercicios brutal, todavía avanza más lentamente que antes. De un lado, la alta concentración de ácido láctico daña las paredes celulares de los músculos y los hace menos eficaces. De otro, algunos tejidos necesitan tiempo para adaptarse al desarrollo y un progreso demasiado rápido se convierte en una segura cadena de lesiones.[15]

En este mismo sentido, el ex campeón olímpico Peter Snell da conferencias por medio mundo enseñando que correr más despacio nos hace más veloces. No hay truco. Es sabido que los músculos humanos contienen una mezcla genética de fibras lentas y rápidas. También se conoce que ambos tipos producen la misma cantidad de fuerza al contraerse, aunque las rápidas la consigan obtener antes. Esto ha extendido la creencia de que los corredores de fondo y los velocistas desarrollan cada uno solamente el tipo de músculo que más conviene[16] a su disciplina. Algo que el deportista neozelandés más grande que dio el siglo xx reduce a la categoría de leyenda urbana.

Snell mantiene que, cuando echamos a correr despacio, empezamos a utilizar nuestros músculos de fibras lentas. Pero que, al rato, a medida que seguimos corriendo, cambiamos a los músculos de fibras rápidas, aunque sigamos manteniendo un ritmo lento. Así que nuestros músculos rápidos están recibiendo un buen entrenamiento y ello se va a traducir en mayor velocidad en la carrera.

Nada sustancialmente alejado de lo que predicaba su entrenador, el mítico Arthur Lydiard, cuyos métodos además de haber servido para crear campeones en las pistas de atletismo se aplicaron a deportes tan distintos como el rugby o el piragüismo, cuando decía que para incrementar la velocidad había que aumentar la fuerza muscular a base de ejercicios de resistencia. Lydiard estaba convencido de que si al cuerpo se le exigía un esfuerzo razonable, éste siempre respondería. Mientras que una persona que no practique deporte tiene un capilar sanguíneo para cada célula muscular, otra que entrene con moderación puede fácilmente albergar tres o cuatro vasos en la misma célula. Cuanto más acostumbremos al cuerpo a la carrera, más pasajes va a crear para que la sangre pueda ayudarnos a desarrollar la actividad que le estamos reclamando.

Dicen que al gran Lydiard no le preocupaba que sus pupilos corriesen cada vez más deprisa; le preocupaba que durante la carrera, o sea, en el momento en que más lo iban a necesitar, supiesen acceder a la capacidad de correr con la que cada uno de ellos había nacido. No se trataba de superarse, sino de sacar el mayor partido de uno mismo. Ni más, ni menos.

Llaman a la puerta. Mira que es raro que llamen. Aquí, estando en casa, no se suele echar pestillo y normalmente la gente asoma la cabeza y pregunta en voz alta si puede pasar. Pues esta vez no, esta vez llaman. Ya voy. Me levanto pensando en que durante el ejercicio físico destinamos aproximadamente un 10 por ciento de nuestra energía a la respiración. En que si ese esfuerzo pudiéramos bajarlo, por ejemplo, a la mitad, tendríamos un 5 por ciento extra de energía que dedicar a nuestros músculos corredores. Todo ello consiguiendo una respiración pausada por la nariz, claro, pero no es mi caso. Yo me estoy hiperventilando. Rezumo ácido láctico y empiezo a sentir el rigor mortis en tiempo real. Acabo de abrir la puerta y es la Policía.

Buenas tardes. Un agente con uniforme azul y gafas de sol me pregunta que si vivo aquí, que cuál es mi nombre, que por qué no me apellido Hill. Se lo cuento y él lo apunta con parsimonia en una libreta. Me dice que si puede pasar, le digo que sí, pero no pasa. Se queda quieto bajo el quicio mirándome con cara extraña. Igual tienen la norma de que solamente deben entrar en caso de que tú les digas que no pueden hacerlo. No sé, todo resulta demasiado confuso para perder el tiempo elucubrando teorías. ¿De qué va esto? Por lo visto han recibido una llamada en el número de urgencias, el 911. Caigo en la cuenta. Se agrupan las fichas del puzle. Le explico que tengo una hija pequeña que ha llamado por teléfono a Madrid y que, como en mi ciudad todos los números empiezan por 91, seguramente ha marcado el 911 sin querer. ¿Así que tiene usted una hija? Sí, señor. ¿Y qué años tiene? 5. Bueno, 4. O sea, casi 5. ¿Y su hija de 4 llama sola por teléfono a Madrid? No..., bueno, creo que sí... Ahá, ¿está su esposa? No lo sé. No lo sabe. Es que estaba trabajando y no sé si ha vuelto. ¡Sarah! No, creo que no ha vuelto. ¿Y su hija? ¿Qué le pasa a mi hija? ¿Le importaría llamarla para que la viera? Sí, claro, no hay ningún problema. ¡Julia! No contesta. ¡Juliaaaa! Sigue sin contestar. ¡Julia-aaaaaaaaaaaaaa! Debe de estar arriba. Señalo las escaleras. Noto que el poli se arrepiente de no haber pasado a echar un vistazo. Le digo que voy a buscarla. Él me indica que prefiere salir fuera y quedarse esperando en el coche. Subo y no la encuentro por ninguna parte. Ni arriba, ni abajo, ni en el sótano. Salgo a buscar en el garaje. El policía me sigue con la mirada. Aquello cada vez pinta peor para mí y la sombra de la sospecha me pesa tanto en la espalda que noto que me flaquean las piernas. Junto a la canasta de baloncesto encuentro tirado su abrigo y, aunque justo antes de prometerme que no iba a llamar a Madrid me había asegurado también que no saldría a la calle sin avisarme, doy por hecho que se ha pirado a la casa de sus primos. Lo que me faltaba... Noto un sudor frío que me recorre la espalda. Me acerco al coche patrulla y le indico que seguramente se ha marchado. ¿Que se ha marchado? Bueno, ahí enfrente, le señalo con el dedo a la casa que no dista más de doscientos metros. Ya. Voy a por ella y enseguida estoy de vuelta. Ya.

No está en casa de mi hermano. No han sabido de ella en todo el día. Ahora el que empieza a preocuparse de verdad por el misterio soy yo. Al verme regresar de vacío el policía sale del celular mosqueado. Así que dice que su hija de 4 es la que ha llamado a emergencias... Sí, creo que sí. ¿Y está seguro de que se ha tratado de un error?

Claro, eso creo. Pero, sin embargo, su hija no aparece...
No, espere, tiene que estar escondida en casa. El momento no podía ser más tenso. Estábamos en plena psicosis del
11 de septiembre, del que acababa de cumplirse un año,
y yo ya me veía esposado y con grilletes, como el bailaor
Antonio Canales o como el presidente del Real Madrid
cuando los detuvieron por error en el aeropuerto.

Con el guardián de la autoridad siguiéndome los
talones hasta la entrada, corrí hacia el interior y empecé
a escudriñar en todos los cuartos. Debajo de las camas,
en la bañera, detrás de la nevera y en cada uno de los armarios. Apareció en el de su dormitorio, al descorrer la
ropa que colgaba de las perchas. Hecha un ovillo en una
esquina. Lloriqueando. Julia, ¿qué te pasa, cielo? Y ella
que baja la vista y se aprieta más contra la pared del fondo. ¡Aquí está!, le grité al policía que me aguardaba en
el descansillo. ¡Okay! Julia, cielo, sal, que no pasa nada.
No quiero. Ven con papá. ¡No! Cada vez que alargaba
mi brazo para tenderle la mano, mi hija respondía con
un alarido y se estrujaba aún más en la esquina de aquel
armario. ¡¿Qué es lo que ocurre?! ¿Que qué era lo que estaba ocurriendo?, que me quería morir, tan simple como
eso. Cualquiera que hubiese presenciado aquella escena
habría pensado lo mismo: que yo torturaba a mi hija, física
y psicológicamente, y que ella se refugiaba en los armarios en espera de que un ángel viniese a rescatarla. Julia,
sal un momento que te quiere ver un señor que ha venido
para que le digas que no te pasa nada. ¡Buaaaaaaaa!

A punto estuve de juntar las muñecas, descender
cabizbajo la escalera y entregarme. Cada argumento que
salía de mi boca sonaba a una excusa peor que la anterior.

Me salvó un hilillo de voz que surgió de detrás de las camisas. Un gimoteo entrecortado que dijo: es que quería hablar con Marcia.

Obviamente, Julia había realizado la llamada a Madrid y, al marcar sin querer dos veces seguidas el número uno, le había saltado el servicio de emergencias. Luego, al observar desde su ventana cómo el policía se aproximaba a la puerta, debió de lanzarse despavorida hacia el armario. Bajamos al fin. No pasa nada, cielo. No pasa nada. El policía comprueba que está viva, que no me huye y que no tengo pinta de ocultar navajas como el barbero de la calle Fleet. Cierra la libreta. Caso resuelto y se marcha diciendo en voz alta que no me preocupe, que este tipo de cosas pasan con mucha más frecuencia de lo que nos imaginamos. Pobre Julia, se ha llevado un disgusto de muerte.

Aquella noche, tras repasar los lamentables acontecimientos delante de la chimenea, introduciendo ya en las versiones más recientes algún capítulo de humor, la sensación de angustia que uno experimenta cuando ve sufrir a sus hijos me devolvió a John Raucci y al espíritu que le movió a buscar una solución al problema de sus tres retoños diagnosticados con asma. Me fijé de nuevo en la portada del libro de Catlin y recordé una frase que me había repetido en numerosas ocasiones el entrenador de Red Hook: Ningún animal respira por la boca. Fíjate en un caballo al galope, en pleno esfuerzo, me decía. Se le hinchan las aletas sobremanera, pero permanece con los dientes bien apretados. Los indios lo habían adivinado fruto de la observación de la naturaleza y nosotros empezamos a practicarlo, despacio, profundamente, hacia el diafragma. En unas semanas nos deshicimos de los inhaladores, y nunca más hubo que preocuparse por los ataques asmáticos.

En el verano de 2002 todo el club de fondo de Red Hook cambió a la respiración nasal. Al principio los muchachos sentían que se asfixiaban y John tuvo que reducir considerablemente el ritmo de entrenamiento. Retomó la máxima de Douillard, cuanto más rápido corras, más despacio deberías tomar el aire para facilitar la asimilación del oxígeno, y así se lo hizo saber a los chicos. Respirad despacio para haceros veloces y, pasadas algo más de dos semanas, todos confirmaron una grata sensación de estar mejorando sus marcas y de hacer una recuperación más rápida después de los duros ejercicios. Ese mismo año el equipo subió de categoría y se clasificó por primera vez para los campeonatos estatales. En 2004 consiguieron la medalla de bronce batiendo su propio récord en diecisiete segundos.

Notas

[1] La herencia se calculó en 508.318 dólares en el año 1826.

[2] Se construyó como sede de la oficina de patentes cuando Washington llevaba sólo treinta años de capitalidad. Es el tercer edificio oficial más antiguo de la ciudad, tras la Casa Blanca y el Capitolio.

[3] Tenían el encargo del presidente Jefferson de averiguar si al noroeste del cauce conocido del río Missouri existía algún enlace fluvial con el Pacífico.

[4] Varsity es una derivación de la palabra inglesa *university* y define al primer equipo deportivo (el A) que compite representando a un

colegio o una universidad; un honor que sólo consiguen los mejores atletas de cada escuela.

[5] No se refiere al torneo europeo de rugby, sino a las seis tribus que el día que llegó Cristobal Colón a América negociaban una paz duradera para su territorio. Formaban la Haudensaunee (constructores de una gran casa) las tribus de los Seneca, los Cayuga, los Onondaga, los Oneida, los Mohawk y los Tuscarora.

[6] En los pasajes de la Biblia hay varias referencias que fijan la edad del hombre en 70 años. El capítulo 90, versículo 10, del libro de los Salmos reza: «Nuestra vida dura apenas setenta años, y ochenta, si tenemos más vigor: en su mayor parte son fatiga y miseria, porque pasan pronto, y nosotros nos vamos». En el libro del Éxodo 15, 27, se dice: «Llegaron a Elim, donde encontraron doce manantiales de agua y setenta palmeras. Y Dios le dijo a Moisés: "Un pozo por cada mes del año y una palmera por cada año de vida"». La palmera pasaba en la antigüedad por ser el árbol más provechoso de la Tierra, pues podía utilizarse de trescientas sesenta y cinco maneras diferentes. Una por cada día del año.

[7] El registro general de la época muestra una media algo superior a los setecientos mil nacimientos anuales en Inglaterra, de los que más de cien mil morían antes de cumplir un año. La mortalidad infantil se atribuía principalmente a la bronquitis (12.733), los dolores causados por la salida de los dientes (3.660) y las convulsiones (19.000). Y se dice, textualmente, que la asfixia en la cuna, por estar arropados en exceso e impedirles respirar adecuadamente, es la causa más frecuente de muerte violenta entre los bebés ingleses.

[8] «El número marcado no existe. Por favor, cuelgue e inténtelo de nuevo».

[9] Se refiere a la persona que lo utiliza. Literalmente, huesos vagos. En general define a la gente a la que le cuesta moverse porque, se supone, le pesa mucho el esqueleto.

[10] *As Soon As Possible*, lo más rápidamente posible.

[11] National Association for the Advancement of Colored People, Asociación Nacional para el Progreso de la Gente de Color.

[12] JIT, *Just In Time*, justo a tiempo. FCFS, *First to Come, First to be Served*, Turno por riguroso orden de llegada. BO, *Body Odor*, olor corporal, sudor. PITA, *Pain In The Ass*, dolor en el trasero, un peñazo.

[13] En inglés la señal no dice literalmente «cruce», sino «cruzando». El aspa, *cross*, sustituye al infinitivo del verbo, que se pronuncia igual. -*Ing* es la terminación del gerundio. Sería como si en España la señal de cruce la representaramos así: + e (cruz – e).

[14] En la respiración anaeróbica no se usa oxígeno, sino otra sustancia oxidante distinta, como el sulfato o el nitrato.

[15] Para la ganadora del oro en Roma, hay que prestarle tanta atención al entrenamiento como a la fase posterior de descanso denominada anabólica. Cuando no hay un equilibrio entre los dos periodos, el de desgaste energético y el de recomposición celular, a Kristiansen le dicta la experiencia que el atleta puede terminar con problemas serios de obsesión compulsiva o con desórdenes alimentarios tan graves como la anorexia.

[16] Lo más normal es tener la mitad de cada tipo. Aunque los fondistas pueden tener más de un 80 por ciento del tipo lento y los velocistas hasta un 70 por ciento del tipo rápido.

13

Agosto

DeFile tiene ese nombre tan habitual en inglés, John, al que yo nunca había sabido muy bien dónde colocarle la *h*. ¿Jhon?, ¿Jonh? Hasta que un día de rebote me enteré de que derivaba de la voz hebrea *Johan* y, al imaginar el nombre con todas las vocales en su sitio, se hizo en mi cerebro la luz. Felicidad casi completa, ya que el aprendizaje de idiomas se asemeja bastante al examen de conducir y de nada te sirve haber aprobado el teórico de la gramática, si luego no revalidas tus conocimientos en el práctico de la pronunciación. La *j* anglosajona se nos suele atragantar a los españoles y yo creía haber salido del apuro al cambiarla por el sonido de la *y* griega: Yohn. Craso error ya que, sin advertirlo, estaba cambiando al Juan inglés por un bostezo: yawn. Varios equívocos más tarde, hola, bosteza, ¿qué dices?, sí, he dormido perfectamente, Sarah, que había sido mi profesora de inglés en España, me ayudó a buscar un sonido similar en nuestro idioma. Lo encontramos en la letra *ch* recientemente descatalogada del alfabeto. Prepara la lengua y los dientes para decir Chon, me animó. Ya estoy. Vale, ahora, justo antes de expulsar el aire, cambia la *ch* por la *j*. Chon. No, haz como si te equivocaras; como si quisieras decir Chon pero en el último momento te saliese con *j*. Chon. Ya sé que resulta extraño, insistió, pero aprieta los dientes. Tienes que sacar la consonante del mismo lugar donde juntas normalmente la *c* y la *h*. Ch... John. Toma castañas: me salía. Pasé la tarde practicando con todas las jotas del diccionario de inglés, *judge, joke, Jack the Knife*, mientras preparaba la maleta para marcharme a pescar a Alaska con mi amigo DeFile.

John creció en el apartamento construido encima de la cantina para veteranos de guerra de Rhinebeck. Uno de los múltiples locales que la legión americana tiene dispersados por la geografía estadounidense. Sus raíces se remontan al sur de Italia por el tronco paterno y a la cristiana Polonia por ascendencia de madre, pero su historia familiar más reciente habría que buscarla en la cercana ciudad de Hudson. Allí había encontrado su bisabuelo emigrante un puesto de trabajo en las vías del ferrocarril. Pronto los ahorros le permitieron abandonar la pesada herramienta y abrir unos salones de billar, entre cuyas mesas se conocieron los padres de John. Se casaron y en 1961 optaron por alejarse de la única oportunidad de trabajo que entonces brindaba la antigua capital ballenera de América: un puesto en una fábrica. El padre aceptó en Rhinebeck el cargo de gerente en la casa de la Legión. La familia residía en el piso de arriba y los DeFile atendían la cocina y el bar de la planta baja. Para un mocoso crecer en ese intrigante edificio constituyó toda una experiencia. Siempre rodeado de hombres rudos que venían a echar un trago y a pasar un rato con los amigos. Se organizaban timbas de cartas un par de veces a la semana y la mesa de billar se encontraba siempre activa. A John se le permitía bajar a saludar un rato a los asiduos. Le marcó de forma especial la presencia de un tipo grandote llamado Clint que tendía a sopesar mal la cantidad de alcohol que podía soportar su organismo. Su desmedida pasión por el fútbol americano se acrecentaba cuando bebía de más y, entonces, para ilustrar algunas jugadas míticas, se tiraba a placar sillas o a embestir con el hombro a la máquina de discos. De vez en cuando se organizaba en el local alguna pelea. Nada serio que no pudiese disiparse en la comida del domingo siguiente a la que acudían los contertulios con sus familias.

Yo había visto a algunos de ellos pasear por las calles del pueblo los viejos uniformes de campaña en el desfile del Día de los Veteranos. Tradicionalmente se conmemoraba el 11 de noviembre el armisticio de la Gran Guerra, la primera de las mundiales, que llegó en 1918 con el cese de hostilidades entre los aliados y Alemania a las once horas del día 11 del undécimo mes del año. Una celebración nacional que el presidente Eisenhower, a requerimiento de los excombatientes de la segunda contienda internacional, abrió a todos los que hubieran peleado bajo la bandera de las barras y estrellas. Nosotros nos colocamos en la calle Chestnut, en el jardín de los Tigges, que aprovechaban la fiesta para organizar una barbacoa con los amigos. Desde los porches cubiertos de las casas, de pie en las aceras de piedra azul o sentados al borde de los jardines en las sillitas plegables que utilizamos todos para seguir las competiciones deportivas de nuestros hijos desde las bandas, Rhinebeck aplaudía con algazara el paso de los cadillac descapotables con las siluetas de viejecitos que saludaban marcialmente. Recuerdos emotivos de la generación de combatientes de la década de 1940 que, según las estadísticas, iban desapareciendo en aquellos instantes a razón de mil doscientas bajas por día.

El momento más emotivo llegó al paso de las Golden Stars, las madres de los soldados caídos en el campo de batalla. La emoción se apoderó de todos los asistentes y hasta los arces azucareros parecieron inclinar sus ramas ante el dolor de aquellas mujeres a las que el respeto de la concurrencia conseguía arrancar una sonrisa sincera. Una dignidad suprema ante la angustia que Steven Spielberg supo retratar como nadie en una memorable secuencia de *Salvar al soldado Ryan*. Detrás venía la orquesta de chiquillos de la escuela secundaria. Los instrumentos de viento que aportaron los militares españoles acuartelados en Nueva Orleans a la creación del jazz sonaban, en las manos de aquellos adolescentes, a *mardi gras*, a celebración callejera, a regocijo general que aliviaba las penas de quienes les precedían. Hizo aparición el cuerpo voluntario de bomberos y los niños les jalearon para que hiciesen sonar las sirenas. Papíiiii...papíiiii... Un parón para que los más pequeños pudiesen retratarse con ellos mientras el primo de Sarah, Paul Kane, les regalaba unas cervezas desde un puesto improvisado en el cruce. Desfilaron los equipos de béisbol infantiles y los padres trataban de identificar a sus criaturas bajo las gorras de fieltro azul marino. Los llamaban con el modo cariñoso que tienen en Estados Unidos los padres de dirigirse a sus hijos: colocando una palabra que rime detrás del nombre ¡Eh, Maxi taxi!, ¡Julia pulia!, ¡Ian wian!...

Detrás marchaba la profesora de violín, Mrs. Schaad, que no faltaba a ninguna celebración en compañía de sus alumnos de método Suzuky. Lo de Carol Schaad me parecía un milagro. Nico asistía a sus clases después del cole y, en pocos meses, había empezado a interpretar melodías reconocibles. Ese día estaba, ¡eh, Nico pico!, entre el grupo de mocosos que seguían a la profesora como si fuese el flautista de Hammelin mientras interpretaban *Green Grows The Laurel*. Verde crece el laurel, el canto con el que acudían a la batalla los ejércitos de La Unión durante la contienda con México. Los chilangos se quedaron con las dos primeras palabras, que a ellos les sonaban a grin gos, y así nació el apodo despectivo para sus vecinos del Norte. Cerraban los caballistas y, al final del todo, un poni con un cartel amarrado a la cola en el que podía leerse «The End».

Viejas historias de la misma Legión que aún sigue abierta a escasos metros del majestuoso Beekman Arms, el hostal que presume de ser el establecimiento que lleva más años atendiendo al público en Norteamérica. John se acuerda con nostalgia de aquellos tiempos cada vez que pasa por delante y piensa que con ellos voló el encanto de una época en la que los mayores podían relatar sus batallas sin prisas y en la que siempre podían encontrar a alguien dispuesto a escucharlos con devoción. Hoy la clientela sigue acudiendo, porque las guerras se empeñan en producir más veteranos, pero lo hacen en solitario y su tiempo de permanencia en la barra suele ser más bien escaso. Desde Vietnam, ya nadie parece tener demasiado claro cuáles son los parámetros necesarios para definir a un héroe.

La primera enseñanza que a John le transmitió su padre ocurrió mientras sostenía una caña de pescar entre los dedos. Llevaba algunos años instaurada la competición en el arroyo de Landsman y le propuso practicar unos lances. Como todos los meses de abril, los comerciantes locales y algunas personas a título privado habían donado dinero para comprar mil truchas y arrojarlas a las aguas del *kill*, que es como llaman en Nueva York a los riachuelos, para que las pudiesen atrapar los niños. La suelta se produjo un sábado y el levantamiento de la veda, iniciado el domingo tras un desayuno comunal en la Legión, vino a durar tres largas semanas que solamente aguantaron con persistencia los más duchos. Las capturas se limitaban a cinco piezas por jornada y el galardón de ganador se reservaba a quien consiguiese la captura más grande.

Nombre: John. Apellido: DeFile. Edad: 2 años. Su padre lo despertó a las cinco de la mañana blandiendo aquella licencia en la mano y el pequeño pegó un brinco de la cama. Compartieron tortitas con sirope de arce con el resto de los competidores en la cafetería del piso de abajo y a las ocho, una vez recogida la cocina, se aproximaron al Landsman. John sacó dos truchas ese día y se aficionó al deporte del sedal ya de por vida. La naturaleza de la zona, todo sea dicho, ayudó a ponérselo fácil. Vivir al lado del Hudson, rodeado de lagunas, torrentes y pozas, le permitía lanzar el anzuelo sin moverse del jardín trasero de su casa. En primavera las truchas; en verano los bagres y los percasoles.

Su primera gran captura la obtuvo con 9 años. Como tantos estadounidenses, su familia aprovechó las vacaciones de Semana Santa para huir del frío tremendo que asolaba el norte del continente cada invierno. En la isla de San Martín, su padre alquiló un barco para adentrarse en el azul esmeralda del Caribe. El oleaje alcanzaba una altura de tres metros y tanto él como su hermana sufrieron los efectos del mareo, pero mereció la pena. Al otro lado del sedal le esperaba una barracuda que superaba la longitud de un metro. A partir de ahí vino el resto.

Domingo 5 de agosto. A las cuatro de la mañana se inicia la aventura que me llevaría hasta Alaska. Mi cuñado Peter Hill, gran aficionado a la pesca, de esos que llevan siempre la caña en el maletero por si en carretera divisan una poza en la cuneta, me había convencido para que le acompañase en un descenso de ocho días por las aguas remotas del Kisaralik. ¿Alaska? Me apunté sin pensármelo dos veces. En total íbamos seis en la expedición. A Peter le convenció Bob, su primo, que todavía está más pirado que él por el arte de sacar peces. Robert Kowal va más allá: no solamente se desplaza con los aparejos en el maletero, sino que guarda en el bolsillo unos metros de nailon enrollado y un anzuelo por si al caminar le sorprende una charca. Peter corrió la voz y se apuntaron un amigo de Atlanta, Don, y dos de Rhinebeck, Jeff Decker y John DeFile. El último mono que cerraba la lista era yo: apasionado por la pesca pero con las serias limitaciones de quien irrumpe en una disciplina a una edad tardía. No te preocupes, me consoló Peter, tienes que ser profundamente inútil para no pescar nada en Alaska. No me subestimes, le respondí para zanjar el asunto sin entrar en detalles.

Son las cuatro en punto y se presenta Jeff Decker en la puerta a buscarme. Me despierta Sarah y salgo como un zombi. Estuvimos hasta tarde en casa de Adolfo y Vicky, la extraordinaria mujer que echa un cable en las tareas domésticas a mi suegra. Victoria Farias encarna la personificación del sueño americano. Llegó sola, sin saber el idioma y con dos niñas pequeñas debajo del brazo. Limpiaba casas por el día, que aquí se paga a quince dólares, nueve euros con setenta céntimos la hora, y por la noche asistía en una iglesia a los cursos gratuitos de escolaridad para emigrantes. Hoy es propietaria de una casita blanca de dos pisos que se levanta en una pradera verde por la que atraviesa un riachuelo. Tiene su huerta, su jardín de flores, sus gallinas, su cerdo, sus perros y una manada de gatos. Ha conseguido los papeles, se ha casado con Adolfo, un pastelero mexicano de trato afable con el que ha tenido otros dos retoños, y mantiene un trabajo estable en el Hogar Astor, una residencia para niños con problemas emocionales. Anoche celebraban el cumpleaños de la segunda, Claudia, que se marcha a la universidad dentro de unas semanas. Bajo una carpa adornada con motivos vaqueros, sirvieron tortillas con carne de falda, frijoles con tocino, cebolla, tomate y cilantro. Un cuenco enorme de arroz y latas de cerveza. De regreso a casa coincidimos con los iraníes que volvían de asistir a una ópera en Bard College. Amigos de mis cuñados que pasan unos días con nosotros. Total que estuvimos de charla y, entre pitos y flautas mágicas, me dieron las tantas. Hola Ch... Jeff. Hola Guiermo.

Lo de mi nombre aquí resulta imposible. Me consuela pensar que el apellido siempre lo clavan. Digo Fesser y, por arte de magia, lo escriben como es y sin dudar en las dos *ss*. Al revés que en España, donde Guillermo no tiene problemas pero las letras del apellido se empeñan en bailar. Freser, Ferrer, Flecher... La primera vez que hice algo digno de mención me entrevistaron en el programa puntero de la Cadena SER como Ufaser. La última, veinticinco años más tarde, con motivo de la nominación a un premio Goya, la anfitriona anunció a la concurrencia la presencia de un tal Freixer. ¿Qué tal, Jeff? *I am good, buddy.* Para Jeff lo de amanecer a las cuatro forma parte de la rutina cotidiana. Opera una mina de grava en Old White Stone y a las cinco ya está activo en la oficina todos los días. Ayer, me cuenta, se quedó dormido a las seis de la tarde frente al televisor mientras veía un partido de golf. Lideraba Tiger, como siempre, y a las ocho y media su mujer lo invitó a trasladarse a la cama.

Llegamos en un santiamén a la casa de John y cambiamos los macutos del coche a una de las furgonetas de su negocio de transportes. Resulta difícil conducir por esta sección del valle sin cruzarse con algún vehículo con el logotipo de DeFile Transportation. Trabaja para la escuela de Rhinebeck, que no tiene autobuses propios y subcontrata el servicio a particulares. En 1968 su padre supo que necesitaban un vehículo con conductor para poder llevar a un niño con problemas a un centro especial de Poughkeepsie. La ley federal obliga a los distritos escolares a proporcionar a los niños con necesidades especiales la mejor educación específica de sus carencias que pueda encontrarse en la zona. Las escuelas públicas han de correr con todos los gastos, incluido el del transporte. DeFile puso su oferta sobre la mesa y la aceptaron.

Se inició así una pequeña empresa que se mantuvo con dos camionetas hasta 1982. Luego tomó las riendas John y ganó en subasta otras nuevas rutas. Quienes deciden presentarse al concurso entregan al colegio un sobre cerrado en el que incluyen el precio por persona y día. Se queda con la concesión la oferta más barata. En la actualidad su flota asciende a dieciocho vehículos y transporta niños de Rhinebeck a un total de quince escuelas especiales.

La plantilla de conductores la componen en su mayoría personas jubiladas que sacan un dinero extra que añadir a sus pensiones y trabajan una media de veinte horas semanales. Todos llegan recomendados por algún conocido. John no es partidario de anunciar el trabajo en el periódico para evitarse lidiar con tipos raros. En un país que publica fotos de niños desaparecidos en los cartones de leche, nadie puede permitirse el lujo de dejarlos en manos de desconocidos. Y eso que cada trabajador ha de pasar un test de detección de consumo de drogas, plasmar sus huellas dactilares en un documento y someter su biografía al chequeo de los inspectores del FBI. Un procedimiento que ha pasado a ser habitual en los últimos diez años. Frente al 21 por ciento de las empresas que lo exigían en el año 1987, hoy más del 80 por ciento de los empleadores requieren un análisis de orina. Especialmente en el sur. Un procedimiento que, en realidad, sirve para poco más que detectar si has fumado marihuana. El rastro de los porros permanece en el cuerpo humano varias semanas, mientras que la heroína o la cocaína borran sus huellas al cabo de tres días. El alcoholismo también se escapa, ya que, pasadas unas horas de la ingesta, el cuerpo queda limpio y la única manera en que podría comprobarse la adicción de un candidato sería mirando a ver si tiene cascos vacíos debajo de su cama.

Una vez admitidos en DeFile, los empleados han de asistir a un curso específico para conductores de transporte escolar de treinta horas de duración. A partir de ahí, la rutina diaria. A primera hora de la mañana les esperan los niños en la puerta de sus casas. Entre las dos y las tres y media de la tarde los padres aguardan en el mismo sitio y confían en que se los van a devolver sanos y salvos.

John tiene también un autobús amarillo, pero la mayoría de sus vehículos son de tipo furgoneta. Todos están obligados a pasar la inspección técnica cada seis meses y, en las tres gasolineras locales, cuando lo ven llegar, le hacen la ola porque consume la friolera de ocho mil quinientos litros de gasolina todos los meses. Hola Ch... John. Hi, Gui.

Después de atravesar en solitario varias carreteras comarcales cogemos la autopista de Nueva Jersey. Atravesamos territorio Soprano. Satriale's, la carnicería del protagonista de la serie de HBO que van a derribar para construir adosados, nos queda en la margen derecha. En estos barrios residenciales, a un tiro de piedra de Manhattan, es donde dicen que se esconde la mafia. Vida acomodada, pero sin ostentación. Camufladitos entre la clase media alta, para no llamar la atención de los agentes fiscales. No hay nada de tráfico. Aeropuerto de Newark. Nos plantamos dos horas y media antes de la salida del vuelo. Vamos sobrados. John aparca. Jeff y yo guardamos cola en el mostrador de Alaska Airlines. Cuando nos toca, nos enteramos de que el primer tramo que nos conducirá a Seattle, estado de Washington, se encuentra operado por Continental. Vale, ¿y? Pues, que si quieren ustedes aterrizar esa tarde en la costa oeste tienen que mover el trasero y cambiar de terminal a toda prisa. Tras arrastrar los pesados petates que con tanta previsión habíamos descargado junto al mostrador, salimos a la carrera. El agobio inunda nuestros corazones.

El monorraíl que une el edificio A, donde nos encontramos, con la terminal C, donde deberíamos hallarnos, se encuentra temporalmente fuera de servicio. Magnífico. No me acuerdo cómo, pero llegamos. La cola se nos antoja interminable; sin embargo va ligera. Nos toca el turno y facturamos. Sí, nos confirman, si se dan mucha prisa, todavía pueden coger el vuelo. Ni siquiera me entregan el comprobante de facturación de mi maleta. Si yo fuera usted, señor, ahora no me preocuparía por ese pequeño detalle. ¡Corra! Corremos hasta llegar al punto de seguridad. Con la Homeland Security hemos topado. Otra fila interminable. Por favor, que perdemos el avión. Se siente. Haber llegado antes. Toca esperar como a todo hijo de vecino. Oiga, mire... Que no. Zapatos y cinturón fuera. Líquidos en bolsita de plástico. Solventamos el obstáculo con éxito y reiniciamos la galopada. Coincidencias de la vida, nuestra puerta de embarque es la C 83; o sea, la última de todas. Recorremos tres pasillos infinitos cuyo final parece alejarse cada vez que doblamos una esquina para enfilar el siguiente. C 83, ahí está y todavía hay gente embarcando. Lo hemos conseguido. Alto ahí. No pueden pasar. Ni de coña. ¿Cómo? El vuelo está cerrado. Pero si hay gente embarcando... Ya, pero sus asientos han sido asignados a pasajeros en lista de espera. Son las reglas de la aviación civil. Diez minutos antes del despegue, el que no se encuentre en la puerta, puede perder su asiento. Ah, se siente.

Da comienzo una epopeya cuyo final no se adivina. Las listas de espera de los vuelos están a rebosar de peticiones y no parece existir la más remota posibilidad de que nos toque el turno. A media mañana tenemos la impresión de que la expedición al río Kisaralik va a partir hacia los glaciares sin nosotros y de que el sueño de pescar en Alaska va a seguir conjugándose en futuro imperfecto por un tiempo. Parten tres vuelos sin nosotros. Pasamos del no me lo puedo creer al cómo hemos podido ser tan imbéciles. Se acabó. Un momento. ¿Qué? ¿Por qué no intentamos cambiar los billetes? Si no quedan. No lo sabemos. Con tal cantidad de gente apuntada por delante de nosotros no hay esperanza de que nos toque un puesto en la lista de espera, pero nadie nos ha dicho que no exista la oportunidad de comprar esos sitios antes de que salgan a reparto. Me miran como si fuese marciano. Lo intentamos. Desde casa y delante del ordenador la mujer de John, Chantal, se pone a rastrear todas las posibilidades. Se suceden las llamadas. Por fin llega la confirmación: ha conseguido pasajes nuevos hasta Seattle. Perfecto. No del todo. Hay un problema: yo no puedo ir. ¿Perdón? Alaska Airlines ha admitido el cambio de vuelo de mis compañeros pero, mi billete, oh campos de soledad, mustios collados, fue abonado a Continental y esta compañía tiene todo vendido. Pero ¡si es el mismo avión! Pues así están las cosas. Lo sabía. En un desesperado último intento llamo a Alaska Airlines por si les queda un billete. Lo tienen. Alucino. Es el último y vale un pastón.

La alternativa es quedarme en tierra así que, emocionado, pago. No me admiten la visa. Necesitan una dirección postal de Estados Unidos y mi tarjeta está domiciliada en Madrid. John me presta la suya. Su cargo ha sido... admitido. ¡Yahoo!... Pego en el aeropuerto de Nueva Jersey el mismo grito de entusiasmo que David Filo y Jerry Yang lanzaran al viento en la Universidad de Stanford cuando concibieron uno de los buscadores de Internet más utilizados de la Tierra.

Es tal la felicidad que me embarga que, tras conseguir la tarjeta de embarque, le pregunto a la azafata si puedo darle un abrazo de agradecimiento. Me dice que sí y nos damos un apretón de oso. Veintisiete horas, seis cervezas y un sándwich de pollo en Wendy's después de salir de Rhinebeck tomamos tierra en Anchorage. Hemos abandonado los cuarenta y ocho de abajo, la masa continental que agrupa a la mayoría de los Estados de la Unión, y puesto el pie por vez primera en Alaska. Aquí son cuatro horas menos así que el reloj marca las tres de la madrugada. A las seis sale el avión con destino a la ciudad de Bethel. El aeropuerto no es ni grande ni pequeño; ni feo, ni impresionante. Parece lo que es, un aeropuerto; con la ventaja añadida de que las filas de asientos no tienen reposabrazos y se puede uno estirar durante la espera. En el pasillo central han instalado un Centro de Reposo, de esos que se están poniendo de moda a toda velocidad en los aeropuertos de América del Norte. Está cerrado. Se conoce que funciona solamente para los que necesiten descansar durante el día. Consiste en un módulo con tres o cuatro cuartitos que se alquilan por tramos de media hora a cinco dólares. Dentro, el viajero encuentra un asiento que se reclina hasta alcanzar la posición de gravedad cero, ideado por la NASA para reducir la presión que se les concentra a los astronautas en la columna vertebral debido a la extrema velocidad a la que viajan. El invento, no vaya nadie a emocionarse en demasía, consiste en tumbarse con las espinillas elevadas por encima del corazón. La publicidad asegura que el efecto descomprime la columna, reduce la tensión muscular, expande la capacidad pulmonar, favorece la circulación e incrementa los niveles de oxígeno en sangre. Porque lo dice la NASA, que, si no, para mí que se trata de una silla de dentista con un punto de diseño. Se ofrecen masajes a treinta y cinco dólares. Hay salitas individuales o colectivas y, además, la cuarta hora sale gratis. No me digas más, ahora entiendo por qué chapan por la noche.

Nuestro avión es un Boeing 737-400 con el fuselaje blanco como la nieve y la cara de un esquimal dibujada en azul marino sobre la cola. Su interior está dividido en dos por un panel de color negro. Desde la cabina y hasta la fila catorce se reservan para carga. Entre la quince y la veintisiete acomodan al pasaje, que va sentado en dos filas de tres butacas separadas por el pasillo. Una azafata joven, con rasgos indígenas, coge el micrófono. ¿Será esquimal? Se lo pregunto. No, es mexicana: de Monterrey. El 6 por ciento de los habitantes de Alaska son latinos y nuestro idioma ha dejado por aquí alguna impronta desde que se paseó por estos confines Salvador Fidalgo en 1790. La Cordova con uve la bautizó el mencionado catalán y el puerto de Valdez recibió el apellido de un ministro español de Marina. Mientras despega el aparato la azafata entretiene a los viajeros. A ver, pregunta, el primero que me diga qué tipo de bebidas servimos a bordo se lleva una insignia de la compañía. Una señora levanta la mano: Pepsi Cola. No, lo sentimos. Una chica: Coca-Cola Classic, Diet Coke y Sprite. Correcto, un pin para la señorita.

Desde el aire, los seiscientos kilómetros que separan Anchorage de Bethel se despliegan en un paisaje sobrecogedor. El de Colmillo Blanco. Su inmensidad me transporta de golpe a mi juventud, cuando echaban por la tele la serie de Jack London sobre los buscadores de oro del Yukon. Una lengua de glaciar inmensa. Montañas enormes, las más altas de Estados Unidos, y luego la tundra; un tapete infinito recortado por los fiordos, surcado por numerosos ríos y adornado por gigantescos abetos árticos. Hoy el sol va a durar en el firmamento dieciséis horas y treinta y nueve minutos. Su presencia ha comenzado a acortarse a razón de cinco minutos diarios, siete veces más rápido que en el paralelo del que procedemos. Pronto el círculo polar se sumirá en la oscuridad completa de un invierno que dura nueve meses. Esto es Alaska. Un millón y medio de kilómetros cuadrados para una población de seiscientos veinte mil habitantes. Una superficie que iguala a la de toda la Europa mediterránea: Portugal, España, Francia e Italia. Un territorio tan vasto que los alumnos del instituto de Seldovia, un pueblecito de ahí abajo, tienen que realizar una travesía que dura una hora y media en barco, cinco en autobús y setenta minutos en avioneta cada vez que tienen que atender el partido de baloncesto de liga escolar que les enfrenta a los escolares de Bethel. Y no son los que lo tienen más crudo: la distancia en kilómetros que separa a los rivales de los colegios de Unalaska y Barrow supera a la que media entre las ciudades de Madrid y Berlín. En Alaska las dimensiones se entienden de otra manera. También las temperaturas. Aquí para suspender un encuentro deportivo el termómetro tiene que registrar menos de veintiséis grados bajo cero.

Sobrevolamos el valle de Matanuska donde una lechuga, desde que se trasplanta el brote hasta que se cosecha, tarda una media de cincuenta días en desarrollarse; bastante menos que las ochenta jornadas que necesitaría en las fértiles huertas de California. Paradójicamente, este trozo de tierra congelada ostenta récords del mundo en agricultura por haber producido zanahorias de ocho kilos y medio y melones de casi treinta. La mayoría de las verduras, como el 90 por ciento de la comida, han de ser importadas, pero existen pequeños invernaderos en el norte donde las largas horas de luz del verano consiguen resultados extraordinarios. Es la misma tierra de la que se extraen diariamente un millón doscientos mil barriles de petróleo. Oro negro que viaja desde la bahía de Prudhoe hasta Valdez por un oleoducto de mil trescientos kilómetros, que se eleva sobre el terreno para no interferir en las migraciones de los caribús de altas cuernas.

Por fin avistamos Bethel, un asentamiento humano en el delta del Yukon, el espacio natural protegido más grande de Estados Unidos. Siete mil almas habitan en lo que tradicionalmente fue un poblado invernal de los yupik con dos grandes casas comunales. Una residencia para hombres y chicos, que se utilizaba también para ceremonias como la narración pública de cuentos; y otra, conectada por túneles con la primera, para las mujeres, las niñas y los niños menores de cinco. Los hombres enseñaban a sus hijos a construir kayaks y a cazar para procurar alimento. La mujer, responsable de confeccionar todos los utensilios de la casa con plumas, cuero y pieles, daba clase a las chiquillas de costura y de cocina. Una vez al año, por espacio de seis semanas, hombres y mujeres intercambiaban su vivienda. En este tiempo los varones enseñaban a las niñas técnicas de supervivencia, caza y fabricación de herramientas y las mujeres a los muchachos a curtir pieles con su propia saliva o a coser una parka con aguja de hueso e hilo de nervios de caribú.

Los yupik tienen los ojos rasgados, la piel amarilla, la nariz achatada, la cara ancha sin barba, el pelo liso y negro como el azabache y el cuerpo menudo de los chinos. Su idioma suena repleto de kas. Dicen que en estas tierras hace tanto frío que hablan sin abrir los dientes. Los rusos establecieron un intercambio comercial poco después de que la expedición de Bering, en 1741, quedase fascinada por la calidad de las pieles de nutria. Aprendieron yupik, desarrollaron un alfabeto al que tradujeron la Biblia ortodoxa y los enseñaron a leerla. Ni les impusieron su idioma, ni los trataron como a un pueblo bárbaro. Con el traspaso de propiedad a Estados Unidos en 1867, los nuevos pobladores les exigieron cristianizarse. Por ello hoy la mayoría se llaman Bob.

La pista del aeropuerto de Bethel está plagada de baches. Toc, toc, toc. Es la primera vez que experimento turbulencias en un avión con el tren de aterrizaje en tierra. La carretera que lo conecta con el pueblo consiste en un barrizal del que sobresale el morro de un coche encallado en la cuneta. Me imagino este paraje de noche y recuerdo que en algún lugar leí que estamos en la ciudad de Estados Unidos con mayor porcentaje de delitos sexuales. Aquí no se puede comprar alcohol o, por precisarlo con más detalle, no lo venden en ningún sitio. La ley que impera no es estrictamente seca. Tiene un matiz que la califica de pantanosa y que consiste en que está permitido encargar bebidas en otro estado y pagar para que te las manden. Justo lo que ha hecho Peter Hill. Ha comprado vino en Georgia, lo ha decantado en unas bolsas plásticas, parecidas a las que se utilizan para las transfusiones de sangre, para facilitar el transporte en lancha y las ha traído para alegrar las comidas del viaje. John lleva una botella de vodka, y yo, una de ron añejo.

Bajo la delgada superficie de la tundra de Bethel el subsuelo está permanentemente congelado. Las cañerías van por encima de las calles. El paisaje urbano presenta un aspecto sucio. Chatarra y muebles rotos se arrinconan en los jardines. Resulta imposible enterrar la basura y sacarla de Alaska cuesta demasiado dinero. Además, en un lugar donde el suministro escasea, se guarda todo por si hubiera que reutilizar alguna pieza. Tomamos otra pista que nos deja a orillas de un lago. Hemos llegado al refugio de Papá Oso. Sesenta dólares la noche con derecho a ducha caliente y toalla gustosa el día que regresemos de la aventura. Un lujo teniendo en cuenta que el agua la reparten en camiones cisterna y está sometida a racionamiento. Papa Bear sirve de campamento base para dejar a buen recaudo la ropa de hombre urbano, la documentación y el dinero. Desde esta orilla va a partir nuestro hidroavión. Alaska es un país tan vasto y tan remoto que se necesita transporte aéreo para acceder de una población a otra. Aquí no hay carreteras. Mejor dicho: aquí las carreteras son los ríos. Un total de tres mil seiscientos, de los cuales mil quinientos son navegables.

Los nueve excursionistas nos presentamos con la ayuda de una taza de café en la mano. Seis pescadores y tres guías. Saludo a Marty Decker, jefe de expedición, con quien he estado intercambiando correos electrónicos en los últimos meses. Querido Guillermo: No me has mandado firmado el documento en el que me eximes de responsabilidad en caso de que te coma un oso. Querido Marty: Sí que te lo he mandado. Querido Guillermo: Pues yo no lo he recibido. Querido Marty: Pues te lo mando otra vez. El que suscribe confirma encontrarse al tanto de los riesgos inherentes a una travesía por un río remoto en potenciales condiciones de peligrosidad, remolinos, rápidos y cascadas, con posibles encuentros con animales salvajes y riesgos de fracturas, quemaduras, cortes, hipotermia y caídas de rayos con resultado de daño o pérdida de la vida y, por tanto, exime de toda responsabilidad a Frontier River Guides. Amén. Querido Guillermo: Acabo de recibir la primera copia. Querido Marty: Estupendo, como te va a llegar la segunda, ya la guardas y así tienes dos por si el oso tuviese a bien propinarme un doble mordisco. El Marty de los correos cobra imagen mientras la lluvia golpeaba con desgana los cristales. Un tipo curtido, con aspecto duro, al que acompañaba una voz profunda y parsimoniosa que infunde calma. Nos entrega a cada uno una bolsa hermética y flotante en la que tenemos que meter nuestras pertenencias. Lo que no quepa ahí, no viaja. También nos da un saquito para guardar los aparejos de pesca y una cantimplora. Estos dos últimos llevan un mosquetón para engancharlos a un cabo de la balsa. Avisa que hay que irse poniendo ya el disfraz de pescador porque partimos de inmediato.

El uniforme de pesca es muy sencillo. Camiseta y calzones largos de tejido térmico. Como para ir a esquiar. Calcetines calentitos y camisa de algodón. Jersey de lana. Y, por supuesto, el vadeador, que es el pantalón con peto que ha de ponerse cualquiera que desee sentirse como los hermanos Maclean en *El río de la vida*. Antiguamente eran de neopreno y traían pegadas las botas de goma. Entrar y salir de ellos constituía todo un engorro. En la actualidad los hacen de tejido transpirable y terminan en unos calcetines de neopreno. Las botas son parecidas a unas de montaña, aunque bastante más ligeras y con las suelas forradas de fieltro para evitar resbalones. El vadeador se sujeta con tirantes pero, por seguridad, es necesario abrocharse el cinturón. Si tropiezas en el río sin correa y te sumerges la prenda se llena de agua, se infla como un globo y te arrastra al fondo impidiendo que puedas incorporarte. O sea, que rodeo la cintura y clic. Por si llueve una parka. Y encima, al fin, el chaleco con toda la parafernalia que vas a necesitar a mano. Si hace sol, una gorra. Si mucho frío, unos guantes. Y si vas de chulito, tus gafas polarizadas.

Marty dice que debido a la carga el hidroavión nos va a transportar de dos en dos. El orden de partida debemos decidirlo nosotros. Jeff saca una baraja y propone que nos lo juguemos a la carta más alta. Vale. Un tres de picas. Un siete de corazones. Un cinco de diamantes. Mi turno. No me lo puedo creer: saco un jockey, el caballo de tréboles. Gano. El segundo es John DeFile. Eso ya me extraña menos. A John le entusiasma el juego. Visita Las Vegas una vez al año, Atlantic City dos o tres y no falla nunca en Rhinebeck a la timba de los jueves por la noche. Texas Holdem Poker, por supuesto. Cinco cartas en el centro de la mesa y dos en las manos. Una modalidad que ha eclipsado al resto en Estados Unidos debido a las recientes retransmisiones del campeonato del mundo. Un espectáculo televisivo que admite comentaristas especializados en estrategia, en cálculos matemáticos y en psicología. Las reglas resultan sencillas; las combinaciones, amplísimas, y las apuestas, ilimitadas.

Lo de los casinos son palabras mayores. A John le llevó su padre a Las Vegas al cumplir los 21 años. Se quedaron cuatro noches en el hotel Alladin. El señor DeFile, un ávido jugador de blackjack, apostaba en las mesas de cien dólares. La primera noche terminaron con una ganancia de nueve mil y John pensó que aquello se asemejaba con bastante precisión al paraíso. Su padre le bajó los humos y lo enseñó a no dejarse embaucar por un sistema montado para sacarles a los clientes todo lo que llevaran encima. Aquí no tienes amigos, le dijo, estos que te sonríen lo único que quieren es tu dinero. Antes de sentarte tienes que tener muy claro la cantidad que puedes permitirte el lujo de perder. John la ha fijado en mil dólares. Los cambia en fichas. Si va ganando, los aparta y juega con los beneficios. Si los pierde, se retira. Si los dobla, también se marcha. Cada uno ha de desarrollar su propia estrategia. A John le gusta fijarse en el resto de jugadores antes de incorporarse a una mesa. Observar en qué estado de ánimo se encuentran y el número de fichas que tienen. Si son muchas, eso significa que el crupier no lo está haciendo demasiado bien. Ideal. No conviene olvidar que en un casino los jugadores no se enfrentan entre ellos; van todos contra la banca. No hay peor mesa que la asistida por un experto crupier.

Inauguramos el vuelo. Un viaje de una hora. Sesenta kilómetros en dirección sureste en una avioneta militar de 1957. Una Beaver De Havilland. Promedio de consumo: veinte galones de fuel a la hora. El piloto ruso, Boris, no parece demasiado amigable. Quizás se acuerde con amargura de cuando todo esto le perteneció a su país. Vete a saber. Nos indica que nos pongamos unos auriculares con micrófono incluido y a través de ellos nos suelta las instrucciones básicas a seguir en caso de accidente. El ruido del motor impide que nos comuniquemos de otra forma. Boris, por lo visto, deja bien claro que intentemos no hablar con él durante el vuelo para no distraerle. No sé si por el acento ruso al hablar inglés o por la emoción del instante, yo le entendí que por favor le hablásemos durante la travesía para entretenerle un poco. Como cuando te coge un camionero en autostop por la noche y te pide que le des palique para evitar que se duerma al volante. Me tomo en serio la errónea misión de mantenerle alerta y, como no se me ocurre nada que decir, no paro de preguntarle idioteces. Boris, ¿estamos volando muy alto? Boris, ¿vamos muy deprisa? Y él no responde; seguramente pensando mira por la ventanilla, tonto del haba, y lo compruebas tú mismo. En la radio del aparato suena el *Concierto de Aranjuez*. No me puedo imaginar una sintonía más maravillosa para ponerle música a la infinita explanada de tundra en la que motean, como granos de pimienta sobre un plato de arroz, las manadas de caribús.

Los primos hermanos de los renos de Papá Noel, enfocan con curiosidad su olfato hacia el ruido de las hélices que sobrevuelan a seiscientos pies por encima de sus cuernas. Entre los colores de la tierra, las florecillas malva y rosa de la hierba del fuego actúan como un termómetro natural que advierte de la llegada del brutal invierno. El tallo verde se llena de brotes en primavera y va floreciendo desde el suelo hacia arriba. Observando cuántos capullos quedan se puede deducir hasta cuándo durará el buen tiempo porque la hierba del fuego, indefectiblemente, termina su ciclo justo antes de las primeras nieves. Normalmente a principios de septiembre pero, a veces, se adelantan al mes de agosto. Le cuento a Boris que el compositor del concierto, Joaquín Rodrigo, era mi vecino en Madrid y que en verano solía salir a tomar el sol al jardín común que compartimos todos los de la comunidad. Que el concierto fue compuesto para guitarra y orquesta en París durante la guerra civil española. Y Boris sigue con cara de acelga. John me mira asombrado. ¿Qué pasa?

La avioneta posa sus patines en el lago Kisaralik, a quinientos metros sobre el nivel del mar, en la falda de las montañas Kuskokwim. Una cordillera de cuatrocientos kilómetros de longitud y ochenta de anchura con manchas de nieve en las cumbres. A la derecha se levanta el monte Grava. A la izquierda están haciendo prospecciones para minas de oro. Algunos hombres montan un pequeño campamento en el lugar donde sospechan que las actividades volcánicas de hace cien millones de años depositaron sedimentos del preciado metal. Se proponen trepanar el suelo desde helicópteros con brocas de doscientos cuarenta metros. La comunidad nativa de los

Akiak está que trina. Durante muchos años a ellos no se les ha permitido ni levantar una choza de caza en el parque y ahora a los mineros se les abren las puertas para destrozar el paisaje. El estado se justifica diciendo que reparte la riqueza entre sus habitantes. La afirmación necesita ser cogida con pinzas pero algo de cierto hay en ello. Los que están censados en Alaska reciben todos los años un cheque de dividendos por valor de unos mil seiscientos euros.

Chispea y sopla algo de viento. Vemos un zorro de color rojo. Marty y Zhak preparan las lanchas neumáticas en la orilla del lago. Son de la marca Aire, con fondo tubular sin costuras, y fabricadas con el peuvecé de Ferrari Precontraint. Cuatro metros por dos. Mientras vienen los demás lanzamos la caña. El anzuelo va camuflado en una perlita color melocotón que simula un huevo de salmón. Pica mi primer *grayling*. Menuda aleta dorsal. Parece un pez espada en miniatura y sin sable. Esto promete.

Vamos a partir. Doscientos diez kilómetros de travesía por el Kisaralik, un río cuya difícil accesibilidad ha preservado intacto su entorno. Tres balsas. Un guía y dos pescadores en cada una. Antes de montarnos toca charla. Marty nos recuerda que en las tiendas no se puede meter comida ni nada que contenga perfume. Ni pasta de dientes, ni desodorante. ¿Entendido? Todas las pertenencias han de dormir en una bolsa hermética a veinte metros de distancia del campamento. No queremos atraer al oso. ¿Y si se presenta sin cita previa? A eso vamos. Lo primero: permaneced siempre unidos. Raramente atacan a un grupo de tres personas. Así que quitaros de la cabeza la idea de dar un paseo en solitario. Si aparece, los tres juntos debemos clavarle la mirada. Como una criatura gigantesca de seis ojos. Levantad los macutos por encima de vuestras cabezas para ganar en altura y desplegad los jerséis para ensancharos. Es preciso crear un gran bulto para que se espante. Si, a pesar de eso, el animal empieza a gruñir y a golpear el suelo con sus zarpas, entonces la situación cobra un matiz penoso tirando a lamentablemente grave. La única solución es arrojarse al suelo, protegerse la cabeza con las manos y hacerse el muerto. A partir de ahí, como decía el reportero de la CBS Edward R. Murrow en la frase de despedida que le copió el presidente Zapatero, buenas noches y buena suerte.

Hubiera sido el momento de darse la vuelta, Boris, chato, ¿tienen mucho mantenimiento estos aparatos?, de no ser por el armamento pesado que nos acompaña. De la espalda de Marty cuelga una carabina de palanca fabricada por Marlin que dispara pepinos del 45-70. El cuarenta y cinco se refiere al calibre; es decir, al diámetro de la bala que en Estados Unidos se mide en centésimas de pulgada y que en Europa se traduciría en una munición de 11,43 milímetros. Para entendernos: una barbaridad. El mismo calibre del rifle Winchester 458 mágnum que se utiliza en las cacerías de elefantes. Un punto por debajo en prestaciones pero también más ligera para el transporte y con la punta del cañón agujereada para permitir el escape de los gases y aminorar el retroceso. El número setenta hace referencia a 1870, el año en el que ese casquillo fue aceptado oficialmente por las fuerzas armadas. La versión moderna ha superado en mucho las prestaciones del cartucho inicial. Si se le ocurriese a alguien cargarlo en una carabina del siglo XIX volaría el cañón del arma como en los dibujos animados. La Marlin no es un arma deportiva. Te machaca el hombro. La bala no tiene precisión más allá de los cien metros pero, en distancias cortas, unos diez o quince metros, el tiro resulta letal. Penetra cualquier cuerpo y destruye cualquier hueso o músculo que encuentre a su paso. Puede partir el cuello o atravesar sin problemas el cráneo. Un disparo en la pata basta para tumbar a un oso.

En Alaska, cumplidos los 18 años, cualquiera puede adquirir un arma. Se puede llevar encima prácticamente a todas partes con excepción de algunos lugares públicos como la estación de autobuses. Pero puedes ir al bar, por ejemplo, y dejarla encima de la barra. Yo espero que nosotros no tengamos que utilizarla. Si ocurriese, explica Marty, conviene agacharse para disparar. Existen dos buenas razones. En esta posición se controla mejor el rifle, especialmente si estás nervioso y, además, si fallas y te ataca la fiera, siempre puedes rodar para intentar esquivar el mortal zarpazo. Yo ya me quedo más tranquilo.

Pat y Zhak acompañan a Marty como guías de pesca en verano. En invierno trabajan en la montaña. Dicen que Alaska tiene la mejor nieve en polvo del planeta. El único inconveniente es que se esquía de noche. Aquí el deporte nacional es el esquí de fondo y todos los colegios tienen su propio equipo. Anchorage cuenta con cuatrocientos kilómetros de pistas donde se celebra anualmente el Tour: la competición internacional más prestigiosa. Ellos nos indican lo que debemos hacer en caso de caer al agua: intentar agarrar la balsa por el cabo que la bordea. En caso de no conseguirlo, hay que dejarse flotar. Boca arriba y con los pies por delante para poder apartar las rocas. Ya nos lanzarán un cabo.

A las cinco de la tarde nos ponemos en marcha. Peter y yo compartimos el primer tramo con Zach Johnson. O sea, Zacarías Juánez, porque los apellidos en inglés funcionan como los nuestros. Del mismo modo que Pérez viene de añadirle al nombre de Pedro el sufijo *-ez*, que significa descendiente de, Johnson se deriva de añadirle a John la palabra *son*, que quiere decir hijo. Zach es un pelirrojo entusiasta que vive en una tienda india con su novia Chrissi. En invierno imparte clases de escalada. Ya ha ascendido en cuatro ocasiones a la cima del McKinley, que, con seis mil ciento noventa y tres metros, es la cumbre más alta de Estados Unidos. Un pato nos adelanta pedaleando a toda velocidad. Es un *merganzer*. Pasa de largo al lado de tres visones que han decidido pegarse un baño. Por encima vuelan los gaviotines árticos, un ave que tiene la migración más larga del reino animal. Viven en el polo y veranean en Chile, en la Tierra del Fuego.

Preparamos los aparejos. La técnica de pesca que usamos se llama cola de rata. ¿Hay otra? Los que han tenido la oportunidad de probarla ya no regresan nunca a la caña convencional. Dicen que todo empezó porque la mosca de mayo no se sujetaba bien al anzuelo y, como al tocar el agua parecía estar muerta, el pez la rechazaba. Entonces alguien tuvo la idea de colocar una falsa que se posase bien sobre el río y sobreviviese a numerosos lances. Que se sepa, los macedonios ya enganchaban la trucha con insectos artificiales en el siglo II. Las primeras cañas medían seis metros, más del doble de las actuales. Trataban de llegar con el palo hasta donde se encontraba la captura y desde arriba hacer descender el cebo en un hilo fijado a la punta. No se habían inventado todavía los carretes. Hoy la tecnología ha evolucionado, pero el fundamento sigue siendo el mismo: colocar un cebo ligero en la boca del pez. Se utilizan cañas flexibles y líneas pesadas que sirven para dirigir el anzuelo, con movimientos de látigo, a nuestro objetivo. Como el choque de un hilo tan grueso contra el agua asustaría a las presas, al final de la línea se suelda un hilo fino para crear una conexión invisible entre el látigo y la mosca.

Al darle impulso a la caña, la línea se tensa hacia delante y cae en paralelo encima del río. Detrás le siguen los seis metros de nailon con una mosca atada en la punta que se posa con total suavidad sobre el agua, tic, como si se tratase de un verdadero insecto. El pez la detecta y se lanza a por ella. Tienes que estar muy atento porque va a abrir la boca, atrapar el señuelo y cerrarla. En décimas de segundo detectará que aquello no es un organismo vivo y volverá a abrir la boca para escupirla. Antes de que eso último ocurra tú tienes que dar un tironcito para fijar el anzuelo a sus labios. Si tardas mucho, ya la habrá escupido. Si te adelantas, se la quitas de la boca antes de que el pez la cierre.

Todos los cebos reciben el nombre de moscas, porque inicialmente imitaban a estos insectos, pero pueden parecerse a cualquier cosa que a un pez le guste tragarse: ranas, huevos, renacuajos, ratones, polillas, cangrejos, sanguijuelas. Esta técnica lo mismo vale para pescar truchas de ración en el coto del Najerilla en La Rioja que salmones reales del tamaño de una bañera en Alaska. Yo aprendí a lanzar con Tomás Gil, el del Curueño. Tomás tiene la caña de pescar con los dientes marcados porque en su comarca leonesa el agua baja por cañones y forma pozas que hay que atravesar a nado con la vara sujeta en la boca. Lo habitual es lanzar la mosca varios metros por delante del sitio donde sospechas que se oculta el pez, corriente arriba, en un ángulo de cuarenta y cinco grados. La línea pesada queda a la izquierda del animal y el sedal fino se abre en comba y va bajando hacia su boca a una velocidad uniforme arrastrado por la corriente.

El tramo de río en que el engaño será efectivo depende de la cantidad de línea que soltemos. Si la distancia entre la mosca y la caña es pequeña, la veremos pasar por delante de nosotros y, en cuanto se acabe el hilo, se frenará en seco y comenzará a rayar el agua. Movimiento antinatural que va a poner en alerta a los peces. Para prolongar las posibilidades de captura, porque detrás de una trucha que no pica puede haber otra que sí, se va soltando más línea después del lance y así se retrasa el efecto rayado. Pero no se puede soltar a lo loco, porque entonces se perdería la tensión y si enganchara un pez el tirón no serviría de nada.

Lo bueno de la pesca es que te brinda una oportunidad magnífica de interpretar la naturaleza. Los huevos de las moscas se pasan un año en el río, creciendo debajo de las piedras. Cuando se produce la eclosión, un proceso que dura entre uno y dos días, las ninfas van emergiendo hasta aflorar a la superficie. Allí, tras secar las alas con el aire, los machos fecundan a las hembras y vuelan a tierra firme. Las hembras permanecen en el agua poniendo huevos. Viven dos o tres días y, una vez ahogadas, se las lleva la corriente. El pez, dependiendo de los días, de las horas y de los instintos, puede comerse a las que emergen desde el fondo, a las que depositan sus huevos, o a las muertas que viajan arrastradas río abajo. El pescador tiene que adivinar lo que está ocurriendo para elegir bien el señuelo. Cuando se ceban en la superficie la pesca alcanza el máximo grado de excitación porque se establece un duelo de inteligencia, cara a cara, con el animal.

Lo primero de todo es localizar al pez. Yo me tiré años yendo al río sin ser capaz de descubrir las truchas. Me decía Tomás, ahí, ¿la ves? Y yo, a la tercera y por corte, ah, sí, pero no distinguía una rana de una roca. Luego caí en la cuenta de que para encontrarlas hay que saber adónde mirar. Los peces cuando tienen hambre se voltean contra corriente y fijan su posición con el movimiento de las aletas en espera de que la corriente les arrastre el menú del día. Los lugares privilegiados son los sitios por los que va a llegar más alimento: la entrada de una poza, la convergencia de un arroyo. Cuando descansan, como carecen de gafas de sol, buscan cobijo junto a las orillas bajo la sombra de un árbol o de los matojos. Y, por último, cuando te encuentres una gran roca en medio del agua, es casi seguro que detrás se protege un animal de la corriente.

Nuestra pesca en el Kisaralik es sin muerte. El anzuelo no tiene arpón y el pez se suelta una vez que lo tienes al alcance de la mano. Marty pide que ni lo toquemos. Que sujetemos el anzuelo y lo liberemos con un giro rápido de muñeca. Si no tenéis más remedio que agarrarlo, nos dice, mojaros antes las manos para no remover la mucosa que lo recubre. Si la pierde, se infectará con facilidad y morirá pronto con toda certeza.

El chaleco que llevo parece un muestrario, con todo tipo de artilugios que cuelgan. Algunos fundamentales, otros puro capricho. El mundo de la pesca ofrece millones de puñetitas opcionales. El paraíso del pescador en Estados Unidos se llama Cabela's. Está en Nebraska y recibe diariamente autobuses con visitas organizadas de forofos que acuden como si se tratase del Camp Nou o el Bernabéu. Todo para caza, pesca, taxidermia, camping y cocina al aire libre. Zach y Pat nos dicen: se sabe que eres un verdadero nativo de Alaska cuando llamas con más frecuencia a Cabela's que a tus padres.

El primer tramo del río transcurre por un desfiladero. La corriente va creciendo notablemente a medida que se incorporan al cauce principal multitud de arroyos que descienden de las montañas. La vegetación se corresponde con la tundra alpina. Cerca de la orilla despunta algún sauce. El agua cristalina va cogiendo tonos azulados. A las dos horas de travesía buscamos un sitio para acampar y Marty elige una de las playas de grava que se abren entre los arbustos. Llueve levemente. Los tres guías descargan las balsas y montan el campamento. Tiendas Moss ultraligeras para dos personas. Los demás seguimos pescando sin saber muy bien cómo echar una mano. No tardaríamos en aprenderlo.

Pat Ganje purifica el agua del río con un aparatito que convierte la sal, cloruro de sodio, en dióxido de cloro. Así evitamos la fiebre del castor, que la provoca un parásito que te destroza los intestinos. La maquinita parece una linterna de bolsillo. La llena de agua, introduce una pizca de sal, la agita diez veces y aprieta un botón que inicia la reacción química. Al ratito ya tenemos el cloro casero para echarlo en las cantimploras. Zach, mientras, excava una letrina y deja la pala cerca para que el que tenga que usarla tape el resultado con arena. El papel higiénico se quema con el mechero. Peter y Bob que, *believe it or not*, se han traído el kit de montador de bolsillo, se ponen a confeccionar sus propias moscas. Sacan lana naranja, hilo rojo y plumas de marabú. Por cada pluma ha de salir una mosca; el truco reside en saber cómo aprovecharlas. Enrollan hilo de seda en el anzuelo para formar el cuerpo y luego enredan la pluma para simular las alas. No hace falta que queden perfectas. Cuanto más se deshilachen en el agua, más naturales les parecerán a los peces. Zach comenta que la piel del oso polar y la del castor resultan fantásticas para hacer moscas porque flotan de maravilla. A las nueve Marty, que ya se ha aprendido los nombres, nos llama para la cena: ¡Don, Bob, Jeff, Pete, John... Gioremo!

Nos levantamos a las seis y media. El día amanece nublado y con brisa. Desayunamos. Café, gachas de avena y beicon. La comida viaja en un gran contenedor en la balsa de Marty. Hay que racionarla y siento que todos me miran cuando levanto la botella de leche. Escudriñan a ver cuánta me pongo. ¿A que me la echo toda? Las mesas son plegables y los tableros se enrollan. Son listones de madera enfundados en plástico que al desenrollarse encajan como la tarima y forman una superficie tensa. Las patas de aluminio se enroscan. La conversación gira en torno a los ronquidos de Peter, mi cuñado, mi compañero de tienda. Todo el mundo se queja de haberlos soportado. A mí no me importa porque tengo el sueño profundo, pero fui testigo del concierto cuando me levanté a hacer pis.

Por un momento creí que el oso en persona se había metido en un saco. A Bob le parece que va a llover. ¿Y eso? Cuando se ve el reverso de las hojas de los árboles, sentencia, es que amenaza lluvia. El cambio térmico hace que el aire ascienda en vertical y las hojas se dan la vuelta. Qué cosas. Recogemos los bártulos. A las once y media estamos en los botes.

Vamos cuesta abajo. Descendemos una media de seis metros cada kilómetro y el caudal del agua es generoso, así que viajamos con rapidez. Los peces ya no son *graylings*. Aquí se atrapa el *dolly varden*, al que todo el mundo llama Dolly Parton. En la balsa de Jeff y John se están poniendo las botas. Cada vez que les entra uno se les escucha cantar la letra de Louis Armstrong: *Hello, dolly, I said hello, dolly, It's so nice to have you back where you belong...* Yo no pillo ni uno. ¿Qué plomo estás poniendo? Le enseño a Pat el que uso. Con ése no vas a coger un *dolly* en tu vida. Necesitas más peso. Los *dolly* están en el fondo. ¿Tú sabes para qué vale el plomo? Para que tu mosca baje a la altura en la que nadan los peces que tú quieres capturar. Mira por la borda, calcula cuánta profundidad tiene aquí el cauce y ponle a esa distancia esta bola de aluminio a tu sedal. Toma. Gracias. Para coger un *dolly* tienes que notar en tu caña el toc, toc, toc, del plomo cuando golpea el suelo. Eh, Pat, ¡ha picado! ¿Lo ves? Es precioso. Comienza a llover. Da igual: *Hello, dolly, I said hello, dolly...*

Vemos un lobo negro en la cima de una colina. Y, oye, ¿eso no es un oso? Sí que lo es. Una osa subiendo con su cría por la ladera. Paramos y miramos por los prismáticos. Está bastante lejos. Mejor, las hembras son las más peligrosas. El 70 por ciento de los humanos muertos a manos de un *grizzly* sucumbieron en las garras de una madre que protegía a sus crías. Normalmente los oseznos vienen a pares, como los calcetines, y pesan en el parto quinientos gramos cada uno. Peluches encantadores que se convierten en predadores de seiscientos ochenta kilos y casi dos metros y medio de altura. Corren como los ciclomotores antiguos, a cincuenta y cinco kilómetros por hora. Se distinguen de los osos pardos en la gran giba que llevan sobre los hombros. Puro músculo que les sirve para cavar con sus zarpas en el suelo. Su pelo es claro con abundantes mechas blancas, lo que les da un aspecto canoso. Vamos, gris, que en inglés arcaico se decía *grisly*.

Paramos a comer. Sándwich de rosbif y cerezas. Están deliciosas, dulces, en su punto. Voy a escupir el hueso al agua, materia orgánica devuelta a la tierra, pero el gesto de Marty, que me adivina la intención, provoca que me lo trague disimuladamente. Glup. No se pueden tirar los huesos de cereza al río porque los peces los confunden con huevos de salmón y se atragantan. Claro, le digo, justo lo que yo pensaba; ¿dónde está la bolsa de basura?

A partir del kilómetro veinticuatro el río se interna por los montes de Kilbuck a través de un profundo cañón. Hay que prepararse para mojarse un poquito: comienzan los rápidos. Alisos, abedules y abetos hacen su aparición en el paisaje. Llegamos a una zona revuelta que termina en cascadas. Zach nos pide que nos agarremos con fuerza al bote y afrontamos con dignidad el primer salto de un metro y medio. Aaaaay. Peligrosidad de clase tres superada. Lo que se divisa más adelante es un poquito más serio. Un cortado con una caída de cinco metros. Éste pásalo ya tú solo, Zach, si eso. Descendemos para bordear el peligro por tierra. Al otro lado de las rocas descubrimos una poza que tiene más salmones que agua. Saltan como delfines, con insistencia, para intentar salvar los dos metros y medio que los separa del tramo alto del río. Imposible. Marty dice que es la primera vez que se los encuentra tan arriba. Seguramente otro efecto del cambio climático. Hay *sockey* rojo y *coho* plateado. Los más pequeños miden medio metro y pesan cuatro kilos y medio de puro músculo.

Saco el *polly wug* que me ha regalado Bob. Es una mosca que simula un ratoncillo. Lo ha fabricado él mismo con los tapones de los oídos de goma roja que le dieron en el vuelo de Alaska Airlines. Los ha abierto por la mitad con una cuchilla y les ha colocado un anzuelo del cuatro. Después de pegarlos, le ha cosido un poco de pluma roja de marabú al ojo del anzuelo, imitando la cola del roedor, y listo. Los de verdad están fabricados con pelo de ciervo teñido de rosa o de algún otro color llamativo. Se lanzan un poco por delante del salmón y se van acercando a tironcitos. Los salmones salen disparados como flechas a destrozarlos. Lanzo. Pum. Tiro hacia mí. *Wug, wug, wug. Yes!* Atrapo el primer salmón de mi vida. Pega un tirón impresionante. Salta y sale disparado en dirección contraria. El rozamiento de la línea a tal velocidad me quema el dedo que trata de sujetarla a la caña. He soltado por lo menos cincuenta metros. Recojo lentamente. Vuelve a marcharse. Peleamos un buen rato. Lo traigo hasta la orilla. Sabes lo que te digo, John, que yo necesito una foto de este momento. Le paso la cámara. Cojo al salmón con mis manos. Ya sé que se supone que no debo hacerlo pero es un segundo. Corre que se me escurre. Clic. ¿Ves?

Ya está. La miro. Ha salido movida. No había casi luz y no ha saltado el flash. Parece que tengo en las manos una mortadela de Bolonia. Magnífico.

A las siete de la mañana el cielo se abre y aparece un sol espléndido. Salgo de la tienda. La nuestra la han montado a veinte metros del resto del campamento debido a los ronquidos de Peter. Parecemos los dos un gobierno en el exilio. Viajo con John en la lancha de Pat. Vemos un gran caribú cerca de la orilla, una ardilla parka y águila calva. Caen siete u ocho *graylings* y, por fin, una trucha arco iris. Revolotea en el aire, salta, sacude la cabeza. Lucha como una campeona, pero me la traigo a la barca. Mide cuarenta centímetros. Se me saltan las lágrimas de emoción. Esta vez sí que tengo que sacar una buena foto. A punto de subir la trucha al bote escucho la voz de Marty desde la barca de al lado: ¿Gulermo? Sonrío y con un golpecito suave dejo partir a mi captura. Tampoco es para tanto, me consuela Pat. El año pasado en el río Kina sacamos una de setenta y tres centímetros. Pesaba tanto que no pude ni levantarla.

De vez en cuando vemos a los enormes salmones rey, con motas blancas en el dorso, que aguardan a la deriva la llegada de la muerte. Torpedos rojos de veinte kilos que han regresado a desovar en su lugar de nacimiento después de haber vivido en el océano entre dos y tres años. Los osos comen pescado fresco pero, cuando se hacen viejos y empiezan a flaquearles las fuerzas, toman aire, sumergen la cabeza en el agua y se zampan a estos moribundos. Se les pesca más pronto y más abajo, cuando entran con fuerza del mar. Y no es fácil. La única manera de cogerlos es molestándolos. O sea, que en lugar de que piquen ellos les tienes que picar tú. Tremenda-mente agresivos, su instinto los incitará a defenderse de quien les da la lata. La trucha, los *dollys* y los *graylings* se colocan detrás y confían en que el roce con alguna roca o el choque con otro salmón les hará perder algún huevo. Bolitas transparentes que, una vez sueltas en el agua se vuelven amarillas, rosas o de color melocotón.

Los salmones rey han terminado su ciclo y ahora está prohibido pescarlos. Buscamos al rojo y al platea-do que han llegado más tarde y avanzan río arriba a una media de cuarenta o sesenta kilómetros diarios. Algo me-nos en distancia terrestre, debido a que la carretera en el agua se alarga por las curvas. Al inicio, en las montañas, el cauce discurre en línea recta pero en el llano encuentra más facilidad para moverse a sus anchas. Los meandros constituyen el freno natural que tienen los ríos para que la corriente no alcance una velocidad incompatible con la vida. Son además los puntos naturales que tienen los cau-ces para desbordarse en caso de necesidad.

Durante la travesía hay que permanecer atento a los peligros. El peor lo originan los barredores, abetos incli-nados sobre la corriente que, si no te agachas, te pueden proyectar fuera del bote. Mojarse es lo de menos porque, con la ayuda del chaleco salvavidas, más tarde o más tem-prano regresarás a bordo. Lo malo es si te partes un bra-zo o una pierna en medio de la nada, donde no hay mucho que se pueda hacer para intentar socorrerte. La segunda amenaza se presenta en forma de remolino, que aquí los llaman trenzas, causado por árboles caídos que bloquean la corriente. Cerca de uno de ellos, Kazzam, acampamos esta tarde.

En lo que llevamos de viaje me da la impresión de que en nuestra expedición se ha producido una curiosa involución hacia el mono. Nos hemos dejado de afeitar, de ducharnos, se sueltan con alegría eructos, se escupe... ¿Qué está pasando aquí? Desde luego ésta es una *very macho experience*. Pues yo me pienso lavar. Le pido el champú a John, porque el suyo es biodegradable, y se apunta también a meterse al río. Los demás pasan. Dicen que está muy fría. Bah. Nos aproximamos al agua. Metemos los pies: está gélida. Encima, como nos hemos desplazado bastante hacia el sur, las piedras empiezan a tener musgo y a hacerse resbaladizas. Splashhh. Me sumerjo y la corriente me arrastra con fuerza. Aparezco veinte metros más adelante. Veo la cara de pánico de John que aliviado confiesa: machote, creí que ya no volvería a verte. El champú en el pelo después de cinco días sienta como una bendición.

Al caer la luz de repente hay más mosquitos que aire. Son unos insectos diminutos llamados *noseeums*, porque no se los ve salvo que acudan en bandada. Dice Marty que si puedes respirar en Alaska sin que los insectos inunden tus pulmones tu situación es privilegiada. Nos protegemos en la mosquitera para la cena. Probamos uno de los salmones pescados durante el día. Más fresco imposible. Lo hace a la sartén, vuelta y vuelta, con mantequilla, pimienta negra y canela. Está increíble. El vino blanco de Peter combina como la gloria.

Nos acostamos. A la una y cuarto Pat nos despierta y anuncia que las luces del norte han aparecido en el firmamento. Salgo y me encuentro de frente con la Aurora Boreal. Allá arriba, a ochenta kilómetros por encima de nuestras cabezas, las partículas eléctricas que forman el viento solar, atraídas por el campo magnético del Polo Norte, chocan con los gases tenues de la ionosfera. Hay algo de luz, como en las noches de luna, porque el sol no termina de ponerse del todo. Los contrastes de color son mayores cuando el fondo se oscurece completamente, pero a mí me da igual. A pesar de la penumbra asistimos a un grandioso espectáculo. Alucino con las formas fantasmagóricas que dibujan los reflejos de luz en el cielo que se tiñe de un verde pálido.

Nos adentramos en el bosque boreal. Hay muchas presas de castor, infinidad de huellas y excrementos de osos y restos de salmones devorados a dentelladas. El cauce principal se divide ahora en multitud de pequeños canales y hay que saber elegir el bueno. Los guías van sudando la gota gorda para evitar los remolinos. Nos detenemos en una playa para hacer un pequeño recorrido a pie. Seguimos la senda abierta por un oso en la maleza. Marty abre la caravana con su rifle, Pat la cierra con su escopeta. Hay que ir agachados por el túnel abierto por un *grizzly* entre las matas. Toca vadear un canal con corriente rápida. El agua no sube mucho más arriba de las rodillas pero baja con mucha fuerza. Nos cogemos de dos en dos para ofrecer más resistencia. Yo voy con Jeff que es un tipo sólido que viste con orgullo la sudadera de su negocio en Rhinebeck: Decker e Hijo, Excavaciones. Avanzamos despacio enganchados como en los bailes regionales. Para evitar que el agua me arrastre bajo un poco el punto de gravedad agachando el trasero. Yo no necesito hacer el ridículo, me confiesa Decker, mi culo ya viene bajo de serie. Pasamos un par de segundos de inquietud pero, después de arrastrar los pies sobre la grava, logramos cruzar.

Hay huellas de osos por todos lados. Atravesamos una pequeña isla y seguimos de nuevo la estrecha senda y, al final del camino, protegido entre los árboles, se nos presenta delante de los ojos el paraíso terrenal. Un arroyo de seis metros de ancho y medio metro de profundidad, transparente como el cristal y plagado de peces. Un trozo de naturaleza en estado virgen donde con anterioridad posiblemente nunca jamás haya proyectado su sombra el ser humano. Asistimos con la boca abierta a una lección magistral de ciencias naturales. Los salmones perros, llamados así por su fiera dentadura, abren con sus potentes colas cráteres en el suelo de grava. Las hembras, que han desarrollado un fuerte color verde oliva en sus dorsos y han teñido sus costados de castaño con rayas irregulares rojas, desovan en el fondo del hoyo. Entonces los machos se acercan para fecundar los huevos que luego entierran removiendo de nuevo la arena y la gravilla. Una vez escondidos se dejan arrastrar medio metro por la corriente y se clavan a esa distancia vigilando el nido de posibles predadores, mientras esperan la llegada de la muerte. De vez en cuando se voltean para asestarle una dentellada a una trucha o a un *dolly* que aprovechan cualquier despiste para intentar merendarse a su futura prole.

En este arroyo se describe la cadena de la vida. Las distintas especies se sitúan en una línea siguiendo los principios del *survival of the fittest*, la ley del más fuerte. El primer puesto en la pole corresponde a los salmones reyes y a los perros. Cuando ellos desaparezcan, les relevarán los salmones plateados y rojos que vienen remontando el río.

Un par de metros por detrás se sitúan las truchas. A continuación los *graylings*. Detrás de ellos los *dollys*. En los lomos de algunas arco iris se notan los zarpazos de los perros que, cuando las ven acercarse, se vuelven a pegarles una dentellada. Los *varden* tienen la barbilla lijada a base de intentar desenterrar los huevos en la grava.

Pat me señala un arco iris que se camufla bajo la sombra de un árbol. Coloco un huevo de color naranja. Lo lanzo a un metro por encima del salmón que la precede. La mosca se posa sobre el agua con naturalidad. Tic. Draga y viaja a la velocidad del arroyo sin ninguna tensión extraña que pueda asustar a mi objetivo. La trucha piensa que mi huevo se le acaba de escapar al salmón y salta a por él como un resorte. Ya es mía. Tras algunas piruetas y varios intentos de fuga la traigo a la orilla. Es verde con brillos azulados y una banda rosa le cruza el costado. Tiene pintas negras y, me parece, alguna mancha amarillenta. Tuc. Un golpecito del anzuelo y está libre. Recupera el aliento por unos segundos y desaparece. Caen ocho seguidas. Lanzo, pica. Lanzo, engancha. Pat no puede dar crédito a lo que está viendo. Su misión de hoy consiste en acarrear su escopeta Mossberg por si se producen encuentros con el *orsus horribilis* y se ha dejado la caña en el campamento. Para alguien a quien le apasiona la pesca esta circunstancia le corroe el espíritu. Le cedo la Orvis del 9 y la agarra como si fuese una cantimplora en medio del desierto. Lanza unas cuántas veces, con éxito, y me la devuelve. Cuando supero las veinte capturas dejo de contar. Algo que no me había ocurrido en mi vida. Inaudito. Si esto fueran los arroyos de la sierra de Guadarrama en los que había pasado muchas tardes con mi amigo Alfonso del Álamo, otro gallo cantaría. ¿Por qué no las clavo?, le dije una vez frustrado después de que se me escaparan varias. Porque son muy listas, me respondió. Aprenden que la mosca que se posa en el agua y no se mueve suele hacer daño en la boca. Y no se la comen. Le están dando golpecitos con el morro. En los ríos de León, me dijo una vez Tomás Gil, las truchas nadan con una aleta y en la otra llevan el catálogo de moscas para consultar de qué tipo son las que les lanzan e irlas descartando del menú.

La edad de los peces se calcula por el tamaño. Las truchas grandes pueden tener entre quince y veinte años. Un *grayling* de medio metro lleva medio siglo en el agua. Desde luego, alimento no les falta. En septiembre las arco iris de Alaska parecen balones de rugby después de dos meses seguidos poniéndose hasta arriba de caviar. El ecosistema se recompone cuando termina la época del desove. Las truchas volverán a buscar pozas donde esperar a que llegue la comida. Y tendrán que estar atentas para que no se les pase de largo. El río no regala una segunda oportunidad. Es la ventaja que tiene el pescador para provocar que los peces piquen.

Marty ha decidido seleccionar los cuatro *dollys* más grandes para la cena de esta noche. Para mí son los peces más bellos. El macho, sobre el lomo grisáceo, lleva dos rayas azules en los costados y motitas rojas. El vientre es rosáceo y las aletas hacen juego con los lunares. Los labios naranjas se alargan en una mandíbula inferior en forma de potente tenaza que engancha con precisión en una hendidura de la nariz. Las hembras tienen un aspecto más refinado. Las rayas son moradas, las pintas de color rosa y el vientre blanco. Peter me pide que saque fotos al ejemplar que acaba de atrapar. Quiere ponerlo en la pared de su despacho de abogado en Atlanta. Antiguamente había que enviárselo a un taxidermista para que lo disecase. Ahora tomas las medidas, sacas fotos para pillar el pantone a los colores y lo devuelves al río. Hay artistas especializados que te sacan una copia idéntica en resina.

Marty mata a los escogidos golpeándoles con una piedra en la cabeza. Pom, pom, pom. Ya está. Rápido, para que no sufran. Zach les abre las agallas y les corta la arteria para desangrarlos. Pat busca un palo con forma de horquilla para ensartarlos. Recae en mi persona la responsabilidad del transporte. De regreso a las balsas neumáticas, no necesito vadear el canal: la felicidad me ayuda a flotar sobre las aguas.

Zach prepara los *dollys varden* en filetes. Su carne es naranja como la del salmón. Con este pescado ártico hacían los yupik sus tiras de carne seca. Tenían diez veces más valor calórico y nutricional que las barritas energéticas. Mientras todos los demás nos sentamos en torno a la mesa para compartir un vino y galletitas saladas con camembert, el bueno de Bob Kowle sigue pescando. Vive para la pesca. No piensa en otra cosa. ¿Es que hay otra cosa? Estoy convencido de que tiene el alma con forma de sardina. ¡He atrapado una trucha de veinticinco pulgadas! John le grita de vuelta que no se lo cree. Bob replica que es enorme, que se acerque a ver cómo la arrastra a la orilla. John responde que sí, que va, pero que lleva consigo un metro. A medio camino se escucha a Bob que empieza a rebajar un poco el entusiasmo. Parecía más grande en el agua, se justifica, pero mide lo menos veinte. John le aplica la cinta métrica y nos anuncia desde allí el resultado: ¡Dieciséis! Las carcajadas resuenan por todo el valle.

Esa noche en la hoguera nos terminamos el ron y John reparte unos puros que ha traído para fin de fiesta. Suena a despedida. Marty toca *blues* en la armónica. Se excusa porque no la ha practicado en los dos últimos años pero el tipo es excelente. Recuerda que su padre le llevó en una ocasión a Madrid a escuchar flamenco. Hablamos de música. El flamenco y el jazz fusionan de maravilla y su puente de unión es precisamente el *blues*. Tener duende o tener *feeling* viene a significar lo mismo. Ambos improvisan, ambos perciben la música como un diálogo. El gitano y el esclavo, además, coinciden en el reflejo que hacen sus letras de la penuria. Quedo en mandarle el disco de BB King con Raimundo Amador y alguna *soulería* del Pitingo.

Marty se gana la vida como guía y como profesor de instituto en Anchorage. Llegó a Alaska con 8 años. El nombre de su padre, Rubin Decker, músico de un gran estudio de cine en Hollywood, había sido añadido a la lista negra de comunistas que coleccionaba el senador McCarthy y el único trabajo que pudo conseguir fue el de profesor de música en Fairbanks, la ciudad que experimentaba los cambios climáticos más bruscos del planeta. Mínimas de cincuenta y cuatro bajo cero en invierno y máximas de treinta y siete en verano. Algunos años más tarde, cuando él estudiaba en la universidad, lo avisaron de que su padre había caído muy enfermo en Tarifa, al sur de España. Se lo encontró en muy mal estado y lo llevó a hospitalizar a Sevilla. Le diagnosticaron neumonía y murió a los pocos días. Era verano de 1980 y lo enterraron en el cementerio judío con prisas. Marty recuerda una pequeña sección cerrada por una verja dentro de un cementerio más grande. El cónsul norteamericano le prometió que, como su padre era veterano de la Segunda Guerra Mundial, el ejército se haría cargo de la lápida. Rubin Decker tenía derecho a ello porque luchó a bordo de un bombardero B25 operando la radio y el cañón. Marty, entonces un estudiante sin un duro en el bolsillo, accedió al ofrecimiento oficial, aunque pensó que a su padre le hubiese gustado más un recuerdo de su vida civil dedicada a la música y al humanismo. Le hubiera encantado haber tenido dinero para dedicarle en una pequeña lápida un homenaje a su lucha por los derechos humanos. Recordaba cuando solía llevarlo de chiquillo a las manifestaciones en protesta por el trato discriminatorio a los negros y a las marchas por la paz durante la guerra de Vietnam. Esto último le valdría la expulsión definitiva de la Universidad de Alaska en la década de 1960. Bueno, le dije, todavía estás a tiempo de hacerlo. No lo sé. ¿Qué quieres decir? Ni siquiera estoy seguro de que mi padre siga en el cementerio de Sevilla.

Las circunstancias que rodearon al entierro no habían podido ser más extrañas. De acuerdo con las tradiciones judías debían asistir al sepelio un mínimo de diez personas. Algunos judíos locales tuvieron la amabilidad de presentarse pero sumaban un total de seis o siete personas, así que no pudo realizarse la ceremonia religiosa. Marty se temía que, sin la ceremonia, la comunidad no considerase a su padre apropiadamente inhumado y que ello justificaría el traslado de su cuerpo a una fosa común. Desde entonces le perseguía el fantasma de esa duda. Quizás pueda encargarme yo de averiguarlo a mi regreso a España. ¿Lo harías? Cuenta con ello.

14

Septiembre

El 31 de agosto a Hannah se le para el coche en la esquina de las calles Chestnut y Parsonage. A veinte metros de mi casa. Me acerco a ver si necesita ayuda. Dice que no, que le ha pasado ya otras veces. Que va a esperar un ratito y seguro que luego le arranca y tira sin problemas. Aprovecho la espera para comentarle que la he visto pasar muchas veces por delante de nuestra puerta. Me sonríe. Circula usted mucho en este coche, ¿verdad? Dice que sí. Que es natural. Tiene que ir al hospital, al supermercado y atender muchos recados. Gira la llave. Tiene batería... pero el coche no arranca. Cree que lo ha ahogado. Yo no soy precisamente un experto en mecánica, pero el ruido más bien me induce a pensar que no le llega gasolina al carburador. ¿No se habrá quedado usted sin carburante? Noooo... Tengo gasolina de sobra, me confiesa bajito. Le acabo de poner siete dólares. Su respuesta me enternece y me pregunto quién habrá ganado hoy la apuesta en la gasolinera.

Iiiihhh. Iiiiiiih. El Oldsmobile azul, caigo en la cuenta de que el Ciera Cutlass es un Oldsmobile y no un Chevrolet, sigue sin ponerse en marcha. Seguramente el calor... Sí, seguramente. Le ofrezco un vaso de agua, un té frío, una limonada. No quiere nada, muchas gracias. No se alarme usted, me tranquiliza. Vamos a esperar un poquito y ya verá como arranca. Me fijo en el cuentakilómetros. Marca la friolera de 193.000 millas. Multiplicadas por 1,609 salen 310.537 kilómetros. Un día escuché en la radio a los de *Car Talk* que la media de vida de un coche no suele superar, como mucho, las doscientas cincuenta mil millas. Alguno logra ocasionalmente pasar de las trescientas mil, pero se trata de casos extraordinariamente raros. Después de tanto uso los problemas no residen ya en el motor, sino en la carrocería que comienza a caerse a pedazos. Especialmente en los lugares con inviernos duros porque la sal que echan para deshelar las carreteras se come la chapa a un ritmo frenético. Parecen muchas millas para un coche, le digo. Uy, qué va. Pues tiene muchas más. Ya le he dado la vuelta al contador una vez.

Iiiiihh. Iiiiiihh. Me ofrezco a ponerme al volante y pegarle acelerones al pedal, pero no quiere. Dice que lo pisa ella, que ya lo está pisando. Caigo en la cuenta de que este coche adquiere para ella un significado mucho más profundo de lo que un vehículo a motor representa para el común de los mortales. Le pregunto si es de Rhinebeck. No, nació en Siracusa, en el norte del estado y allí conoció a su primer marido. Como los padres de éste vivían aquí se vinieron para estar cerca de ellos. Se encontraban profundamente enamorados, pero él era diabético y murió de un ataque al corazón. Lo siento. Ya. Iiiiih. Iiih. Ih. Otro intento y tampoco arranca. Tin-ti-rin-tin-tín... Tiririri-tiriri-tirí... Los compases de *El Danubio azul* pasados por el soniquete metálico de un altavoz anuncian la llegada de míster Ding-A-Ling. El carromato de

Iván, el heladero ecuatoriano. Se queja de que no vende demasiado. Por lo visto, le salvan el pellejo un par de campamentos de verano que hay por la zona. ¿Te apetece un Sponge Bob? No, gracias. Le pregunto a Hannah si le apetece algo. Está a dieta. ¿A dieta? La observo con detenimiento. Es una anciana menudita con unas piernas finas como palillos enfundadas en medias elásticas para apretar las varices. En el asiento del copiloto tiene un bastón. Le pido ayuda al señor Ding-A-Ling.

Iván abre el capó y busca un signo de recalentamiento que no encuentra. Pide a Hannah que arranque y acelere con fuerza. Ella arranca y acelera, pero no lo suficiente. Es mejor que le pidas que salga un momento del coche y me deje tomar el mando. Que dice el heladero que la puede ayudar mejor si sale usted un momento del coche y le deja a él que tome el mando. Ah, no, no. Imposible. Ella no abandona el auto ahí venga un tornado.

Pasa un vecino de pelo largo y gafas al que veo de vez en cuando por la zona. Hola. ¿Qué tal? La señora, que se le ha parado el coche. Dice que el problema reside en el alternador. Nada grave, pero necesitáis avisar al taller. No es una avería que podáis reparar vosotros. Hannah se niega a admitirlo. Si fuese el alternador, me dice, no funcionaría el motor de arranque. Iiiiih. Yo no lo sé. A mí me da la impresión de que el de las gafas lleva razón pero... ¿Seguro que no quiere venir a casa y sentarse? No. ¿Avisamos al mecánico? Ni hablar. ¿Le traigo algo fresquito? No, gracias.

En total he tenido cinco hijos: dos chicas y tres chicos. Ah, le contesto, pues ha dado usted a luz a una prole. Sí. El segundo matrimonio no me salió tan bueno. Vaya, lo siento. Intuyo que me hace estas confidencias por ganar algo de tiempo hasta que el motor vuelva a rugir del modo acostumbrado. Me llamo Mary. Qué nombre tan bonito. Sí. O sea que, Hurricane Hannah, se llama Mary. Detrás del apodo aparece por fin un nombre propio. Una vida. Y ese toque repentino de realidad diluye para mí el misterio que había envuelto al personaje durante meses. Ya no me hace falta que esgrima ninguna razón especial para recorrer en silencio las calles del pueblo. ¿Y por qué no? Antes vivía aquí mi ex marido, pero ya se ha mudado a Kingston. Ajá. Iiihgg. Quisiera poder ayudarla pero no encuentro la fórmula. Observo el brillo preocupado que reflejan sus cristalinos ojos azules. Tan frágiles. En ellos se adivina, de modo creciente, según transcurren los minutos, el miedo a tener que afrontar la realidad de quedarse una temporada sin conducir el coche.

Se acercan los hijos de unos vecinos atraídos por el incidente. Ella les sonríe. Todos me conocen en el pueblo, me dice. Estoy seguro. Me llaman abuela. Me ven pasar a menudo porque voy a muchos sitios. ¿A qué sitios le gusta ir?, le pregunto. Menciona las dos localizaciones anteriores: el hospital y la compra. Ah, claro. Iiiihhhhhhhhggg. Definitivamente el motor no arranca. Ella alude, para no bajarse, que le cuesta trabajo caminar. Amenaza tormenta veraniega, son casi las seis de la tarde y en cinco minutos vienen los Fox a llevarnos al concierto de Buckwheat Zydeco. ¿Seguro que no quiere pasar a casa?

Ted Fox representa a Buckwheat y nos ha invitado a disfrutar en directo del acordeón típico de las zonas pantanosas del sur de Luisiana. Va a ser como colarse en la banda sonora de la película *The Big Easy*. Ted es autor del libro *Showtime At The Apollo*, manual imprescindible para cualquier apasionado de la música negra, y conversar con él sobre los ritmos afroamericanos resulta siempre emocionante. Aunque Ted no pueda ser más blanco, ni más judío. Igual que lo había sido, por cierto, Frank Schiffman, el hombre que dirigió los designios del mítico teatro Apollo de Harlem y llevó a la gloria a todos los grandes del *blues*. Judío, neoyorquino y periodista como Jerry Wexler, el hombre que popularizó el *soul* e inventó el *rythm-and-blues* en su sello discográfico: Atlantic Records. Ted había conducido su coche en numerosas ocasiones desde Nueva York hasta el área de Lafayette, a más de ciento cincuenta kilómetros de Nueva Orleans, en la Luisiana más profunda, en busca de los pequeños clubes de zydeco que le hacían vibrar. Todos negros, menos él. Todos sin dar crédito a que un yanqui se pasase tantísimas horas al volante con la única intención de escuchar su música. Y le invitaban a copas. Ponle otro vaso a nuestro amigo el blanco. Se animó y le envió un casete con las grabaciones de Buckwheat a Chris Blackwell, el creador de Island Records, el hombre que dio a conocer el *reggae* de Bob Marley al mundo. Señor Blackwell, tiene que escuchar esta música. Es increíble. Chris lo llamó de vuelta desde su estudio en Bahamas. Andaba liado con Steve Winwood. Una noche a las dos de la madrugada, después de una sesión agotadora, pusieron la cinta de zydeco y les devolvió la vida. Quiero firmar por cinco álbumes y que tú seas el productor. ¿Cómo?

A Ted le apasionaba la música negra. Estaba a punto de firmar con una editorial un nuevo libro basado en la biografía de James Brown y aquella llamada le pilló desprevenido. ¿Cómo iba a poder decirle un judío de piel blanca lo que tenía que hacer a un artista negro de la talla de Buckwheat? Porque los periodistas siempre resultan ser los mejores mánagers, le espetó Blackwell. Mira lo que ha hecho Jon Landau con Bruce Springsteen. Los escritores estáis acostumbrados a analizar cómo han de ocurrir las cosas y por qué han de hacerlo. Todos tenéis algo de vendedores, especialmente los *freelance* como tú, y aportáis unos conocimientos de los que muchos grandes intérpretes carecen. Ted se acordó de un viejo proverbio inglés que dice: «Un abogado que se representa a sí mismo tiene un tonto como cliente». Volvió sus ojos hacia el maestro, Gerald Wexler, y aceptó el reto. Como él, Jerry no era músico, no tocaba ningún instrumento y no sabía leer partituras. Pero conseguía sacar lo mejor de los demás. Si es necesario, le confesó en una ocasión a Ted el mago de Atlantic, me pongo a bailar en el estudio para que mi artista entienda el sentimiento que debe despertar en la audiencia la música que quiero grabar en su disco. Buckwheat actuaba esa noche en Powling y los Fox se iban a presentar de un momento a otro para recogernos e ir todos juntos al concierto.

¿La llevo a casa? No, estoy bien aquí. Es que viene una tormenta, Mary. No se preocupe, joven, no pasa nada. Ya, pero creo que va a descargar un aguacero. ¿Lluvia? El pensamiento de las gotas en el interior del coche activa en Hannah una inmediata señal de alarma. Con la agilidad de Halle Berry en *Catwoman* engancha el mango del bastón a la manivela de la ventanilla del copiloto y la gira a gran velocidad. Cric-cric-cric. El cristal queda herméticamente cerrado. Mi hijo es mecánico. Ah, ¿sí?

Ya no ejerce, pero es mecánico. Me pregunta si podemos llamarlo. Claro. Saco el inalámbrico y marco el número que me indica. Hablo con la nuera, simpática y algo asustada por la llamada. Le facilito las coordenadas exactas para el rescate. Empieza a llover. Hannah sigue dándole a la llave. Ihggg. Ihgggg. Ahora parece cada vez más menudita.

Aparece la nuera. Diluvia. La intenta convencer: vamos, que te llevo a casa y luego tu hijo vendrá a repararlo. Hannah no quiere salir. Se niega. Ihgg. Vamos, que te llevo a casa. Parece haber decidido permanecer al volante, como el capitán de un buque a la deriva, pero al final abre la portezuela y sale. Despacito. Cobijada bajo el paraguas que le ofrece su nuera, se mete en el otro coche. Mientras se alejan, sus ojos claros no retiran la vista del Oldsmobile azul que queda indefenso en mitad de la calle. Bajo el arco de sus cejas, sus ojos lo están gritando todo en silencio: ¿volveré a conducir?

Este tramo final del verano se conoce que va de coches escacharrados. Lo digo porque nos encontramos en casa y volvemos a hacer las maletas para regresar a España. Por segunda vez. Ayer a esta misma hora acometíamos el primer intento. Peggy, la madre de Sarah, nos había prestado su coche porque tiene un maletero muy amplio. Bruno, un amigo de la familia, se ofreció a conducirlo hasta el aeropuerto para luego traerlo de vuelta. Algo antes de llegar al Bronx nos pilló una inundación. Íbamos distraídos escuchando la historia de la prima hermana de Bruno, que conduce una camioneta de correos. Recorre el trayecto entre Albany y Hartford, la capital de Connecticut, y normalmente lleva cuarenta o cincuenta sacas. Contaba que la pasada Navidad le tocó un reparto. El 22 de diciembre, que fue un día de tormenta infernal. Se le iba el camión con el viento, le temblaba la cabina y no tuvo posibilidad de echarse a la cuneta por la acumulación de nieve. Cuando llegó a Hartford y abrió el portón solamente encontró una saca. Al quitarle el candado, vio que en su interior tan sólo viajaba una carta. Madre mía, pensó, por ti me he jugado la vida: más vale que seas portadora de buenas noticias. Estábamos apenas a treinta kilómetros del aeropuerto y sobrados de tiempo. El tráfico se ralentizaba y de pronto nos detuvimos. ¿Qué pasa? El carril de la izquierda, por el que circulábamos, estaba inundado. Se conoce que las lluvias torrenciales habían desbordado el Hutchinson, un riachuelo que fluye durante ocho kilómetros paralelo a la carretera. El agua quedó retenida por la mediana de cemento y los coches sorteaban el charco en hilera por el carril de la derecha. Cuando nos tocó el turno a nosotros, ya había subido el nivel del dique como unos diez centímetros. ¿Bruno? Creo que podemos pasar. El Honda que teníamos delante se caló. El agua seguía subiendo. Nos pusimos todos nerviosos. Se caló también el nuestro. Una tromba bajaba por la ladera de la derecha directa hacia la carretera. En cuestión de veinte segundos pasamos de la conducción a la navegación fluvial. Se coló el agua por las rendijas de las puertas y nos cubrió los pies. Los niños gritaron y se subieron encima del asiento trasero. Bajamos las ventanillas, que eran eléctricas y gracias a Dios todavía funcionaban, y Sarah y yo saltamos fuera a lo que ya era una laguna. El coche flotaba. El agua nos cubría por la cintura y el sistema eléctrico murió definitivamente.

Ya no podían bajarse el resto de las ventanillas desde las que nos miraban asustados nuestros tres hijos. Entre los dos conseguimos empujarlo unos veinte metros, fuera de la hondonada que había propiciado el charco. Allí con la ayuda de otros afectados lo subimos al asfalto fuera del peligro. Abrimos las puertas y dejamos salir el agua a presión como si estuviésemos rescatando un antiguo submarino. Salieron los niños. De pronto me acordé de los pasaportes y de los billetes. Por alguna extraña razón aún no había asimilado que íbamos a perder el vuelo. Quizás porque todo ocurrió demasiado pronto. Tal vez porque quería creer que el coche iba a volver a arrancar y que el agua no habría afectado a nuestras maletas. El sobre con los pasajes y la documentación estaba empapado. Los pasaportes con las letras y el visado, desteñidos. Los billetes con las páginas pegadas. Hechas un mazo. Los fui colocando sobre el capó con la esperanza de que se secasen a tiempo. Oí a Sarah que me llamaba. Ya voy, le dije sin mirar. Y otro grito. Mujer, que ya voy. ¿Qué cosa podría haber en ese momento más importante que secar los pasaportes para poder emprender el vuelo de regreso? Una vida. ¿Cómo? Bastante más importante salvar una vida. Ya lo había hecho todo ella sola. Acababa de sacar a un niño de un coche que se quedó en el centro de la catástrofe prácticamente bajo el agua. El padre había salido con un hijo pero necesitaba ayuda para coger al otro que quedaba dentro y gritaba que no le abandonase.

Por fin hicieron acto de presencia los *troopers*. Como en la película *E. T.*, nos dieron a cada uno una mantita amarilla. Es la segunda vez que ocurre esto mismo en el día de hoy, nos comunicaron. Un bombero nos facilitó el teléfono para avisar al aeropuerto, para llamar a la grúa, para pedir un taxi. Tuvieron que ser dos, tantas maletas y seis pasajeros no cabían en uno, según marcaban las leyes, y las ganas del taxista jamaicano que acudió a la llamada. Por radio él mismo pidió refuerzos. Se personó uno de Haití. Nos tienen que abonar la ida y el regreso, especificaron. Ciento cincuenta a cada uno. Al sofocón del accidente hubo que sumarle trescientos dólares. Regresábamos con todas las maletas que rebosaban agua. Yo viajé con el de Jamaica que nos fue relatando las maravillas de su país. Vivía en El Bronx con su mujer y un hijo, en un cuarto alquilado por el que pagaba novecientos dólares al mes. Max confesó que, de no haber perdido el avión, la aventura le habría molado. Nico aprovechó para recordarme que yo era un pipas. Papá, eres un pipas. ¿Y ahora por qué? Porque no me has dejado nadar en el lago de la carretera. Vaya. Con los nervios se me olvidó pedirles un recibo a los taxis, por tanto al pipas no le van a reembolsar el importe ni el seguro de viaje ni el de la visa con la que pagamos los billetes de avión.

Al coche le diagnosticaron siniestro total. Luego nos enteramos de que, cuando se moja el motor, no se debe poner en marcha porque le entra agua en el sistema y se destroza. Hay que dejarlo un par de días hasta que seque del todo y, por lo visto, arranca sin problema. Ay, si hubiésemos venido escuchando NPR...

Así que aquí estamos. Segundo intento. Sarah se ha hartado a poner lavadoras y secadoras para quitarle a la ropa el olor a cieno. Yo he recolocado los enseres en las maletas, a las que también he pegado esta mañana una ducha con la manguera en un túnel de lavado improvisado junto al garaje. Ahora estamos en la ceremonia del pesaje. Últimamente están muy estrictas las líneas aéreas con las normas de seguridad y no te pasan ni un gramo extra en las maletas facturadas. Me subo yo a la balanza con el bulto. Descuento mi peso del total y sale el del equipaje. Veintitrés kilos clavados. Bud, mi suegro, me ayuda a asegurar con cinta americana algunas que no cierran bien del todo. Hace unos días estuvo echándome una mano con los paquetes de libros que decidí mandar por barco. Bud, ¿no tendrás unas tijeras? Bud, ¿no tendrás unos alicates? Bud, ¿no tendrás por casualidad alguna etiqueta de esas adhesivas para poner la dirección en una caja? Y Bud tenía de todo. Abajo, en el sótano, donde se había instalado el taller de marquetería y tallado de animales de madera. Después de jubilarse atendió un curso intensivo de un par de semanas y regresó ensimismado con los pájaros. De sus manos salieron una pareja de cardenales rojos sobre un tronco nevado. Un azulejo posado en una rama. Tres gorriones menudos con el pico abierto en espera de la madre. Y decenas de patos. Cada vez con mayor detalle. Un *mallard* de cabeza verde y pico amarillo. Un mandarín de cara multicolor y finísimas plumas o un *pochard* de cresta roja. Las últimas creaciones tan semejantes a las reales que, a veces, daba la impresión de que alguna de ellas iba a sacudirse las alas y remontar el vuelo desde la repisa. Un fenómeno que, por otra parte, no le hubiese resultado demasiado chocante a Bud; alguien que había contribuido a que toda una nación levantase los ojos hacia el cielo al mismo tiempo.

Clarence K. Howe, Bud, creció en Randolph, un pueblecito de Kansas con cuatrocientos vecinos. En el mismo centro geográfico de Estados Unidos. En la mitad del mapa. En una granja con huertas y animales muy parecida a la que habitaba Judy Garland con su perro *Toto* en la película *El mago de Oz*. Pero una mañana hizo aparición el peor de los tornados. Llegaron los ingenieros del Cuerpo de la Armada y les comunicaron a todos que tenían que marcharse. Iban a construir en sus tierras un lago artificial en el que contener las inundaciones provocadas por las repentinas subidas de cauce del río Big Blue. Las tormentas desbocaban con demasiada frecuencia a la serpiente de agua azul que bordeaba las colinas en las que se asentaron los indios kanza; los moradores primitivos que habían dado el nombre al estado. Las autoridades encontraron una feroz oposición desde el primer momento. Se dilataron los plazos, Hollywood rodó una película y se alimentaron falsas esperanzas. En 1960 se levantó el Nuevo Randolph. Se indemnizó al vecindario, se le ofreció realojo en las casas recién construidas y anegaron el pueblo. Cuando en 1963 desapareció el último tejado bajo el agua de la presa Turtle Creek, la madre de Bud quedó sumida en un estado de tristeza del que ya no sería capaz de recuperarse nunca.

Hasta entonces la vida había sido placentera y tranquila. Su padre regentaba un almacén de materiales de construcción, herramientas y tablones, y su madre impartía clases en una pequeña escuela rural; una de esas casitas de madera del medio oeste con aula única y campana sobre la puerta para convocar a los alumnos. Como tenían terrenos, vivían en una granja. Criaban gallinas, algunos animales y cosechaban un montón de verduras y hortalizas en los campos. Bud era el segundo hijo y el mayor de los varones. Nada más llegar del colegio le tocaba siempre algún recado. Vete a matar dos pollos. Da de beber a las vacas. Por ello, cuando marchó a la guerra, lo hizo con la tranquilidad de saber que su familia no habría de pasar hambre durante la contienda.

Los japoneses bombardearon Pearl Harbor y Bud, como la mayoría de los jóvenes estadounidenses, se alistó para marchar al frente. Tenía 17 años. Se tiró cinco en un portaaviones de la marina asignado a los radares. Allí conoció a la que sería su mujer, que también servía en el ejército, y juntos regresaron a la ciudad de ella: Poughkeepsie, en el estado de Nueva York. IBM ofrecía trabajo.

Durante la Segunda Guerra Mundial la International Business Machines Corporation había puesto sus recursos a disposición del gobierno de Truman para producir armamento. El presidente recogió el guante y a IBM se le encomendaron diversos encargos. En Poughkeepsie, a orillas del Hudson, se había instalado con esa finalidad una planta de ensamblaje de rifles. Se los vendían al ejército con un mínimo margen de beneficio que la compañía destinaba a un fondo de ayuda para las trabajadoras que enviudaran a causa del conflicto. Terminadas las hostilidades, se interrumpió la producción de material bélico y se trasladaron a la fábrica algunos de los proyectos comerciales que ya no podía atender la cada vez más sobrecargada central de IBM en Endicott. No era para menos. El Calculador Automático de Secuencias Controladas, bautizado con el nombre de Mark I, se acababa de completar con éxito tras seis años de investigación conjunta con la Universidad de Harvard. Era la primera calculadora automática de la historia. Medía quince metros de largo por dos y medio de alto y pesaba cinco toneladas. Tardaba algo menos de un segundo en resolver una suma, seis en una multiplicación y doce en una división. Un prodigio. Necesitaban personal para desarrollar la producción y, gracias a su experiencia con los radares, Bud encontró un trabajo en la compañía.

Enseguida IBM empezó a incorporar componentes electrónicos y creó su primer gran ordenador, el 701, con tecnología basada en tubos de vacío. Bud dirigía entonces la división que fabricaba las máquinas perforadoras de tarjetas, las viejas 24, y los lectores electrónicos de tarjetas, los viejos 26. En aquellos tiempos la memoria se almacenaba fuera del ordenador y en fichas de cartulina con agujeros. Una mañana su jefe se presentó en plan marcial y le soltó: Howe, las tarjetas electrónicas nos cuestan demasiado. Tiene que reducir su precio al menos en un 20 por ciento. Avíseme en cuanto lo haya conseguido. Y Bud, para sorpresa del ejecutivo, reunió a su gente y no tardó en comunicarle a su superior la buena nueva: habían encontrado un camino para reducir los costes de cien a ochenta dólares. Poseía un don especial para manejar a los equipos y no le resultaba difícil conseguir grandes resultados de ellos. La dirección se dio cuenta y le ofrecieron hacerse cargo del proyecto SAGE. Top secret. Semi Automatic Ground Enviroment[1]: un ordenador gigantesco para las Fuerzas Aéreas, iluminado por la luz de cincuenta y ocho mil tubos de vacío, que revolucionaría el tráfico de la aviación civil.

Estados Unidos temía sufrir un bombardeo por parte de la Unión Soviética y necesitaba reforzar su sistema de defensa antiaérea. Se encargó al Instituto Tecnológico de Massachusetts, MIT, el diseño de una red computerizada de centros de control que abarcase todo el territorio. En 1955 IBM abrió una pequeña planta en Kingston destinada a la fabricación del equipamiento necesario. Poughkeepsie, a cambio, se quedó con el negocio de las revolucionarias máquinas de escribir eléctricas. En su nueva oficina, Bud cogió el modelo propuesto por el MIT y pidió a sus ingenieros que lo examinasen y se lo devolvieran convertido en realidad.

En total se construyeron veintidós centros de control aéreo distribuidos por todo el país. Junto a la información de inteligencia militar suministrada por radares, buques y escuadrones aéreos procesaban la que les facilitaban los aeropuertos y el centro nacional de meteorología. El primero entró en funcionamiento en Nueva York en 1958. El último se inauguró en Sioux City en 1961. Edificios de hormigón armado, blindados y sin ventanas, en cuyos interiores un ordenador de 275 toneladas, que ocupaba un espacio de tres mil seiscientos metros cuadrados, procesaba la información de los radares a una velocidad de sesenta y cinco mil cálculos por segundo y la enviaban directamente al Centro de Operaciones de Combate en el monte Cheyenne. Desde allí podían enviar cazas a la zona de avistamiento o dar la orden de lanzar un misil contra el objetivo señalado.

Para entonces, Bud ya había conseguido reunir en su equipo a los cincuenta mejores ingenieros. Tenía la habilidad de descubrir el potencial de las personas e impulsarlas hacia el éxito. Lo ayudaba su tendencia natural a escuchar a la gente y quienes trabajaban para él sencillamente lo adoraban. Rebosaba integridad. Todos lo llamaban Bud, con la excepción de su fiel secretaria que, hasta el último día, lo llamó míster Howe. La dirección lo envió a numerosos cursos de formación para mejorar sus conocimientos de ingeniería electrónica. Luego le ofrecieron financiarle la universidad. No quiso. Creció en un ambiente en el que nadie había estudiado más allá del colegio. Ponte a trabajar y gana dinero, le había dicho su padre. Es lo que conocía y no supo cambiar. Se arrepentiría el resto de su vida. Llegó a director general de la planta de Kingston. Siete mil empleados a su cargo. Hola, Bud. ¿Qué tal, Bud? Buenos días, míster Howe. Pero gozaba de un sentido común que, en otras circunstancias, le debería haber catapultado de forma natural a los sillones de la presidencia. No pudo ser. El sistema corporativo estadounidense veta la entrada al consejo de administración a quienes no posean un título universitario. Ya ves, ironizaba algunas veces, hay tipos que han sacado un doctorado y, sin embargo, serían incapaces de conducir un coche en un día de lluvia sin tragarse todos los charcos.

La tecnología avanzaba. IBM inventó el circuito impreso y Bud envió a su gente a la Universidad de Pensilvania para estudiar cómo sacarle partido. La solución pasó por imprimir los cables en fibra de vidrio porque la temperatura de grabación desintegraba el resto de los materiales. Se consiguieron unos chips de un tamaño muy reducido para la época: cinco por veinticinco centímetros. Placas de 96K de memoria. De hasta 156K en los momentos de máxima gloria. Para conseguir entonces 16 megas hubieran necesitado un edificio completo. Y otro justo al lado para albergar los equipos de refrigeración del primero.

En éstas se encontraba cuando una mañana de 1959 un vicepresidente entró en su despacho. ¿Quién es la persona que te reemplaza, Bud? No entiendo lo que quiere decir. Sí, en caso de que faltes, ¿a quién dejas a cargo de todo este tinglado? Bud le facilitó el nombre de un colaborador. De acuerdo, le dijo. Llámalo y pásame el teléfono. ¿Hola?, soy el vicepresidente de la compañía, llamo para notificarle que a partir de esta tarde a las cuatro en punto Bud no va a volver por la oficina. Hágase cargo. Adiós y gracias. Bud, te veo mañana sábado a las ocho en mi despacho. Anula lo que tengas en la agenda para el domingo y el lunes. Vas a estar muy ocupado.

Al día siguiente volaron a Langley Field, Virginia, donde se había establecido el Centro de Investigación de Naves Espaciales Tripuladas. El director era Chris Kraft. Bienvenido al Proyecto Mercury, le dijeron. El presidente Eisenhower se ha propuesto conseguir que un piloto estadounidense entre en la órbita terrestre. Tenemos la base tecnológica: los lanzamientos experimentales de misiles en el desierto de White Sands, Nuevo México, han alcanzado alturas que sobrepasaban la atmósfera. Y existen razones políticas: tenemos que ganarles la carrera espacial a los rusos.

McDonnell Aircraft se había comprometido a la construcción de tres naves en diez meses y el ejército procuraba las lanzaderas, pero necesitaban la ayuda de IBM para poner en marcha el proyecto TAGIS:[2] una red mundial de seguimiento de los cohetes por el espacio. El contrato había recaído en la Western Electric Company y confiaban en IBM para diseñar, construir y programar el equipamiento informático necesario para monitorizar y establecer comunicación con la cápsula durante su viaje orbital. En los meses que precederían a las misiones, los ingenieros de IBM deberían visionar los miles de problemas que podrían surgir en el transcurso de un vuelo espacial, ponerles soluciones y programarlas. Luego, los computadores serían capaces de ofrecer a los controladores de vuelo, en tiempo real y con una precisión exacta, los datos necesarios para tomar decisiones cruciales. Esto convertía al Proyecto Mercury en el reto más grande jamás acometido por una mente no humana.

Dos días más tarde Bud regresó a Kingston. Nos han propuesto una agenda imposible. Un año para crear algo que nadie sabe cómo se hace. Tendremos que trabajar día y noche. Necesito gente. ¿Cuánta? Mucha. Cincuenta; tal vez cien. Cuenta con todos. Y Bud se puso a dirigir a los ingenieros del Proyecto Mercury. Tres años sin apenas una jornada de descanso.

Cabo Cañaveral, Florida, 20 de febrero de 1962. Un día para la historia. Sobre la pista de despegue se posaba una nave espacial con forma de tronco cónico, que no superaba en dimensiones a la cabina de un camión convencional, montada encima de un gigantesco cohete propulsor. El tanque de combustible y la cápsula sumaban una longitud de veintiocho metros. En ellos se incluía una torre de casi cinco metros de altura que se sujetaba al techo de la nave. Cinco, cuatro, tres, dos, uno, ¡despegue! Combustible 103, 101. Oxígeno 78, 100. Amperios 25. Presión de la cabina 58. Roger, le recibimos alto y claro. La ruta es correcta.

IBM había montado un sistema de control que estaba a punto de dar sus resultados. Antes de iniciarse la cuenta atrás, en el Comando Central Mercury, situado junto al lugar de lanzamiento, un ordenador había recibido toda la información enviada por señal de radio desde la nave. Se trataba de un 7090: seis armarios metálicos, del tamaño de los viejos archivadores con repisas de las oficinas, interconectados para acaparar más memoria. Cada uno de ellos capacitado con un disco duro de cinta magnetofónica en la que podían registrarse 100 bits por centímetro. Si los parámetros enviados desde el vehículo lanzadera y la cápsula resultaban óptimos, y si además funcionaba correctamente el sistema de comunicación y computación de datos, se ordenaba el lanzamiento. Una llamarada inmensa y comenzaba el ascenso. En cuanto el cohete se separaba cinco centímetros de la lanzadera Atlas el sistema de seguimiento espacial diseñado por los ingenieros de Bud se activaba. Todos los datos recogidos a partir de ese instante en Cabo Cañaveral por el 7090 viajaban en tiempo real en dirección norte a través de mil ochocientos kilómetros de cable de alta velocidad hasta otros dos potentes procesadores de datos que presidían el Comando de Vuelo Espacial Goddard, en el estado de Maryland.

Goddard, a escasos kilómetros de la Casa Blanca, era el cuartel general diseñado por IBM para controlar toda la inteligencia artificial del proyecto. Funcionaba como el cerebro de una red de dieciocho centros de seguimiento repartidos por medio mundo. Radares situados en tres continentes, siete islas y dos barcos que participaban en la monitorización de la trayectoria del vehículo espacial. Fueron necesarios tantos puntos de observación porque la rotación de la Tierra impedía que la ruta de la nave transcurriese por encima de los mismos lugares en cada vuelta. Desde Gran Canaria, Nigeria, Muchea o Hawai la información era enviada a Goddard. Doscientos veinticinco mil kilómetros de cable transportaban al control de Maryland la información captada en el espacio desde los rincones más remotos del planeta. Todos los canales confluían en el 7281, un módem que hacía posible el intercambio de tantas operaciones en tiempo real. El IBM 7281 almacenaba los datos en las cintas de los discos al tiempo que los distribuía a los procesadores.

Los 7090 tenían que cumplir la misión de descifrar todo lo que les llegaba. Primero, los parámetros enviados desde la estación de lanzamiento de Florida, nada más producirse el despegue. Altitud, velocidad, apogeo, perigeo, ángulo de inclinación, capacidad de órbita, excentricidad y periodo. En los treinta primeros segundos las máquinas debían determinar si la cápsula Mercury había despegado con el ángulo de orientación estimado y si se encontraba en la posición correcta y con la velocidad adecuada para poder alcanzar la órbita de un modo seguro. Se comparaban los datos reales de Cabo Cañaveral con los millones de instrucciones preasignadas que habían sido grabadas con antelación en sus discos duros. Si coincidían, uno de los 7090 enviaba de vuelta al Centro de Control Mercury una señal que se traducía en una luz verde con la palabra GO. De lo contrario, el indicativo marcaba NO GO y la misión había de ser abortada. En esta situación los ordenadores de Goddard tenían que elegir con celeridad el punto óptimo de impacto en el océano, ofrecer los vectores de velocidad y posición, y calcular el instante preciso en que el controlador aéreo debería activar el misil de salvamento que iba sujeto al final de la torre de cinco metros situada encima de la nave. Al hacerlo, el cohete propulsor con el combustible se separaría y seguiría su curso en solitario. La cápsula, una vez alcanzada la orientación deseada, sería arrastrada por el misil delantero hasta el punto designado sobre la costa occidental de África. En esas coordenadas, el astronauta se liberaría de la torre y la nave caería en picado al mar con la ayuda de un paracaídas.

Si la señal que se encendía en el monitor era la de GO, cinco minutos después del despegue, cuando el cohete con el combustible se separase de forma mecánica de la nave espacial, se volvía a repetir la misma prueba. Entonces en la estación de seguimiento de Bermuda, por encima de la cual sobrevolaría la cápsula en esos momentos, se activaba el radar de largo alcance VELORT.[3] Con un estrecho ángulo de visión de dos grados y medio, el moderno detector instalado para la misión era capaz de localizar objetos hasta a mil cien kilómetros de distancia. Los datos de telemetría eran recogidos en la isla por un ordenador IBM más sencillo, el 709, y se enviaban a Goddard. De nuevo en Maryland los 7090 tenían que decidir si la nave había de continuar en la órbita en la que acaba de entrar o si, por el contrario, se interrumpía la misión. Debían actuar con celeridad. La nave disponía de un tiempo muy limitado para realizar la necesaria rotación de ciento ochenta grados para mantenerse en órbita. Los procesadores predecían cada seis segundos con exactitud las coordenadas del punto de impacto terrestre, latitud y longitud, en las que caería la nave en caso de tener que abortar en ese preciso instante la misión. Por el contrario, de llegar a completarse con éxito las tres órbitas terrestres programadas, Goddard calcularía el momento preciso de ignición de los retropropulsores, para sacar de la órbita a la cápsula y volver a dejarla a merced de la fuerza de la gravedad.

Toda la información procesada en Maryland se devolvía al Centro de Comando Mercury en Florida en forma de mensajes binarios y a una velocidad de 1.000 bits por segundo. IBM había ideado un sistema de seguridad para evitar errores en la recepción. Los mensajes se enviaban a través de cuatro transmisores de alta velocidad y se recogían en otros tantos receptores en Cabo Cañaveral. Allí, se seleccionaban aleatoriamente tres receptores y se contrastan sus mensajes. Sólo se daban por buenos los que resultasen idénticos en al menos dos de ellos.

Habían pasado tres años y dos meses desde la primera reunión en el cuartel general de Langley Field. Míster Howe: Eisenhower quiere que lo ayuden a poner a un norteamericano en órbita. De acuerdo, señor, haremos lo posible por conseguirlo. Desde aquella mañana el equipo de Bud había trabajado para conseguir tener sus ordenadores a tiempo un número de horas que sumadas en ristra equivalían a doscientos cincuenta años. Un esfuerzo colectivo que agrupaba a un total de ciento cincuenta científicos; entre ingenieros, matemáticos y programadores. Investigaciones brutales que, en tan escaso periodo de tiempo, habían dado como fruto ciento cincuenta y nueve descubrimientos y treinta nuevas patentes. Estaban creando ciencia sobre la marcha. Trabajaban conceptos desconocidos hasta el momento, para los que resultaba imposible contratar ayudantes. Se llamó a los veinticinco estudiantes más brillantes de las cinco universidades más prestigiosas y se les impartían cursos en tecnología aeroespacial en el cuartel general de Goddard. Aprendían de los hombres de Bud la teoría, al mismo tiempo que éstos desarrollaban la práctica. Fueron testigos privilegiados de un momento histórico que ellos mismos contribuían a convertir en realidad con sus trabajos de asistencia a los sobrecargados científicos del proyecto Mercury.

Y llegó el 20 de febrero de 1962. Un día en que Bud Howe estuvo más pendiente que nunca del firmamento. No podría haber sido de otra manera. Todo Occidente lo estaba. Su gente había trabajado de forma encomiable. A lo largo de todos aquellos meses tuvo que enviar decenas de telegramas que siempre repetían machaconamente el mismo final de aliento: *Congratulations on a job well done!*[4] Sin embargo, no podía permitirse ningún optimismo excesivo. Hacía menos de un mes que el teniente coronel John H. Glenn había entrado en la cápsula espacial *MA 5* con la intención de no abandonarla hasta haber completado tres vueltas alrededor de la Tierra a una velocidad de 28.163 kilómetros por hora. Permaneció en ella por espacio de cinco horas y trece minutos interminables y nunca llegó a despegar. No pudo ser. Las nubes que impedían la visibilidad a las cámaras desaconsejaron el lanzamiento. Un fiasco. Una catástrofe. La prensa de Estados Unidos recogió al día siguiente el estado de desánimo general. Las predicciones más optimistas aventuraban a la carrera espacial norteamericana un retraso mínimo de diecisiete meses con respecto a sus competidores. Cada vez parecía más lejana la posibilidad de emular la hazaña del mayor Gherman Titov, que había conseguido rodear la friolera de diecisiete veces y media el globo terráqueo en agosto de 1961. Preocupaba la supremacía de los rusos y se vivía la paranoia del síndrome del espionaje. Un informe extremadamente confidencial alertaba: «Aproximadamente quince minutos después despegue, nuestras fuerzas de rescate reportan presencia de tres buques soviéticos (creo destructores) en zona prevista amerizaje. Me temo que no faenando. Firmado: Al Layton».

Pero aquello pertenecía ya al pasado y, como un controlador aéreo había dejado claro esa misma mañana, el fracaso no se contemplaba como una opción posible. 3, 2, 1, 0. Roger, el reloj está en marcha. Estamos en camino. Escucho alto y claro. Saliendo de la zona de vibración. Roger. John Glenn en el espacio dispuesto a darle tres vueltas consecutivas al planeta a una altura de doscientos kilómetros y a una media de noventa minutos por órbita. Bermuda, Gran Canaria, Kano, Zanzíbar, océano Índico, Muchea, Woomera, Cantón, Hawai, Guayamas, California, Tejas y, de nuevo, Cabo Cañaveral. Roger, aquí el Cabo. 2 Bravo, 01 50 00; 2 Charlie, 02 05 59. Cambio. *Amistad Siete*. Recibido. Corrección 2 Bravo es 01 más 50 más 00. Cambio. El señor presidente va a dirigirse a ti y mientras hable te estaremos enviando Z y R cal. Roger.

Sesenta millones de espectadores habían seguido en una retransmisión televisiva el lanzamiento al espacio. Cuatro horas, cincuenta y cinco minutos y veintitrés segundos después, la cápsula entraba de nuevo en la atmósfera y caía en el océano Atlántico a 1.300 kilómetros al sudeste de Bermuda. El astronauta era rescatado tras veintiún minutos de permanencia a flote en el agua. Sus condiciones físicas eran mejores de lo esperado. Óptimas.

Había soportado sin problemas la ingravidez. Todo había salido según los planes previstos. El único misterio que Glenn se trajo consigo a la Tierra fue la descripción detallada de multitud de luciérnagas que aparecían en el espacio cada vez que se dibujaba la línea de salida del sol en el horizonte. Un fenómeno que permaneció largo tiempo sin resolverse hasta que otro tripulante espacial, Scott Carpenter, accidentalmente golpeó la pared de la nave con su mano y liberó a un puñado de aquellos insectos fugaces. Se trataba de las minúsculas gotitas de escarcha acumuladas en los reactores.

En Cabo Cañaveral el presidente Kennedy le impuso al piloto de la marina la medalla al Mérito. En Nueva York cuatro millones se lanzaron a las calles para presenciar el paso del cortejo que condujo al teniente coronel hasta el Ayuntamiento. Allí el alcalde Robert Wagner le condecoró con la medalla de Honor de la ciudad. Glenn pronunció un discurso en las Naciones Unidas. El *National Geographic* le concedió su máximo galardón, reservado hasta la fecha a un puñado de héroes legendarios entre los que se encontraban Lindbergh y Amundsen. Se anunció que la nave *Amistad Siete* viajaría en una turné alrededor del planeta, con parada en veinte ciudades, para que pudiese ser admirada por los ciudadanos de medio mundo. Aquel invierno de 1962 el firmamento incorporó una nueva estrella y nadie quiso perderse la oportunidad de celebrarlo. Estados Unidos vivía una fiesta que no había hecho nada más que empezar. J. J. Donegan, director general de operaciones del Programa Mercury envió a Bud un telegrama: En NASA todos somos conscientes de la esencial contribución que tu gente ha aportado al éxito de la misión espacial. Ésta no se podría haber llevado nunca a cabo sin el sudor, las úlceras y la falta de sueño de un grupo de gente con entrega. ¡Gracias por un trabajo bien hecho!

En IBM, sin embargo, el festejo duró lo justo. Tan pronto como se llevó a cabo el rescate en el mar y John Glenn subió a bordo del destructor Noa, el director general del Centro de operaciones de IBM en Maryland, Saul I. Gass, transmitió un mensaje firme y claro: Nos toca volver al trabajo. Ahora tenemos que poner un hombre en la Luna. Inmediatamente se sucederían los proyectos Geminis y Apollo y a IBM le tocaría crear el Centro de Comando de la NASA en Houston, tenemos un problema, estado de Tejas. La historia culminó un 20 de julio de 1969, el día en que Neil Armstrong puso el pie en la Luna y Bud no pudo evitar acordarse de su madre.

La revivió sentada en el porche del viejo Randolph. Mucho antes de que construyesen la presa. En el banco de madera que colgaba de un columpio. Una noche de verano en que la familia en pleno había salido a asombrarse con los trazos de luz de las estrellas fugaces. Llegaba una suave brisa, cargada con el frescor de las aguas azules del Big Blue, que aliviaba temporalmente el bochorno estival en las llanuras de Kansas. Mamá Howe lanzó un suspiro, mesó con cariño los cabellos revueltos de su hija pequeña, Nancy, que se columpiaba a su lado y, tras mirar hacia el firmamento con desconfianza, murmuró: Y pensar que hay locos que creen que algún día habrá un hombre pisando por allí arriba...

Hoy, mientras Bud me ayuda a repasar algunas maletas con cinta americana, todo aquello queda ya bastante lejos. Difuminado en el tiempo. De las cien compañías estadounidenses más importantes en la década de 1950, solamente dieciocho lograron alcanzar el siglo XXI en ese ranking. Durante los años dorados, las grandes empresas se habían acostumbrado a dictarles a sus clientes lo que necesitaban, lo que deberían comprarles. En la planta de Kingston había naves industriales de miles de metros cuadrados donde se personalizaban los ordenadores 364. Áreas inmensas acotadas con carteles del Bank of America, del departamento del Tesoro, o del Buró de Alcohol, Tabaco y Armas de Fuego. Los ingenieros se afanaban en programar las miles de cajas grises de computadoras que se alimentaban por largos cables que colgaban desde el techo. El panorama cambió drásticamente en la década de 1980. Cayeron grandes gigantes. Muchos. En IBM se encontraron de golpe con la necesidad de preguntarles a sus clientes habituales si, por favor, les podrían ayudar en algo. La adaptación al nuevo mercado, el de los ordenadores clónicos, les pilló con el paso cambiado. Fue la época en la que un jovencísimo Bill Gates se presentó a ofrecerles un sistema operativo, Microsoft DOS, y uno de los miembros del consejo de administración, confundiéndole con un camarero, le pidió que le trajese un café y un donuts.

Después del Proyecto Mercury, Bud perdió a su esposa tras una penosa enfermedad. Casi al tiempo, el padre de Sarah, Harry Hill, un prestigioso abogado de Rhinebeck que había participado en los juicios de Núremberg, moría de un infarto en Florida. Su madre, Peggy, quedaba viuda y con cinco hijos. Bud tenía tres. Se conocieron y decidieron volver a casarse. Como en la serie de televisión

Con ocho basta. Sarah y la hija pequeña de Bud, Pam, eran compañeras de colegio y amigas inseparables. No pudieron dar crédito cuando les notificaron que pasaban a ser hermanas. De aquella época Peggy recuerda que Bud y su amigo Scott Locken, entonces vicepresidente de la compañía, le hablaban de proyectos que sonaban a ciencia ficción. Dentro de poco, Peggy, no vas a ver más los precios de los productos que compres en el supermercado. Irás a por dinero al banco y te atenderá una máquina. Eso es ridículo, les respondía ella. Pero en la factoría de Kingston el futuro ya estaba en marcha y comenzaron a entregarse los primeros cajeros automáticos de la historia bajo el número 3614. Corría el año 1973 y a los supermercados les sobrevino una revolución monumental con la instalación de las cajas registradoras con prismas de cristal, lentes ópticas y láseres para lectura de precios. El mundo le daba la bienvenida a un código infinitamente más popular que el de Da Vinci: el código de barras. Cuando Bud entró en IBM el presupuesto anual de la compañía se cifraba en setecientos millones de dólares. Cuando se marchó en 1983, acogiéndose a una prejubilación que le recomendó Peggy, porque el exceso brutal de trabajo llevaba camino de minarle definitivamente la salud, había subido a cuarenta mil millones. Nada hacía sospechar que, tan sólo dos años más tarde, la planta de Kingston tuviera que echar el cierre, dejar a miles de familias en la calle y crear unos niveles de desempleo desconocidos hasta entonces en todo el valle. El negocio se dio la vuelta y les pilló a los altos ejecutivos mirándose el ombligo. Hubo que pasar de fabricar aparatos grandes a la producción de pequeños componentes. Sobraba espacio y se deshicieron de las grandes naves. Desde que te has ido no es lo mismo, Bud, le decían los empleados que se encontraban con él por las calles de Rhinebeck. Hola, Bud, sin ti no es igual, le confesaban apesadumbrados quienes se topaban con él por las casetas de la feria anual del condado. Howe agradecía las muestras de cariño pero no podía ocultar su pesar y su sorpresa. ¿Cómo era posible que aquel gigante al que había dedicado los mejores años de su vida se tambalease de pronto de una manera tan brusca? De verdad que no le entraba en la cabeza. No terminaba de explicarse cómo a algunos tipos que habían obtenido sus doctorados en las universidades más prestigiosas del país les resultaba imposible conducir bajo la tormenta sin tragarse todos los charcos del camino. Sin ti ya no es lo mismo, Bud. Ya nunca va a ser lo mismo.

No va a ser lo mismo sin vosotros. No. Despedirse resulta siempre difícil. Hacerlo dos veces, sin embargo, simplifica la ceremonia del adiós a la mitad. El esfuerzo más duro, el de encontrar las palabras que describan de la forma más adecuada los sentimientos ya había sido afrontado el día anterior y ahora quedaba más tiempo para los abrazos. Segundo intento, esta vez con Raucci al volante. Bruno no puede. Los niños con las manos extendidas fuera de las ventanillas. Goooood byeee. Giramos por la 9 hacia el norte para dirigirnos hacia el puente y pasamos por delante del hospital. Me acuerdo de que a nuestro buen amigo David Hoffman lo acaban de operar de la cadera y lo llamo a ver qué tal se encuentra. Bien, está bien y en casa. Ha pasado en observación tres días y ya le han dado el alta. Le ha operado el doctor Russell Tigges, una eminencia de la cirugía que ha diseñado su propio instrumental para reducir al mínimo el daño de los tejidos. Russ coloca una media de cuatrocientas prótesis de rodilla y cadera al año. Que se dice pronto. Quizás por ello, para alejar el fantasma de una intervención en carne propia, procura mantener sus articulaciones en buena forma. Por las mañanas, antes de dejarse caer por el quirófano del Northern Dutchess Hospital de Rhinebeck, Russ pedalea en su bicicleta de carreras una veintena de kilómetros. En compañía de su vecino Steve y de algún otro loco dispuesto a colocarse el casco a las seis de la mañana. Suben por la 308 hasta el cruce con Rock City. Tiran al norte por la 199 hasta el semáforo de Red Hook y se dejan caer de regreso por la 9 o entre las granjas que bordean la 9G. Según los días. Dependiendo de las prisas.

Cuando no le toca operar, Tigges tiene que soltar una charla en algún hospital de Estados Unidos sobre el novedoso método de colocación de implantes. Actualmente lo practican unos cien cirujanos en todo el país. La operación de cadera dura una hora. Los pacientes llegan al quirófano desde sus casas el mismo día de la intervención y al día siguiente ya comienzan la rehabilitación en el propio hospital. Tradicionalmente la recuperación duraba entre dos y tres meses. A David Hoffman le ha confirmado que podrá volver a jugar al tenis en seis semanas. No te habrá asegurado encima que te va a mejorar el saque, le inquiero. No, eso no. Frente a un corte de veintidós centímetros que aún siguen practicando muchos de sus colegas, a Tigges le basta con una incisión de once. Justo la mitad. El tamaño viene determinado por las dimensiones de la prótesis que haya que introducir. De no ser por ello, Russ podría trabajar con su instrumental todavía en un espacio más reducido. Calcula que corta entre un treinta y un cincuenta menos de tejido de lo habitual, puesto que para abrir hueco aprovecha la flexibilidad propia de los músculos. Sus pacientes tampoco necesitan transfusiones de sangre. Una técnica mínimamente invasiva que no vale para personas muy obesas, puesto que su exceso de grasa produce en la abertura un efecto de túnel que reduce las posibilidades de llegar al hueso. David cree que su prótesis le va a durar unos veinte años. ¿Tanto? Eso me ha dicho. Resulta que las hay de varios tipos y el seguro escoge cuál financia en función de la edad del solicitante. Si se trata de alguien muy mayor, la más barata. Si es una persona con mucha vida por delante, una buena para que le dure lo máximo y evitarse así el tener que financiar una nueva intervención en el futuro.

Russell Tigges coloca las prótesis con la asistencia de un ordenador que lo ayuda a posicionarlas en el ángulo de rotación idóneo. La máquina se llama CI. La primera letra en honor a la velocidad de la luz, la segunda por Intelligent Orthopedics. La broma cuesta, con la cámara, la pantalla y el software cerca de los cien mil euros. Primero, con una taladradora como las del bricolaje casero, Russ provoca en la pierna un par de perforaciones de unos dos centímetros y medio. Una en el fémur, la otra en la tibia. Allí ajusta, bien enroscados al hueso, dos tornillos que terminan en un trípode con emisores infrarrojos. Luego, con un puntero que lleva incorporada una antena de similares características, pincha la pierna en ciento veinte puntos decisivos para que el ordenador conozca dónde está el centro de la tibia, cuál es el arco de rotación del hueso y la situación exacta del fémur. Recogidos los datos, la pantalla reproduce en 3D los huesos del paciente e indica el lugar exacto y la inclinación con que ha de practicarse el corte. Tigges ajusta también antenas a su instrumental y sigue una técnica parecida a la de un videojuego. Observa la pantalla, que reproduce un círculo azul sobre el hueso con una raya marcada en el punto óptimo, mientras maneja con sus manos sobre el fémur del paciente una plantilla con una ranura en el centro. La plantilla se refleja en el monitor con un círculo amarillo. Cuando éste se superpone al azul y ambas rayas coinciden, la fija con tornillos. Introduce la sierra eléctrica por la abertura, corta, levanta la placa y extrae el trozo de hueso. Pura marquetería. Ya sólo queda fijar el implante. Lo hace sin quitar la vista del monitor. Un error de algunas micras, fácil de cometer cuando el cirujano se guía sólo por la vista, podría desplazar de forma leve el ángulo natural de rotación y provocar rozamientos que acortarían sensiblemente la duración de la prótesis. O sea que veinte años, ¿eh? Yes, sir. Cuídate Hoffman y espero poder jugarte un par de sets antes de que transcurra tanto tiempo. Okey-dokey.

Rhinebeck puede sentirse afortunada por contar en un pueblo tan pequeño con profesionales de primera línea. Claro que le cuesta un esfuerzo enorme. La culpa es del complejo entramado de financiación de la sanidad en Estados Unidos donde, básicamente, sólo existen dos colectivos protegidos, y con limitaciones, bajo el paraguas de la atención estatal. Los jubilados y los pobres. Los primeros tienen Medicare, el seguro médico sufragado con las contribuciones de los trabajadores a la Seguridad Social. Y los segundos Medicaid, el fondo de ayuda destinado a las personas cuyos ingresos se encuentren por debajo de la línea de pobreza que, en el estado de Nueva York, se calcula en catorce mil dólares anuales para una familia de cuatro miembros. El resto de los ciudadanos, es decir, la mayoría, o bien contratan una póliza privada; o bien, si tienen suerte, se acogen a la que les facilite su empresa. Una opción que, lamentablemente, se vuelve cada vez más escasa. En 1993 el 43 por ciento de las compañías incluían un seguro en el contrato de sus empleados; en 2008 son ya menos del 30 por ciento. Entre la miseria y la edad necesaria para la jubilación, existe una franja inmensa de cuarenta y tres millones de seres humanos con unos ingresos tan ajustados que no pueden afrontar los ocho mil dólares anuales que cuesta una sociedad médica para un matrimonio con dos hijos. ¿Alguien se ha preguntado alguna vez por qué los norteamericanos distinguen perfectamente una bacteria de un virus, un analgésico de un antibiótico o el ibuprofeno de la aspirina? Un colectivo de población similar al de la totalidad de los españoles tiene que pensárselo tres veces antes de acudir a un servicio de urgencias donde, sólo por poner el pie en la puerta, ya te levantan cien dólares.

Bienvenidos a la gran incongruencia de la sanidad estadounidense. Locura a la que quiso poner coto Hillary Clinton desde la Casa Blanca y se le echó encima el Congreso en pleno. Anatema. En esta América de emigrantes acostumbrados a echarle una mano al vecino, si la aportación social no se realiza de manera voluntaria, no gusta en absoluto. Suena a imposición y se rechaza. Un absurdo problema de forma ya que, en el fondo, se trata simplemente de racionalizar las cifras. Vamos a verlo. Estados Unidos gasta mucho más en salud pública que cualquier otro país del globo terráqueo; incluidos todos los que cuentan con un sistema de seguridad social establecido. En gasto per cápita, invierte un 30 por ciento más que el segundo país del ranking: Suiza. La salud de los norteamericanos le supone al Estado un 15 por ciento del producto interior bruto. Los presupuestos destinan anualmente tres mil euros por ciudadano, que viene a ser el triple de lo que se invierte en España, y los cálculos apuntan a que alcanzará el 18,4 en el año 2013. Y, sin embargo, a parte de la brutal desprotección sanitaria mencionada anteriormente, los 77 años de expectativa de vida de los estadounidenses tan sólo consiguen el puesto número 27. A años luz de Japón. Alejada del puesto 13 de España. Superando por los pelos a Cuba, que invierte en cada ciudadano la irrisoria cifra de ciento diecisiete euros.

Ante el vacío de cobertura médica, la población coloca parches como puede allí donde el sistema hace aguas. El hospital de Rhinebeck, por poner un ejemplo, es en realidad una organización sin ánimo de lucro. Si dependiese de la aportación económica de los seguros y de los ingresos por consultas privadas, ni en sueños podría mantener el nivel tan alto de facultativos y de infraestructuras que ofrece. La gente del valle lo sabe y colabora en consecuencia porque quiere tener acceso a esos servicios. Y lo hacen, para empezar, con el trabajo no remunerado de muchos voluntarios. Hombres y mujeres que cubren un total de treinta mil horas laborales todos los años. Quienes empujan las sillas de ruedas por los pasillos, llevan la comida a las habitaciones, distribuyen el instrumental a las enfermeras o conducen los partes de la sala de urgencias a las diferentes plantas son estudiantes que se apuntan con intención de mejorar su currículum, explorar posibles vocaciones en el ámbito de la medicina o, sencillamente, conseguir los créditos por trabajo social que les requiere el programa académico de su escuela. Los que reciben a los visitantes en la entrada, toman notas de las dolencias en urgencias, muestran el camino a las consultas a los pacientes, atienden el mostrador de la tienda de segunda mano, contestan los teléfonos o repasan en administración las nóminas son jubilados que deciden compartir con la comunidad los conocimientos adquiridos en sus carreras profesionales o que echan una mano por el simple placer de sentirse útiles y mantener activa su vida social. Los trabajos desempeñados por mayores y estudiantes le suponen a la institución un ahorro inconmensurable; el capítulo de generar ingresos queda en manos de la población activa.

Algunos empresarios y profesionales liberales dedican parte de su tiempo libre a ayudar a encontrar vías de financiación alternativas al desempeño de la medicina, que posibiliten el mantenimiento del Northern Dutchess Hospital. Entre otras cosas, se idean programas sujetos a interesantes incentivos fiscales que atraigan donaciones de compañías privadas. En este sentido, Lewis Ruge, el dueño del concesionario local de automóviles Subaru que dirige la fundación del hospital, anunció públicamente en el baile benéfico de 2005 que se habían recaudado diez

483

millones de dólares para modernizar el edificio y construir una nueva ala hospitalaria. Para el convento todo es bueno y, como los donativos de particulares son siempre motivo de alegría, en la página web se proponen hasta veintiuna ideas diferentes para realizar una contribución. Si es con tiempo: voluntariado. Si con dinero: desde cambiar el previsible envío de una corona de flores al entierro de un paciente por un certificado para sus familiares, donde conste la cifra que se ha donado en su memoria a la institución sanitaria, hasta nombrar al hospital como último beneficiario de una póliza de vida. Si con bienes: tanto se aprecia al que dona ropa usada o libros para vender en la tienda del hall como al que deja en herencia una propiedad con derecho a usufructo del donante hasta la muerte e interesantes exenciones de impuestos mientras le dure la vida.

Los propios médicos, conscientes de ser beneficiarios directos del buen funcionamiento del hospital, abren sus casas a cenas benéficas y organizan competiciones deportivas destinadas a recaudar fondos para la compra de aparatos y material quirúrgico. Dólar a dólar. Hora libre a hora libre. La gente de los pueblos hace un esfuerzo enorme por tener cerca un centro de maternidad en el que sus hijas puedan dar a luz en una cama convencional, una sala de urgencias a la que acudir rápidamente con un trauma o un cirujano de primera talla. El fichaje de estrellas como Tigges entra también en un estudiado plan de viabilidad del proyecto. Va a atraer a una poderosa clientela de otras localidades e, incluso de la ciudad de Nueva York, que se va a dejar un pastón en las consultas privadas.

Dejamos atrás el hospital y pasamos por delante de Williams Lumber. Ahora están en la oferta de Vuelta al Cole y hay una sección enorme dedicada a la venta de uniformes de Boy Scout. Me acuerdo del hielo. Raucci, el hielo. ¿Qué hielo? El industrial. Entre los bultos que transportamos a mi querida España, esa España mía, esa España nuestra, viaja la nevera portátil con la carne de bisonte que me dio Sunny. No sé si lo tendrán en Williams. Me dijeron en San Antonio que resultaba fácil encontrarlo. Mira a ver. Miro. No lo tienen. No saben ni de qué les estoy hablando. Me dicen que el hielo lo venden en la gasolinera o en el supermercado. ¿El industrial? El hielo, la parte de industrial no la han escuchado en su vida. Gracias. *Sure, buddy*. Ni en Stop and Shop, ni en Convenience Corner Gas, ni en ningún sitio. ¿Nos acercamos a Kingston? No hay tiempo, déjalo. Me lo llevo como está, con los cubitos de toda la vida y punto.

Enfilamos la autopista. Oye, John. ¿Sí? ¿No había una tercera cosa? ¿Otra gasolinera? No, en lo de tus carreras. Además de correr descalzo y respirar por la nariz, ¿no mencionaste un tercer elemento del que nunca hemos hablado? ¿Te interesa? Hombre, a estas alturas de la película, si no me interesa a mí ya me contarás tú a quién le va a interesar. De acuerdo. El tercer punto fundamental de los indios es la nutrición. Si usas los músculos y los desgastas, los tienes que reparar con una alimentación adecuada en los momentos de descanso. Los indios creían en la armonía entre la mente y el cuerpo. Teorías que coinciden con el trabajo de un endocrinólogo, Henry Beiler, que se hizo famoso por curar a enfermos de cáncer que la medicina había descartado como terminales.

El californiano dejó sus experiencias, basadas simplemente en una alimentación equilibrada, en su libro *Food Is Your Best Medicine*. En él sostenía que si el hombre lograba mantener sanos el hígado y los riñones podría vivir infinitamente. Para ello habría que evitar conservantes, colorantes y comida precocinada, pues su ingesta suponía un nivel de envenenamiento superior a la capacidad natural de filtrado de estos órganos. El ser humano, me dice, es el resultado de la unión de mente y de espíritu. Cuando el pensamiento se porta bien con el cuerpo, a través de una respiración sana, una alimentación natural y la ausencia de estrés nocturno, el organismo obedece a la mente. Si lo envenenamos, se convierte en dictador del destino y es capaz de decidir la muerte a través de una enfermedad. Algo que va en contra de la naturaleza. En un ser humano equilibrado ha de ser su mente la que decida cuándo debe morir el cuerpo; porque decide que ya ha vivido una existencia plena, porque se encuentra cansado o porque quiere cerrar el ciclo de la vida. Jodé, le dije, vaya con lo de la tercera entrega. Es como lo de Lobsang Rampa, pero sin ojo.

Pregúntale a mi hijo. ¿El qué? ¿Sabes lo que dice? No. Dice que ahora, cuando otro atleta en carrera le supera en potencia, le pide por favor a su cuerpo que le proporcione un poco más de velocidad y que, sin llegar a experimentar por ello un mayor cansancio, enseguida siente que comienza a correr más deprisa, hasta alcanzar y sobrepasar al otro participante. ¿De verdad? Como lo oyes. Los indios ingerían los alimentos crudos, sin productos químicos extraños que envenenasen su sistema digestivo. Además, tomaban solamente un tipo de comida en cada ingesta. Así, cuando masticaban carne, por ejemplo, el estómago detectaba su composición y activaba las enzimas necesarias para digerirla. Nosotros mezclamos al mismo tiempo muchos productos. Como el órgano digestivo no tiene capacidad de mandar enzimas específicas para cada uno, digiere el alimento predominante y los otros se convierten en veneno extra a eliminar por un hígado y unos riñones sobrepasados en su capacidad de purificación. Si a esto le sumamos un tipo de vida que no se corresponde, ni ergonómicamente ni socialmente, con las capacidades para las que fuimos creados, surgen la enfermedad y las lesiones. El ejemplo más clarificante y el que más nos separa de la sociedad indígena es el sentido de la propiedad. El indio vivía en comunidad y no concebía la necesidad de parcelar los terrenos. El concepto de propiedad privada, clave en la sociedad capitalista, ha abierto una brecha con el modo natural de vida que estamos pagando muy caro. ¿Eso no es una gasolinera? Sí, ¿quieres parar? Un momento, si no te importa, por ver si tienen el hielo. Vale, ya vengo. Papá, pilla una bolsa de patatas.

Hola, ¿tienen hielo industrial? ¿Quiere decir en bolsas grandes? No, me refiero al hielo seco, a la nieve carbónica. Dióxido de carbono en estado sólido, vamos. Ni idea. Sí, hombre, ese que cuando abres la nevera sale humito. Nada, que no. Gracias. *Have a good one*.

Nos acercamos al punto del desastre acuático de ayer. Lo reconozco porque acabamos de pasar un árbol falso que camufla antenas de telefonía móvil. El tronco es de metal y las ramas de plástico. Está justo antes de un puente de piedra en Mount Vernon, un pueblo dormitorio. Lo que aquí se llama *suburbia*. La mitad de la gente trabaja en la ciudad de Nueva York y la otra mitad en las espléndidas mansiones de Connecticut de los banqueros y agentes de Bolsa. Sandra, que cuida los perros de una de estas familias, nos trajo un día tres bolsas negras de plástico repletas de ropa sin usar que la señora había tirado a la basura. El señor, por lo visto, dirige una firma en Wall Street. Se marcha de casa todas las mañanas a las seis y regresa a las diez de la noche. Es muy exigente con el orden y le gusta que todo esté inmaculado. Si los niños hacen una marca en la pared con la pelota, la mujer avisa a toda prisa a los pintores para vengan y lo retoquen antes de que su marido se dé cuenta. Tienen dos perros grandes que Sandra atiende. Va cuatro veces al día y cobra veinte dólares por cada visita. Ochenta pavos diarios por pasear a dos perros unas horas. Cuatrocientos a la semana. Mil seiscientos al mes. También los atiende durante los quince días de agosto en que se van a la playa. Entonces, por hacerles compañía, le piden que mejor se pase seis veces. Va a jugar con ellos, a peinarlos, a darles de comer. Mil ochocientos dólares. La mujer es una compradora compulsiva y el marido, de vez en cuando, la obliga a deshacerse de tantos mochos. Las bolsas de basura que Sandra nos trajo contenían ropa de las mejores marcas europeas y americanas. Al menos quince vestidos sin estrenar. Varias cajas de calcetines de lana merina con el tique de compra, un abrigo, un plumífero, peluches, pantalones, camisetas, un lote de catorce cedés con el precinto, una muñeca que llora por no haber salido todavía de la caja, un conejo de Pascua que canta y baila... Todo se iba a la basura. Nos quedamos algunas cosas y repartimos otras.

Llegamos al aeropuerto. Adiós Raucci. Adiós. Niños, decidle adiós a John. Byeee... Raucci pregunta que si se espera un rato por si acaso tenemos problemas con la nevera de la carne. Le contesto que no, que se marche tranquilo. Max y Nico encuentran unos carros. Vamos cargados como para una mudanza. Bueno, realmente es lo que toca. ¿Qué lleva usted ahí? Carne. No puede facturarla. ¿Cómo que no? Solamente puede entrar en el avión si va protegida con hielo industrial. ¿No será verdad esa mentira? Lo que le cuento. Pues me hace usted polvo. ¿Sabe dónde puedo conseguirlo? No lo sabe. En el aeropuerto, me dice, desde luego no. Y ¿qué puedo hacer? Intente dejarlo en consigna y que lo venga a recoger alguien. Si es que allí se quieren quedar con ese muerto, que lo duda. Y mucho. Pues ya me dirá... Segundo intento. Mire, yo creo que si se puede, ¿le importa preguntar al supervisor a ver? Buenas tardes. Muy buenas. Dígame qué problema tiene. Le cuento mi vida en verso: que estoy preparando un libro sobre América, que llevo carne de bisonte de las legendarias praderas para que la prepare Miguel Ansorena, el asador navarro, ya sabrá usted quien le... No le suena. Sí, hombre, el que tenía el restaurante El Frontón. Ah, sí. Pero que no. Que ni de coña. Gran desesperación. Pues el bisonte tiene que llegar a Madrid a toda costa; aunque sólo sea por poder contarle a Sunny la experiencia. Perdone, y ¿cuál es el problema con los cubitos de hielo? El problema es legal: la carne se podría descongelar durante el trayecto, estropearse y convertirse en un peligro para la salud pública. Calculo las horas del viaje. Ocho. Pero bueno, si yo cuando lo descongelé para que lo hiciese Charlie lo tuve que dejar toda la noche fuera... Lo peor que puede ocurrir es que llegue recién descongelada y le tenga que dar salida el mismo día. Sin pensarlo dos veces me doy media vuelta, saco del congelador el paquete envasado al vacío y abro una maleta con disimulo. Hago como que busco el cargador del móvil y lo escondo entre la ropa. Listo. Facturamos. Éstos son sus billetes. Las maletas las tienen que llevar ustedes hasta el escáner. Las arrastramos junto con el congelador repleto de hielo no industrial, agua sólida cristalizada, que no sé todavía muy bien qué demonios voy a hacer con él. Maletas, por favor. Me recorre un sudor frío. ¿Será ilegal lo que acabo de hacer? Me van a preguntar y no voy a poder mentir. La mentira es el peor de los delitos en Estados Unidos. Por mentir le inculparon a Clinton, que el desliz con la Lewinsky entraba en el capítulo de la vida privada y sólo podía juzgarse en casa y ante el Ser Supremo. Me pillan seguro y nos vamos a meter todos en un lío tremendo. Entrego la maleta del bisonte. Me preguntan si está cerrada con llave. No, les digo. Se la llevan. Se llevan todas. Nos piramos antes de que nos reclamen. Ahora a deshacerme del congelador. Pero ¿dónde? No hay papeleras grandes. Se me pasa por la cabeza abandonarlo en un baño. Olvídate. El aeropuerto se encuentra en alerta naranja y un extranjero que abandona un contenedor en un retrete puede terminar con cadena perpetua. ¿Qué hago? Salimos fuera. Hay policía y militares por todos lados. Dejarlo en la acera sería como pedir que me pegasen un tiro en la frente. Respiro profundamente. Por la boca, lo siento, Raucci. Me dirijo a un poli y le cuento mis penas. Agente: no me dejan llevar el congelador en el avión y no hay papeleras. Me pide que lo abra. Ve que está vacío. Le sugiero que sería una pena romperlo cuando alguien podría aprovecharlo. Me mira con cara de pena y me dice que lo deje junto a la pared, pero con la tapa quitada para que se vea que no es peligroso. Así lo hago y me marcho. Escucho mi nombre por megafonía. Se ruega al pasajero Guillermo... Qué vergüenza. Me lo tengo merecido por idiota. Guillermo... Martínez Díaz, se presente por favor en la puerta de embarque. Puffff. Respiro aliviado. Embarcamos. Ya estamos sentados. Se me acerca el sobrecargo: por favor, ¿puede seguirme un momentito? Tierra trágame. Miro a los niños y me despido para siempre de ellos. Fuerzo una sonrisa. Le sigo hasta la parte delantera del avión. Me presenta a una azafata que, con una enorme sonrisa, me confiesa que el comandante era un fiel oyente de *Gomaespuma*, mi programa de radio, y que le encantaría pasarme a primera. Dios, muchas gracias. Vuelvo a turista. Buenas noticias, Sarah, le digo a mi mujer. Te han conseguido una plaza en business. No te preocupes, yo me quedo con los niños. Me da un beso en el aire de un avión. Un beso que flota como los astronautas en la cápsula del Mercury y se queda a mi lado haciéndome compañía durante todo el viaje.

Notas

[1] Ground Enviroment hacía referencia a que el sistema que operaba el lanzamiento de misiles se encontraba en Tierra y semi automático

al hecho de que la decisión final de activar los elementos automatizados recaía en un ser humano.

[2] Tracking and Ground Instrumentation System.

[3] Very Long Range Tracking.

[4] «Mis felicitaciones por un trabajo bien hecho».

Epílogo

La comunidad judía de Sevilla no es muy numerosa.
Al menos la de sus miembros activos, que apenas alcanzan
el centenar. Pocos, quizás, si se recuerdan las dimensiones que tuvo en esta ciudad una judería que abarcó los barrios de San Bartolomé y Santa Cruz. Bastantes, tal vez,
si se consideran las dificultades que hasta hace bien poco
entrañaba reconocer en España este tipo de raíces. Sea
como fuere, los judíos de Sevilla gozan, como no podría
ser de otra manera, de un sentido del humor que consiguen transformar en arte. Ésa es la causa de que el rabino
que hoy los guía, un hombre menudo venido de Israel y
con ascendencia italiana, reciba de todos el cariñoso apodo
de «el Rabanito».

El cementerio de San Fernando es un recinto ajardi-
nado con alineaciones de cipreses, palmeras, cedros, lau-
reles y tuyas que visitan los turistas en busca de tumbas
de toreros, cantaores y cantaoras ilustres. Aquí vienen los
aficionados a rendir sus pleitesías ante monumentos tan
hermosos como el que levantara el valenciano Mariano
Benlliure en honor del célebre diestro Joselito el Gallo.
Maestro... Y hasta aquí llegan, pasadas las andaduras
pasajeras de la existencia terrenal, a reposar los restos del

común de los mortales desde el año 1852. El rápido crecimiento demográfico y las epidemias habían colapsado los pequeños campos santos de las numerosas iglesias que brotan por las callejas sevillanas y se creó este lugar único de acogida bajo el manto de la Iglesia católica, apostólica y romana.

Los judíos que fallecieron desde la señalada fecha no encontraron otra solución para su sepultura, que la de adosar sus tumbas a la tapia de San Fernando por la parte exterior del recinto. El Ayuntamiento se percató del percance y a finales del siglo XIX acotó el espacio con una reja, puso candado a la puerta e hizo entrega de las llaves a la comunidad hebrea. José Bendayan es un hombre amable que ha recorrido medio mundo detrás de las mercancías que contrataba para ser transportadas por mar en grandes buques de carga. Desde hace bastantes años es el encargado de custodiar el lugar. Al atravesar la entrada, en la esquina de la derecha, aislada del resto de los enterramientos, localiza la tumba de Rubin Decker. No tiene lápida; solamente una plancha de cemento a ras del suelo que las inclemencias del tiempo han desmigado y transformado prácticamente en arena. Ocurrió en agosto y la mayoría estábamos de vacaciones, me explica. El rito sefardí indica que a los suicidados hay que colocarles en un lugar apartado. Fue un error del enterrador porque en el momento de la sepultura no se conocieron bien las circunstancias del fallecimiento. El cónsul norteamericano se comprometió a financiarle una lápida, pero contaba con que alguien la encargaría y le pasaría después la minuta. Otro mal entendido que, involuntariamente, hizo que aquella promesa cayera en el olvido. ¿Podrían inhumarse